MBA

MBA CLASSICS

MBA 精品系列

MBA CLASSICS

MBA精品系列

MBA

FINANCIAL MANAGEMENT

财务管理

实务与案例

（第4版）

陈玉菁／主　编

赵洪进　顾晓安／副主编

中国人民大学出版社

·北　京·

前言

PREFACE

财务管理是工商管理硕士（MBA）学位课程的主干学科，是培养学生综合管理水平和能力的必修课。MBA 教育不同于其他硕士教育，是职业培养性的，致力于造就位于决策层的、跨职能的高级综合管理人才，因而具有鲜明的应用与实践导向。基于此，MBA 教学在传统的课堂系统讲授之外，大量使用案例教学。本书就是为了满足 MBA 的教学需要而编写的。

本书自 2008 年首版以来，以其独特的编排体系以及融知识性、实用性和可读性为一体的案例编写风格得到读者厚爱。

本书每章均包含三个部分：核心理念、案例评析和实务演练。(1) 核心理念部分阐述本章的基本原理。(2) 案例评析部分突出 MBA 教学的特色——案例教学。(3) 实务演练部分强调可操作性，其中部分内容为课后作业。

第 4 版在保持第 3 版原有结构的基础上，对教材部分内容进行了修改、更新和补充，使内容更充实，案例更贴近实际。

本书第 4 版的编写得到中国人民大学出版社李文重老师的鼎力支持，在此表示衷心的感谢。

本书配有教学用 PPT，以及自测与练习部分的答案，选用本书的主讲教师和有需求者可登录中国人民大学出版社网站（www. crup. com. cn）获取。

在修订过程中，尽管我们付出了不懈的努力，但由于水平有限，书中问题与不足之处在所难免，恳请广大读者批评指正。我们的联系方式是：chenyujing1011@163. com。

陈玉菁

目录
CONTENTS

第 1 章 财务管理导论

本章要点

财务管理的概念
财务管理的目标
财务管理的环境
财务管理工作的组织

学习目标

财务管理是企业组织财务活动、处理财务关系的一项经济管理工作。通过本章的学习，你应该掌握财务管理的概念，掌握财务管理的原则，了解企业的财务活动和财务关系，了解企业财务管理的目标，熟悉企业财务管理的环境，了解企业财务管理的组织结构，了解财务管理与其他学科的关系。

【关键词】

- 财务管理（financial management）
- 财务活动（financial activities）
- 财务关系（financial relationship）
- 利润最大化（profit maximization）
- 股东财富最大化（shareholder wealth maximization）
- 财务管理环境（financial management environment）
- 经济环境（economy environment）
- 法律环境（law environment）
- 金融环境（financial environment）
- 独资企业（sole proprietorship）
- 合伙企业（partnership）
- 公司（corporation）
- 社会责任（social responsibility）

企业经营的目的是获利。企业一旦成立，在经营中就会面临竞争，并始终处于生存和倒闭、发展和萎缩的矛盾之中。企业必须生存下去才可能获利，只有不断发展才能求得生存。财务管理就是研究企业在经营中资金运动的规律性，并使其产生最大效益的一门学科。它将告诉你如何融通资金、如何评价投资、如何聚财生财……

你所在的企业获利吗？获利的企业一定是由谙熟财务管理基本理念和方法的企业家所经营管理的企业。经商不懂理财，就如同捕鱼不知收网，忙忙碌碌，一无所获。本章将引领你进入财务管理奇妙的世界。

资料来源：陈玉菁．中小企业财务管理通．上海：立信会计出版社，2003.

核心理念

1.1　财务管理的概念

企业兴衰，财务为本。近年来，财务管理在企业经营中的重要性越来越被人们所认识、关注。那么，什么是财务管理呢？让我们先了解一下企业的财务活动和财务关系。

1.1.1　财务活动

任何一个企业，在生产经营过程中都要涉及资金及其活动。简言之，企业在再生产过程中的资金运动就是企业的财务活动。财务活动的内容一般包括以下几个方面。

1. 筹资活动

筹资活动是指企业筹集资金的活动。例如，企业发行股票、发行债券、取得借款、赊购商品、租赁设备等都属于筹资活动。

企业进行生产活动，必须以占有或能够支配一定数额的资金为前提。也就是说，企业从各种渠道以各种形式筹集资金，是资金运动的起点。

企业通过筹资可以形成两种不同性质的资金来源：一是企业自有资金，如企业吸收投资者的直接投资、发行股票、企业内部留存收益等；二是企业借入资金，如企业从银行取得借款、发行债券、赊购商品等。企业筹集到所需资金，表现为企业资金的流入。企业偿还借款、支付利息等，表现为企业资金的流出。这种因资金筹集而产生的资金的收付，就是由企业筹资而引起的财务活动。

2. 投资活动

企业取得资金后，必须将资金投入使用，以谋求最大的经济效益；否则，筹资活动就失去了目的和效用。

企业投资是指企业将筹集到的资金投入使用。例如，购置流动资产、固定资产、无形资产等，或投资购买其他企业的股票、债券或与其他企业联营等。企业无论是购买内部所需资产，还是购买各种证券，都需要支付资金。而当企业变卖对内投资所形成的各种资产或收回对外投资时，则会产生资金的流入。这种因企业投资而产生的资金的收付，就是由企业投资而引起的财务活动。

3. 营运活动

企业在日常经营活动中，会发生一系列的资金收付。例如，采购材料、支付工资和其他经营费用，或销售商品、提供劳务等。上述各种活动都会产生企业资金的收付。这种因企业经营而引起的财务活动，通常称为企业的营运活动。

4. 分配活动

企业通过投资活动或者营运活动取得的收入，要依据现行法规及规章做出分配。例如，企业取得的销售收入，首先要用于弥补生产经营耗费，缴纳流转税，其余部分成为企业的营业利润；营业利润和投资净收益、营业外收支净额等构成企业的利润总额；随后企业要缴纳所得税，提取公积金，向投资者分配利润等。上述各种活动同样会产生企业资金的收付，这是因企业利润分配而引起的财务活动。

财务活动的上述四个方面是相互联系、相互依存的。正是上述互相联系又有一定区别的四个方面构成了完整的企业财务活动（见图1-1）。这四个方面也是企业财务管理的基本内容。

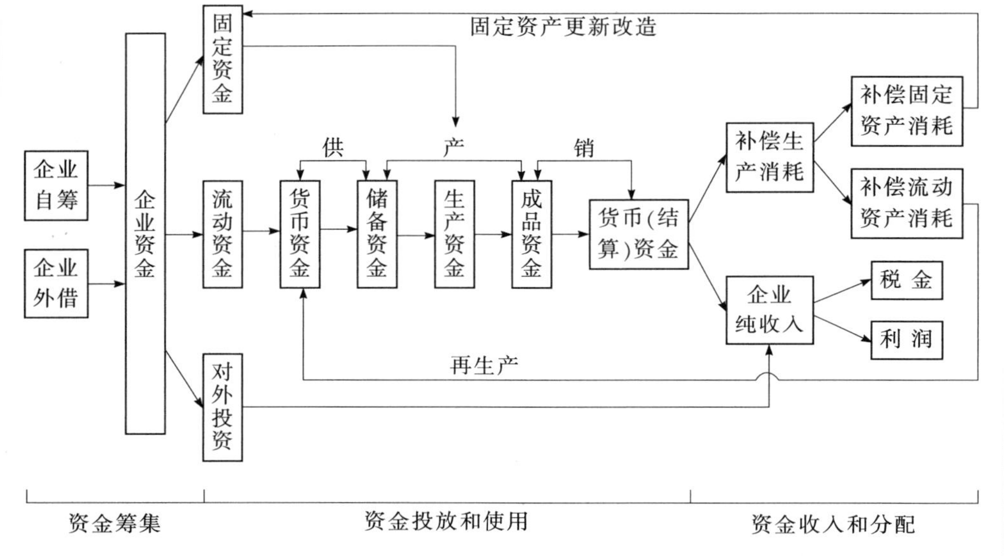

图1-1 企业财务活动

1.1.2 财务关系

企业的财务活动具有社会性，体现着各种经济利益关系，即财务关系。企业财务关系主要包括以下几个方面：

1. 企业与投资者之间的财务关系

它是指投资者向企业注入资本，企业向投资者分配利润所形成的经济关系，体现着资本收益分配关系。

2. 企业与债权人之间的财务关系

它是指企业向债权人借入资金，并按借款合同的规定按时支付利息和归还本金所形成的经济关系，体现着债权债务关系。

3. 企业与政府之间的财务关系

它是指政府作为社会管理者，强制和无偿参与企业分配，同时对企业承担社会道义、实施各项财政经济政策所形成的经济关系，体现着国民收入分配与再分配所形成的特定分配关系。

4. 企业与客户之间的财务关系

它是指企业与客户互相提供产品、劳务所形成的经济关系，体现着社会成员之间的分工协作关系。

5. 企业内部各单位之间的财务关系

它是指企业内部各单位之间在生产经营各环节相互提供产品或劳务所形成的经济关系，体现着在企业总部统一管理下的分工协作关系。

6. 企业与职工之间的财务关系

它是指企业接受职工的劳动，并向职工支付劳动报酬过程中所形成的经济关系，体现着职工和企业之间在劳动成果上的分配关系。

1.1.3　财务管理的定义及其原则

综上所述，我们可以给财务管理下一个定义：财务管理基于企业再生产过程中客观存在的财务活动和财务关系而产生，是企业组织财务活动、处理与各方面财务关系的一项经济管理工作。

企业开展财务管理，就是要充分发挥财务管理的运筹作用，力求实现企业内部条件、外部环境和企业目标之间的动态平衡，并从平衡中求发展，促使企业实现发展战略和经营目标。因此，应当遵循一定的财务管理原则，这是企业财务活动内在的要求。一般来说，企业财务管理原则包括以下七项：

1. 资本结构优化原则

企业在资金筹集中要考虑资金成本的高低，发挥财务杠杆的作用，选择最佳的筹资方式，保持最有利于实现企业发展战略和财务目标的资本结构。

2. 资源有效配置原则

企业在生产经营过程中，对拥有的各项资源进行有效配置和优化组合，并随着生产经营和市场竞争情况的变化不断进行动态调整，使其发挥最大的利用效果。

3. 现金收支平衡原则

企业在组织财务活动中，力求使现金收支在数量上和时间上达到动态的协调平衡，实现资金链条环环相扣，以保证企业生产经营活动连续地顺利进行。

4. 成本效益最优原则

在企业生产经营活动中，加强成本管理，控制费用水平，实现以尽可能少的成本耗费获得最大的效益，从而提高企业的成本竞争优势。

5. 收益风险均衡原则

企业在组织财务活动中，对存在的收益与风险互相依存的关系经过充分评估后进行正确的抉择，取得合理的平衡。

6. 分级授权管理原则

建立内部分级、分口财务管理制度，规定企业内部不同管理层次、不同部门的财务管理权限及其相应的责任，明确互相制约又互相配合的管理关系。

7. 利益关系协调原则

利用经济手段处理企业相关利益主体的财务关系，兼顾投资者、经营者及其他职工、债权人和国家等各方利益，为企业创造和谐的运行环境。

1.1.4 财务管理与其他学科的关系

财务管理作为一项经济管理工作，与生产管理、质量管理和营销管理一样是管理学科的一个分支，研究企业的资源和行为的管理。只是财务管理以资金作为衡量标准，研究资金在企业内部及企业和市场之间的流动及资金的增值。

财务管理的基础是经济学中的微观经济理论，其中的消费理论、生产理论、市场均衡理论及生产要素价格理论为财务管理学提供了理论基础，是财务理论研究的出发点。

会计学原理以及会计处理信息和分析资料的技术为财务管理提供了研究的方法和途径。大量的会计信息成为管理人员和投资者研究企业现金流量和财务状况的重要依据。

财务管理中经常运用的数学工具是数理统计和优化方法。数学方法的应用使财务管理中一些模糊问题和不确定性问题定量化，为财务决策提供了有力的支持。因此数量分析是财务管理研究的重要手段。

总之，财务管理与经济学、会计学、管理学及数学这四门学科的关系最为密切。它是建立在经济学的理论基础之上，利用会计提供的信息资料，运用数学方法和手段，按照管理学的一般原则进行研究的科学。

1.2 财务管理的目标

企业财务管理者经常要作出决策，而决策是为了达到某个目标，是有目的性的。企业财务管理可以有许多目标，例如，企业利润最大化、管理人员和职工报酬最大化、企业价值最大化、对国民收入的贡献最大化，等等。企业的财务决策不可能使上述目标都达到最优，那么企业财务管理最主要的目标是什么呢？我们从企业的目标出发，在充分研究企业财务活动客观规律的基础上确定财务管理的目标。

1.2.1 企业的目标

企业是以盈利为目的的组织，其出发点和归宿是盈利。企业一旦成立，就会面临竞争，并始终处于生存和倒闭、发展和萎缩的矛盾之中，企业必须生存下去才能有活力，只有不断发展才能求得生存。因此，企业的目标表现为生存、发展和获利。

1. 生存

企业只有生存，才可能获利。企业在市场中生存下去的基本条件是以收抵支和到期偿债。为此，力求保持以收抵支和偿还到期债务的能力，减少企业的破产风险，使企业能长期、稳定地生存下去，是企业目标对财务管理的第一个要求。

2. 发展

企业是在发展中求得生存的。企业发展表现为产品和服务质量的提高，市场份额和收入的扩大。企业如果不能发展，就有可能产生生存危机。企业的发展要求投入更多更好的物质资源、人力资源，改进技术和管理。在市场经济中，各种资源的取得都需要付出货币资金。因此，筹集企业发展所需的资金，是企业目标对财务管理的第二个要求。

3. 获利

企业只有能够获利，才有存在的价值。从理财的角度看，盈利就是使资产获得超过企业投资的回报。在市场经济中，没有免费使用的资金，资金的每项来源都有其成本。每项资产都是投资，都应获得相应的报酬。对企业正常经营产生的资金和从外部获得的资金加以有效利用，是企业目标对财务管理的第三个要求。

1.2.2 企业财务管理的目标

从根本上来说，企业财务管理目标取决于企业目标，取决于特定的社会经济模式。企业财务管理目标具有体制性特征，整个社会经济体制、经济模式和企业所采用的组织制度，在很大程度上决定企业财务管理目标的取向。根据现代企业财务管理理论和实践，最具代表性的财务管理目标主要有以下几种观点。

1. 利润最大化

利润最大化就是假定企业财务管理以实现利润最大为目标。

以利润最大化作为财务管理目标，主要原因有三：一是人类从事生产经营活动的目的是创造更多的剩余产品，在市场经济条件下，剩余产品的多少可以用利润这个指标来衡量；二是在自由竞争的资本市场中，资本的使用权最终属于获利最多的企业；三是只有每个企业都最大限度地创造利润，整个社会的财富才可能实现最大化，从而带来社会的进步和发展。

利润最大化目标的主要优点是，企业追求利润最大化，就必须讲求经济核算，加强管理，改进技术，提高劳动生产率，降低产品成本。这些措施都有利于企业资源的合理配置，有利于企业整体经济效益的提高。

但是，以利润最大化作为财务管理目标存在以下缺陷：

（1）没有考虑利润实现时间和资金的时间价值。比如，今年 100 万元的利润和 10 年以后同等数量的利润其实际价值是不一样的，10 年间还会有时间价值的增加，而且这一数值会随着贴现率的不同而有所不同。

（2）没有考虑风险问题。不同行业具有不同的风险，同等利润值在不同行业中的意义也不相同，比如，风险比较高的高科技企业和风险相对较低的制造业企业无法简单比较。

（3）没有反映创造的利润与投入的资本之间的关系。

（4）可能导致企业短期财务决策倾向，影响企业长远发展。由于利润指标通常按年计算，因此，企业决策也往往会服务于年度指标的完成或实现。

2. 股东财富最大化

股东财富最大化是指企业财务管理以实现股东财富最大为目标。在上市公司，股东财富是由其所拥有的股票数量和股票市场价格两方面决定的。在股票数量一定时，股票价格达到最高，股东财富也就达到最大。

与利润最大化相比，股东财富最大化的主要优点是：

（1）考虑了风险因素，因为通常股价会对风险作出较敏感的反应。

（2）在一定程度上能避免企业短期行为，因为不仅目前的利润会影响股价，预期未来的利润同样会对股价产生重要影响。

（3）对上市公司而言，股东财富最大化目标比较容易量化，便于考核和奖惩。

但是，以股东财富最大化作为财务管理目标也存在缺点：

（1）通常只适用于上市公司，非上市公司难以应用，因为非上市公司无法像上市公司一样随时准确获得公司股价。

（2）股价受众多因素影响，特别是企业外部的因素，有些还可能是非正常因素。股价不能完全准确反映企业财务管理状况，如有的上市公司虽处于破产的边缘，但由于可能存在某些机会，其股票市价依然走高。

（3）强调得更多的是股东利益，对其他相关者的利益重视不够。

3. 企业价值最大化

企业价值最大化是指企业财务管理以实现企业价值最大为目标。企业价值可以理解为企业所有者权益和债权人权益的市场价值，或者是企业所能创造的预计未来现金流量的现值。未来现金流量这一概念，包含了资金的时间价值和风险价值两个方面的因素。因为未来现金流量的预测包含了不确定性和风险因素，而现金流量的现值是以资金的时间价值为基础对现金流量进行折现计算得出的。

企业价值最大化要求企业通过采用最优的财务政策，充分考虑资金的时间价值和风险与报酬的关系，在保证企业长期稳定发展的基础上使企业总价值达到最大。

以企业价值最大化作为财务管理目标，具有以下优点：

（1）考虑了取得报酬的时间，并用时间价值的原理进行了计量。

（2）考虑了风险与报酬的关系。

（3）将企业长期、稳定的发展和持续的获利能力放在首位，能克服企业在追求利润上的短期行为，因为不仅目前利润会影响企业价值，预期未来的利润对企业价值也会产生重大影响。

（4）用价值代替价格，克服了外界市场因素的过多干扰，有效地规避了企业的短期行为。

但是，以企业价值最大化作为财务管理目标也存在问题：

（1）企业的价值过于理论化，不易操作。尽管对于上市公司，股票价格的变动在一定程度上揭示了企业价值的变化，但股价是多种因素共同作用的结果，特别是在资本市场效率低下的情况下，股票价格很难反映企业的价值。

（2）对于非上市公司，只有对企业进行专门的评估才能确定其价值，而在评估企业的资产时，由于受评估标准和评估方式的影响，很难做到客观、准确。

近年来，随着上市公司数量的增加，以及上市公司在国民经济中地位、作用的增强，企业价值最大化目标逐渐得到了广泛认可。

4. 相关者利益最大化

现代企业是多边契约关系的总和，要确立科学的财务管理目标，首先就要考虑哪些利益关系会对企业发展产生影响。在市场经济中，企业的理财主体更加细化和多元化。股东作为企业所有者，在企业中承担着最大的权力、义务、风险和报酬，但是债权人、员工、企业经营者、客户、供应商和政府也为企业承担着风险。比如：

（1）随着举债经营的企业越来越多，以及举债比例和规模不断扩大，债权人的风险大大增加。

（2）在社会分工日益细化的今天，简单劳动越来越少，复杂劳动越来越多，职工的再就业风险不断增加。

（3）在现代企业制度下，企业经理人受所有者委托，作为代理人管理和经营企业，在激烈的市场竞争和复杂多变的形势下，代理人所承担的责任越来越大，风险也随之加大。

（4）随着市场竞争和经济全球化的影响，企业与客户以及企业与供应商之间不再是简单的买卖关系，更多的是长期的伙伴关系，处于一条供应链上，共同参与同其他供应链的竞争，因而也与企业共同承担一部分风险。

（5）政府不管是作为出资人，还是作为监管机构，都与企业各方的利益密切相关。

综上所述，企业的利益相关者不仅包括股东，还包括债权人、企业经营者、客户、供应商、员工、政府等。因此，在确定企业财务管理目标时，不能忽视这些相关利益群体的利益。

相关者利益最大化目标的具体内容包括如下几个方面：

（1）强调风险与报酬的均衡，将风险限制在企业可以承受的范围内。

（2）强调股东的首要地位，并强调企业与股东之间的协调关系。

（3）强调对代理人即企业经营者的监督和控制，建立有效的激励机制以使企业战略目标顺利实施。

（4）关心本企业普通职工的利益，创造优美和谐的工作环境和提供合理恰当的福利待遇，培养职工长期努力为企业工作。

（5）不断加强与债权人的关系，培养可靠的资金供应者。

（6）关心客户的长期利益，以保持销售收入的长期稳定增长。

（7）加强与供应商的协作，共同面对市场竞争，并注重企业形象的宣传，遵守承诺，讲究信誉。

（8）保持与政府部门的良好关系。

以相关者利益最大化作为财务管理目标，具有以下优点：

（1）有利于企业长期稳定发展。这一目标注重企业在发展过程中考虑并满足各利益相关者的利益关系。在追求长期稳定发展的过程中，站在企业角度进行投资研究，避免只站在股东的角度进行投资可能导致的一系列问题。

（2）体现了合作共赢的价值理念，有利于实现企业经济效益和社会效益的统一。由于兼顾了企业、股东、政府、客户等的利益，企业就不仅仅是一个单纯营利的组织，还承担了一定的社会责任。企业在寻求其自身发展和利益最大化的过程中，为了客户及其他利益相关者的利益，就会依法经营，依法管理，正确处理各种财务关系，自觉维护和确实保障国家、集体和社会公众的合法权益。

（3）这一目标本身是一个多元化、多层次的目标体系，较好地兼顾了各利益主体的利益。这一目标可使企业各利益主体相互作用、相互协调，并在使企业利益、股东利益最大化的同时，也使其他利益相关者利益达到最大化。也就是将企业财富这块“蛋糕”做到最大的同时，保证每个利益主体所得的“蛋糕”更多。

（4）体现了前瞻性和现实性的统一。比如，企业作为利益相关者之一，有其一套评价指标，如未来企业报酬贴现值；股东的评价指标可以使用股票市价；债权人可以寻求风险最小、利息最大；员工可以确保工资福利；政府可考虑社会效益等。不同的利益相关者有各自的指标，只要合理合法、互利互惠、相互协调，就可以实现所有相关者利益最大化。

因此，相关者利益最大化是企业财务管理最理想的目标。但鉴于该目标过于理想化且无法操作，本书后续章节仍采用企业价值最大化作为财务管理的目标。

1.2.3 利益冲突的协调

将相关者利益最大化作为财务管理目标，其首要任务就是要协调相关者的利益关系，化解他们之间的利益冲突。协调相关者的利益冲突，要把握的原则是：尽可能使企业相关者的利益分配在数量上和时间上达到动态的协调平衡。而在所有的利益冲突协调中，所有者与经营者、所有者与债权人利益冲突的协调至关重要。

1. 所有者与经营者利益冲突的协调

在现代企业中，经营者一般不拥有占支配地位的股权，他们只是所有者的代理人。所有者期望经营者代表他们的利益工作，实现所有者财富最大化，而经营者则有其自身的利益考虑，二者的目标经常不一致。通常而言，所有者支付给经营者报酬的多少，在于经营者能够为所有者创造多少财富。经营者和所有者的主要利益冲突，就是经营者希望在创造财富的同时，能够获取更多的报酬、更多的享受；而所有者则希望以较小的代价（支付较少报酬）实现更多的财富。

协调这一利益冲突，通常可采取以下方式：

（1）解聘。这是一种通过所有者约束经营者的办法。所有者监督经营者，如果经营者绩效不佳，就将其解聘；经营者为了不被解聘就需要努力工作，为实现财务管理目标服务。

（2）接收。这是一种通过市场约束经营者的办法。如果经营者决策失误，经营不力，绩效不佳，该企业就可能被其他企业强行接收或吞并，经营者也会被解聘。经营者为了避免这种接收，就必须努力实现财务管理目标。

（3）激励。激励就是将经营者的报酬与其绩效直接挂钩，以使经营者自觉采取能提高所有者财富的措施。激励通常有两种方式：

第一，股票期权。它是允许经营者以约定的价格购买一定数量的本企业股票，股票的市场价格高于约定价格的部分就是经营者所得的报酬。经营者为了获得更大的股价上涨益处，必然主动采取能够提高股价的行动，从而增加所有者财富。

第二，绩效股。它是企业运用每股收益、资产收益率等指标来评价经营者绩效，并视其绩效大小给予经营者数量不等的股票作为报酬。如果经营者绩效未能达到规定目标，经营者将丧失原先持有的部分绩效股。这种方式使经营者不仅为了多得绩效股而不断采取措施提高经营绩效，而且为了使每股市价最大化，也会采取各种措施使股票市价稳定上升，从而增加所有者财富。即使由于客观原因股价并未提高，经营者也会因为获取绩效股而获利。

2. 所有者与债权人利益冲突的协调

所有者的目标可能与债权人期望实现的目标发生矛盾。首先，所有者可能要求经营者改变举债资金的原定用途，将其用于风险更高的项目，这会增大偿债风险，债权人的负债价值也必然会降低，造成债权人风险与收益的不对称。因为高风险的项目一旦成功，额外的利润就会被所有者独享；如若失败，债权人却要与所有者共同承担由此造成的损失。其次，所有者可能在未征得现有债权人同意的情况下，要求经营者举借新债，因为偿债风险相应增大，使原有债权的价值降低。

所有者与债权人的上述利益冲突，可以通过以下方式解决：

（1）限制性借债。债权人通过事先规定借债用途、借债担保条款和借债信用条件，使所有者不能通过以上两种方式削弱债权人的债权价值。

（2）收回借款或停止借款。当债权人发现企业有侵蚀其债权价值的意图时，可采取收回债权或不再给予新的借款的措施，从而保护自身权益。

1.3 财务管理的环境

环境因素的变化往往表现为不确定性。企业财务管理环境，是指企业财务管理系统所面临的对财务管理系统有影响作用的一切不确定因素的总和。这些不确定因素在财务管理中必须予以关注。企业只有在财务管理环境的各种因素作用下实现财务管理活动的协调平衡，才能生存和发展，实现财务管理的目标。如果财务管理者善于研究财务管理环境，能够科学地预测环境的变化，采取有效的措施，则会对财务管理环境起到影响作用。因此，进行财务管理活动必须以财务管理环境为依据，正确地制定财务管理策略。

1.3.1 经济环境

在影响财务管理的各种外部环境中，经济环境是最为重要的。

经济环境是指影响财务管理系统的各种经济因素，主要包括经济周期、经济发展水平、经济政策和通货膨胀水平等。

1. 经济周期

经济周期，即经济发展与运行出现的波动性，包括复苏、繁荣、衰退和萧条几个阶段的循环。在经济周期的不同阶段要采取相应的财务管理战略。西方财务学者探讨了经济周期中的财务管理战略，现择其要点归纳如表1-1所示。

表1-1 经济周期不同阶段采取的财务管理策略

复苏	繁荣	衰退	萧条
增加厂房设备 实行长期租赁 建立存货 开发新产品 增加劳动力	扩充厂房设备 继续建立存货 提高价格 开展营销规划 继续增加劳动力	停止扩张 处置闲置设备 停产不利产品 停止长期采购 减少库存 停止招聘	建立投资标准 保持市场份额 缩减管理费用 放弃次要利益 继续减少库存 裁减雇员

2. 经济发展水平

企业财务管理的发展水平与经济发展水平是密切相关的，一般来说，经济发展水平越高，财务管理水平就越好。因为在经济发达国家或地区的经济生活中存在许多新的经济内容、复杂的经济关系和完善的生产方式，使财务管理的内容不断创新，并创造出越来越多的先进财务管理方法。

3. 经济政策

经济政策包括财税体制、金融体制、外汇体制、外贸体制、计划体制、价格体制、投资体制、社会保障制度等方面。这些方面的变化深刻地影响着企业财务管理系统的运行。例如，金融政策中货币的发行量、信贷规模都能影响企业投资的资金来源和投资的预期收益；财税政策会影响企业的资金结构和投资项目的选择等；价格政策能影响资金的投向和投资的回收期及预期收益等。

4. 通货膨胀水平

通货膨胀对企业财务活动的影响是多方面的。主要表现在：

（1）引起资金占用的大量增加，增加企业的资金需求。

（2）引起企业利润虚增，企业资金由于利润分配而流失。

（3）引起利润上升，加大企业的权益资金成本。

（4）引起有价证券价格下降，增加企业的筹资难度。

（5）引起资金供应紧张，增加企业的筹资困难。

为了减轻通货膨胀对企业造成的不利影响，企业应当采取措施加以防范。在通货膨胀初期，货币面临贬值的风险，这时企业进行投资可以避免风险，实现资本保值；与客户应签订长期购货合同，以减少物价上涨造成的损失；取得长期负债，保持资本成本的稳定。在通货膨胀持续期，企业可以采用比较严格的信用条件，减少企业债权；调整财务政策，防止和减少企业资本流失等。

1.3.2 法律环境

市场经济是以法律规范和市场规则为特征的制度经济。企业必须在既定的法律环境下从事经营。法律为企业经营活动规定了活动空间，也为企业在相应空间内自由经营提供了法律上的保护。与企业经营有关的法律很多，比如合同法、财产法、税法、公司法、破产法等，在此，只就对财务管理有重要影响的企业组织形式和工商税收制度作简要叙述。

1. 企业组织形式

设立一个企业，首先面临的问题是要采取哪种组织形式。各国的企业组织形式不完全相同，但通常有三类：独资企业、合伙企业和公司制企业。

（1）独资企业。独资企业是指一人投资经营的企业，其投资者对企业债务负无限责任，具有结构简单、容易开办、限制较少等优点，但因个人财力有限、信用不足而经常面临筹资困难。

（2）合伙企业。合伙企业是指由两个或两个以上合伙人订立合伙协议，共同出资、合伙经营、共享收益、共担风险，并对合伙企业债务承担无限连带责任的营利性组织。合伙企业具有开办容易、信用较佳的优点，但也存在责任无限、权力分散、决策缓慢等缺点。

（3）公司制企业。公司制企业（简称公司）是指依照公司法登记设立，以其全部法人财产，依法自主经营、自负盈亏的企业法人。在我国，公司法所称公司指有限责任公司和股份有限公司，公司股东作为出资者以其出资额或所持股份为限对公司承担有限责任。

不同的组织形式对企业财务管理有重要影响。如果是独资企业，财务管理比较简单，主要是利用业主自己的资金和供应商提供的商业信用。因为信用有限，其利用借款筹资的能力亦相当有限，银行和其他人都不太愿冒险借钱给独资企业。独资企业的业主要抽回资金也比较简单，无任何法律限制。

合伙企业的资金来源和信用能力比独资企业有所增加，盈余分配也更加复杂。因此，合伙企业的财务管理要比独资企业复杂得多。

公司制企业引起的财务问题最多，公司不仅要争取获得最大利润，而且要争取让股东财富最大；公司的资金来源多种多样，筹资方式也很多，需要进行认真分析和选择；盈余分配也不像独资企业与合伙企业那样简单，要考虑企业内部和外部的许多因素。

绝大多数的大型企业采用公司制。公司制企业也是具有较高再投资率的其他组织形式企业的转型方向。究竟是哪些因素在引导企业更多地采用公司制这一组织形式？这是一个复杂的问题，有些甚至连公司理论也无法解释。通常，公司制企业的选择基于企业规模、潜在增长能力、再投资能力等因素。

第一，大型企业要以个人独资企业或合伙企业形式存在是非常困难的。这两个组织形式具有无限责任、有限企业寿命和产权转让困难等三个重大缺陷，这些缺陷决定了企业难以筹集到大量资金。

第二，企业潜在的增长机会需要资金支持，同时，为未来的增长须提高融资能力，包括权益资本和债务资本。个人独资企业和合伙企业在权益资本融资方面的能力非常有限。公司在资本市场上的融资能力具有得天独厚的优势。

第三，公司拥有的再投资机会多。公司比合伙企业和个人独资企业更容易留存收益，更有利于再投资于有利可图的投资机会。

2. 工商税收制度

国家税收制度特别是工商税收制度，是企业财务管理的重要外部条件。新中国成立后，我国经过几次较大的税制改革，形成了流转税、所得税、资源税、财产税、行为税、特定目的税等工商税收种类。

企业财务管理者应当熟悉国家税收法律、法规的规定，不仅要掌握各个税种的计征范围、计征依据和税率，而且要了解差别税率的制定精神，减税、免税的原则规定，自觉地按照税法导向进行财务活动。

1.3.3 金融环境

企业需要资金从事投资和经营活动，而资金的取得，除了自有资金，主要来自金融机构和金融市场。金融环境是企业财务管理最主要的环境因素，包括金融市场、金融机构、金融体系等。

1. 金融市场

金融市场是指资金供应者和资金需求者双方通过某种形式融通资金达成交易的场所，是以资金为交易对象的一种抽象的市场。金融市场的分类可用图1-2来说明。

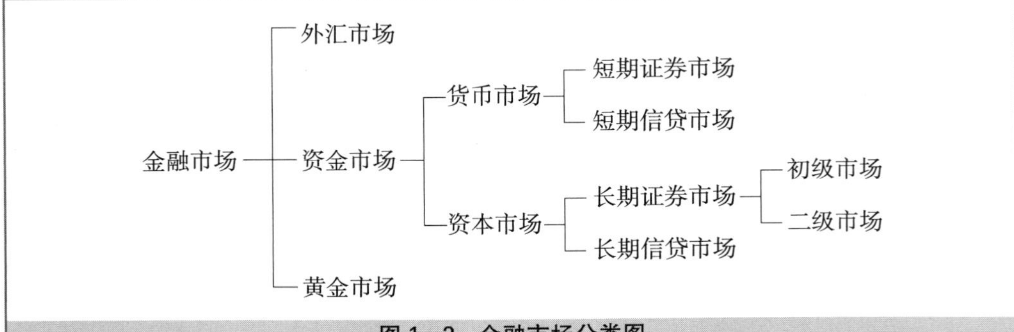

图1-2　金融市场分类图

2. 金融机构

资金供应者与资金需求者之间有时进行直接交易，但更多的是通过一定的金融机构进行间接交易。图 1－3、图 1－4 和图 1－5 分别说明了三种交易形式。

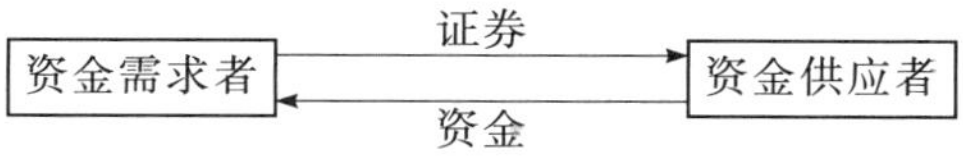

图 1－3 资金供应者与需求者之间的直接交易形式

图 1－4 资金供应者与需求者之间通过投资银行进行间接交易

图 1－5 资金供应者与需求者之间通过其他金融机构进行间接交易

资金从供应者转到需求者手中，大部分要通过金融机构来进行。财务管理者若想最有效地筹集资金，必须对金融机构有所了解，这些金融机构主要包括经营贷款业务的金融机构、经营证券的金融机构以及其他金融机构。

3. 金融体系

由金融市场、金融机构和资金供应者、需求者所构成的资金集中与分配的系统，称为金融体系。健全的金融体系，使资金供应者和需求者自由地参加交易，为资金的融通提供了方便，且有利于引导资金流向最有利的部门，因而对国家的经济发展和企业的财务管理工作具有重要意义。

1.4 财务管理工作的组织

要搞好企业财务管理，顺利地实现财务管理目标，必须合理有效地组织财务管理工作。

1.4.1 企业内部的财务管理体制

企业内部的财务管理体制，主要是规定企业内部各项财务活动的运行方式，确定企业内部各级各部门之间的财务关系。建立企业内部的财务管理体制，是加强企业财务管理的重要措施。企业内部的财务管理体制，是企业内部财务管理办法的主要内容。它与企业总体财务管理体制相适应，同时根据企业规模大小、工作基础强弱加以确定，大体上有两种方式。

1. 一级核算方式

在小型企业，通常采取一级核算方式。财务管理权限集中于厂部，厂部统一安排各项资金，处理财务收支，核算成本和盈亏；二级单位（班组、车间等）一般只负责管理、登记所使用的财产、物资，记录直接开支的费用，不负责管理资金，不核算成本和盈亏，不进行收入结算。

2. 二级核算方式

在大中型企业，通常采取二级核算方式。厂部统一安排各项资金、处理财务收支、核算成本和盈亏，二级单位要负责管理一部分资金，核算成本，有的还要计算盈亏，相互之间的经济往来要进行计价结算，对于资金、成本等要核定计划指标，定期进行考核。

在实行企业内部经济核算制和经营责任制的条件下，确定企业内部财务管理体制主要应研究以下几方面的问题：（1）资金控制制度；（2）收支管理制度；（3）内部结算制度；（4）物质奖励制度。

企业内部的财务管理体制，应该根据各个企业的条件加以确定，其内容不能千篇一律，采用的具体形式可以多样化。随着分级分权管理的进一步推行，企业内部财务管理体制的内容也必将不断完善。

1.4.2 企业财务管理组织结构

健全的企业财务管理组织结构，是有效开展企业财务活动、实现财务目标的重要条件。企业财务管理组织结构会因企业规模的大小而不同。在小型企业中，财务管理工作是会计工作的一部分，其工作重点是利用商业信用集资和回收企业的应收账款，很少关心投资决策和筹资方式的选择。因此，在小型企业中，一般没有单独的财务管理机构，若有，也只是会计部门的一部分而已。

随着企业规模的扩大，财务决策在企业战略决策中越来越重要。所以，在大中型企业中，一般设有独立的财务管理机构，并设一名专管财务的公司副总，即财务总监（总会计师）负责企业全面的财务工作，有的企业甚至由公司总经理亲自管理财务工作。图1-6是一张典型的公司制企业的财务管理组织结构简图。图中实线代表直接领导关系，虚线代表间接领导或协商关系。财务副总裁管理全公司的财务工作，主持制定财务政策和公司规划，对公司总体战略管理有重要影响。由于财务管理具有综合性的特点，因此，财务副总裁最有希望升任公司总裁。在财务副总裁之下，有两位重要管理人员：财务长（treasurer）和会计长（controller）。财务长负责资金筹集和使用以及股利分配等工作；有时，风险管理、保险、兼并与收购活动以及制定财务制度也是财务部门的职责。财务长负责的财务部门一般下设财务分析与预算组、融资管理组、投资管理组、现金管理组和信用与保险管理组，并设专人负责。会计长主要负责会计、税务以及审计等方面的工作。会计部门一般下设税务会计组、财务会计组、成本核算与管理组、会计信息系统组、管理会计组和内部审计组，并设专人负责。

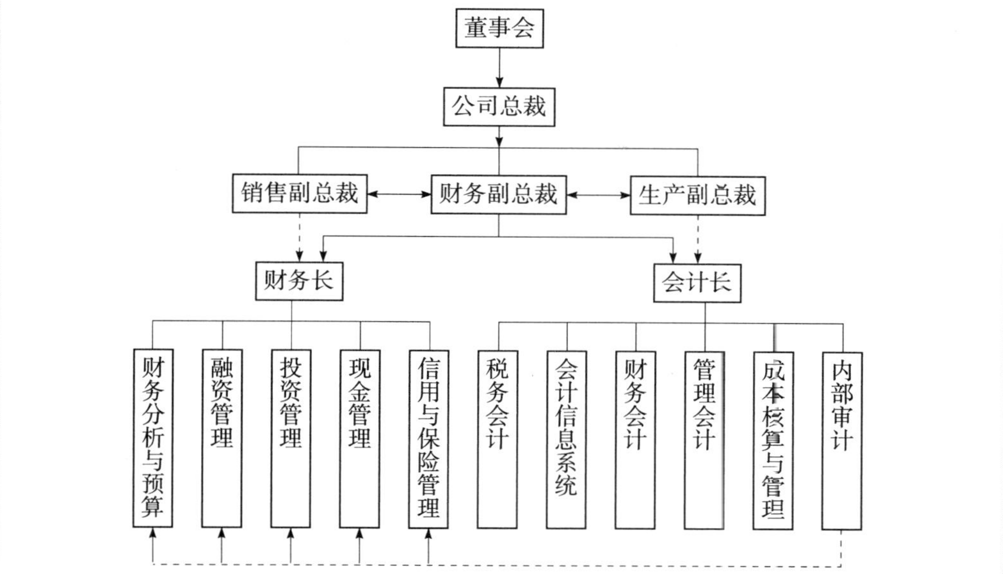

图 1-6　财务管理组织结构简图

1. 财务长的职责

(1) 筹集资金。预测资金需要量，确定融资渠道和选择最佳的融资方式，以满足企业生产经营对资金的需要。

(2) 投资管理。做好投资决策工作，并与各投资机构保持良好的关系。

(3) 财务分析与预算。通过财务报表分析，向企业管理当局提供决策支持信息，编制财务预算，进行财务控制。

(4) 股利分配。协助董事会处理好股利分配工作，以使股东财富最大化。

(5) 银行和保管。承担银行职能，对企业货币的收入和支出、有价证券的买卖以及其他财务活动进行管理。

(6) 信用和收款。制定信用政策，催收企业的应收账款。

(7) 现金管理。确定现金的最佳金额，进行现金的效益性和真实性管理。

(8) 保险。鉴别和估计企业应保险财产可能发生的损失，选择保险的适当构成，制定有利于企业的保险条款，负责养老金的管理。

2. 会计长的职责

(1) 法定财务报告。按会计原则、会计核算程序，连续、系统、全面地记录经济业务，定期向外部利益集团（股东、债权人、政府税务部门、客户等）提供有关的法定财务报告。

(2) 企业内部管理报告。收集和整理与企业管理有关的各种信息，编制管理报告并提供给企业管理当局，以便管理当局作出正确的决策。

(3) 成本核算与管理。对企业的产品和各部门进行成本核算与考核。

(4) 税务会计。制定必要的税务政策和税务程序，负责申报纳税，进行税收筹划并合理避税。

（5）内部审计。利用内部审计相对独立的地位，进行财务审计、经济效益审计和各种专项审计。

（6）会计信息系统。有效地管理好企业的会计信息系统，满足会计信息的安全性、准确性和及时性要求。

3. 财务委员会的职责

除财务部门管理财务之外，大型公司往往还采取财务委员会形式，即利用委员会中不同背景和知识结构的委员来制定公司财务政策并作出重大的财务决策。例如，IBM、通用汽车公司等都设有财务管理委员会，委员是来自各个职能部门和重要的生产经营部门的主要负责人。财务委员会协同董事会对资本投资和经营预算等重大财务事项进行财务决策。

案例评析

应用案例与点评

【案例】

合伙企业事宜

王某大学毕业后准备开办一家软件公司，因资金不足，王某找其堂哥和表妹帮助。于是，其在一家咨询公司上班的堂哥和在工商银行做信贷员的表妹分别出资12万元和6万元。堂哥和表妹与王某商量，不如一家人一起办公司，由于王某的堂哥和表妹上班没时间管理公司，所以由王某负责经营管理，王某的堂哥和表妹帮助介绍客户，软件公司以王某的名义注册登记，三个人按照出资比例进行利润分成。王某采纳了其堂哥和表妹的建议。为了避免日后发生矛盾，影响彼此之间的感情，三人特就出资与利润分成事项签订书面协议。随后，王某又向大学同学张某、刘某分别借了8万元钱。准备工作就绪，王某以个人名义向工商行政管理机关申请设立登记，领取营业执照后，软件公司开业。由于王某经营得当，其堂哥和表妹也经常介绍客户为软件公司招揽业务，公司发展顺利，年终盈利10万元，三人按照出资比例进行了分配，分别得到5万元、4万元和2万元。

王某向张某的借款到期后，张某向王某索要，王某称无力偿还，要求张某再宽限一年，一年后利息加倍偿还，张某不同意。王某又提出请张某入伙该软件公司，以张某借给王某的8万元钱抵作出资，按照出资比例分享盈利，张某认为该公司生意红火，随即同意。张某入伙后一个月，刘某要求王某还钱，王某推托不还，于是刘某将王某诉至法院。

问题：

1. 该软件公司应属于个人独资企业还是合伙企业，为什么？出资人身份是否合法？请说明理由。

2. 王某的表妹如果贷款买房，王某是否有权决定以软件公司的房产做抵押担保？为什么？

3. 张某的入伙能否发生？请说明理由。

4. 刘某的借款应如何偿还？如果一年后刘某向该公司借了 8 万元钱没有偿还，能够要求与其抵消吗？为什么？

【点评】

案例要点：合伙企业设立条件、合伙事务执行方式、入伙条件、合伙人个人债务承担。

1. 该软件公司实际上为合伙企业。首先，该公司有三个出资人：王某、他的堂哥和表妹，不是王某一个人出资设立的；其次，三个人都履行了出资义务，并且约定按照出资比例分享盈利，符合合伙企业的基本特征；最后，虽然该公司只由王某负责经营管理，但是由三个人共同决定的，应属于委托一名合伙人管理合伙企业事务的情形。

在上述三个出资人中，王某表妹的身份不合法。根据有关法律及行政法规的规定，商业银行信贷员不得从事经营性活动。

2. 王某无权以公司的房产提供抵押担保。因为公司的房产属于全体合伙人共同共有的财产，如果用该财产提供担保，应当经全体合伙人一致同意。

3. 根据《合伙企业法》的规定，新合伙人入伙应当经全体合伙人一致同意。所以张某能否入伙取决于其他合伙人是否同意，如果只有张某和王某的意愿，还不具备入伙的条件。

4. 王某当初向刘某的借款属于其个人债务，应当以其个人财产进行清偿。

刘某向该公司借的 8 万元钱不能与王某向刘某借的 8 万元钱抵消。因为王某向刘某借的钱属于个人债务，刘某是王某的债权人。而刘某向该公司的借款，该公司是刘某的债权人。由于两者债权债务关系不对应，不得抵消。

精选案例讨论

【案例 1】

央企高管薪酬究竟有多高？

人力资源和社会保障部劳动工资研究所所长刘学民在接受新华社记者采访时介绍了央企高管的薪酬水平。

1. 是同级别公务员的十余倍

副部级公务员的年平均薪酬水平大致是10多万元，而部分央企负责人的年薪酬水平达到100多万元。后者是前者的十余倍。

2. 是上市公司高管的2～3倍

2013年我国沪深上市公司主要负责人年平均薪酬水平为76.3万元，全部负责人平均薪酬水平为46.1万元。央企负责人薪酬水平是同期沪深上市公司负责人的2～3倍。

3. 是城镇职工收入的二三十倍

20世纪90年代初期，国企负责人开始试行年薪制，薪酬大约为12万元，是同期全国城镇在岗职工年平均工资的十多倍。近年来，央企负责人年薪酬水平大约是同期全国城镇从业人员年平均工资的二三十倍。

《中央管理企业负责人薪酬制度改革方案》（以下简称《方案》），不仅让长期“一手拿大印，一手握钱袋”的国企领导难逃降薪命运，更被解读为推进国企改革的前奏。人力资源和社会保障部副部长邱小平进行解读称，上述《方案》实施后，央企负责人薪酬会出现普降，部分降幅较大，同时如果没有通过考评，由三部分构成的薪酬将有两部分不予发放。

“《方案》执行后，央企、国有金融企业主要负责人的薪酬将削减为现有薪酬的30%左右，削减后年薪不能超过60万元”的消息更是受到广泛关注。对此，邱小平表示：“方案中确定的薪酬水平方案是在综合考虑企业职工、中央国家机关和事业单位相关人员、城镇单位负责人等工资水平的基础上，参考一些国家国有企业高管薪酬相对水平后制定的。与现行政策相比，改革后多数中央管理企业负责人的薪酬水平将会下降，有的下降幅度还会比较大。”

据介绍，《方案》将中央管理企业负责人的薪酬由原基本年薪和绩效年薪两部分构成，调整为由基本年薪、绩效年薪、任期激励收入三部分构成。增加任期激励收入的目的是引导企业负责人更加重视企业长远发展，防止经营管理中的短期行为。

“绩效年薪与中央管理企业负责人年度考核评价结果相联系，根据年度考核评价结果的不同等次，结合绩效年薪调节系数确定。目的是考虑不同功能性质、不同行业以及不同经营规模企业的区别，体现这些企业的经营难度及其负责人承担的经营责任、经营风险等方面的差异，”邱小平说，“年度或任期考核评价不合格的，不得领取绩效年薪和任期激励收入。”

同时，如何将央企负责人的福利一碗水端平也是薪酬改革的重点。《方案》针对目前不同中央企业的福利项目和待遇水平存在较大差异的情况提出，中央管理企业负责人应按照国家有关规定参加基本养老保险和基本医疗保险，并建立补充养老保险（年金）、补充医疗保险和缴存住房公积金等，纳入统一薪酬体系统筹管理。同时，规定中央管理企业负责人不得在企业领取国家规定之外的任何其他福利性货币收入。

相关分析师普遍认为，今后央企的负责人将分为两部分：一部分是由组织上任命并选派到企业行使所有人职责的，一部分是由董事会根据企业发展需要而选任的。前者承担特殊的责任，其薪酬要严格规范，后者按市场机制确定薪酬，未来很有可能出现央企中市场化选任的总经理、副总经理薪酬高于组织任命的董事长薪酬的状况，但后者也要承担相应的职业风险，干不好就得走人。

【讨论】

1. 央企高管薪酬应由谁决定？

2. 如何看待央企高管薪酬制度改革？

3. 央企高管薪酬制度改革如何监督落实？

【案例 2】

日本企业的财务管理

资本是企业进行生产经营的前提条件，股东的投资是企业的最初投资。作为企业支柱和经营源泉的资本进入企业以后，经过循环周转，不断增值，以保护企业得以存在和发展。

1. 财务管理

日本企业的财务活动具体表现为资本的筹集和运用，资本筹集和运用的计划和控制即是财务管理。记录和核算作为财务对象的资本变动情况时，所使用的方法和手段是财务会计，而在进行财务管理时则主要使用管理会计。

2. 资本的筹集和运用

日本企业资本筹集的来源有外部金融和内部金融之分（见图 1－7）。其形式如下：(1) 外部金融主要有商业信用、信贷金融、证券金融等。(2) 内部金融主要有保留利润、折旧及财产处理等。

日本企业资本运用的具体表现形式主要有：(1) 货币储备；(2) 赊销投资；(3) 库存投资；(4) 有形资产投资；(5) 其他流动投资；(6) 无形资产投资；(7) 公司对外投资；(8) 创业投资；(9) 科研开发投资；(10) 资本筹集投资。参见图 1－8。

3. 财务部门的职能

(1) 筹集和运用资金。这是日本企业财务部门的第一个职能。企业进行生产经营需要一定量的资金，而这些资金的筹集和运用是以财务部门为中心实现的。

(2) 承担财务会计工作。这是日本企业财务部门的第二个职能。财务会计通过记录、收集、处理资本变动情况，提出企业经营活动的有关情况，客观真实地反映企业财务状况及经营成果，保护企业财产。

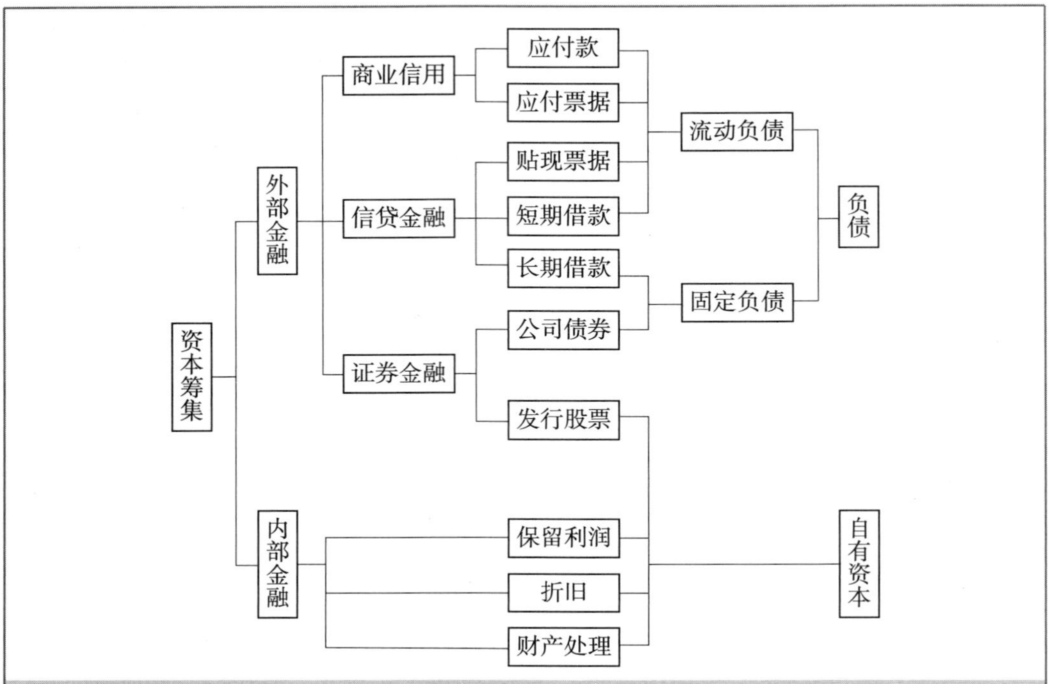

图 1-7　日本企业的资本筹集

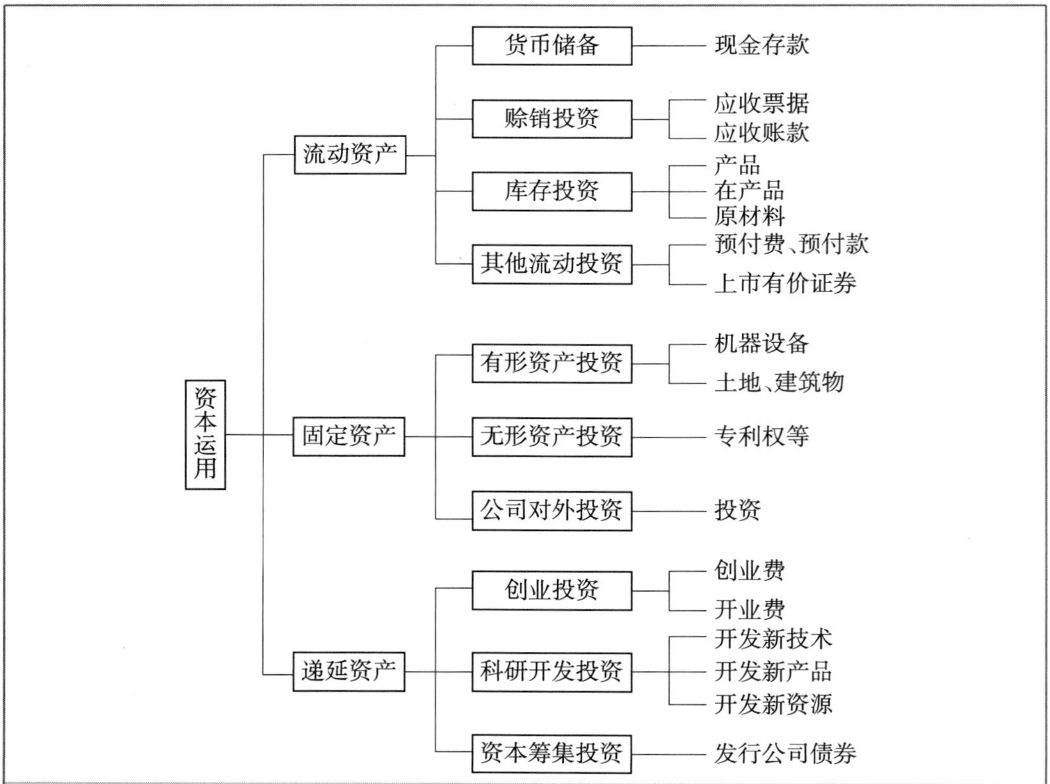

图 1-8　日本企业的资本运用

(3) 承担管理会计工作。日本企业的会计工作，除了财务会计，还有管理会计。根据日本商法有关规定，财务会计具有法定强制性，而管理会计没有法定强制性，是否设置由企业自行决定。

如前所述，财务会计是为研究企业以往经营状况提供情报。管理会计则不同，它是为研究企业未来如何发展提供会计情报。管理会计的重要任务，就是为企业进行合理决策提供切实可靠的情报。

4. 财务管理的范围

财务管理是企业管理的重要组成部分，其范围主要包括以下三个方面：

(1) 财务政策。它是企业组织和进行资本筹集与运用业务工作的指南。

(2) 财务计划。它是企业财务政策的具体化，把企业在计划期内财务活动的内容、程序和目标、数据具体表现出来。

(3) 财务控制。它是在财务计划实施过程中对财务活动所进行的指导、限制和调整。

5. 企业财务管理组织结构

日本企业财务管理组织结构的形式取决于企业内部管理的模式及其规模的大小和经营内容的复杂程度。日本大部分企业实行统一核算、统一管理的高度集中模式。这一模式的管理组织实行统一指挥，垂直领导，权力高度集中于最高领导层。

企业内部各个职能部门实行高度专业化的分工，分别承担生产、销售和财务等专门职能，并自成独立系统，层层传达，执行企业最高管理者的命令，最高管理者通过这些职能部门实现其对企业的管理。与这一管理组织形式相适应的大、中、小型企业的财务管理组织结构，分别如图1-9、图1-10和图1-11所示。

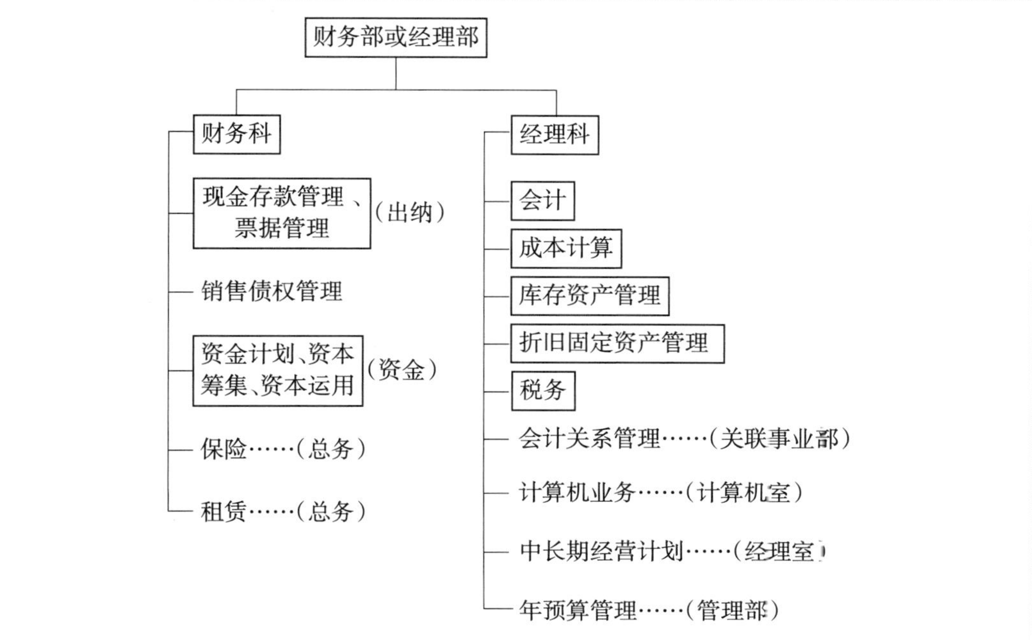

图1-9 日本大企业的财务管理组织结构

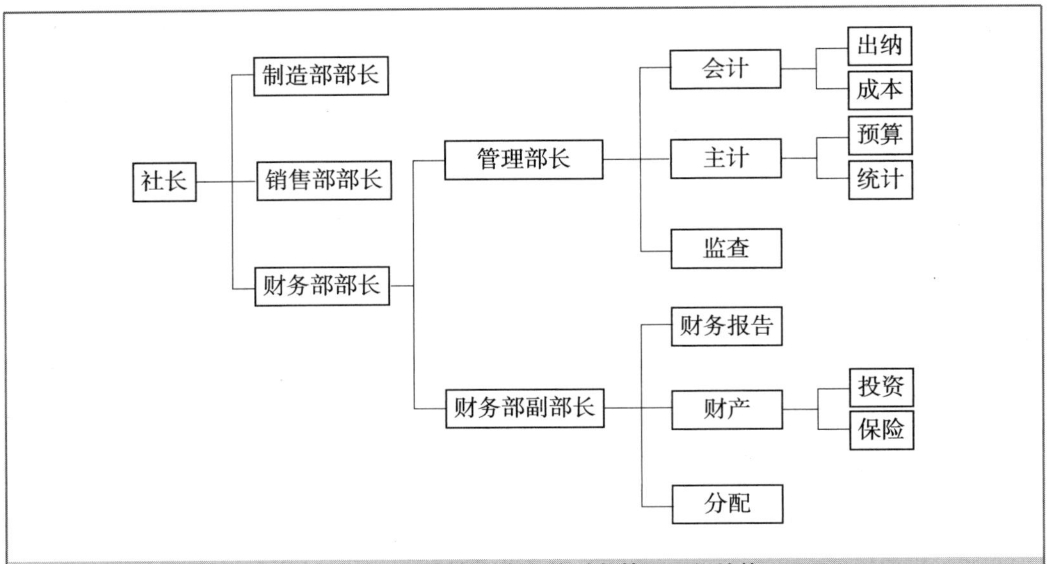

图 1-10　日本中型企业的财务管理组织结构

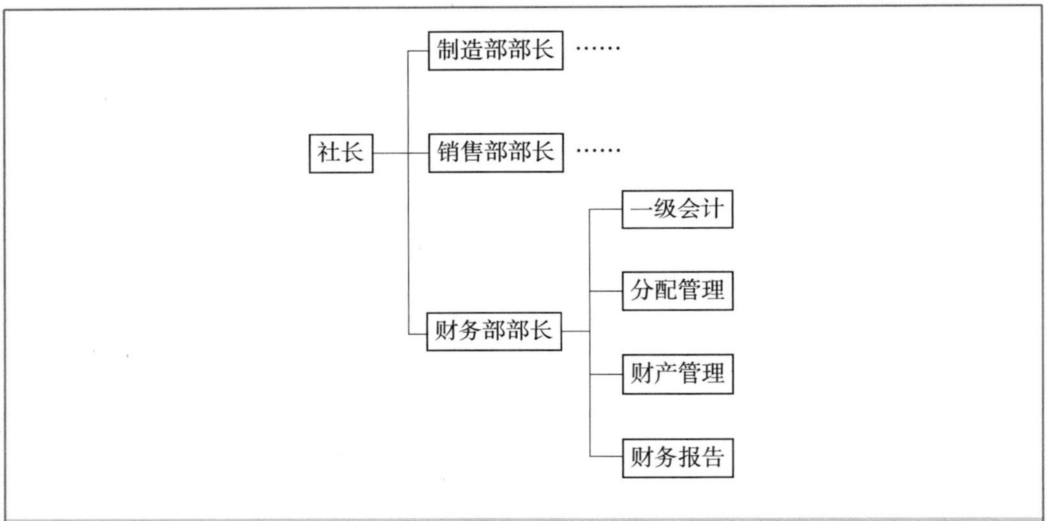

图 1-11　日本小企业的财务管理组织结构

【讨论】

1. 怎样看待日本企业财务管理体制？你认为日本的这种体制是否合理？

2. 日本企业财务管理体制在中国能不能运用？为什么？

3. 庞大的企业在财务上应该有一整套体制。假如你是松下集团总裁，会怎样设计财务管理体制？假如你是海信集团总裁，会怎样设计财务管理体制？

实务演练

思考与回答

1. 你在毕业时得到了姑姑的遗产 30 万元人民币，决定以此创业，你会选择成立何种形式的企业？你会采取何种财务管理的原则来确保投资的成功？在创业初期，你会使用哪种向外融资的渠道，未来又如何呢？如果别人失败你却成功，其原因会是什么呢？

2. 细数华为成功的原因，除了我们耳熟能详的奋斗精神、股权激励以及重视研发等，严格的财务管理功不可没。华为财务管理最大的特色是实行财务集中管理，打破了法人实体概念，构建了公司的运行逻辑。华为财务可分为四大职能：会计核算、资金管理、财经管理、审计监控。全球统一的会计核算和审计监控如同堤坝，保证了财务管理的有效开展，因此有人说财务管理也是生产力，对此说法，你赞同吗？

3. 美声公司面临两项投资选择。一是在上海发展 10 家折价唱片商店，在未来 8 年中，每家商店可望得到 35 000 元的税后利润，8 年后租约到期，商店关闭。二是投资东方娱乐中心的一家古典唱片商店，公司需要致力于使公众接受古典音乐，前两年税后利润为零，随后 10 年税后利润每年将增加 40 000 元，然后保持不变。第二个项目的有效期为 15 年。根据这些信息，你认为哪个项目更好？为什么？

4. 采用利润最大化目标的一大问题在于，它常常被当作短期目标，而财富最大化则是一个长期目标，短期业绩与长期业绩间会产生冲突。有时，短期利润的最大化极有可能是以长期利润的损失为代价的。比如，公司的经理人员可以通过以下方法降低其经营费用：减少研究与开发支出、减少用于员工培训和开发的支出、取消质量控制机制等。上述政策会对短期利润带来有利的影响，但是会削弱公司的长期竞争力和经营业绩。你能否列举一些事例，说明公司某些短期利润的增长是以长期利润的损失为代价的？

5. 在国内某经济论坛上，某集团总裁说："我坚持一个观点，不要让所有的老百姓都买房子，因为我们没有那么大的生产量。在供应量很少的情况下，一定是先满足最富的人。"当有人问到他作为很富的人花多少心思考虑穷人时，他说："如果我定位为一个商人，我就不应该考虑穷人。如果考虑穷人，我作为一个企业的管理者就是错误的。"你同意他的观点吗？

6. 国有企业负责人将再没有任何"职务消费"。日前，国务院通过的《关于合理确定并严格规范中央企业负责人履职待遇、业务支出的意见》，取消了企业负责人"职务消费"的提法，以后只论国家规定的履职待遇和符合财务制度规定标准的业务支出。

近年来，“职务消费”给大家留下了很不好的印象，有人甚至把它直接和贪污腐化联系起来。究其原因，一是由于有的国企负责人以“职务消费”的名义，大搞特权消费，大肆损公肥私，如中石化原董事长陈同海日均挥霍公款三四万元，国电公司原总经理高严出席公司会议住 6 万元/天的特大套房；二是国企长期缺少对职务消费的明确界定和严格的财务制度规范，使得一些国企负责人进行“职务消费”无所限制和忌惮。

取消国企负责人“职务消费”不只是要取消“提法”，更要取消国企负责人以“职务消费”之名获取的不当利益。你认为“职务消费”取消之后，对国企负责人履职消费、业务支出的规范应该如何进行监管？

7. 猎狗将兔子赶出了窝，一直追赶它，追了很久仍没有捉到。牧羊犬看到此种情景，讥笑猎狗说：“你们两个之间小的反而跑得快得多。”猎狗回答说：“你不知道我们两个的跑是完全不同的！我仅仅为了一顿饭而跑，他却是为了性命而跑呀！”猎人思忖：“猎狗说得对啊，我要想得到更多的猎物，那就得想个好法子。”于是，猎人又买来几条猎狗，承诺凡是能够捉到兔子的，可以根据数量得到相应的骨头，捉不到的就没有饭吃。你认为这招有用吗？

搜集与整理

1. 华为技术有限公司的财务管理体制。
2. 你所在单位的财务管理体制。
3. 我国工商税收制度。
4. 我国现行金融体系的构成。
5. 阿里巴巴集团的激励机制。

自测与练习

1. 东方跨国公司有 A、B、C、D 四个下属公司，2019 年四个公司应税所得额和所在国的所得税税率如下：

A 公司：500 万美元	25%
B 公司：400 万美元	25%
C 公司：300 万美元	24%
D 公司：－300 万美元	15%

东方跨国公司的应税所得额为－100 万美元，其所在地区的所得税税率为 15%。

要求：请从税务角度选择设立子公司还是分公司。

2. 洪亮拥有一家小型住宅清洁企业，它现在是个人独资企业。企业有 9 名员工，年销售收入 48 000 元，总负债 90 000 元，总资产 263 000 元。洪亮拥有个人净资产467 000元（其中含企业资产）和非商业负债 42 000 元（以住宅作为抵押）。洪亮想把企业的一部分权益转让给员工涂华，洪亮正在考虑是采用合伙企业形式还是其他形式。涂华拥有个人净资产36 000元。

要求：

（1）若在一宗大额法律诉讼中（标的为 600 000 元），采用独资企业形式时，洪亮需承担的最大责任有多大？

（2）在这次法律诉讼中，如采用合伙企业形式，洪亮需承担的最大责任有多大？合伙人分担风险吗？

（3）在这次法律诉讼中，如采用股份有限公司形式，洪亮需承担的最大责任是多少？

3. 根据以往情况，申江公司年销售额在 100 万元左右，现逢税务机关对下一年度增值税纳税人进行核定（即划为一般纳税人还是小规模纳税人）。假设根据税法规定，从事货物生产的企业年销售额超过 100 万元，应划归为一般纳税人缴纳增值税；如低于 100 万元，划归为小规模纳税人缴纳增值税。一般纳税人增值税的计算公式是：应纳增值税额＝销项税额－进项税额＝商品销售额×增值税税率－商品购进额×增值税税率。小规模纳税人增值税的计算公式：应纳增值税额＝商品销售额×征收率。以上商品销售额、商品购进额均不包含增值税。

要求：

（1）假如你是申江公司的财务人员，就纳税人划归问题上应向公司经理提出何种建议？

（2）请你推导出选择纳税人身份的增值率法。

4. 沪江公司发行在外流通的公司债券面值为 1 000 万元，还有两年到期，票面年利率为 12%（按单利计算），现根据国家宏观经济运行状况，预计金融机构近期将调低银行存贷款利率，贷款平均年利率预计会调低至 8%左右。

要求：如果你是沪江公司的财务经理，应向该公司决策层提出哪些理财建议？

5. 蕴祺有限公司的长期资本和年度利润资料如下：股本 100 000 万元（每股面值 1 元），税后利润 15 000 万元。

现在，该公司正在考虑发行 20 000 万股面值为 1 元的普通股，并将所筹集的资金投资于预期税后利润为 2 000 万元的投资项目。

要求：公司的目标分别是：（1）实现股东净利润的最大化；（2）实现股东每股净利润的最大化。你会向经理人员提出什么建议？

第2章

资金时间价值与价值评估

本章要点

资金时间价值

利息率和通货膨胀

价值评估

学习目标

资金时间价值来源于资金进入社会再生产过程后的价值增值。通过本章的学习，你应该掌握资金时间价值的概念和计算方法，掌握资金时间价值的应用，熟悉利率的决定因素，熟悉名义利率与实际利率的换算，掌握股票和债券内在价值的估算方法。

【关键词】

- 资金时间价值（time value of money）
- 单利（simple interest）
- 复利（compound interest）
- 现值（present value）
- 终值（future value）
- 年金（annuity）
- 即付年金（annuity due）
- 普通年金（ordinary annuity）
- 价值评估（valuation）
- 名义利率（nominal interest rate）
- 实际利率（effective interest rate）
- 利率（interest rate）
- 内在价值（intrinsic value）

200 年前，本杰明·富兰克林向波士顿捐献了 1 000 英镑，该城市将其用于放贷收息增值活动。100 年后，这笔投资增值的一部分继续用于再投资。200 年后，人们用这笔增值的资金建立了富兰克林基金，以非常优惠的贷款方式帮助了许多医科学生，还盈余 300 多万美元。200 年间，美国平均年利率为 5%，那么富兰克林最初捐献的 1 000 英镑何来这么大的威力？学完本章，你将毫不费力地回答上述问题。

资料来源：张家伦．财务管理学．北京：首都经济贸易大学出版社，2001：37.

核心理念

2.1 资金时间价值

资金时间价值是财务管理的基本概念之一，因其非常重要且涉及所有理财活动，因此有人称之为理财的“第一原则”。

2.1.1 资金时间价值的概念

在商品经济中，有这样一种现象，即现在的 1 元钱和一年后的 1 元钱其经济价值不相等，或者说其经济效用不同。现在的 1 元钱比一年后的 1 元钱经济价值要大些，即使不存在通货膨胀也是如此。为什么会这样呢?

例如，某企业现用 25 万元购买国债，年利率 4%，一年后可得本利和 26 万元（25＋25×4%）。将 25 万元作为资本，经过一年时间的投资增加了 1 万元，这就是资金的时间价值。

又如，某人拟订购一套正在建设中的商品房（建设期为 3 年），采用现付方式，其价款为 120 万元；如果延期至 3 年后交付使用时付款，价款为 136 万元。如果 3 年期银行存款利率为 5%，不考虑其他费用。此人应采用哪种付款方式呢?

假定此人目前已筹集到 120 万元现金，暂不付款，存入银行，按单利计算，3 年后的本利和为 138 万元（120＋120×5%×3），同 136 万元比较，可得到 2 万元（138－136）的利益。可见，应采用延期付款的方式。本例说明，现在的 120 万元，在利率为 5%的情况下，3 年后其价值就提高到 138 万元了。随着时间的推移，周转中的资金价值发生了增值。

资金在周转使用中由于时间因素而形成的差额价值，称为资金时间价值。

2.1.2 资金时间价值与利息率的区别

通常情况下，资金时间价值相当于没有风险和没有通货膨胀情况下的社会平均利润率。这是利润平均化规律作用的结果。由于竞争，市场经济中各部门投资的利润率趋于平均化。企业在投资某些项目时，至少要取得社会平均利润率，否则不如投资于其他的项目或其他的行业。因此，资金时间价值成为评估价值的最基本原则。

由于资金时间价值的计算方法同有关利息的计算方法相同，因而资金时间价值与利息率（简称利率）容易混为一谈。实际上，财务管理活动总是或多或少存在风险，而通货膨胀也是市场经济中客观存在的经济现象。因此，利率不仅包含时间价值，而且包含风险价值和通货膨胀因素。一般来说，只有在购买国库券等政府债券时才几乎没有风险，如果通货膨胀率也很低，此时可以用政府债券利率表示资金时间价值。

2.1.3 资金时间价值的计算

根据资金具有时间价值的理论，可以将某一时点的资金金额折算为其他时点的金额，以便将不同时点的资金量进行比较分析。

为方便起见，本章在介绍资金时间价值的计算方法时假定有关字母的含义如下：

F——终值（本利和）；

P——现值（本金）；

A——年金；

i——利率（折现率）；

n——计息期数。

i 和 n 应相互对应，如 i 为年利率，n 应为年数；如 i 为月利率，n 应为月份数。

1. 单利的计算

单利是指计算利息时只按本金计算利息，应付而未付的利息不计算利息。例如，华美公司将 80 000 元现金存入银行，存款利率 5%，一年后可得本利和84 000 元，若存款期为 3 年，则每年利息都是 4 000 元，三年后可得本利和 92 000 元。目前我国银行存贷款一般采用单利计算利息。

（1）单利终值的计算。终值是指一定数额的资金经过一段时期后的价值，也即资金在其运动终点的价值，在商业上俗称“本利和”。如前例 92 000 元（80 000＋4 000×3），就是存款期为 3 年按单利计算的终值。单利终值的计算公式为：

$$F=P+P\times i\times n=P\times(1+i\times n)$$

式中，$1+i\times n$ 为单利终值系数。

（2）单利现值的计算。现值是指在未来某一时点上的一定数额的资金折合的现在的价值，也即资金在其运动起点的价值，在商业上俗称“本金”。如前例中的 80 000元。单利现值的计算公式为：

$$P=F\times\frac{1}{1+i\times n}$$

式中，$\frac{1}{1+i\times n}$为单利现值系数。

可见，单利现值的计算同单利终值的计算是互逆的。由终值计算现值的过程称为折现。

2. 复利的计算

复利是指计算利息时，把上期的利息并入本金一并计算利息，即“利滚利”。资金时间价值通常是按复利计算的。

（1）复利终值的计算（已知现值 P，求终值 F）。复利终值是指一定量的本金按复利计算若干期后的本利和。

【例2-1】 华美公司将80 000元现金存入银行，存款利率为5%，存款期为1年，按复利计算，则到期本利和为：

$$\begin{aligned} F &= P+P\times i \\ &= P\times(1+i) \\ &= 80\,000\times(1+5\%) \\ &= 84\,000(\text{元}) \end{aligned}$$

若华美公司不提走现金，将84 000元继续存入银行，则第2年本利和为：

$$\begin{aligned} F &= [P\times(1+i)]\times(1+i) \\ &= P\times(1+i)^2 \\ &= 80\,000\times(1+5\%)^2 \\ &= 80\,000\times1.102\,5 \\ &= 88\,200(\text{元}) \end{aligned}$$

若华美公司仍不提走现金，将88 200元再次存入银行，则第3年本利和为：

$$\begin{aligned} F &= \{[P\times(1+i)]\times(1+i)\}\times(1+i) \\ &= P\times(1+i)^3 \\ &= 80\,000\times(1+5\%)^3 \\ &= 80\,000\times1.157\,6 \\ &= 92\,608(\text{元}) \end{aligned}$$

同理，第 n 年的本利和为：

$$F=P\times(1+i)^n$$

上式就是计算复利终值的计算公式，其中 $(1+i)^n$ 通常称作复利终值系数，用符号 $(F/P, i, n)$ 表示。例如 $(F/P, 5\%, 3)$，表示利率为5%，第3期的复利终值系数。因此复利终值的计算公式也可写作：

$$F=P\times(F/P,i,n)$$

为了便于计算，复利终值系数可以通过查阅1元复利终值系数表获得。1元复利终值系数表的第一行是利率 i，第一列是计息期数 n，相应的 $(1+i)^n$ 在其纵横相交处。通过该表可查出，$(F/P, 5\%, 3)=1.157\,6$，即在利率为5%的情况下，现在的1元和3年后的1.157 6元在经济上是等效的，根据这个系数可以把现值换算成终值。

（2）复利现值的计算（已知终值 F，求现值 P）。复利现值是指未来一定时间的特定资金按复利计算的现在价值，或者说是为取得将来一定本利和现在所需要的本金。

复利现值的计算公式为：

$$P = F \times \frac{1}{(1+i)^n}$$

式中，$\frac{1}{(1+i)^n}$通常称作复利现值系数，用符号（P/F，i，n）表示。例如（P/F，5%，3)，表示利率为5%，第3期的复利现值系数。因此复利现值的计算公式也可写作：

$$P=F\times(P/F,i,n)$$

为了便于计算，复利现值系数可以通过查阅1元复利现值系数表获得。该表的使用方法与1元复利终值系数表相同。

3. 年金的计算

年金是指一定时期内每期相等金额的收付款项。在年金问题中，系列等额收付的间隔期只要满足相等的条件即可，因此，间隔期完全可以不是一年。例如，每季末等额支付的债券利息就是年金。

年金有多种形式，根据第一次收到或付出资金的时间不同和延续时间长短，一般可分为普通年金、即付年金、永续年金和递延年金。

(1) 普通年金终值的计算（已知年金A，求年金终值F）。普通年金，也称后付年金，即在每期期末收到或付出的年金。普通年金终值是指其最后一次收到或付出时的本利和，它是每次收到或支付的复利终值之和。根据复利终值的计算方法，普通年金终值的计算公式为：

$$F = A \times \frac{(1+i)^n - 1}{i}$$

式中，$\frac{(1+i)^n-1}{i}$称作年金终值系数，记为（F/A，i，n），可通过直接查阅1元年金终值系数表求得有关数值。因此，普通年金终值的计算公式也可写作：

$$F=A\times(F/A,i,n)$$

(2) 普通年金现值的计算（已知年金A，求年金现值P）。普通年金现值是指为在每期期末取得相等金额的款项，现在需要投入的金额。根据复利现值的计算方法，普通年金现值的计算公式为：

$$P = A \times \frac{1-(1+i)^{-n}}{i}$$

式中，$\frac{1-\ (1+i)^{-n}}{i}$称作年金现值系数，记为（P/A，i，n），可通过直接查阅1元年金现值系数表求得有关数值。因此，普通年金现值的计算公式也可写作：

$$P=A\times(P/A,i,n)$$

（3）即付年金终值的计算。即付年金，也称先付年金，即在每期期初收到或付出的年金。它与普通年金的区别仅在于收付款时间的不同。

在计算即付年金终值时，n 期即付年金与 n 期普通年金的收付款次数相同，但由于其收付款时间不同（普通年金是在每期期末收到或付出相等的金额），n 期即付年金终值比 n 期普通年金的终值多计算一期利息。因此，在 n 期普通年金终值的基础上乘上（$1+i$）就是 n 期即付年金的终值。或者，在普通年金终值系数的基础上，期数加1，系数减1便可得到对应的即付年金的终值。计算公式如下：

$$F=A\times(F/A,i,n)\times(1+i)$$

或 $$F=A\times[(F/A,i,n+1)-1]$$

（4）即付年金现值的计算。同理，n 期即付年金现值比 n 期普通年金的现值多计算一期利息。因此，在 n 期普通年金现值的基础上乘上（$1+i$）就是 n 期即付年金的现值。或者，在普通年金现值系数的基础上，期数减1、系数加1便可得到对应的即付年金的现值。计算公式如下：

$$P=A\times(P/A,i,n)\times(1+i)$$

或 $$P=A\times[(P/A,i,n-1)+1]$$

（5）递延年金终值的计算。递延年金，即第一次收到或付出发生在第二期或第二期以后的年金。即第一次收付款与第一期无关，而是隔若干期后才开始发生的系列等额收付款项。凡不是从第一期开始的年金都是递延年金。

递延年金是普通年金的特殊形式。递延年金终值的计算与普通年金计算一样，只是要注意期数。计算公式如下：

$$F=A(F/A,i,n)$$

式中，n 表示 A 的个数，与递延期无关。

（6）递延年金现值的计算。递延年金现值的计算方法有三种：

方法1：$P=A\times[(P/A,i,m+n)-(P/A,i,m)]$

方法2：$P=A\times(P/A,i,n)\times(P/F,i,m)$

方法3：$P=A\times(F/A,i,n)\times(P/F,i,m+n)$

式中，m 为递延期；n 为连续实际发生的期数。

方法1，假设递延期中也进行收付，先求出 $m+n$ 期的年金现值，然后扣除实际并未收付的递延期 m 的年金现值，即可得出最终结果。

方法2，把递延年金视为普通年金，求出递延期末的现值，然后再将此现值调整到第1期期初。

方法3，先求出递延年金的终值，再将其折算为现值。

三种方法第 1 次发生均在第 $m+1$ 期期末。

（7）永续年金的计算。永续年金，即无限期等额收入或付出的年金，可视为普通年金的特殊形式，即期限趋于无穷的普通年金。存本取息可视为永续年金的例子。此外，也可将利率较高、持续期限较长的年金视同永续年金计算。通过普通年金现值的计算可推导出永续年金现值的计算公式如下：

$$P = A \times \frac{1-(1+i)^{-n}}{i}$$

当 $n \to \infty$ 时，$(1+i)^{-n}$ 为 0，故上式也可写成：

$$P = \frac{A}{i}$$

2.1.4 贴现率和期数的推算

上述资金时间价值的计算，都假定贴现率和期数是给定的。在实际工作中，有时仅知道计息期数、终值、现值，要根据这些条件去求贴现率；有时仅知道贴现率、终值、现值，要根据这些条件去求期数。求贴现率和期数，首先要根据已知的终值和现值求出换算系数。这里讲的换算系数是指终值系数、现值系数、年金终值系数和年金现值系数。

例如，根据公式 $F=P\times(F/P, i, n)$，可得到

$$(F/P,i,n)=F\div P$$

即将终值除以现值得到终值系数。

同理，我们可得到

$$(P/F,i,n)=P\div F$$
$$(F/A,i,n)=F\div A$$
$$(P/A,i,n)=P\div A$$

1. 求贴现率

【例 2-2】 某人打算购买新房，计划于第一年年初向银行借款 20 000 元，以后每年年末还本付息 4 000 元，连续 9 年还清。问借款利率为多少？

根据题意，已知 $P=20\ 000$，$A=4\ 000$，$n=9$，求 i。

$$(P/A,i,9)=P\div A=20\ 000\div 4\ 000=5$$

查 $n=9$ 的普通年金现值系数表。在 $n=9$ 一行无法找到恰好系数 α 为 5 的系数值，于是在该行查找大于和小于 5 的临界系数值，分别为：$\beta_1=5.328\ 2>5$，$\beta_2=4.916\ 4<5$，对应的临界期间为 $i_1=12\%$，$i_2=14\%$。采用内插法计算借款利率。

$$i = i_1 + \frac{\beta_1-\alpha}{\beta_1-\beta_2}(i_2-i_1)$$

$$=12\%+\frac{5.3282-5}{5.3282-4.9164}\times(14\%-12\%)\approx 13.59\%$$

对于即付年金利率 i 的推算，同样可遵循上述方法。先求出 $F\div A$ 的值，令$\alpha=F\div A+1$，然后沿（$n+1$）所在的行横向在普通年金终值系数表中查找，若恰好找到一个系数值等于 α，则该系数值所在列对应的利率便为所要求的 i，否则便查找临界系数值和对应的临界利率，应用内插法求出利率 i。

2. 求期数

【例 2－3】 华美公司拟购买一台柴油机，更新目前的汽油机。柴油机价格较汽油机高出 24 000 元，但每年可节约燃料费用 6 000 元。若利率为 10%，求柴油机应至少使用多少年对企业才有利？

根据题意，已知 $P=24\,000$，$A=6\,000$，$i=10\%$ ，求 n。

$$(P/A,10\%,n)=P\div A=24\,000\div 6\,000=4$$

查普通年金现值系数表，在 $i=10\%$的列上纵向查找，无法找到恰好系数 α 为 4 的值，于是查找大于和小于 4 的临界系数值：$\beta_1=3.7908<4$，$\beta_2=4.3553>4$，对应的临界期间为 $n_1=5$，$n_2=6$。采用内插法计算期数。

$$n=n_1+\frac{\beta_1-\alpha}{\beta_1-\beta_2}(n_2-n_1)$$

$$=5+\frac{3.7908-4}{3.7908-4.3553}\times(6-5)\approx 5.4(年)$$

2.2 利息率和通货膨胀

2.2.1 利息和利息率的表示

利息是在信用基础上产生的，是资金所有者将资金暂时让渡给使用者收取的报酬。对需要资金的企业来说，利息是使用资金必须付出的代价。由于资金是一种特殊的商品，在资金市场上进行资金交易活动一般以利息为标准，因此，也可以把利息看作资金的价格。

利息率简称利率，是一定时期内利息额与借贷资金额（本金）的比率。它一般是指借贷资金的双方在发生信用关系时所使用的利率。

利率一般分为年利率、月利率和日利率。年利率又称年息率，月利率又称月息率，日利率又称日息率（也叫拆息）。按我国传统习惯，不论是年息、月息还是日息，利率的基本单位都是厘，1/10 厘为 1 毫，1/100 厘为 1 丝。由厘往上计，10 厘为 1 分。利率一般到分为止，没有分以上的单位。

年利率是按本金的百分之几来表示的。例如，本金为3 000元，一年的利息为120元，年利率为4%（即120/3 000）。按照习惯说法就是年息4厘。

月利率是按本金的千分之几来表示的。例如，本金3 000元，一个月的利息为12元，则月利率为4‰（即12/3 000）。按照习惯说法就是月息4厘。

日利率是按本金的万分之几来表示的。例如本金3 000元，每天的利息为1.2元，日利率为0.4‱（即1.2/3 000）。按照习惯说法是日息4厘。

国外一般习惯用年利率，我国习惯用月利率。例如“月息5分4厘”就是5.4%；“月息5厘4毫”就是0.54%。为计息的方便，年、月、日利率可以互相换算。通常规定，年利率与月利率相互换算，每年按12个月计算；年利率与日利率相互换算，按一年360天计算；月利率与日利率相互换算，按每月30天计算。例如，企业流动资金贷款年利率为9%，换算为月利率是0.75%（即9%/12），换算为日利率为0.03%（即9%/360）。

2.2.2 利率的决定因素

1. 利率制定的依据

利率是个人、企业或有关部门借入资金时支付的价格。利息是资金需求者为借入资金而支付的成本（费用）。按资金供应者的观点，利息是借出资金而应得的收益。信用的作用必须通过利息才能有效地发挥出来，利息的调节作用主要通过利率的高低变化来实现。利率过高，使投资者利润微薄，甚至无利可图，影响投资的积极性；利率过低，又会使资金盲目再分配，导致资金的浪费和不合理使用，同时还会影响货币资金的筹集和货币流通的稳定性。因此，合理制定利率，对发挥信用和利息的作用有重要意义。制定利率的客观依据如下：

（1）制定利率要以平均利润率为最高界限。利息来源于企业的纯收入，是企业利润的一部分，因此利率的高低受到平均利润率的制约。利率总是在平均利润率与零之间上下波动。在其他条件不变的情况下，平均利润率越高，利率就越高；反之，则越低。

（2）制定利率要考虑资金的供求状况。在平均利润率不变的条件下，利率高低如同商品的价格一样，要受到资金供求关系的影响。当资金供过于求时，利率就会下降；当资金供不应求时，利率就会提高。当然，利率对资金供求变化的反应并非只是被动消极的，它也积极地反作用于资金供求。利率提高，会减少对资金的需求，并使资金的来源相应增加；利率降低，刺激资金需求的增加，同时使资金的来源相应地减少。

（3）制定利率要考虑物价水平的变化。保持物价基本稳定，是经济持续、稳定发展的重要条件。但是，物价基本稳定不等于物价水平固定不变。从长期看，物价总水平是稳中有升的。在物价上涨的情况下，利率的最低限是要切实保证实际利率大于零，即不出现负利率。世界各国的经验证明，保持名义利率高于物价上涨率，发挥储蓄的保值作用，抑制企业对贷款过旺的需求，对国民经济的健康发展大有好处。

（4）制定利率要考虑银行存贷利差的合理要求。一般来说，银行放款的利率应高于存款利率，这两者之间的差额称为利差，是银行收入的主要来源。但利差的水平必须适当。利差过大，无论是由贷款利率过高引起的，还是由存款利率过低引起的，都会影响信贷资金的平衡和货币流通的稳定。利差过小，不仅会减少银行的业务收入，影响银行经营的积极性，而且会削弱利息的杠杆作用，起不到促进企业合理使用资金的作用，甚至会引发信用膨胀。所以，应该兼顾借款人、存款人和银行三者的利益，制定适当的存贷利率，使利差保持在一个相对合理的水平上。

影响利率的因素多种多样。除上述因素外，经济周期，国家的产业政策、货币政策、财政政策，国际经济政治关系和金融市场的状况等，对利率制定均有影响。

2. 市场利率的计算

我国的利率分官方利率和市场利率。官方利率是政府通过中央银行确定公布，各银行都必须执行的利率，主要包括中央银行基准利率、金融机构对客户的存贷款利率等。市场利率是金融市场上资金供求双方竞争形成的利率，随资金供求关系的变化而变化，主要包括同业拆借利率、国债二级市场利率等。市场利率受官方利率的影响，政府确定官方利率时也要考虑市场的资金供求状况。市场利率的一般计算公式可表示如下：

利率＝纯利率＋通货膨胀补偿率＋风险报酬率

（1）纯利率是指没有风险和通货膨胀情况下的均衡利率。在无通货膨胀时，国债的利率可以近似视为纯利率。纯利率的高低，受平均利润率、资金供求关系和国家宏观经济调控的影响。

（2）通货膨胀补偿率是指由于持续的通货膨胀会不断降低货币的实际购买力，为补偿其购买力损失要求提高的利率。

（3）风险报酬率包括违约风险报酬率、流动性风险报酬率和期限风险报酬率。

1）违约风险报酬率是指为弥补因债务人无法按时还本付息而带来的风险，由债权人要求提高的利率。

2）流动性风险报酬率是指为弥补因债务人资产流动性不好而带来的风险，由债权人要求提高的利率。

3）期限风险报酬率是指为弥补因偿债期长而带来的风险，由债权人要求提高的利率。

因此，市场利率的一般计算公式也可表示为：

利率＝纯利率＋通货膨胀补偿率＋违约风险报酬率
＋流动性风险报酬率＋期限风险报酬率

2.2.3　名义利率与实际利率的换算

在企业筹资和借贷活动中，经常遇到如下情况：给定年利率，但计息周期是半年、季或月，即按半年、季或月甚至日计算复利。例如，有的抵押贷款每月计息一次，银行之间拆借资金为每天计息一次。如果以年作为基本计息期，给定的年利率就叫作名义利率。如果每年计算一次复利，名义利率就等于实际利率。如果按照短于一年的计息期计算复利，并将全年利息额除以年初的本金，此时得到的利率就叫作实际利率，实际利率与名义利率必然不同。

【例 2-4】　华美公司向银行借款 1 000 万元，利率 12%。

(1) 若每年计息一次，1 年后本息为多少?

(2) 若每半年计息一次，1 年后本息为多少?

(3) 若每季度计息一次，1 年后本息为多少?

(1) 若每年计息一次。

1 年后本息＝1 000×(1＋12%)＝1 120(万元)

实际利率＝(1 120－1 000)/1 000＝12%

(2) 若每半年计息一次。

1 年后本息＝1 000×$(1+6\%)^2$＝1 124(万元)

实际利率＝(1 124－1 000)/1 000＝12.4%

(3) 若每季度计息一次。

1 年后本息＝1 000×$(1+3\%)^4$＝1 126(万元)

实际利率＝(1 126－1 000)/1 000＝12.6%

由此可得出：

1. 名义利率与实际利率的换算关系

$$i=(1+r/m)^m-1$$

式中，i 为年实际利率；r 为年名义利率；m 为每年复利计息次数。

2. 计息周期与名义利率的利息周期不同时，终值的计算公式

$$F=P\times(1+r/m)^{m\times n}$$

式中，F 为终值；P 为现值；n 为年数；其他符号含义同上。

2.2.4　贴息贷款的实际利率

一些银行在提供贷款时，要求借款人在期初支付利息，由于借款人得到贷款之初银行即将利息扣除，其所得到的实际资金数额少于贷款面值，这种贷款叫贴息贷款。在这种贷款中，因为借款人实际能够使用的资金数额少于银行的贷款面值，贷款的实际成本将发生变化。

$$贷款的实际利率=\frac{I}{M-I}$$

式中，I 为贷款利息；M 为贷款面值。

如果贴息贷款的期限小于一年，则贷款的实际利率为：

$$贷款的实际利率=\left(1+\frac{I}{M-I}\right)^n-1$$

式中，n 为1年内贷款次数或利息支付次数。

2.2.5 分期等额偿还贷款的实际利率

分期等额偿还贷款是指银行要求借款人在贷款期内分期偿还贷款，在贷款时把贷款利息加到贷款额中，计算每期应偿还的资金数额。由于借款人在整个贷款期间，随着时间的推移，可使用的贷款等额递减，而利息是按贷款初期的全额计算的，贷款的实际利率将发生很大变化。实际利率的计算方法是：

$$实际利率=\frac{2\times(360/T)\times I}{M(n+1)}$$

式中，T 为每期还款的天数；I 为贷款利息；M 为贷款面值；n 为贷款期内的还款次数。

2.2.6 通货膨胀

1. 通货膨胀及物价变动指数的概念

通货膨胀是指一个时期的物价普遍上涨，货币购买力下降，相同数量的货币只能购买较少的商品。货币购买力的上升或下降要通过物价指数计量。物价指数是反映不同时期商品价格变动的动态相对数。按照计算时包括商品范围的不同，分为个别物价指数、类别物价指数和一般物价指数三种。而用作考察一般物价水平的变动是以全部商品价格为对象的，通常用消费品价格指数表示，在我国称为社会商品零售物价总指数。消费品价格指数是对城市居民消费商品、劳务，通过抽样调查取得数据计算形成的统计平均数。

2. 通货膨胀对企业财务活动的影响

通货膨胀对企业财务活动的影响主要表现在以下几方面：

（1）通货膨胀对财务信息资料的影响。通货膨胀必然导致物价变动，但会计核算一般维持历史成本计价原则，导致资产负债表所反映的资产价值低估，不能反映企业的真实财务状况；资产低估，又造成产品成本中原材料、折旧费等低估，而收入又按现时价格计算，使企业收益情况不真实；固定资产价值低估，造成提取折旧不足，造成实物资产生产力的减损；收入高估，成本费用低估，使利润虚增，税负增加，资本流失；再加上资产不实，使投资者无法确认资本的保全情况。

（2）对企业成本的影响。通货膨胀使利率上升，企业使用资金的成本提高。另外，通货膨胀加剧，会使物价水平全面提高，购置同样物资的资金需要量增加。价格上涨，材料成本和工资费用增加，同样会使成本加大。

除此以外，通货膨胀会使预测、决策及预算不实，使财务控制失去意义。如果企业持有债券，则债券价格将随通货膨胀、市场利率的提高而下降，使企业遭受损失。

3. 通货膨胀与资金时间价值

通货膨胀与资金时间价值都随着时间的推移而显示出各自的影响，其中资金时间价值随着时间的推移使货币增值，一般用利率（贴现率）按复利形式进行计量；通货膨胀则随着时间的推移使货币贬值，一般用物价指数的增长百分比来计量。假设用物价指数增长百分比来表示通货膨胀率（以 f 表示），如果物价指数每年增长 10%，则 5 年内物价水平变动及其相对应的币值变动如表 2－1 所示。

表 2－1　物价水平与币值对应变动表

年序	0	1	2	3	4	5
物价水平(元)	1	$(1+10\%)$	$(1+10\%)^2$	$(1+10\%)^3$	$(1+10\%)^4$	$(1+10\%)^5$
币值(元)	1	$1/(1+10\%)$	$1/(1+10\%)^2$	$1/(1+10\%)^3$	$1/(1+10\%)^4$	$1/(1+10\%)^5$

在表 2－1 中，物价水平每年增长 10%，与其相对应的货币则会不断贬值，可用资金时间价值中的现值形式来表示，这种形式的币值是消除了通货膨胀因素影响后货币的真正实际价值（相当于 $f=0$ 时的价值，即实际购买力）。由于物价指数每年增长 10%，第一年末的 1 元仅相当于第一年初的 0.909 元 [$1/(1+10\%)$] 的购买力或实际价值；同理，第五年末的 1 元仅相当于第一年初的 0.621 元 [$1/(1+10\%)^5$] 的购买力和实际价值。因此，我们完全可以依据通货膨胀率，借用资金时间价值现值的计算方法，确定不同时期货币的实际价值，以剔除通货膨胀的影响。

4. 投资报酬率（贴现率）与通货膨胀率的关系

在通货膨胀情况下，没有剔除通货膨胀因素计算出来的投资项目的报酬率是名义上的报酬率。名义投资报酬率包含通货膨胀率和实际投资报酬率两个部分，它们之间的关系如下：

$$(1+i)=(1+f)(1+r)$$

式中，i 为名义投资报酬率；f 为通货膨胀率；r 为实际投资报酬率。

显然，也可以将 i 理解为包含通货膨胀率的贴现率，f 仍为通货膨胀率，r 为剔除通货膨胀率的投资报酬率（贴现率）和反映真实资金时间价值的贴现率。在通货膨胀情况下就有下面的等式：

$$\frac{1}{(1+i)^n}=\frac{1}{(1+f)^n}\times\frac{1}{(1+r)^n}$$

即 $(1+i)=(1+f)\times(1+r)$，当 $f=0$ 时，$i=r$。这说明当通货膨胀率为零时，名义投资报酬率等于实际投资报酬率，或者等于只反映资金时间价值的贴现率。

2.3 价值评估

价值评估是确定一项资产内在价值的过程。任何资产都可以为其持有人带来现金流，比如债券可以为其持有人带来利息和收回的本金。目标资产在未来有效期内产生的预期现金流的现值，就是该目标资产的价值或内在价值。确定资产的内在价值，就是对资产进行价值评估。

2.3.1 债券价值的评估

债券作为一种投资，现金流出是其购买价格，现金流入是利息和归还的本金，或者出售时得到的现金。债券未来现金流入的现值，称为债券的价值或内在价值。债券的价值只有大于其购买价格时，才值得购买。

1. 债券估价的基本模型

（1）分期付息到期还本债券价值的计算模型（按复利方式计算）。公式为：

债券价值＝每年利息×年金现值系数＋到期本金×复利现值系数

（2）一次还本付息债券价值的计算模型（按单利方式计算）。我国很多债券属于一次还本付息且不计算复利的债券，其计算公式为：

债券价值＝债券本利和×复利现值系数

2. 债券价值与必要报酬率

债券价值与必要报酬率有密切的关系。债券定价的基本原则是：必要报酬率等于债券利率时，债券价值就是其面值。如果必要报酬率高于债券利率，债券的价值就低于面值；如果必要报酬率低于债券利率，债券的价值就高于面值。对于所有类型的债券估价，都必须遵循这一原理。

3. 债券价值与到期时间

债券价值不仅受必要报酬率的影响，而且受债券到期时间的影响。

在必要报酬率一直保持不变的情况下，不管它高于或低于票面利率，债券价值随到期时间的缩短逐渐向债券面值靠近，至到期日债券价值等于债券面值。

4. 债券价值与利息支付频率

前面的讨论均假设债券发行人每年支付一次利息，实际上利息支付的方式有许多种。不同的利息支付频率会对债券的价值产生影响。下面介绍三种常见的利息支付方式。

（1）纯贴现债券。纯贴现债券是指发行人承诺在未来某一确定日期作某一单笔支付的债券。这种债券在到期日前，购买者不会得到任何支付的现金，因此也称为零息债券。纯贴现债券的价值计算公式为：

$$
\begin{aligned}
PV &= \frac{F}{(1+K)^n} \\
&= F \times (P/F, K, n)
\end{aligned}
$$

式中，F 为到期日取得的收入；n 为到期时间的年数；K 为每年的必要报酬率。

（2）平息债券。平息债券是指利息在到期时间内平均支付的债券。支付的频率可能是一年一次、半年一次或每季度一次等。平息债券价值的计算公式为：

$$
PV = \sum_{t=1}^{mn} \frac{\frac{I}{m}}{\left(1+\frac{K}{m}\right)^t} + \frac{M}{\left(1+\frac{K}{m}\right)^{mn}}
$$

式中，m 为年付利息次数；n 为到期时间的年数；K 为每年的必要报酬率；I 为年付利息；M 为面值或到期日支付额。

（3）永久债券。永久债券是指没有到期日，永不停止定期支付利息的债券。英国和美国都发行过这种公债。对于永久公债，通常政府都保留了回购债券的权利。优先股实际上也是一种永久债券，如果公司的股利支付没有问题，将会持续地支付固定的优先股息。永久债券的价值计算公式如下：

$$
PV = \frac{I}{K}
$$

式中符号含义同前。

5. 流通债券的价值

流通债券是指已发行并在二级市场上流通的债券。它们不同于新发债券，已经在市场上流通了一段时间，在估价时需要考虑现在至下一次利息支付的时间因素。

（1）流通债券的特点。1）到期时间小于债券发行在外的时间；2）估价的时点不在发行日，可以是任何时点，会产生非整数计息期问题。

新发行债券，总是在发行日估计现值的，到期时间等于发行在外时间。

（2）流通债券的估价方法。1）以现在为折算时间点，历年现金流量按非整数计息期折现；2）以最近一次付息时间（或最后一次付息时间）为折算时间点，计算历次现金流量现值，然后将其折算到现在时点。

无论哪种方法，都需要计算非整数期的折现系数。

2.3.2 股票价值的评估

同进行债券投资一样，企业进行股票投资，也必须知道股票价值的计算方法，现介绍几种最常见的股票估价模型。

1. 短期持有股票，未来准备出售的股票估价模型

在一般情况下，投资者投资于股票，不仅希望得到股利收入，还希望在未来出售股票时从股票价格的上涨中获得好处。此时的股票估价模型为：

$$V=\sum_{t=1}^{n}\frac{D_t}{(1+K)^t}+\frac{V_n}{(1+K)^n}$$
$$=\sum_{t=1}^{n}D\times(P/A,K,n)+V_n\times(P/F,K,n)$$

式中，V 为股票的内在价值；V_n 为未来出售时预计的股票价格；K 为投资人要求的资金收益率；D 为预期股利；D_t 为第 t 期的预期股利；n 为预计持有股票的期数。

2. 长期持有股票，股利稳定不变的股票估价模型

在每年股利稳定不变，投资人持有期间很长的情况下的估价模型可简化为：

$$V=\frac{D}{K}$$

式中符号含义同前。

3. 长期持有股票，股利固定增长的股票估价模型

如果一个公司的股利不断增长，投资人的投资期限又非常长，股票的估价就更困难了，只能计算近似数。设上年股利为 D_0，第 1 年的股利为 D_1，每年股利比上年增长率为 g，则

$$V=\frac{D_0(1+g)}{K-g}=\frac{D_1}{K-g}$$

【例 2－5】 某企业准备投资购买相城股份有限公司的股票，该股票上年每股股利为 3 元，预计以后每年以 5%的增长率增长。该企业分析后认为，必须得到 12%的报酬率，这样才能购买相城股份有限公司的股票，则该种股票的内在价值应为：

$$V=\frac{3\times(1+5\%)}{12\%-5\%}=45(\text{元})$$

即相城股份有限公司的股票价格在 45 元以下时能购买。

4. 长期持有股票，股利非固定增长的股票估价模型

在现实生活中，有的公司股利是不固定的。例如，在一段时间里高速成长，在另一段时间里正常固定成长或固定不变。在这种情况下，只有分段计算，才能确定股票的价值。

案例评析

应用案例与点评

【案例 1】

要住房还是拿补贴

张博士是成功海归人士、国内某领域的知名专家，某日接到一家上市公司的邀请

函，邀请他担任公司的技术顾问，指导开发新产品。邀请函的具体条件如下：

1. 每个月到公司指导工作一天；

2. 每年聘金20万元；

3. 提供公司所在城市住房一套，价值100万元；

4. 在公司至少工作6年。

张博士对以上工作待遇很感兴趣，对公司开发的新产品也很有研究，决定接受邀请。但他不想接受住房，因为每月仅到公司工作一天，住公司招待所就可以了。因此他向公司提出，能否将提供住房改为发住房补贴。公司研究了张博士的请求，决定修改为在今后6年里每年年初支付张博士25万元补贴。

收到公司的通知后，张博士又犹豫起来，因为如果接受住房，可以将其出售，扣除售价5%的契税和手续费，他可以获得95万元的现金；而若接受补贴，则每年年初可获得25万元。假设每年存款利率为3%，张博士应该如何选择？

如果张博士本身是一家企业的业主，其资金的投资回报率为32%，他又该如何选择呢？

【点评】

解决上述问题，主要是比较张博士每年收到的25万元现金与售房95万元的大小问题。由于补贴每年年初发放，因此对张博士来说是一个即付年金。其现值计算如下：

$$
\begin{aligned}
P &= 25\times[(P/A,3\%,5)+1] \\
&= 25\times(4.579\,7+1) \\
&= 139.49(\text{万元})>95(\text{万元})
\end{aligned}
$$

显然，从这一点来说，张博士应该接受补贴。

在投资回报率为32%的条件下，每年25万元的住房补贴现值为：

$$
\begin{aligned}
P &= 25\times[(P/A,32\%,5)+1] \\
&= 25\times(2.345\,2+1) \\
&= 83.63(\text{万元})<95(\text{万元})
\end{aligned}
$$

在这种情况下，张博士应接受住房。

【案例2】

十字路口的抉择

李女士打算在一个长途汽车站的十字路口开一家餐馆，于是找到十字路口的一家小卖部，提出承租该小卖部三年。小卖部因受附近超市的影响，生意清淡，业主洪先生也愿意出租让李女士开餐馆，但提出李女士应一次性支付三年的租金30 000元。李女士觉得现在一次性拿出30 000元比较困难，请求能否缓期支付。洪先生同意三年后支付，但金额为50 000元。

1. 若银行的贷款利率为5%，那么李女士三年后付款是否合算？

2. 假定洪先生要求李女士不是三年后一次性支付，而是三年中每年年末支付12 000元，那么李女士是现在一次性付清还是分三次付清更为合算？假定银行的贷款利率仍为5%。

【点评】

1. 先算出李女士三年后付款和现在付款金额之间的利率，再同银行贷款利率比较，若高于贷款利率，则应贷款现在支付，若低于贷款利率则应三年后支付。

设所求利率为 i，则有

$$30\ 000\times(F/P,i,3)=50\ 000$$
$$(F/P,i,3)=1.666\ 7$$

采用试误法，查复利终值系数表，当 $i=18\%$ 时，$(F/P, i, 3)=1.643\ 0$；当 $i=20\%$ 时，$(F/P, i, 3)=1.728\ 0$。

采用内插法可求得

$$i=18\%+[(1.643\ 0-1.666\ 7)/(1.643\ 0-1.728\ 0)]\times(20\%-18\%)$$
$$=18.56\%$$

从以上计算可看出，目前的租金30 000元如果延期到三年后支付，则需要50 000元，相当于年利率为18.56%，比银行贷款利率高许多，因此李女士三年后支付这笔款项是不合算的。

2. 回答是三年中每年年末支付12 000元，还是现在一次性付清更为合算的问题，关键是比较分次付款的隐含利率和银行贷款利率的大小。分次付款，对李女士来说就是一项年金，设其利率为 i，则有

$$30\ 000=12\ 000\times(P/A,i,3)$$
$$(P/A,i,3)=2.5$$

仍采用试误法，查年金现值系数表，当 $i=10\%$ 时，$(P/A, i, 3)=2.486\ 9$；当 $i=9\%$ 时，$(P/A, i, 3)=2.531\ 3$。

采用内插法可求得

$$i=9.705\%$$

该计算结果表明，如果分三次付清，三年支付款项的利率相当于9.705%。因此更合算的方式是李女士按5%的利率贷款，现在一次性付清。

这个问题也可从另一个角度来解释，如果李女士用贷款来支付现在的30 000元，其未来支付的贷款本利的终值是否超过每年12 000元年金的终值。

现在贷款30 000元，三年后本利和为：

$$30\,000\times(F/P,5\%,3)=30\,000\times1.157\,6=34\,728(元)$$

每年支付 12 000 元，三年后本利和为：

$$12\,000\times(F/A,5\%,3)=12\,000\times3.152\,5=37\,830(元)$$

显然，年金的终值大于现在一次性付清的终值。从这一点看，李女士应该现在一次性付清而不是分三次付清。

【案例 3】

贷款等额摊还

华美公司借入建设银行贷款 5 000 万元，年利率 10%，在以后 5 年的每年年末等额摊还，问华美公司每年年应归还本金和利息各为多少？

【点评】

首先，计算每年等额摊还额。

$$5\,000=A\times(P/A,10\%,5)$$
$$A=5\,000\div(P/A,10\%,5)$$
$$=5\,000\div3.791=1\,319(万元)$$

然后，列表计算每年支付的利息及偿还的本金。每年年末的贷款余额乘以年利率即为下一年应支付的利息；等额摊还额减去应支付的利息即为当年的偿还本金。上年贷款余额减当年偿还本金，则得当年年末贷款余额，依此类推，逐年计算可得表 2－2。

表 2－2　贷款等额摊还计算表　　单位：万元

年末	等额摊还额	支付利息	偿还本金	年末贷款余额
0				5 000
1	1 319	500	819	4 181
2	1 319	418.10	900.90	3 280.10
3	1 319	328.01	990.99	2 289.11
4	1 319	228.91	1 090.09	1 199.02
5	1 319	119.90	1 199.10	0

【案例 4】

提前还贷为何要多付利息

银行贷款利率一提再提，搞得“房奴”“车奴”焦头烂额。部分贷款者开始了提前还贷行动，没想到，有人提前还贷却莫名其妙地多付了利息，这是怎么回事呢？

去年，陶先生用房产抵押向银行借了一笔50万元的1年期个人消费贷款，年利率为7.254%（在1年期基准利率5.58%的基础上上浮30%），贷款于今年3月29日到期。为了节约利息支出，他于今年3月28日提前归还了50万元的贷款。

还款后，陶先生回家仔细一算，发现银行多收了312元利息。因为如果到期还款，利息是36 270元，而提前一天还款，利息却是36 582元。提前一天还款少占用银行资金一天，为什么还要多支付利息？陶先生百思不得其解。

【点评】

原来银行有规定，1年期的贷款实行一次性还清贷款本息的还贷做法：贷款到期还款，按“贷款本金×年利率”计算利息；贷款提前还款，按“贷款本金×贷款日利率×贷款实际天数”计算利息。银行对于日利率的计算公式为：年利率÷360天。

根据银行的规定，陶先生若于3月29日贷款到期时归还贷款，则银行就按到期还款计算利息，计算公式如下：

$$500\,000\times7.254\%\times1=36\,270(\text{元})$$

而陶先生3月28日还款，银行则按实际贷款天数计算利息，计算公式如下：

$$500\,000\times(7.254\%\div360)\times364=36\,582(\text{元})$$

如此计算，陶先生提前还款显然要多支付利息312元（36 582－36 270）。

提前还贷能不能节约利息支出，就得看是提前几天。因为银行的年利率是按360天计算的，而一年却有365天，这之间差了5天的时间。若提前还贷，使贷款的实际天数少于360天，就能节约利息支出；若提前还贷，使贷款的实际天数大于360天，就会多支付利息。

【案例5】

流通债券的价值

流通债券是指已发行并在二级市场上流通的债券。它们不同于新发债券，已经在市场上流通了一段时间，在估价时需要考虑现在至下一次利息支付的时间因素。例如，有一面值为1 000元的债券，票面利率为8%，每年支付一次利息，2015年9月1日发行，2020年9月1日到期。现在是2018年8月1日，假设投资的必要报酬率为10%，问该债券的价值是多少？

【点评】

流通债券的特点是：（1）到期时间短于债券发行在外的时间；（2）估价的时点不在发行日，可以是任何时点，会产生非整数计息期问题。

流通债券的估价方法是：(1) 以现在为折算时间点，历年现金流量按非整数计息期折现；(2) 以最近一次付息时间（或最后一次付息时间）为折算时间点，计算历次现金流量现值，然后将其折算到现在时点。

无论哪种方法，都需要计算非整数期的折现系数。

按第一种估价办法计算。

流通债券估价时必须注意付息日，分别对每期利息和最后的本金折现。本例在 2018 年 8 月 1 日后的 2 年零 1 个月的剩余期限中，有三个付息日，发生三次利息收入，因此要计算三次利息。

现分别计算 2018 年 8 月 1 日以后现金流入的现值，然后求和。计息期数不是整数，分别为 1/12（2018 年 9 月 1 日），13/12（2019 年 9 月 1 日），25/12（2020 年 9 月 1 日）。

2018 年 9 月 1 日利息的现值为：

$$PV_{(2018I)}=\frac{1\,000\times 8\%}{(1+10\%)^{\frac{1}{12}}}=\frac{80}{1.007\,97}=79.367\,4(\text{元})$$

2019 年 9 月 1 日利息的现值为：

$$PV_{(2019I)}=\frac{1\,000\times 8\%}{(1+10\%)^{1\frac{1}{12}}}=\frac{80}{1.108\,77}=72.151\,9(\text{元})$$

2020 年 9 月 1 日利息的现值为：

$$PV_{(2020I)}=\frac{1\,000\times 8\%}{(1+10\%)^{2\frac{1}{12}}}=\frac{80}{1.219\,6}=65.595\,3(\text{元})$$

2020 年 9 月 1 日本金的现值为：

$$PV_{(2020M)}=\frac{1\,000}{(1+10\%)^{2\frac{1}{12}}}=\frac{1\,000}{1.219\,6}=819.941\,0(\text{元})$$

该债券 2018 年 8 月 1 日的现值为：

$$PV=79.367\,4+72.151\,9+65.595\,3+819.941\,0=1\,037.06(\text{元})$$

按第二种估价办法计算。

先计算 2018 年 9 月 1 日的债券价值，然后将其折现到 2018 年 8 月 1 日。

2018 年 9 月 1 日债券的价值为：

$$\begin{aligned}PV&=1\,000\times 8\%\times(P/A,10\%,2)+1\,000\times 8\%+1\,000\times(F/F,10\%,2)\\&=80\times 1.735\,5+80+1\,000\times 0.826\,4\\&=1\,045.24(\text{元})\end{aligned}$$

2018 年 8 月 1 日债券的价值为：

$$PV=\frac{1\,045.24}{(1+10\%)^{\frac{1}{12}}}=1\,037(\text{元})$$

流通债券的价值在两个付息日之间呈周期性变动。对于平价发行债券来说，发行后价值逐渐升高，在付息日由于割息而价值下降，然后又逐渐上升，总的趋势是波动上升。越临近付息日，利息的现值越大，债券的价值越有可能超过面值。付息日后债券的价值下降，会低于其面值。

【案例 6】

股利非固定增长的股票价值

某企业持有东方公司的股票，它的投资最低报酬率为 15%。预计东方公司未来 3 年股利将高速增长，成长率为 20%。在此以后转为正常增长，增长率为 12%。东方公司最近支付的股利是 2 元。东方公司股票的价值是多少？

【点评】

在现实生活中，有的公司股利是不固定的。例如，在一段时间里高速成长，在另一段时间里正常固定成长或固定不变。在这种情况下，只有分段计算，才能确定股票的价值。

第一步，计算非正常增长期的股利现值，见表 2－3。

表 2－3

年份	股利（元）	现值因数（15%）	现值（元）
1	2×1.2＝2.4	0.870	2.088
2	2.4×1.2＝2.88	0.756	2.177
3	2.88×1.2＝3.456	0.658	2.274
合计			6.539

第二步，计算第 3 年年底的普通股内在价值：

$$\begin{aligned} V_3 &= D_3(1+g)/(K-g) \\ &= D_4/(K-g) \\ &= 3.456\times 1.12/(15\%-12\%)=129.02(\text{元}) \end{aligned}$$

其现值为：

$$129.02\times(P/F,15\%,3)=129.02\times 0.658=84.90(\text{元})$$

第三步，计算股票目前的内在价值：

$$V=6.539+84.90=91.439(\text{元})$$

精选案例讨论

【案例 1】

应接受哪个公司的投标

岭南矿业公司决定将其一处矿产开采权公开拍卖，因此它向世界各国煤炭企业招标开矿。已知甲公司和乙公司的投标书最具有竞争力，甲公司的投标书显示，如果该公司取得开采权，从获得开采权的第 1 年开始，每年年末向岭南矿业公司交纳 10 亿美元的开采费，直到 10 年后开采结束。乙公司的投标书显示，该公司在取得开采权时，直接付给岭南矿业公司 40 亿美元，在 8 年后开采结束，再付给 60 亿美元。岭南矿业公司要求的年投资回报率为 15%。

【讨论】

岭南矿业公司应接受哪个公司的投标？为什么？

【案例 2】

一次性支付还是分期支付

许先生下岗后不久，看到在邻近的城市中某品牌的火锅店生意很火，他也想在自己所在的县城开一家火锅店，于是找到业内人士进行咨询。花了很长时间，他终于联系到该品牌火锅店的总部，总部工作人员告诉他，如果他要加盟该品牌火锅店，必须一次性支付 50 万元，并按该火锅店品牌的经营模式和经营范围营业。许先生提出现在没有这么多资金，可否分期支付，得到的答复是，如果分期支付，必须从开业当年起，每年年初支付 20 万元，付 3 年。三年中如果有一年没有按期付款，总部将停止专营权的授予。假设许先生现在身无分文，需要向银行贷款，而按照许先生所在县城有关扶持下岗职工创业投资的计划，他可以获得年利率为 5%的贷款扶持。

【讨论】

许先生应该现在一次性支付还是分期支付？为什么？

【案例 3】

霍英东炒楼市

第二次世界大战结束后，霍英东审时度势，认定香港房地产业势必大有发展。

1953年年初，他拿出自己的120万港元，另向银行贷款160万港元，开始经营房地产业。此时，香港地产商都是整幢房屋出售的，除非有巨额资金，一般很难购买到房屋，而且到手的房屋也不易脱手。霍英东和别人一样，自己花钱买旧楼，拆除后建成新楼出售，从买地、规划、建楼，到建成收租或出售，资金周转期很长，发展较慢。

他开始思考改革房地产经营的问题，最终想到房产预售的办法，利用购房者的定金盖新房。这个办法不但能为他积累资金，更重要的是还能大大推动销售！这种新办法是，购房者只要先交10%的定金，以后分期付款，就可以购得即将破土动工兴建的新楼的所有权。对于房地产商来说，可以利用购房者交付的定金去盖房，原来只够盖1幢楼的钱，现在可以同时动工盖10幢楼，发展速度大大加快。对于购房者来说，也是有利的，先付一小笔钱，就可以取得所有权，待楼房建成时，很可能地价、房价都已上涨，只要把房产卖掉，就有可能赚一大笔钱！因此，很快就有一批人变成了专门买卖楼房所有权（这就是后来香港盛行的“炒楼花”）的商人。霍英东使香港房地产业顿时兴旺起来，创下了香港房地产生意的最高纪录。

【讨论】

1. 霍英东的创举对我国房地产市场产生了什么影响？

2. 请结合我国房地产市场的现状，阐述你对房地产预售方法的意见。

实务演练

思考与回答

1. 邱阳光大学毕业后不久，与同窗好友郑利等人成立了一家广告公司，需要一辆面包车，可以买也可以租，面包车运营的其他费用相同。若买车，需花30万元，可以用6年；若租车，每年租金6万元，假定银行利率为5%，是买还是租呢？邱阳光主张买车，因为租车的现值为$6\times(P/A，5\%，6)=6\times5.0757=30.45$万元，大于买车的价格，但是郑利坚持租车。你能否说出郑利坚持租车的可能理由？你赞同谁的意见？赞同的理由是什么？

2. 想一想：下列哪种方式能最快使你变成百万富翁？为什么？

（1）本金10万元，年利率10%，存入银行；

（2）本金20万元，年利率5%，存入银行；

（3）每年2万元，年利率10%，存入银行。

3. 张小姐投资某债券，面值100美元，利率8%。若：

（1）半年计息一次，第6个月末的本利和为104.16美元，第一年年末的本利和为108.16美元；

（2）一年计息一次，第一年年末的本利和为 108 美元。

为什么半年计息一次的利息比一年计息一次的利息多 0.16 美元？如果说一年中利息支付的次数越多，终值越大，那么对现值而言，是越大还是越小？为什么？

4. 1 元复利终值系数表显示了复利的作用。在利率为 10%时，投资在 7 年多一点的时间内翻了一番。在利率为 15%时，投资在不到 5 年的时间内就翻了一番，在不到 10 年的时间内翻了四番。复利关系的本质是“72 规律”的基础。你知道如何运用“72 规律”吗？

5. 如果我们用 72 除以利率，就可以得到投资翻一番所需的年数。利率为 6%时，一项投资在 12 年内翻一番；利率为 9%时，需要 8 年；利率为 24%时，只需要 3 年。如果已知一项投资翻一番所需要的时间，也可以利用“72 规律”来计算复利率。例如，已知一项投资在 6 年内翻一番，那么利率就是 12%；在 12 年内翻一番，利率就是 6%。由此提出的问题是：如果已知一只股票的价格将在 3 年内翻一番，那么该股票的回报率是多少呢？

搜集与整理

1. 你或你的熟人房产按揭贷款还款方式。
2. 你或你的熟人汽车贷款还款方式。
3. 上海汤臣一品房产款支付方式。
4. “中国人寿”（代码 601628）股票内在价值。
5. “钢钒债 1”（代码 115001）债券内在价值。

自测与练习

1. 周大伯热心公益事业，自 2008 年 12 月底开始，每年都要向一位失学儿童捐款。周大伯向这位失学儿童每年捐款 2 000 元，帮助从小学一年级读完九年义务教育。假设每年定期存款利率都是 2%，周大伯 9 年捐款在 2016 年年底相当于多少钱？

2. 宋女士最近准备买房，看了好几家开发商的售房方案，其中一个方案是甲开发商出售一套 100 平方米的住房，要求首期支付 10 万元，然后分 6 年每年年末支付 3 万元。宋女士很想知道每年付 3 万元相当于现在多少钱，好让她与现在 2 000 元/平方米的市场价格进行比较。请帮助宋女士解惑。假定折现率为 6%。

3. 李先生下岗获得 50 000 元现金补助，他决定趁现在还有劳动能力，先找工作糊口，将款项存起来。李先生预计，如果 20 年后这笔款项连本带利达到250 000 元，就可以解决自己的养老问题。问银行存款的年利率为多少时，李先生的预计才能变为现实？

4. 大顺公司对其上市普通股在不同增长情况下的价值估算如表 2-4 所示。

表 2-4

状态	股息增长率	股票估算价值（元）
(1)	$g=0$ 固定股息	6.67
(2)	$g=10\%$稳定增长股息	22.00
(3)	前五年股息增长率 $g_{1\sim5}$，以后按 $g_{6\sim\infty}=5\%$稳定增长	10.00
(4)	$g=5\%$稳定增长股息	10.50

该公司上一期已发放的股息 $D_0=1$ 元，股东要求收益率 $K_s=15\%$。问：上述股价的估算是否正确？若有错误请指出，并给出正确估算值。

5. 某投资者拟购买一处房产，开发商提出了三个付款方案：方案一是现在起 15 年内每年年末支付 10 万元；方案二是现在起 15 年内每年年初支付 9.5 万元；方案三是前 5 年不支付，第 6 年起到第 15 年每年年末支付 18 万元。

假设按银行贷款利率 10%复利计息，若采用终值方式比较，哪一种付款方式对购买者有利？

6. 某人向银行贷款的年利率为 8%，协议规定前 3 年不用还本付息，但从第 4 年至第 10 年每年年末偿还本息 40 000 元。这笔贷款的现值为多少？

7. 好吃来餐馆向银行借款 10 000 元，期限 1 年，年利率 12%，银行要求每 90 天等额偿还。这笔借款的实际利率是多少？

第 3 章

风险与收益

本章要点

风险与收益的基本原理

资产组合的风险与收益

资本市场均衡模型

学习目标

任何决策都有风险。承担的风险越大，要求的收益率越高。通过本章的学习，你应该掌握风险的概念和种类，了解风险与收益的关系，掌握风险收益率的计算，熟悉资本资产定价模型的应用，了解套利定价理论的意义，了解投资组合的意义以及风险的衡量方法。

【关键词】

- 预期收益（expected earning）
- 风险（risk）
- 风险收益率（risk earning rate）
- 期望收益率（expected earning rate）
- 非系统风险（nonsystematic risk）
- 系统风险（systematic risk）
- β系数（beta factors）
- 投资组合（portfolio）
- 经营风险（operating risk）
- 财务风险（financial risk）
- 标准差（standard deviation）
- 证券市场线（securities market line，SML）
- 套利定价理论（arbitrage pricing theory，APT）
- 资本资产定价模型（capital asset pricing model，CAPM）

在市场经济条件下，企业所面临的经济环境日益复杂多变，各种各样的风险也随时发生。存在企业风险的根本原因在于：首先，企业是一个典型的灰色系统。一方面企业系统内存在着大量的不确定性变量；另一方面企业系统外也存在着许多未知的不确定性变量，如国家宏观政策、经济景气程度等。这些都使得企业生产经营的未来结果具有不确定性，因此产生了风险。其次是企业的求利本能。由于收益与风险是对等的，追求高收益必然要承担高风险。因此企业风险的存在是必然的。

资料来源：汤谷良．高级财务管理．北京：中信出版社，2006.

核心理念

3.1　风险与收益的基本原理

风险是一个非常重要的财务概念。任何决策都有风险，这使得风险概念在理财中具有普遍意义。因此，有人说“时间价值是理财的第一原则，风险价值是理财的第二原则”。

3.1.1　风险的概念

风险一般是指在一定条件下和一定时期内可能发生的各种结果的变动程度。在存在风险的情况下，人们只能事先估计到采取某种行动可能导致的结果，以及每种结果出现的可能性，而行动的真正结果究竟会怎样，不能事先确定。

与风险相联系的另一个概念是不确定性，即人们事先只知道采取某种行动可能形成的各种结果，但不知道它们出现的概率，或者两者都不知道，只能作些粗略的估计。例如，投资于某金矿开发工程，事先只能肯定勘探开发成功或失败两种可能，但这两种结果出现可能性的大小事先很难预测。

一般来说，各种长期投资方案中都有一些不确定的因素，而完全的确定性投资方案是很少见的。不确定性投资方案，是指对各种情况出现的可能性不清楚，无法加以计量的投资决策。在实践中，如果对不确定性投资方案中的各种情况出现的可能性规定一些主观概率，就可以将不确定性投资方案转化为风险性的投资方案。不过需要说明的是，在财务管理中，当说到风险时，有可能指的是确切意义上的风险，但更可能指的是不确定性，对两者不作严格区分。

3.1.2　风险收益率的计算

1. 风险报酬的概念

对任何一个投资者来说，都宁愿要肯定的某一报酬，而不愿意要不肯定的同一报酬。在商品经济中，把这种现象称为风险反感。在风险反感普遍存在的情况下，即投资者讨厌风险，不愿意遭受损失，为什么有人又愿意冒风险去投资呢？这是因为冒风险去投资有可能获得额外的收益——风险报酬。人们总想冒较小的风险获得较大的收益，至少要使所得的收益与所冒的风险相当。一般来说，风险报酬的大小取决于投资的风险，风险越大要求的必要报酬率越高。

因此，风险报酬是指投资者由于冒风险进行投资而获得的超过资金时间价值的额外收益。

2. 风险报酬的表现形式

风险报酬的表现形式有两种：风险收益额和风险收益率。在实际工作中，通常以相对数——风险收益率，计量风险报酬。

风险收益率是指某资产持有者因承担该资产的风险而要求的超过无风险利率的额外收益，其计算公式为：

$$风险收益率=必要收益率-无风险收益率$$

必要收益率也称最低必要报酬率或最低要求收益率，表示投资者对某资产合理要求的最低收益率。必要收益率与认识到的风险有关，人们对资产的安全性有不同的看法，如果某公司陷入财务困难的可能性很大，也就是说投资该公司股票产生损失的可能性很大，那么，投资于该公司股票将会要求一个较高的收益率，所以该股票的必要收益率就会较高；相反，如果某项资产的风险较小，那么，对这项资产要求的必要收益率也就小。

无风险收益率也称无风险利率，它是指可以确定可知的无风险资产的收益率，它的大小由纯粹利率（资金的时间价值）和通货膨胀率两部分组成。即

$$无风险收益率=资金的时间价值+通货膨胀率$$

无风险资产一般满足两个条件：一是不存在违约风险；二是不存在再投资收益率的不确定性。通常情况下，用短期国库券的利率近似地代替无风险收益率。

3.1.3 资产收益率风险的衡量

1. 资产收益率

资产的收益是指资产的价值在一定时期的增值。资产的收益率或报酬率，是资产增值量与期初资产价值（格）的比值。该收益率包括两部分：一是利（股）息的收益率；二是资本利得的收益率。计算公式为：

$$\begin{aligned}资产收益率&=\frac{资产的价值(格)的增值}{期初资产价值(格)}=\frac{资产的收益额}{期初资产价值(格)}\\&=\frac{利(股)息收益}{期初资产价值(格)}+\frac{资本利得}{期初资产价值(格)}\\&=利(股)息收益率+资本利得收益率\end{aligned}$$

2. 资产收益率风险衡量的步骤

风险是客观存在的，影响着企业的财务和经营活动。因此，正视风险并将风险程度予以量化，是企业财务管理的一项重要工作。对资产收益率风险进行衡量的步骤如下：

（1）确定概率分布。概率表示随机事件发生的可能性以及出现某种结果可能性大小的数值。例如，某企业进行某项投资，经预测投资收益率为20%的概率为55%，这就意味着该企业获得20%的收益率的可能性是55%。如果把这一事件所

有可能的结果都列示出来，对每一结果都给予一定的概率，便可构成概率分布。

（2）计算预期收益率。预期收益率又叫期望收益率，是指在不确定的条件下，预测的某项资产未来可能实现的收益率，其计算公式为：

$$\bar{E}=\sum_{i=1}^{n}X_iP_i$$

式中，$\bar{E}$ 为预期收益率；X_i 为第 i 种结果出现后的预期报酬率；P_i 为第 i 种结果出现的概率；n 为所有可能结果的数目。

（3）计算离散程度。离散程度是指资产收益率的各种可能结果与预期收益率的偏差。衡量离散程度的指标主要有标准离差和标准离差率。

标准离差的计算公式为：

$$\sigma=\sqrt{\sum_{i=1}^{n}(X_i-\bar{E})^2\cdot P_i}$$

式中符号含义同前。标准离差越大，风险越大；反之则风险越小。

标准离差率的计算公式为：

$$V=\frac{\sigma}{\bar{E}}$$

式中符号含义同前。同样，标准离差率越大，风险越大；反之则风险越小。标准离差率适于用来比较预期收益率不同的多项资产投资的风险程度。

3.1.4 风险收益率与标准离差率的关系

标准离差率虽然能用来评价资产收益率风险的大小，但还无法将风险与收益结合起来进行分析。假设我们面临的决策不是评价与比较两个投资项目收益率的风险水平，而是要决定是否对某一投资项目进行投资，此时就需要计算出该项目的风险收益率。因此，我们还需要一个指标（参数）将标准离差率转化为相应的风险收益率，以把该投资项目的风险与收益联系起来。这个指标就是风险价值系数。风险收益率、风险价值系数和标准离差率之间的关系可用公式表示为：

风险收益率＝风险价值系数×标准离差率

资产的必要收益率＝无风险收益率＋风险收益率

＝无风险收益率＋风险价值系数×标准离差率

风险价值系数的数学意义是指该项资产的风险收益率占该项资产的标准离差率的比率。在实际工作中，确定单项资产的风险价值系数，则是由投资者根据经验并结合其他因素加以确定。例如，可根据以往同类项目的有关数据确定，或由企业主管投资的人员会同有关专家确定等。

3.1.5 投资者的风险偏好

以上所讨论的方法寻求的是确定与资产相关的风险水平。然而，只了解风险水平本身是不够的，还应考虑投资者对风险的态度。如果不知道投资者对投资机会中的风险可能会做出怎样的反应，也不可能做出一个可靠的决策。因此，有必要考虑投资者对风险可能采取的态度。

1. 投资者的态度

从理论上讲，投资者对待风险可能会有三种态度。

（1）风险厌恶。有些投资者不喜欢风险。假设有两个预期收益率相同但风险水平不同的投资项目，风险厌恶投资者会选择低风险的项目。然而厌恶风险并不意味着投资者不准备进行风险性投资。这只是意味着投资者对高风险的项目要求有高收益作为回报。

（2）风险中性。有些投资者对风险持无所谓的态度。这样，假设有两个预期收益率相同但风险水平不同的投资项目，风险中性者将没有什么偏好。项目获得相同的预期收益率和某个项目有较高风险这些情况都不在投资者的考虑范围之内。

（3）风险偏好。有些投资者喜欢冒险。假设有两个预期收益率相同但风险水平不同的投资项目，风险偏好投资者会选择具有较高风险水平的项目。

虽然有些投资者是风险偏好者，有些投资者是风险中性者，但是有证据表明，绝大多数投资者都厌恶风险。可以用效用理论来解释这个事实。效用在经济学上是指人们从某种事物中所得到的主观满足。为了描述该理论，不妨假设用“满意效用”来衡量从所取得的收入中获得的满意或效用。假设你现在身无分文，如果一位富裕的行善者送给你1 000元，那么你会感到非常满意，因为这些钱可让你买很多想买的东西。假设这时你获得了20单位的满意效用。如果该行善者又送给你1 000元，这同样会使你很满意，但不会像第一个1 000元所带来的那么多了，因为你的基本需要已经得到满足。因此，不妨假设这时你获得了10单位的满意效用。如果该行善者又给了你1 000元，那么从这个增加的钱数中所获得的增加的满意效用可能下降，比如说降到6单位，等等。财富边际效用递减这一术语经常用来描述这样一种情况：每获得一单位增加的财富，从该单位财富中获得的满意效用不断下降。

2. 效用函数

效用函数可以用来表示获得的满意度和获得的财富数量之间的关系。在投资领域，投资者的效用是指投资者对不同投资方案形成的一种主观偏好指标（态度）。投资者的效用是其财富的函数，但一项投资所能带来的财富是不确定的，因而投资者效用是一个随机变量（财富）的函数。投资者只能通过估计其效用的概率值，确定其期望效用来指导投资。

投资者效用是财富的函数，这些函数关系可分为三类：风险厌恶者的效用函数、风险中性者的效用函数和风险偏好者的效用函数。

（1）风险厌恶者的效用函数。对于风险厌恶者，用曲线表示的效用函数见图3－1。

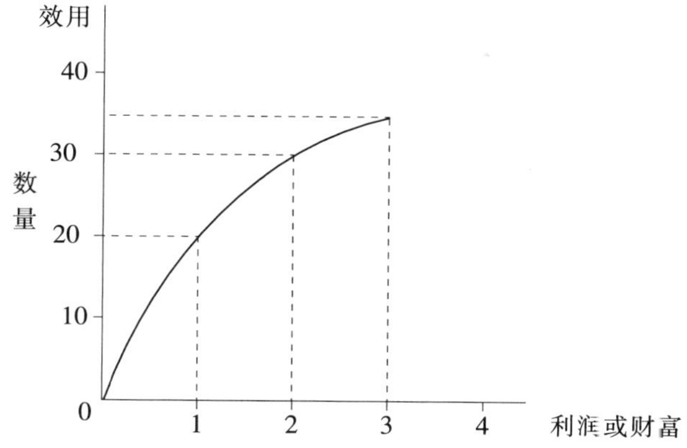

图 3－1　风险厌恶者的效用函数

从图 3－1 中可以清楚地看到，每单位的财富增量所带来的个人的满意效用不断下降。从图中还可以看出，从财富增加中获得的满意效用增加与损失相同数量的财富所发生的满意效用减少并不相同。假设某人拥有 2 000 元的财富，并因此而获得 30 单位的满意效用。由于某些原因，该人损失了 1 000 元，满意效用的损失要比获得财富增加 1 000 元所获得的满意效用大。由图 3－1 可见，损失1 000元财富所带来的满意效用的损失为 10 单位，然而，财富增加 1 000 元所增加的满意效用仅为 6 单位。由于因财富减少而带来的满意效用或快乐的损失比因获得相等数量的财富而带来的满意效用或快乐要多，所以人们就会厌恶风险并且仅准备承担有望得到高收益的风险。

(2) 风险中性者的效用函数。对于风险中性者而言，财富的边际满意度或效用不会像上面所述的那样递减。相反，财富的边际效用会保持不变。这意味着风险中性者的效用函数与风险厌恶者的效用函数完全不同。风险中性者的效用函数可以用图 3－2 所示的直线来描述。

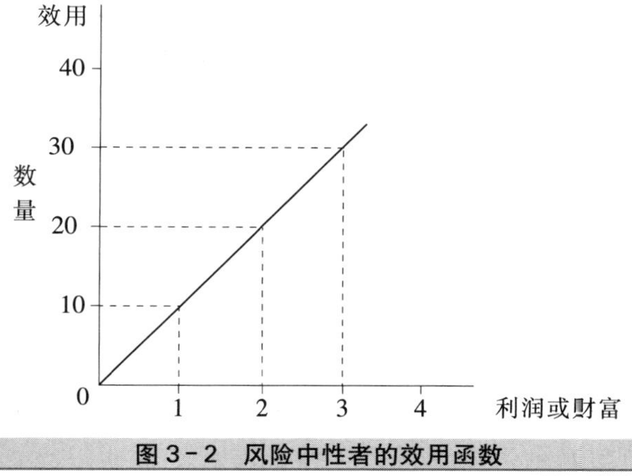

图 3－2　风险中性者的效用函数

在图 3－2 中，直线表明每增加一单位财富所产生的满意效用数量是相等的。

即财富减少所带来的满意效用或快乐的损失与取得相同数量财富而获得的满意效用或快乐的增加是相等的。

（3）风险偏好者的效用函数。对于风险偏好者而言，随着财富的增加，财富的满意效用将上升，而不是下降或保持不变（见图3－3）。

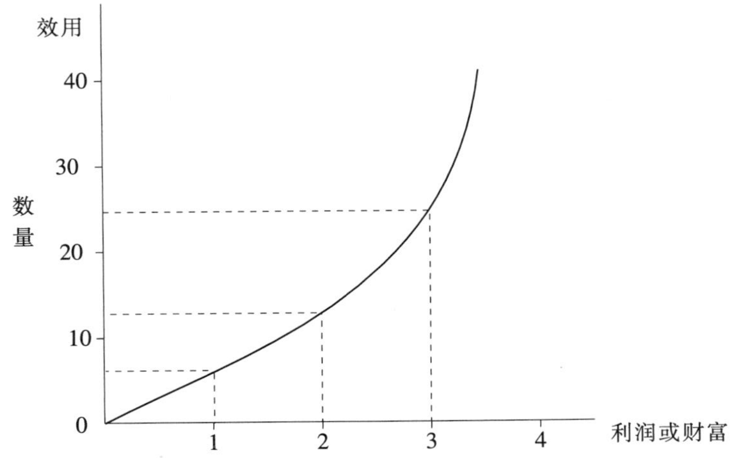

图3－3 风险偏好者的效用函数

风险偏好者的效用函数曲线呈凸形。由于财富的增加所带来的满意效用或快乐的增加要比发生同等数量的财富减少所引起的满意效用或快乐的减少来得多，所以风险偏好者会为了获得财富的增加而愿意承担风险。从图3－3中可见，所获得的财富每增加一单位，所带来的个人满意效用不断递增，对风险越偏好，效用函数曲线的形状就越凸。

3.2 资产组合的风险与收益

3.2.1 资产组合的概念

投资者通常不是把自己的全部资金投放在单一资产上，而是同时向多种资产投资。这种同时以两种或两种以上资产作为投资对象而发生的投资，就是资产组合。如果资产组合中的资产均为有价证券，则称为证券组合。

3.2.2 资产组合的预期收益率

资产组合的预期收益率，由组成资产组合的各种资产的预期收益率的加权平均数构成。其权数等于各种资产项目在整个资产组合总额中所占的比例。其公式为：

$$\bar{R}_p = \sum_{i=1}^{n} W_i \bar{R}_i$$

式中，$\bar{R}_p$ 为资产组合的预期收益率；W_i 为投资于第 i 种资产的资金占总投资额的比例；$\bar{R}_i$ 为投资于第 i 种资产的预期收益率；n 为资产组合中不同投资项目的总数。

3.2.3　资产组合风险的度量

在一项由两种资产构成的资产组合中，如果某一资产的收益率呈上升的趋势，另一资产的收益率有可能上升，也有可能下降，或者不变。

在资产组合风险分析中，通常利用协方差和相关系数两个指标来测算资产组合中任意两项资产收益率之间的变动关系。

（1）协方差。协方差是一个用于测量资产组合中某一资产相对于另一资产风险的统计指标。例如，A 股票的价格随着经济形势由衰退转向繁荣而上涨的话，B 股票此时的价格是上涨、下跌还是静止不动？协方差就是对 A，B 两只股票价格之间的这种相互关系进行度量和评价。从本质上讲，组合内各种资产组合相互变化的方式影响着资产组合的整体方差，从而影响其风险。协方差的计算公式为：

$$\mathrm{Cov}(R_1, R_2) = \frac{1}{n}\sum_{i=1}^{n} (R_{1i} - \bar{R}_1)(R_{2i} - \bar{R}_2)$$

式中，$\mathrm{Cov}(R_1, R_2)$ 为投资于两种资产收益率的协方差；R_{1i} 为在第 i 种投资结构下投资于第一种资产的投资收益率；$\bar{R}_1$ 为投资于第一种资产的预期收益率；R_{2i} 为在第 i 种投资结构下投资于第二种资产的投资收益率；$\bar{R}_2$ 为投资于第二种资产的预期收益率；n 为不同资产组合的种类数。

协方差的计算结果可能为正值也可能为负值，它们分别显示了两种资产间收益率变动的方向。当协方差为正值时，表示两种资产的收益率呈同方向变化；协方差为负值时，表示两种资产的收益率呈反方向变化。协方差的绝对值越大，表示这两种资产收益率关系越密切；协方差的绝对值越小，则这两种资产收益率的关系越疏远。

（2）相关系数。由于多方面的原因，协方差的意义很难解释，至少对于应用是如此。为了使其概念更易于接受，可以将协方差标准化，将协方差除以两种资产收益率的标准差之积，得出一个与协方差具有相同性质但没有量化的数。我们将这个数称为这两种资产的相关系数，它介于－1～＋1。相关系数的计算公式为：

$$\rho_{1,2} = \frac{\mathrm{Cov}(R_1, R_2)}{\sigma_1 \sigma_2}$$

式中，$\rho_{1,2}$ 为第一种资产和第二种资产收益率之间的相关系数；σ_1 和 σ_2 分别为投资于第一种资产和投资于第二种资产的收益率的标准离差。显然，从上式可以推导出协方差的另一计算公式：

$$\mathrm{Cov}(R_1,R_2)=\rho_{1,2}\sigma_1\sigma_2$$

相关系数的正负与协方差的正负相同。所以相关系数为正值时，表示两种资产收益率呈同方向变化，为负值则意味着反方向变化。就其绝对值而言，系数值的大小与协方差大小呈同方向变化。相关系数总是在−1～+1的范围内变动，−1代表完全负相关，+1代表完全正相关，0则表示不相关。

（3）两种资产组合的总风险。两种资产组合的收益率方差满足以下关系式：

$$\sigma_p^2=W_1^2\sigma_1^2+W_2^2\sigma_2^2+2W_1W_2\mathrm{Cov}(R_1,R_2)$$

式中，${\sigma_p}^2$ 为资产组合的方差；W_1 为第一种资产在资产组合中所占的比重；σ_1 为投资于第一种资产收益率的标准离差；W_2 为第二种资产在资产组合中所占的比重；σ_2 为投资于第二种资产收益率的标准离差；$\mathrm{Cov}(R_1, R_2)$ 为投资于两种资产收益率的协方差。

由两种资产组合而成的资产组合收益率的标准离差 σ_p 的计算公式为：

$$\sigma_p=\sqrt{\sigma_p^2}=\sqrt{W_1^2\sigma_1^2+W_2^2\sigma_2^2+2W_1W_2\mathrm{Cov}(R_1,R_2)}$$

【例3-1】 某企业拟分别投资于A资产和B资产，其中，投资于A资产的预期收益率为8%，计划投资额为500万元；投资于B资产的预期收益率为12%，计划投资额为500万元。则该资产组合的预期收益率计算如下：

$$\text{资产组合的预期收益率}(\bar{R}_p)=8\%\times\frac{500}{500+500}+12\%\times\frac{500}{500+500}=10\%$$

【例3-2】 假定上例投资A，B资产预期收益率的标准离差均为9%。分别计算当A，B两种资产的相关系数分别为+1，+0.4，+0.1，0，−0.1，−0.4和−1时的资产组合收益率的协方差、方差和标准离差。

依题意，$W_1=50\%$，$W_2=50\%$，$\sigma_1=9\%$，$\sigma_2=9\%$，则

（1）该资产组合收益率的协方差为：

$$\mathrm{Cov}(R_1, R_2)=0.09\times0.09\times\rho_{1,2}=0.0081\rho_{1,2}$$

（2）方差为：

$$\begin{aligned}{\sigma_p}^2&=0.5^2\times0.09^2+0.5^2\times0.09^2+2\times0.5\times0.5\times\mathrm{Cov}(R_1, R_2)\\&=0.00405+0.5\mathrm{Cov}(R_1, R_2)\end{aligned}$$

（3）标准离差为：

$$\sigma_p=\sqrt{\sigma_p^2}=\sqrt{0.00405+0.5\mathrm{Cov}(R_1,R_2)}$$

当 $\rho_{1,2}=1$ 时：

$Cov(R_1, R_2) = 0.0081 \times 1 = 0.0081$

$\sigma_p^2 = 0.00405 + 0.5 \times 0.0081 = 0.0081$

$\sigma_p = \sqrt{0.0081} = 0.09$

同理，可计算出当相关系数分别为＋0.4，＋0.1，0，－0.1，－0.4 和－1 时的协方差、方差和标准离差的值（计算过程略），计算结果如表 3－1 所示。

表 3－1　资产组合的相关系数与协方差、方差及标准离差的关系

	相关系数 $\rho_{1,2}$						
	1	0.4	0.1	0	－0.1	－0.4	－1
协方差 $Cov(R_1, R_2)$	0.008 1	0.003 24	0.000 81	0	－0.000 81	－0.003 24	－0.00 81
方差 σ_p^2	0.008 1	0.005 67	0.004 455	0.004 05	0.003 645	0.002 43	0
标准离差 σ_p	0.09	0.075 299	0.066 746	0.063 64	0.060 374	0.049 295	0

不论资产组合中两种资产之间的相关系数如何，只要投资比例不变，各种资产的预期收益率不变，则该资产组合的预期收益率就不变，都是 10%。但在不同的相关系数条件下，资产组合收益率的标准离差会随之发生变化。

当相关系数为＋1 时，两种资产收益率的变化方向与变动幅度完全相同，会一同上升或下降，不能抵消任何投资风险。此时的标准离差最大，为 9%。

当相关系数为－1 时，情况刚好相反，两种资产收益率的变化方向与变动幅度完全相反，表现为此增彼减，可以完全抵消全部投资风险。此时的标准离差最小，为 0。

当相关系数在 0～＋1 范围内变动时，表明单项资产收益率之间是正相关关系，它们之间的正相关程度越低，其资产组合可分散的投资风险的效果就越大。如当相关系数为＋0.4 时，标准离差约为 7.53%；当相关系数为＋0.1 时，标准离差约为 6.67%。

当相关系数在－1～0 范围内变动时，表明单项资产收益率之间是负相关关系，它们之间的负相关程度越低（绝对值越小），其资产组合可分散的投资风险的效果就越小。如当相关系数为－0.4 时，标准离差约为 4.93%；当相关系数为－0.1 时，标准离差约为 6.04%。

当相关系数为 0 时，表明单项资产收益率之间不相关，此时的标准离差约为 6.36%。其资产组合可分散的投资风险的效果比正相关时的效果要大，但比负相关时的效果要小。

当相关系数分别为＋1，－1 和－0.4 时，A，B 资产组合的标准离差与预期收益率之间的关系可以用图 3－4 来表示。

从图 3－4 中还可以看出，无论资产之间的相关系数大小如何，资产组合的收益率都不会低于所有单个资产中的最低收益率，资产组合的风险也不会高于所有单个资产中的最高风险。这一结论同样适用于由多项资产构成的资产组合。

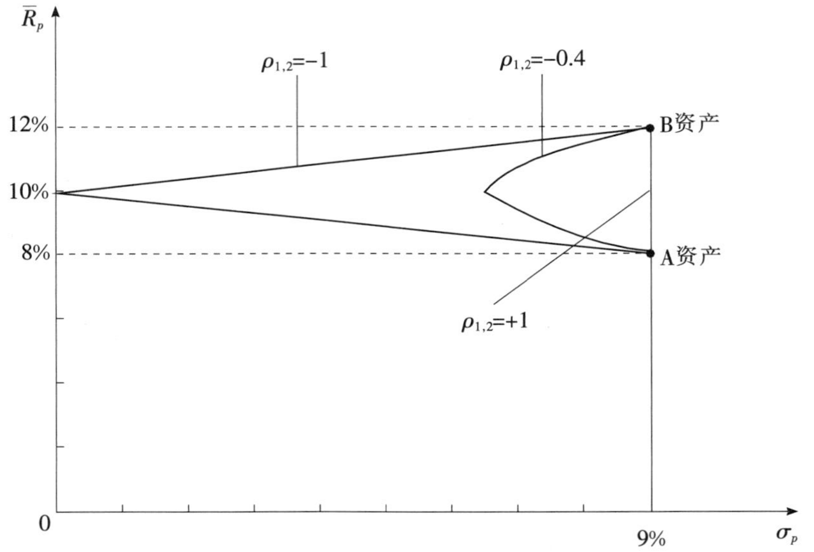

图 3－4　资产组合的标准离差与预期收益率的关系示意图

3.2.4　多项资产组合的风险及其分散化

一般来说，随着资产组合中资产个数的增加，资产组合的风险会逐渐降低，当资产的个数增加到一定程度时，资产组合的风险程度将趋于平稳，这时组合风险的降低将非常缓慢直到不再降低。

随着资产组合中资产数目的增加，由方差表示的各资产本身的风险状况对组合风险的影响逐渐减少，乃至最终消失。但由协方差表示的各资产收益率之间相互作用、共同运动所产生的风险并不能随着组合中资产个数的增大而消失，它是始终存在的。

那些只反映资产本身特性，可通过增加组合中资产的数目而最终消除的风险称为非系统风险。那些反映资产之间相互关系，共同运动，无法最终消除的风险称为系统风险。资产组合的总风险由系统风险和非系统风险两部分构成。

1. 资产组合的总风险

（1）系统风险（不可分散风险）。系统风险是指市场收益率整体变化所引起的市场上所有资产的收益率的变动性，它是由那些影响整个市场的风险因素引起的，因而又称市场风险。这些风险因素包括宏观经济形势的变动、税制改革、国家经济政策变动、世界能源状况的改变、战争、自然灾害、通货膨胀等。这类风险涉及所有企业或投资项目，不能通过多元化投资来分散。当然，尽管绝大多数企业或项目都不可避免地受到系统风险的影响，但并不意味着对所有企业或投资项目都有完全相同的影响。有的企业或投资项目可能受系统风险的影响大些，有些则可能比较小。

（2）非系统风险（可分散风险）。非系统风险是指由于某一种特定原因对某一特定资产收益率造成影响的可能性，即发生于个别企业的特有事项所造成的风险，所以又称为公司特有风险。公司特有风险可进一步分为经营风险和财务风险。经营风险是指因生产经营方面的原因给企业目标带来不利影响的可能性。财务风险是指由于举债经营而给企业目标带来不利影响的可能性。非系统风险与政治、经济和其他影响所有资产的系统因素无关，这类事件是随机发生的，可以通过多元化投资来分散。在多数发达国家的股票市场上，非系统风险占总风险的 60%～75%。通过分散投资，非系统风险能够降低或消除。

需要指出的是，在投资实践中经常出现以下情况：在资产组合中投资项目增加的初期，风险分散的效应比较明显，但增加到一定程度，风险分散的效应就会逐渐减弱。因此，不应当过分夸大投资多样性和增加投资项目的作用。经验数据显示，当资产组合中的资产数量达到 20 个左右时，绝大多数非系统风险可被消除，此时，如果继续增加投资项目，对分散风险已没有多大实际意义，更不能指望通过风险分散化来达到完全消除全部风险的目的。这是因为被分散的风险只是非系统风险，而系统风险是不能通过风险的分散来消除的。

资产组合的风险分散情况如图 3－5 所示。

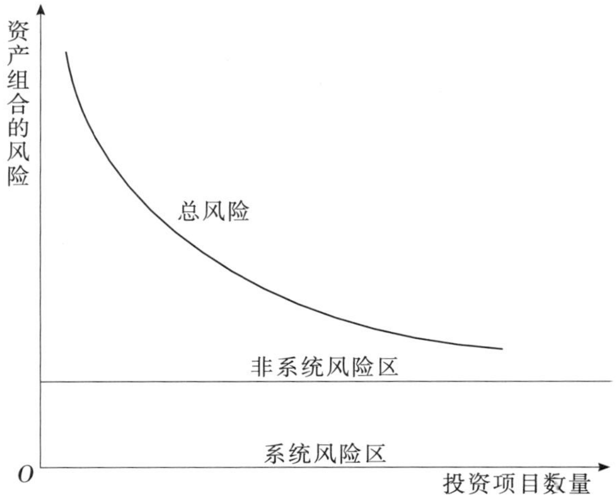

图 3－5 资产组合的风险分散示意图

2. β 系数

β 系数可以用来计量风险的数量。由于非系统风险可通过投资多样化效果消除，因而 β 系数实质上只用于计量系统风险，它是系统风险的指数。

（1）单项资产的 β 系数。单项资产的 β 系数是指可以反映单项资产收益率与市场上全部资产的平均收益率之间变动关系的一个量化指标，即单项资产所含的系统风险对市场组合平均风险的影响程度。其计算公式为：

$$\beta=\frac{\text{某种资产的风险报酬率}}{\text{市场组合的风险报酬率}}$$

β 系数还可以按以下公式计算：

$$\beta=\frac{\mathrm{Cov}(R_i,R_m)}{\sigma_m^2}$$

式中，$\mathrm{Cov}(R_i, R_m)$ 为单项资产 i 资产与市场组合的协方差（表示该资产对系统风险的影响）；$\sigma_m{}^2$ 为当全部资产作为一个市场投资组合时的方差（即该市场的系统风险）。

当 $\beta=1$ 时，表示该单项资产的收益率与市场平均收益率呈相同比例的变化，其风险情况与市场投资组合的风险情况一致，即市场收益上升 10%，则该单项资产的收益也上升 10%；市场收益下降 10%，这种资产的收益也下降 10%。如果 $\beta=0.5$，说明该单项资产的收益变动幅度只有市场收益变动幅度的一半。如果 $\beta=2$，说明这种资产收益变动幅度为市场收益变动幅度的两倍。总之，某一单项资产 β 值的大小反映了这一资产的变动与整个市场收益变动之间的倍数关系。

β 系数的实际计算过程非常复杂，需要大量的参考数据，一般只有证券资产（如上市公司的股票）才能计算出 β 系数。在实际工作中，一般不由投资者自己计算 β 系数，而是由咨询机构定期计算并公布。因此，本书假定单项资产的 β 系数为已知数据。

（2）资产组合的 β 系数。对于资产组合来说，其系统风险程度也可以用 β 系数来衡量。资产组合的 β 系数是所有单项资产 β 系数的加权平均数，权数为各种资产在组合中所占的比重。计算公式为：

$$\beta_p=\sum_{i=1}^{n}W_i\beta_i$$

式中，β_p 为投资组合的 β 系数；W_i 为第 i 种资产在投资组合中所占的比重；β_i 为第 i 种投资的 β 系数。

从上式可以看出，资产组合的 β 系数受到单项资产的 β 系数和各种资产在组合中所占比重两个因素的影响。

3.3 资本市场均衡模型

资产组合的方法属于规范经济学的范畴。它需要投资者预先计算出所考虑资产的预期收益率、方差、协方差，确定无风险收益率，然后确定最优组合。如果所有投资者都按上述方法进行投资，那么资本市场如何达到均衡的价格和收益率呢？资本市场均衡模型属于实证经济学的范畴，研究所有投资者的集体行为，揭示在均衡状态下资产收益率与风险之间关系的经济本质。

3.3.1 资本资产定价模型

1. 资本资产定价模型的意义

资本资产定价模型（capital asset pricing model，CAPM）是由经济学家哈里·马

科维茨（Harry Markowitz）和威廉·夏普（William F. Sharpe）于1964年提出的，由于在此方面做出的贡献，他们获得了1990年度的诺贝尔经济学奖。所谓资本资产主要指的是股票，而定价则试图解释资本市场如何决定股票收益率，进而决定股票价格。

根据风险与收益的一般关系，某资产的必要收益率是由无风险收益率和该资产的风险收益率决定的，即

必要收益率＝无风险收益率＋风险收益率

资本资产定价模型的一个主要贡献就是解释了风险收益率的决定因素和度量方法，并且给出了下面的一个简单易用的表达形式：

$$R_i = R_f + \beta_i (R_m - R_f)$$

式中，R_i 为第 i 种资产或第 i 种资产组合的必要收益率；R_f 为无风险收益率，通常以短期国债的利率近似替代；β_i 为第 i 种资产或第 i 种资产组合的系统风险系数；R_m 为市场组合的平均收益率。（$R_m - R_f$）称为市场风险溢酬，它是附加在无风险收益率之上的，由于承担了市场平均风险所要求获得的补偿，它反映的是市场作为整体对风险的平均“容忍”程度，也就是市场整体对风险的厌恶程度，对风险越是厌恶和回避，要求的补偿就越高，市场风险溢酬的数值就越大。反之，如果市场的抗风险能力强，则对风险的厌恶和回避就不是很强烈，要求的补偿就越低，所以市场风险溢酬的数值就越小。不难看出，某项资产的风险收益率是市场风险溢酬与该资产系统风险系数的乘积，即 $\beta_i (R_m - R_f)$ 为风险收益率。在其他因素不变的情况下，风险收益率与 β 系数成正比，β 系数越大，风险收益率就越大；反之，则越小。

2. 资本资产定价模型的有效性和局限性

资本资产定价模型最大的贡献在于，它提供了对风险与收益之间的一种实质性的表述，CAPM首次将“高收益伴随着高风险”这样一种直观认识，用简单的关系式表达出来。到目前为止，CAPM是对现实中风险与收益关系的最为贴切的表述，因此长期以来，被财务人员、金融从业者以及经济学家作为处理风险问题的主要工具。

然而，将复杂的现实简化了的这一模型，必定会遗漏许多有关因素，也必定会限制在许多假设条件之下，因此也受到了一些质疑。直到现在，关于CAPM有效性的争论还在继续，拥护和批驳的辩论相当激烈和生动。人们也一直在寻找更好的理论或方法，但尚未取得突破性进展。

尽管CAPM已得到了广泛的认可，但在实际运用中，仍存在一些明显的局限，主要表现在：（1）某些资产或企业的 β 值难以估计，特别是对一些缺乏历史数据的新兴行业；（2）经济环境的不确定性和不断变化，使得依据历史数据估算出的 β 值对未来的指导作用必然要打折扣；（3）CAPM是建立在一系列假设之上的，其中一些假设与实际情况有较大的偏差，使得CAPM的有效性受到质疑。这些假设包括：市场是均衡的、市场不存在摩擦、市场参与者都是理性的、不存在交易费用、税收

不影响资产的选择和交易等。

由于以上局限，资本资产定价模型只能大体描述证券市场运动的基本状况，而不能完全确切地揭示证券市场的一切。因此，在运用这一模型时，应该更注重它所揭示的规律，而不是它所给出的具体数字。

【例 3-3】 甲股票的β系数为 0.5，乙股票的β系数为 1.0，丙股票的β系数为 1.5，丁股票的β系数为 2.0，无风险利率为 7%，假定同期市场上所有股票的平均收益率为 12%。

要求：计算上述四种股票的必要收益率，并判断当这些股票的收益率分别达到多少时，投资者才愿意投资购买。

根据题意计算结果如下：

$$甲股票的必要收益率\ R_{甲}=7\%+0.5\times(12\%-7\%)=9.5\%$$
$$乙股票的必要收益率\ R_{乙}=7\%+1.0\times(12\%-7\%)=12\%$$
$$丙股票的必要收益率\ R_{丙}=7\%+1.5\times(12\%-7\%)=14.5\%$$
$$丁股票的必要收益率\ R_{丁}=7\%+2.0\times(12\%-7\%)=17\%$$

只有当甲股票的收益率达到或超过 9.5%，乙股票的收益率达到或超过 12%，丙股票的收益率达到或超过 14.5%，丁股票的收益率达到或超过 17%时，投资者才会愿意投资购买；否则，投资者就不会去投资。

在资本资产定价模型的理论框架下，假设市场是均衡的，资本资产定价模型还可以描述为：

$$预期收益率=必要收益率=R_f+\beta_i(R_m-R_f)$$

3. 证券市场线

如果把资本资产定价模型公式中的β系数看作自变量（横坐标），必要收益率R_i作为因变量（纵坐标），无风险利率（R_f）和市场风险溢酬（R_m-R_f）作为已知系数，那么这个关系式在数学上就是一个直线方程，叫作证券市场线，简称 SML。

证券市场线对任何公司、任何资产都是适用的。只要将该公司或资产的β系数代入上述直线方程中，就能得到该公司或资产的必要收益率。

证券市场线上每个点的横、纵坐标值分别代表每一项资产（或资产组合）的系统风险系数和必要收益率。因此，证券市场上任意一项资产或资产组合的系统风险系数和必要收益率都可以在证券市场线上找到对应的一点。

在证券市场线中，β系数是对该资产或资产组合所含系统风险的度量，因此，证券市场线一个重要的说明就是“只有系统风险才有资格要求补偿”。该式没有引入非系统风险即企业特有风险，也就是说，投资者要求的补偿只是因为他们“忍受”了市场风险即系统风险的缘故，而不包括企业特有风险，因为企业特有风险可以通过资产组合被消除掉。

根据例 3-3 的计算结果绘制的证券市场线如图 3-6 所示。

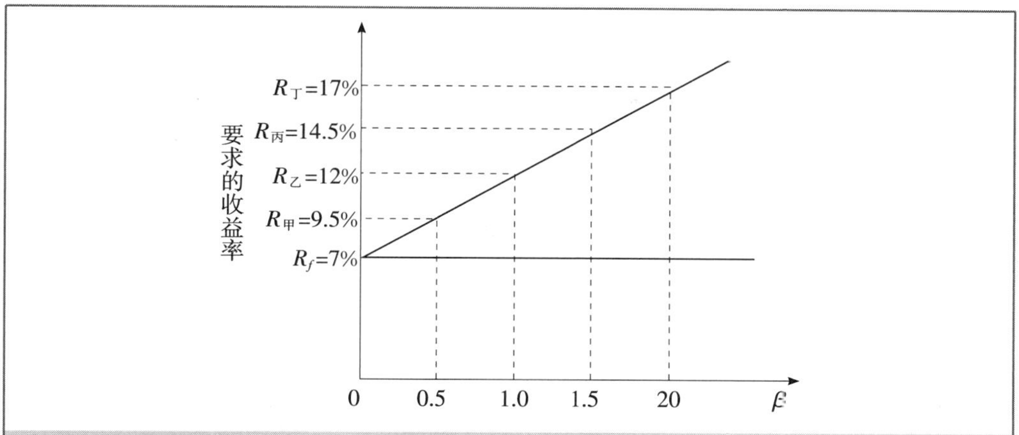

图 3-6　证券市场线

从图 3-6 可以看出风险高低与收益水平高低之间的关系，从中可以得出以下几点结论：

(1) β 系数为 0，表明此时的个别资产（或资产组合）的必要收益率为无风险收益率。

(2) β 系数小于 1，表明此时的个别资产（或资产组合）的必要收益率小于市场组合的平均收益率。

(3) β 系数为 1，表明此时的个别资产（或资产组合）的必要收益率同市场组合的平均收益率相同。

(4) β 系数大于 1，表明此时的个别资产（或资产组合）的必要收益率大于市场组合的平均收益率。

特定资产组合的 β 系数等于该组合风险收益率与市场组合的平均收益率超过无风险收益率部分的比。

3.3.2　套利定价理论

1. 套利定价理论的意义

1976 年，美国经济学家斯蒂芬·罗斯（Stephen Ross）循着资本资产定价模型的逻辑，提出了多因素模式——套利定价理论（arbitrage pricing theory，APT），又称为套利定价模型。这一理论讨论的也是资产的收益率如何受风险因素的影响。该理论是对资本资产定价模型的重大改善和发展。

套利定价理论不依据预期收益率和标准差来寻找资产组合，它认为，风险资产的收益率不仅仅与单一的共同因素之间存在线性关系，而且与多个共同因素之间具有线性关系，这些因素必须经过实验来判断，可用因素分析法来鉴别相关因素。

2. 套利定价理论的假设

套利定价理论也是建立在一定的基本假设前提下的，主要有：

（1）投资者有相同的理念；

（2）投资者是规避风险的，而且要实现效用最大化；

（3）市场是完全的，对交易成本等因素都不作考虑；

（4）投资回报率与一组指数线性相关，这组指数代表着形成投资回报率的一些基本因素。

3. 套利定价模型的建立

（1）两因素模型。两因素模型假定影响证券收益率的因素有两个：F_1 和 F_2，因此证券实际收益率为：

$$R_j = a + b_{1j}F_1 + b_{2j}F_2 + e_j$$

式中，R_j 为证券实际收益率；a 为两因素均为 0 时的收益率；F 为对各种证券都相同的影响因素；b 为因素的反应系数，表示某因素变动 1 个单位时所引起的证券收益率的变动量；e_j 为误差项。

在两因素模型中，两因素是系统风险（不可分散风险）的因素，常数项 a 是无风险收益率，误差项 e_j 是证券特有风险（可分散风险）造成的影响，它可通过持股多样化而分散掉。

与上述实际收益率相对应，证券的期望收益率可表示为：

$$\bar{R}_j = \lambda_0 + b_{1j}(\lambda_1) + b_{2j}(\lambda_2)$$

式中，$\bar{R}_j$ 为期望收益率；λ_0 为无风险资产的收益率；λ_1，λ_2 为特定因素决定的风险溢价。如 λ_1 是 $b_{1j}=1$ 和 $b_{2j}=0$ 时的超额期望收益率，这两项可为正，也可为负。正的 λ 反映市场是厌恶风险的，负的 λ 表明与价值有关的因素要求的收益率较低。

【例 3-4】 某公司的股票与两个因素有关，其反应系数分别为 1.5 和 0.9。若无风险收益率是 7%，λ_1 和 λ_2 的值分别是 5.5%和−2%，则股票的期望收益率为：

$$\bar{R}_j = 7\% + 1.5 \times 5.5\% + 0.9 \times (-2\%) = 13.45\%$$

第一个因素反映的是风险令人厌恶，需要有较高的期望收益率作为补偿；第二个因素对投资者是有价值的，只需较低的期望收益率作为补偿。所以，λ 代表某个风险因素的价格。

（2）多因素模型。在两因素模型中加入多个因素及其反应系数，就成为多因素模型。斯蒂芬·罗斯认为，任何证券的收益率都是一组对各种证券都相同的基本因素 F_j 运动的线性函数。用公式表示为：

$$\bar{R}_j = \lambda_0 + b_{1j}(\lambda_1) + b_{2j}(\lambda_2) + \cdots + b_n\lambda_n$$

式中，$\bar{R}_j$ 为期望收益率；λ_0 为无风险资产的收益率；b 为因素的反应系数；λ_1，λ_2，…，λ_n 为特定因素决定的风险溢价（期望收益率超过无风险收益率的部分）。

套利定价模型考虑的多因素除了用统计方法鉴别之外，斯蒂芬·罗斯认为至少可以把以下因素放入模型，然后加以测试：

1）无法预期的工业生产的变化（市场指数）；

2）拖欠风险补偿（由 Aaa 级与 Baa 级公司债券到期日承诺收益的差额来衡量）；

3）收益曲线的扭曲（由长期和短期政府债券到期日承诺收益的差额来度量）；

4）预期通货膨胀率的变化；

5）通货膨胀中无法预期的变化。

这里，1）、4）、5）三个因素首先影响公司的现金流量，其次影响公司的股利和股利增长率；2）、3）两个因素会影响市场资本化比率或贴现率。

4. 市场均衡与套利机会

套利机会是指在无风险且无资本的情况下就可以从投资中获利的机会。套利定价理论的核心是假设不存在套利机会。根据套利定价理论，假定两种证券的反应系数中的 b_{nj} 相等，那么，这两种证券的期望收益率就一定相等。如果实际情况并非如此，就必然存在套利机会。因为众多投资者会争相购入期望收益率高的证券，售出期望收益率低的证券，套利行为的结果是两种证券收益率最终相等，此时市场实现相对均衡。就上述两种证券而言，不再有任何套利机会。如果不存在套利机会，那么套利定价模型可写成：

$$\bar{R}_j = R_f + (\bar{\sigma}_1 - R_f)b_{1j} + \cdots + (\bar{\sigma}_n - R_f)b_{nj}$$

式中，$\bar{R}_j$ 为第 j 种资产的预期收益率；R_f 为无风险资产收益率；$\bar{\sigma}_n$ 为对第 n 项因子有统一敏感性，对其他各种资产无敏感性的组合资产的预期收益率；b_{nj} 为第 j 种资产对第 n 项因子的反应系数。

可见，套利定价模型与资本资产定价模型很相似。它说明均衡中的任何证券的预期收益率等于无风险收益率加上相应的风险报酬率。各种资产的风险报酬是第 n 项因素的反应系数 b_{nj}。而在某些简化的假设下，因素的敏感性（反应系数）可用计算资本资产定价模型中的 β 值的相似方式来反映。

$$b_{nj} = \frac{\mathrm{Cov}(R_j, \sigma_n)}{\sigma_n^2}$$

式中，$\mathrm{Cov}(R_j, \sigma_n)$ 为第 j 种资产的收益和第 n 项因子线性转换之间的协方差；σ_n^2 为第 n 项因子线性转换的方差。

显然，资本资产定价模型是套利定价模型的一个简例，只是套利定价模型考虑的因素较多，而资本资产定价模型只考虑一个因素。

案例评析

应用案例与点评

【案例 1】

创办火锅连锁店风险与收益决策

小绵羊公司准备以 1 500 万元投资筹建火锅连锁店，根据市场预测，预计该公司在三种不同的营销情况下可能获得的净利润及其概率的数据如下：若市场营销情况好（概率为0.3），预计每年可获利600万元；若市场营销情况一般（概率为0.5），预计每年可获利500万元；若市场营销情况差（概率为0.2），预计每年可获利300万元。火锅行业的风险价值系数为0.6，计划年度正常的贴现率为12%。从风险报酬角度分析评价小绵羊公司创办火锅连锁店的可行性。

【点评】

评价步骤如下：

1. 计算投资火锅连锁店方案未来收益的预期价值（$\bar{E}$）。

$$\bar{E}=600\times0.3+500\times0.5+300\times0.2=490(\text{万元})$$

2. 计算投资火锅连锁店方案的标准离差率（V）。

$$\sigma=\sqrt{(600-490)^2\times0.3+(500-490)^2\times0.5+(300-490)^2\times0.2}$$
$$=104.4(\text{万元})$$

$$V=\frac{104.4}{490}\times100\%=21.31\%$$

3. 导入风险价值系数，计算该方案的预期风险价值。

$$\text{预期风险报酬率}=0.6\times21.31\%=12.79\%$$

$$\text{预期风险报酬额}=490\times\frac{12.79\%}{12\%+12.79\%}=252.791(\text{万元})$$

4. 计算该方案要求的风险价值。

$$\text{要求的风险报酬率}=\frac{490}{1\,500}-12\%=20.67\%$$

$$\text{要求的风险报酬额}=490\times\frac{20.67\%}{12\%+20.67\%}=310.02(\text{万元})$$

评价：由于预期的风险报酬率（12.79%）与预期的风险报酬额（252.791万元）均远远低于要求的风险报酬率（20.67%）与要求的风险报酬额（310.02万元），说明创办火锅连锁店投资方案所冒的风险较小，因此从财务角度看是可行的。

【案例2】

风险与收益的权衡

开开公司现有两个投资机会可供选择，有关资料见表3-2。

表 3－2　甲、乙投资项目的预测信息

市场销售情况	发生概率	甲投资项目的收益率（%）	乙投资项目的收益率（%）
很好	0.20	30	25
一般	0.40	15	10
很差	0.40	－5	5

要求：

1. 计算甲、乙两个投资项目的预期收益率、标准离差、标准离差率。

2. 公司决定对每个投资项目要求的收益率都在 8% 以上，并要求所有项目的标准离差率不得超过 1，那么应该选择哪一个项目？假定关系式：预期收益率 $=R_f+b\times V$ 成立，政府短期债券的收益率是 4%，计算所选项目的风险价值系数 b。

3. 假定资本资产定价模型成立，证券市场平均收益率为 12%，政府短期债券的收益率为 4%，市场组合的标准差为 6%，分别计算两项目的 β 系数以及它们与市场组合的相关系数。

【点评】

1. 甲项目的预期收益率 $=0.2\times30\%+0.4\times15\%+0.4\times(-5\%)=10\%$

乙项目的预期报酬率 $=0.2\times25\%+0.4\times10\%+0.4\times5\%=11\%$

甲项目的标准离差

$$=\sqrt{(30\%-10\%)^2\times0.2+(15\%-10\%)^2\times0.4+(-5\%-10\%)^2\times0.4}$$
$$=13.41\%$$

乙项目的标准离差

$$=\sqrt{(25\%-11\%)^2\times0.2+(10\%-11\%)^2\times0.4+(5\%-11\%)^2\times0.4}$$
$$=7.35\%$$

甲项目标准离差率 $=13.41\%/10\%=1.34$

乙项目标准离差率 $=7.35\%/11\%=0.67$

2. 两个项目的预期收益率均超过必要收益率 8%，但甲项目的标准离差率大于 1，所以应该选择乙项目。

从前面的计算可知：

乙项目的预期收益率 $=11\%=4\%+b\times0.67$

$b=(11\%-4\%)\div0.67=0.1045$

3. (1) 首先计算甲、乙两项目的 β 系数。

由资本资产定价模型知：

甲项目的预期收益率 $=4\%+\beta_{甲}\times(12\%-4\%)$

从前面的计算可知：

甲项目的预期收益率 $=10\%=4\%+\beta_{甲}\times8\%$

$\beta_{甲}=0.75$

同理，可计算出乙项目的β系数：

$\beta_{乙}=0.875$

（2）然后计算两项目收益率与市场组合的相关系数。

由β系数的定义式可知：$\beta_{甲}=\rho_{甲,m}\times(\sigma_{甲}/\sigma_m)$

所以　$0.75=\rho_{甲,m}\times(13.41\%/6\%)$

解得　$\rho_{甲,m}=0.34$

同理解得 $\rho_{乙,m}=0.71$

【案例3】

资本资产定价模型的应用

假定资本资产定价模型成立，表3-3中列示了三只股票和无风险资产以及市场组合的有关资料，表中的数字是相互关联的。要求计算表中字母表示的数字，并列出计算过程。

表3-3　各种资产风险、收益相关信息

资产名称	预期收益率	标准差	与市场组合的相关系数	β系数
无风险资产	A	C	F	I
市场组合	B	0.1	G	J
甲股票	0.22	D	0.65	1.3
乙股票	0.16	0.15	H	0.9
丙股票	0.31	E	0.2	K

【点评】

1. A的计算。

首先可针对甲、乙两只股票运用资本资产定价模型：

对于甲股票有：22%=无风险利率+市场风险溢酬×1.3

对于乙股票有：16%=无风险利率+市场风险溢酬×0.9

解得　无风险利率=2.5%，市场风险溢酬=15%

所以　A=2.5%

2. B的计算。

从上述方程组中求出的市场风险溢酬等于市场组合的预期收益率与无风险收益率之差，所以有：B−2.5%=15%，故B=17.5%。

3. C，F，I的计算。

真正意义上的无风险资产由于没有承担任何风险，所以标准差、β系数以及其与市场组合的相关系数都为零。所以，C=0，F=0，I=0。

4. G，J的计算。

市场组合与它自己是完全正相关的，所以与自己的相关系数是1，β也是1。故

G=1，J=1。

5. K的计算。

对于丙股票利用资本资产定价模型：0.31=31%=2.5%+15%×β。

从上面的式子中，算出β系数=（31%−2.5%）/15%=1.9，故K=1.9。

6. D的计算。

由β系数的定义式可知：甲的β系数=1.3=0.65×$\sigma_{甲}$÷0.1。

从上面的式子中求出：$\sigma_{甲}$=D=1.3×0.1÷0.65=0.2。

7. E的计算。

同D的计算类似，可求出丙股票的标准差E=0.95。

8. H的计算：

对于乙股票应用β系数的定义式，可知：0.9=ρ×0.15÷0.1，解得

ρ=H=0.9×0.1÷0.15=0.6

精选案例讨论

【案例1】

承租权

培特尔房地产有限公司有机会获得一片仅剩两年到期的公寓区的承租权。承租成本是100万英镑。目前，该公寓区的居住率约为70%，是专门向海军人员出租的。该公寓区附近有一大型海军基地，几乎不存在其他对公寓的需求。根据国防观察的结果，该公寓区的居住率在剩下的两年租期内将发生变化。就附近的海军基地而言，目前海军军方正在考虑三种选择方案，分别是：

选择1：关闭另一地区的一个海军基地，转而扩大该公寓区附近的基地的规模，并把关闭的基地的海军人员转移到公寓区附近的基地。

选择2：关闭公寓区附近的这个海军基地，仅留下很少的人员负责维持工作。这个海军基地的其余人员将搬到另一个基地去。

选择3：保留公寓区附近的海军基地，但人员减少20%。

培特尔房地产有限公司的董事们估计了在三种选择方案下未来两年里每年的净现金流量以及它们发生的概率，如表3-4所示。

表3-4

	英镑	概率
选择1	800 000	0.6
选择2	120 000	0.1
选择3	400 000	0.3

公司的资金成本是10%。

资料来源：阿特勒尔．财务管理基础：原书第3版．北京：机械工业出版社，2004.

【讨论】

公司应该买下该片公寓区的承租权吗？为什么？

【案例2】

削峰平谷，稳健经营

包玉刚1918年生于浙江宁波。其父包兆龙是一个经营纸厂的资本家。在兄弟中排行第二的包玉刚当年因抗日战争爆发而弃学，到当时的中央信托局所属的机构工作，不久被任命为重庆工矿银行经理。日本投降后，他当上了上海市银行的副总经理。1949年，包玉刚举家迁往香港。

包玉刚初到香港时，成立了一家进出口公司，经营中国土特产，规模不大，获利甚微。不久，包玉刚便向父亲提出要搞航运业。而包兆龙则想集中资金，搞房地产生意。包氏父子对于经营何种企业产生了分歧。包玉刚认为房地产是死的，受制很大，只能收地租，且容易被人夺去；反之，船却是活的，船务是经济、政治的奇异的混合体，是世界性的业务，资产可以移动，随时可以移到世界各地去，而且船务牵涉的范围特别广泛，从财务、科技、保险、经济、政治、贸易，以至于造船等多种行业，几乎无所不包，是一项具有广阔发展前景的国际性活动。父子俩几经争执，直到1955年，父亲包兆龙才勉强做出让步。时年37岁的包玉刚用70万美元买下了一条使用了20多年的吨位有8 700吨的旧烧煤货轮，命名为“金安号”，租给了日本一家船运公司，从印度运煤到日本。从此，对航运业并不熟悉的包玉刚以孜孜不倦的实干家的精神，全力以赴地投入这个对他来说全新的船运事业中。

“金安号”使包玉刚赚了不少钱，他用这些钱购买了其他船只。到1956年年底，他已拥有7艘船。1961年，包玉刚与日本签订了第一份造船合同。此后，日本造船商承包了包玉刚属下90%以上的船只，包玉刚的船运事业开始蒸蒸日上。

1967年以后，由于中东石油运输的需要，包玉刚的船队进一步发展，成立了环球航运公司。这个公司除了在香港设立代理公司外，在百慕大、纽约、伦敦、东京、新加坡、里约热内卢等地设立了十几家子公司或代理公司，所属船只还在利比里亚、巴拿马、英国或香港注册。该公司的商队与美国德士古石油公司、英国壳牌石油公司以及日本航运公司等财政殷实、信誉卓著的企业之间有着长期稳定的租船合同。

功夫不负有心人。到1981年，包玉刚的环球航运公司已拥有210艘船，总吨位达2 100万吨，超过美国、苏联所属船队的总吨位，压倒了世界各地的航运公司，自然而然地获得了“世界船王”的桂冠。因此，包玉刚被英国女王封为爵士，比利时国王、巴拿马总统、日本天皇都曾授予他勋章或高级奖章。包玉刚的平地崛起，宣告了洋人垄断国际航运界历史的终结。

包玉刚的成功，除了一些天时地利因素之外，很重要的一点就是他在经营方法上采取了“削峰平谷”的投资谋略。一般来讲，航运界的风险是比较大的。然而，包玉刚却凭其“削峰平谷”的经营谋略，几十年来，在波涛汹涌、风云莫测的汪洋大海中，指挥他的船队如履平地。“宁可少赚钱，也不去冒风险”，包玉刚的座右铭正是对“削峰平谷”这一谋略的绝好诠释。

20世纪50年代，当包玉刚初创环球航运公司，步入船队经营生涯的时候，世界航运界通常按照船只航行里程计算租金，实行单程包租，经济景气，单程运费收入高，一条油轮跑一趟中东可赚500多万美元。一般船东通常是尽量把握市场上升的大好时机，敢于冒无生意的风险，把自己的全部船只留用单程租用或散租。但包玉刚不为暂时的高利润所动，坚持遵循长期稳定的方针。他认为市场变化多端，一时的景气与繁荣过后，随之而来的可能是萧条与危机，搞航运不能贪图一时的高利润，而要立足长远。因此他尽可能不承接风险较大的单程包租，宁愿承接较为重要的几个月租期的定期包租。这样收入虽平淡无奇，却很稳当。这种做法曾一度被同行们讥讽为“初出茅庐的傻瓜之举”，但时间一长，他们就看到了这种长租的好处。因为当航运市场下跌的时候，只有像包玉刚这种长租办法才能获胜。但这并不是说包玉刚是一个惧怕风险、死守小摊的人。正好相反，他怀有宏大的发展目标，那就是迅速扩大船队，不断壮大自己。多年的银行业生涯，使包玉刚摸透了银行家的心理，这时将其用在发展航运业上，简直是如鱼得水，得心应手。他知道，要想扩大自己的船队，就必须争取到银行低息长期贷款。而这种长期贷款的取得，首先要争取到银行的信任，信任与否很大程度来自航运公司能否与租船户保持长期稳定的合作，因为银行要看到贷款者有长期稳定收入才肯发放贷款，而靠高额收取租船费是不能争取到长期合同的。因此包玉刚以低船租的方法先找好大量的长期租船户，以大量合同让银行家放心；拿到贷款、买进船只后又尽快投入运输，这就避免了船只的空置，白赔利息，因而他的信誉度也越来越高，形成了一个极有利的良性循环。汇丰银行正是看上了包玉刚“削峰平谷”这种稳健的经营方式，觉得跟他合作不会担风险，才对他的企业比较放手。

早在20世纪50年代，汇丰银行对支持买船生意的兴趣不大，认为太冒险。该行和中国船东的少数生意往来，主要是由英国公司做中间人进行的。1956年，包玉刚断定自己所需要的资金支持已超过了自己家族的力量时，毅然去找汇丰银行的董事长桑达士。他告诉桑达士，他有机会以100万美元买一艘7 200吨的船，并把它租给一家日本航运公司5年。那家日本公司急欲用船，还愿出面请银行资助他，那家银行会开一张75万美元的信用证给他，该数额约等于他租船给该公司的第一年租金收入，也是他想跟汇丰银行借贷的数额。他对桑达士说，他以这75万美元信用证作抵押，汇丰不会有任何风险。桑达士相信这笔生意不会出差错，但他不相信包玉刚能得到信用证。包玉刚立刻动身前往日本拿到了信用证。此后，汇丰银行便一直支持包玉刚。1968年，包玉刚成了汇丰银行第一亚洲董事，不久，成为副董事长。而汇丰银行在包玉刚的企业中占有约5 000万美元的股份。既然包玉刚的事业与汇丰银行联系在一起，人们对他能立于不败之地也就深信不疑了。

日本人和包玉刚的关系也十分密切。包玉刚85%的船只都是租给日本人的，有的是连船带船员一起租，有的只租船。日本人不仅租用包玉刚的船，还为他造船。而造船始终是在日本最上算，无论价格、质量还是交货日期，很难有其他船厂可以和日本船厂相比。包玉刚从1961年开始向日本订船，这些年一直如此。日本人与包玉刚似乎不管船运市场情况怎样，总是在做生意。1970年，船运市场好转，大家激烈争取在日本造船，船厂几乎不肯接单，包玉刚却始终有办法在日本造船。后来，市场受日美经济衰退、通货不稳等情形的影响，情况极差，许多船都闲着，在建造中的新船总吨位也在下降，可是包玉刚仍然不断向日本订船。不论怎样，日本人似乎都非常乐意和包玉刚做生意，因为包玉刚随时愿意以最低的价格把船租给日本人，所以日本人也竭力给予包玉刚方便。

1955年包玉刚买进一艘3 300吨的货船，租给一个香港商人。当租约到期时，正值苏伊士运河关闭，引起运输费大幅度上涨，这位商人愿以高一倍的租金继续租借，这对包玉刚来说是图利良机，但此时他了解到此人善搞投机生意，还是一个嗜酒如命的酒鬼，又没有基本运货合同，就断然拒绝续借要求，而将此船租借给租费低得多、租期长得多的一家可靠的日本航运公司。不久以后，那位商人负债累累，宣告破产，租给他船的无不蒙受损失。相反，此时苏伊士运河重开，运费下跌，包玉刚由于与日本公司有租约在先不仅未受影响，还稳稳当当地赚了一笔。

20世纪70年代中期的石油危机也证明了包玉刚“削峰平谷”经营方针的正确。当时挪威船王瑞斯坦在国际上的名声很大，他拥有10余条巨型油轮，但石油危机一来，他一条船也租不出去，几乎破产，而包玉刚却顺利地渡过了难关。

面对商业经营中的高峰和低谷，一般会出现两种人，一种人急功近利，急于做弄潮儿，他们有可能在高峰时捞一把，但在低谷中又跌回去，甚至赔光血本；另一种人则任凭风浪起，稳坐钓鱼船，不为近利所动，而是向着自己的既定长远目标一步步奋进。包玉刚就是深谙“削峰平谷”之道的后一种类型的人。

资料来源：潘晓时. 中小企业成败案例比较. 北京：经济管理出版社，2005. 本文略作修改。

【讨论】

1.《诗经·小雅·十月》中说：“百川沸腾，山冢碎崩。高岸为谷，深谷为陵。”意思是说，百川汹涌澎湃，山顶从高处崩塌下来，高岸低陷变成深谷，深谷隆起变成山陵。“削峰平谷”这一自然界的现象用于企业经营投资，其深刻的寓意是什么？

2.“削峰平谷”谋略，在经济不景气时容易被经营者所接受。但在经济旺盛时期，坚持“削峰”方针，你认为经营者必须具备什么潜质？如果是你，会在经济旺盛时期选择“削峰”谋略吗？为什么？

3.管理到了一定的层次以后就是管理哲学的问题。你认为本案例的管理哲学是什么？从中你能得到哪些启示？

实务演练

思考与回答

1. 某人拟购买某房地产公司的股票，事前知道该公司在行业经济繁荣、一般和萧条时的收益率分别为 14%，9%和 3%，并得知近期该行业经济繁荣、一般和萧条的概率分别为 35%，40%和 25%。该项投资决策属于不确定性投资还是风险性投资？就本题而言，该项投资决策在什么情况下属于不确定性投资或风险性投资？

2. 风险不同于危险。危险专指负面效应，是损失发生及其程度的不确定性。风险与危险的最大区别是什么？如果说人们对于危险需要识别、衡量、防范和控制，即对危险进行管理，那么对于风险又该如何进行管理呢？

3. 你能说出下列哪些公司易受到经济衰退的严重影响，哪些公司只受到经济衰退的轻微影响吗？旅馆和餐馆、旅游公司、房屋建筑公司、航空公司、珠宝商、天然气和电力供应商、自来水供应商、基本食品零售商和制造商。

4. 资产组合的一个可能问题是，多个不同的资产项目会带来一些重要的资产项目管理问题。经理人员必须处理大量的资产项目，而这些项目又涉及不同的技术和资源问题，资产项目数量越多，管理问题可能也越多。你同意上述观点吗？你认为资产组合会有哪些问题？

5. 有人认为公司经营人员不应该将寻求资产组合作为他们的主要目标。因为即使可以找到两个收益完全负相关的资产项目，也并不意味着一定该这么做。进行投资决策时，必须考虑项目的预期收益。你同意这个观点吗？

6. 假定：证券 A 期望收益率为 18%，方差为 0.56%；证券 B 期望收益率为 4%，方差为 2.24%。又假定某投资者只能在证券 A 和证券 B 两种证券中投资。由于证券 A 既有较高的期望收益率又有较低的风险，任何一个理性的风险厌恶者都不会选择投资证券 B。请说明你是否同意以上观点，为什么？

搜集与整理

1. 你所熟悉的一只股票的 β 系数。
2. “宝钢股份”（代码 600019）近 5 年的 β 系数。
3. “兴业银行”（代码 601166）发行价，若持有至今其资产收益率。
4. 包玉刚与香港环球航运集团。
5. 你所在公司决策者的风险偏好。

自测与练习

1. 某公司目前持有由 A，B，C 三只股票构成的证券组合，每只股票的 β 系数分别为 0.6，1.0 和 1.8。假定三只股票在证券组合中的比重分别为 25%，40%和 35%，据此计算的证券组合的 β 系数为 1.18，当前股票的市场收益率为 12%，无风险收益率为 7%。则该公司证券组合的风险收益率为多少？如果该公司为降低风险，售出部分 C 股票，买进部分 A 股票，使 A，B，C 三只股票在证券组合中所占的比重分别变为 45%，40%和 15%，其他条件不变。则该公司新证券组合的风险收益率为多少？对计算结果作简要分析。

2. 甲公司持有 A，B，C 三只股票，在由上述股票组成的证券投资组合中，各股票所占的比重分别为 50%，30%和 20%，其 β 系数分别为 2.0，1.0 和 0.5。市场收益率为 15%，无风险收益率为 10%。A 股票当前每股市价为 12 元，刚收到上一年度派发的每股 1.2 元的现金股利，预计股利以后每年将增长 8%。

要求：

(1) 计算以下指标：

1) 甲公司证券组合的 β 系数。

2) 甲公司证券组合的风险收益率（R_p）。

3) 甲公司证券组合的必要投资收益率（K）。

4) 投资 A 股票的必要投资收益率。

(2) 利用股票估价模型分析当前出售 A 股票是否对甲公司有利。

3. 某企业有 A，B 两个投资项目，计划投资额均为 1 000 万元，其收益（净现值）的概率分布如表 3－5 所示。

表 3－5

市场状况	概率	A 项目净现值	B 项目净现值
好	0.2	200	300
一般	0.6	100	100
差	0.2	50	－50

要求：

(1) 分别计算两个项目净现值的期望值。

(2) 分别计算两个项目期望值的标准离差。

(3) 判断两个投资项目的优劣。

4. 某资产组合中有三只股票，有关信息如表 3－6 所示。

表 3－6

股票	β 系数	股票的每股市价（元）	股票的数量（股）
A	0.7	4	200
B	1.1	2	100
C	1.7	10	100

假设当前短期国债收益率为 3%，股票价格指数平均收益率为 12%。

要求：

（1）计算资产组合的 β 系数。

（2）计算 A，B，C 三只股票组合的收益率。

5. 某年由 MULTEX 公布的美国通用汽车公司的 β 系数是 1.170，短期国库券利率为 4%，标准普尔股票价格指数的收益率是 10%，那么，通用汽车该年股票的必要收益率是多少？

6. 某股票一年前的价格为 20 元，一年后的税后股息为 0.50 元，现在的市价为 24 元。那么，在不考虑交易费用的情况下，一年内该股票的收益率是多少？

第 4 章

筹资管理

本章要点

企业筹资概述
资金需要量的预测
筹资方式选择及评价
资本成本
杠杆效应
资本结构

学习目标

筹集资金是企业资金运动的起点，是决定企业资金运动规模和生产经营发展程度的重要环节。企业的筹资活动需要通过一定的渠道并采用一定的方式来完成。通过本章的学习，你应该掌握企业筹资的渠道和方式，并对筹资方式进行分析，了解各种筹资方式的法律限制和金融限制、各种筹资方式的资本成本及其对企业资本结构的影响等，以便帮助企业选择正确的筹资方式并进行筹资组合。

【关键词】

- 筹资方式（financing way）
- 筹资渠道（financing channel）
- 权益资金（equity money）
- 负债资金（liability money）
- 直接筹资（direct financing）
- 间接筹资（indirect financing）
- 普通股（common stock）
- 优先股（preferred stock）
- 商业信用（business credit）
- 融资租赁（capital lease）
- 资本成本（cost of capital）
- 经营杠杆（operating leverage）
- 财务杠杆（financial leverage）
- 杠杆效应（leverage）
- 资本结构（capital structure）

有这样一个故事：一位美国老太太和一位中国老太太在一起聊天，美国老太太说："我今年终于把买房的贷款还完了。"中国老太太说："今年我终于攒够了买房的钱。"虽然结果是一样的，过程却大相径庭，为了买房子，美国老太太一开始就想方设法向银行贷款，提前享受了生活，实现了自己的梦想。中国老太太则相反，她从年轻时就努力工作，努力赚钱攒钱，实现了自己的梦想，但她大半生没能好好享受生活。

这个经典故事的含义是很丰富的，人们可以从多个角度来思考。从企业理财的角度来看，这个故事也具有启发意义。任何一个投资者想开办企业从事生产经营都需要资金。那么资金从何而来呢？是等到投资者自己攒够钱，还是积极想办法向外筹资，上面的故事显然已经给出答案。当然，企业筹资是一个十分复杂而又重要的问题，需要综合考虑多方面的因素做出决策。

核心理念

4.1 企业筹资概述

企业筹资是指企业根据其生产经营、对外投资以及资本结构调整等需要，通过一定的渠道，采取适当的方式，获取所需资金的一种财务行为。筹集资金是企业资金运动的起点，是决定资金运动规模和生产经营发展程度的重要环节。企业筹资是企业财务管理的一项重要内容。

4.1.1 企业筹资的动机与要求

企业筹资的基本目的是为了自身的生存和发展。企业具体的筹资活动受特定动机的驱使。具体说来，企业筹资动机有以下几种：

（1）设立性筹资动机，即企业设立时为取得资本金而产生的筹资动机。

（2）扩张性筹资动机，即企业为扩大生产经营规模或增加对外投资而产生的追加筹资的动机。

（3）偿债性筹资动机，即企业为了偿还现有债务的需要而产生的筹资动机。

（4）混合性筹资动机，即企业同时既为扩张规模又为偿债而产生的筹资动机。

企业筹集资金的基本要求，是要研究影响筹资的多种因素，讲求资金筹集的综合经济效益。具体要求如下：

（1）筹资规模适当。

（2）筹资时间及时。

（3）筹资来源合理。

（4）筹资方式经济。

4.1.2 筹资渠道

企业筹资活动需要通过一定的渠道并采用一定的方式来完成。目前我国企业筹资渠道主要包括：

1. 银行信贷资金

银行对企业的各种贷款，是我国目前各类企业最为重要的资金来源。我国银行分为商业银行和政策性银行。商业银行是以营利为目的、从事信贷资金投放的金融机构，它主要为企业提供各种商业贷款。政策性银行为特定企业提供政策性贷款。

2. 其他金融机构资金

其他金融机构主要指信托投资公司、保险公司、租赁公司、证券公司、财务公司等。它们所提供的各种金融服务，既包括信贷资金投放，也包括物资的融通，还包括为企业承销证券等金融服务。

3. 其他企业资金

企业在生产经营过程中，往往形成部分暂时闲置的资金，并为一定的目的而进行相互投资；另外，企业间的购销业务可以通过商业信用方式来完成，从而形成企业间的债权债务关系，形成债务人对债权人的短期信用资金占用。企业间的相互投资和商业信用的存在，使其他企业资金也成为企业资金的重要来源。

4. 居民个人资金

企业职工和居民个人的结余货币，作为游离于银行及非银行金融机构等之外的个人资金，可用于对企业进行投资，形成民间资金来源渠道，为企业所用。

5. 国家资金

国家对企业的直接投资是国有企业特别是国有独资企业获得资金的主要渠道。现有国有企业的资金来源中，其资本大多是由国家财政以直接拨款方式形成的，除此以外，还有些是国家对企业“税前还贷”或减免各种税款而形成的。不管是何种形式形成的，从产权关系上看，它们都属于国家投入的资金，产权归国家所有。

6. 企业自留资金

企业自留资金是指企业内部形成的资金，也称企业内部留存，主要包括提取公积金和未分配利润等。这些资金的重要特征之一是，它们无须企业通过一定的方式去筹集，而直接由企业内部自动生成或转移。

4.1.3　筹资的分类

在实际工作中，企业的资金是由不同类型的资金组成的，并形成一定的资金结构。按照不同的分类标准，可将筹资分为以下几类：

1. 按照资金的来源渠道分为权益性筹资和负债筹资

自有资金也称为权益资金，借入资金也叫做负债资金，因此，企业资金按其来源渠道可分为所有者权益和负债两大类。

2. 按照筹资是否通过金融机构分为直接筹资和间接筹资

直接筹资，是指资金供求双方通过一定的金融工具直接形成债权债务关系或所有权关系的筹资形式。间接筹资，是指资金供求双方通过金融中介机构间接实现资金融通的活动。

3. 按照资金的取得方式分为内源筹资和外源筹资

内源筹资，是指企业利用自身的储蓄（折旧和留存收益）转化为投资的过程。

外源筹资，是指吸收其他经济主体的闲置资金，使之转化为自己投资的过程，包括股票发行、债券发行、商业信贷、银行借款等。

4. 按照筹资的结果是否在资产负债表上得以反映分为表内筹资和表外筹资

表内筹资，是指可能直接引起资产负债表中负债与所有者权益发生变动的筹资，如向银行借款、发行债券等。表外筹资是指不会引起资产负债表中负债与所有者权益发生变动的筹资。

5. 按照所筹资金使用期限的长短分为短期筹资和长期筹资

短期资金一般是指供一年以内使用的资金。长期资金一般是指供一年以上使用的资金。

4.2 资金需要量的预测

企业在筹资之前，应当采用一定的方法预测资金需要量，只有这样，才能使筹集来的资金既能满足生产经营的需要，又不会有太多的闲置。本节介绍预测资金需要量常用的方法。

4.2.1 销售额比率法

1. 销售额比率法的基本假定

以资金与销售额的比率为基础，预测未来资金需要量的方法，叫作销售额比率法。应用销售额比率法预测资金需要量是建立在以下假定基础之上的：

（1）企业的部分资产和负债与销售额同比例变化；

（2）企业各项资产、负债与所有者权益结构已达到最优。

2. 销售额比率法的计算公式

$$对外筹资需要量=\frac{A}{S_1}\cdot\Delta S-\frac{B}{S_1}\cdot\Delta S-P\cdot E\cdot S_2$$

式中，A 为随销售变化的资产（变动资产）；B 为随销售变化的负债（变动负债）；S_1 为基期销售额；S_2 为预测期销售额；ΔS 为销售的变动额；P 为销售净利率；E 为收益留存比率；A/S_1 为变动资产占基期销售额的百分比；B/S_1 为变动负债占基期销售额的百分比。

3. 销售额比率法的步骤

应用销售额比率法预测资金需要量通常需经过以下步骤：

（1）预计销售额增长率；

（2）确定随销售额变动而变动的资产和负债项目；

（3）确定需要增加的资金数额；

（4）根据有关财务指标的约束确定对外筹资数额。

4.2.2 资金习性预测法

资金习性预测法是指根据资金习性预测未来资金需要量的方法。按照资金习性，可以把资金区分为不变资金、变动资金和半变动资金。

不变资金是指在一定的产销量范围内，不受产销量变动的影响而保持固定不变的那部分资金。变动资金是指随产销量的变动而同比例变动的那部分资金。半变动资金是指虽然受产销量变化的影响，但不成同比例变动的资金，如一些辅助材料所占用的资金。半变动资金可采用一定的方法划分为不变资金和变动资金两部分。

资金习性预测法有两种形式：一种是根据资金占用总额司产销量的关系来预测资金需要量；另一种是采用先分项后汇总的方式预测资金需要量。

设产销量为自变量 x，资金占用量为因变量 y，它们之间的关系可用下式表示：

$$y=a+bx$$

式中，a 为不变资金；b 为单位产销量所需变动资金，其数值可采用高低点法或回归直线法求得。

4.3 筹资方式选择及评价

筹资方式是取得资本的具体形式和手段，企业在筹资时也要对筹资方式进行分析，了解各种筹资方式的法律限制和金融限制、各种筹资方式的资本成本及其对企业资本结构的影响等，以便选择正确的筹资方式并进行筹资组合。

4.3.1 权益性筹集

权益性筹集或称为自有资金，是指企业通过吸收直接投资、发行股票和企业内部积累等方式筹集的资金。

1. 吸收直接投资

吸收直接投资（以下简称吸收投资）是指企业按照“共同投资，共同经营，共担风险，共享利润”的原则直接吸收国家、法人、个人投入资金的一种筹资方式。

吸收直接投资的优点包括：有利于增强企业信誉；有利于尽快形成生产能力；有利于降低财务风险。吸收直接投资的缺点包括：资金成本较高；容易分散企业控制权。

2. 发行普通股

（1）股票发行与股票上市。股票是有价证券的一种主要形式，是指股份有限公司签发的证明股东所持股份的凭证。股份有限公司在设立时要发行股票。此外，公司设立之后，为了扩大经营、改善资本结构，也会增资发行新股。按照我国《公司法》和《证券法》的有关规定，股份有限公司发行股票，应符合《公司法》和《证券法》规定的条件。

股票上市，指的是股份有限公司公开发行的股票经批准在证券交易所进行挂牌交易。经批准在交易所上市交易的股票称为上市股票。股份公司申请股票上市，一般出于这样一些目的：资本大众化；提高股票的变现能力；便于筹措新资金；提高公司知名度，吸引更多顾客；便于确定公司价值。但股票上市也有对公司不利的一面，主要是：公司将负担较高的信息披露成本；各种信息公开的要求可能会暴露公司商业秘密；股价有时会歪曲公司的实际状况，有损公司声誉；可能会分散公司的控制权，造成管理上的困难。

公司公开发行的股票进入证券交易所交易必须受严格的条件限制。我国《证券法》规定，股份有限公司申请股票上市，必须符合下列条件：股票经国务院证券监督管理机构批准已公开发行；公司股本总额不少于人民币3 000万元；公开发行的股份达到公司股份总数的25%以上；公司股本总额超过人民币4亿元的，公开发行股份的比例为10%以上；公司最近3年无重大违法行为，财务会计报告无虚假记载。

（2）普通股筹资的优缺点。普通股筹资的优点包括：发行普通股筹措资本具有永久性，无到期日，不需归还；发行普通股筹资没有固定的股利负担，股利的支付与否和支付多少，视公司有无盈利和经营需要而定，经营波动给公司带来的财务负担相对较小。由于普通股筹资没有固定的到期还本付息的压力，所以筹资风险较小；发行普通股筹集的资本是公司最基本的资金来源，它反映了公司的实力，可作为其他方式筹资的基础，尤其可为债权人提供保障，增强公司的举债能力；由于普通股的预期收益较高并可一定程度地抵消通货膨胀的影响（通常在通货膨胀期间，不动产升值时普通股也随之升值），因此普通股筹资容易吸收资金。

普通股筹资的缺点包括：普通股的资本成本较高；以普通股筹资会增加新股东，这可能会分散公司的控制权。此外，新股东分享公司未发行新股前积累的盈余，会降低普通股的每股净收益，可能引发股价的下跌。

（3）优先股筹资。优先股是一种特别股，它与普通股有许多相似之处，但又具有债券的某些特征。从法律的角度来讲，优先股属于自有资金。

公司发行优先股往往还有其他动机。包括：防止公司股权分散；调剂现金余缺；改善公司的资金结构；维持举债能力。

优先股筹资的优点包括：没有固定到期日，不用偿还本金；股利支付既固定，又有一定弹性；有利于增强公司信誉。

优先股筹资的缺点包括：筹资成本高；筹资限制多；财务负担重。

3. 留存收益筹资

（1）留存收益筹资的渠道。留存收益来源渠道有以下两个方面：

1）盈余公积。是指有指定用途的留存净利润，它是公司按照《公司法》规定从净利润中提取的积累资金，包括法定盈余公积和任意盈余公积。

2）未分配利润。是指未限定用途的留存净利润。这里有两层含义：一是这部分净利润没有分给公司的股东；二是这部分净利润未指定用途。

（2）留存收益筹资的成本。留存收益是由公司税后利润形成的，属于权益资本。一般企业都不会把全部收益以股利形式分给股东，留存收益是企业资金的一种重要来源。企业留存收益相当于股东对企业进行追加投资，股东对这部分投资与以前交给企业的股本一样，要求获得同普通股等价的报酬，所以留存收益也要计算成本。留存收益筹资成本的计算与普通股基本相同，但不用考虑筹资费用。

（3）留存收益筹资的优缺点。留存收益筹资的优点包括：资金成本较普通股低；保持普通股股东的控制权；增强公司的信誉。留存收益筹资的缺点包括：筹资数额有限制；资金使用受制约。

4.3.2 负债筹集

目前在我国，负债资金筹集的方式主要有向银行借款、发行债券、利用商业信用、融资租赁等。

1. 向银行借款

向银行借款就是由企业根据借款合同从有关银行和非银行金融机构，如信托投资公司、保险公司、租赁公司、证券公司、企业集团所属的财务公司等借入所需资金的一种筹资方式，又称银行借款筹资。

银行借款筹资的优点包括：筹资速度快；筹资成本低；借款弹性好。

银行借款筹资的缺点包括：财务风险较大；限制条款较多；筹资数额有限。

2. 发行公司债券

（1）债券的含义。债券是发行人以借入资金为目的，依照法律程序发行，承诺按约定的利率和日期支付利息，并在特定日期偿还本金的书面债务凭证。

公司债券是企业或公司为筹措资金而公开负担的一种债务契约，即以债券为书面承诺，答应在未来的特定日期，偿还本金并按照事先规定的利率付给利息。发行债券是企业主要筹资方式之一。

（2）公司债券的发行。

1）发行公司债券的资格。我国《公司法》规定，公司发行公司债券应当符合《中华人民共和国证券法》规定的发行条件。

2）发行公司债券的条件。我国《证券法》规定，公开发行公司债券，应当符合下列条件：股份有限公司的净资产额不低于人民币3 000万元，有限责任公司的净资产不低于人民币6 000万元；累计债券余额不超过公司净资产的40%；最近3年平均可分配利润足以支付公司债券1年的利息；筹集的资金投向符合国家产业政策；债券的利率不超过国务院限定的利率水平；国务院规定的其他条件。公开发行公司债券筹集的资金，必须用于核准的用途，不得用于弥补亏损和非生产性支出。

上市公司发行可转换为股票的公司债券，除应当符合第一款规定的条件外，还应当符合证券法关于公开发行股票的条件，并报请国务院证券监督管理机构核准。

3）公司债券的发行价格。债券的发行价格有三种：等价发行、折价发行和溢价发行。等价发行又叫面值发行，是指按债券的面值出售；折价发行是指以低于债券面值的价格出售；溢价发行是指按高于债券面值的价格出售。

债券之所以会存在溢价发行和折价发行，是因为资金市场上的利息率是经常变化的，而公司债券一经发行，就不能调整其票面利息率。

（3）债券筹资的优缺点。与其他长期负债筹资方式相比，债券筹资的主要优点是：筹资对象广，市场大；债券筹资的成本比股票筹资的成本低，这是因为债券发行成本较低，债券利息在税前支付；债券筹资不会影响企业的管理控制权；债券资金具有财务杠杆作用。

债券筹资的不足之处是：债券筹资的风险很高，因为债券有固定的到期日，并要支付固定的利息；一旦企业不能支付到期的本息，债权人有权要求企业破产；债券筹资的限制条件很多，降低了公司经营的灵活性。

3. 利用商业信用

商业信用是指商品交易中的延期付款或预收货款所形成的借贷关系，是企业之间的一种直接信用关系。商业信用产生于商品交换之中，是所谓的“自然性融资”。利用商业信用，是一种形式多样、适用范围很广的短期资金筹措方式。利用商业信用融资，主要形式包括：赊购商品；预收货款；商业汇票；票据贴现；出售应收债权。

（1）现金折扣成本的计算。现金折扣是销货企业提供给购货企业的一种优惠。现金折扣的一般形式是：“2/10，1/20，n/30”，即购买单位若在10天内付款，可享受2%的折扣；若在20天内付款，可享受1%的折扣；超过20天须付全额，付款期限是30天。

如果销货单位提供现金折扣，购买单位应尽量争取获得此项折扣，因为丧失现金折扣的成本很高。一般而言，企业放弃现金折扣的成本可由下式求得：

$$\text{放弃现金折扣成本}=\frac{\text{折扣百分比}}{1-\text{折扣百分比}}\times\frac{360}{\text{信用期}-\text{折扣期}}$$

另外，该式表明，放弃现金折扣的成本与折扣百分比的大小、折扣期的长短同方向变化，与信用期的长短反方向变化。可见，如果购买单位放弃现金折扣而获得信用，其代价是较高的。然而，企业在放弃折扣的情况下，推迟付款时间越长，其成本便会越小。

（2）利用现金折扣的决策。在附有信用条件的情况下，因为获得不同信用要负担不同的代价，购买单位便要在利用哪种信用之间作出决策。一般说来：

如果能以低于放弃现金折扣的成本（实质上是一种机会成本）的利率借入资金，便应在现金折扣期内用借入的资金支付货款，享受现金折扣。

如果在折扣期内将应付账款用于短期投资，所得的投资收益率高于放弃现金折扣的成本，则应放弃折扣而去追求更高的收益。当然，假使企业放弃折扣优惠，也应将付款日推迟至信用期内的最后一天，以降低放弃折扣的成本。

如果企业因缺乏资金而欲展延付款期，则需在降低了的放弃折扣成本与展延付款带来的损失之间作出选择。展延付款带来的损失主要是指因企业信誉恶化而丧失供应商乃至其他贷款人的信用，或日后招致苛刻的信用条件。

如果面对两家以上提供不同信用条件的卖方，应通过衡量放弃折扣成本的大小，选择信用成本最小（或所获利益最大）的一家。

（3）商业信用筹资的优缺点。商业信用融资的优点包括：筹资便利；筹资成本低；限制条件少。商业信用融资的缺点包括：商业信用的期限一般较短，如果企业获得现金折扣，则时间会更短，如果放弃现金折扣，则要付出较高的资金成本。

4.4 资本成本

企业财务管理的目标在于实现股东财富最大化。寻求投入成本，包括筹资成本的最低化，是实现财务管理目标的重要方面。为此，有必要研究什么是资本成本和如何估算资本成本的问题。

4.4.1 资本成本的概念和意义

资本成本是指企业为筹集和使用资金而付出的代价。广义而言，企业筹集和使用任何资金，不论短期的还是长期的，都要付出代价。狭义的资本成本仅指筹集和使用长期资金（包括自有资金和借入长期资金）的成本。本节只介绍长期资金的成本，短期负债的成本将在“营运资金管理”部分介绍。

对企业来讲，资本成本是其选择资金来源、确定筹资方案的重要依据，一般来说，企业应选择资本成本最低的筹资方式。为了便于分析比较，资本成本通常不用绝对数表示，而用资本成本率这样的相对数表示。资本成本率用公式表示如下：

$$K=\frac{D}{P-f} \quad \text{或} \quad K=\frac{D}{P(1-F)}$$

式中，K 为资本成本率；D 为资金占用费；P 为筹资金额；f 为资金筹集费；F 为筹资费用率，即资金筹集费占筹资金额的比率。

在实际工作中，由于运用的场合不同，资本成本可以有多种形式。在比较各种筹资方式时，使用个别资本成本，包括优先股成本、普通股成本、留存收益成本、长期借款成本、债券成本；在进行资本结构决策时，使用加权平均资本成本；在进行追加筹资决策时，使用边际资本成本。

4.4.2 个别资本成本

个别资本成本是指使用各种长期资金的成本，具体有以下内容：

1．长期借款成本

长期借款成本是指借款利息和筹资费用。由于借款利息计入税前成本费用，可以起到抵税的作用，因此，一次还本、分期付息的长期借款资本成本的计算公式为：

$$K_1=\frac{I_t(1-T)}{L(1-F_1)}$$

式中，K_1 为长期借款资本成本；I_t 为长期借款年利息；T 为所得税税率；L 为长期借款筹资额（借款本金）；F_1 为长期借款筹资费用率。

上式也可改为如下形式：

$$K_1=\frac{R_1(1-T)}{1-F_1}$$

式中，R_1 为长期借款的利率。

当长期借款的筹资费（主要是借款的手续费）很小时，也可以忽略不计。

2．债券成本

发行债券的成本主要是指债券利息和筹资费用。债券利息的处理与长期借款利息的处理相同，应以税后的债务成本为计算依据。债券的筹资费用一般比较高，不可在计算资本成本时省略。按照到期一次还本、分期付息的方式，债券资本成本的计算公式为：

$$K_b=\frac{I_b(1-T)}{B(1-F_b)}$$

式中，K_b 为债券资本成本；I_b 为债券年利息；T 为所得税税率；B 为债券筹资额；F_b 为债券筹资费用率。

上式也可改为如下形式：

$$K_b=\frac{R_b(1-T)}{1-F_b}$$

式中，R_b 为债券利率。

上述计算债券成本的方法简单易行。如果需要将债券资本成本计算得更为准确，则应当先依据现金流量确定税前的债券成本，再计算其税后成本。这样，可采用以下公式计算债券资本成本：

$$B(1-F_b)=\sum_{t=1}^{n}\frac{I_b}{(1+K)^t}+\frac{P}{(1+K)^n}$$

$$K_b=K(1-T)$$

式中，P 为第 n 年末应偿还的本金；K 为所得税前的债券成本；K_b 为所得税后的债券成本。

3. 优先股成本

企业发行优先股股票筹资，同发行长期债券筹资一样，也需支付筹资费用，如注册费、代销费等。优先股的股息率在事先确定，且定期支付股息。但优先股与债券不同的是，优先股的股息是以税后净利润支付的，企业不会因此而少缴所得税。因此，优先股资本成本的计算公式为：

$$K_p = \frac{D_p}{P_p(1-F_p)}$$

式中，K_p 为优先股成本；D_P 为优先股年股息；P_p 为优先股股金总额；F_p 为优先股筹资费率。

4. 普通股成本

普通股成本属权益资本成本。权益资本的资金占用费是向股东分派的股利，而股利是以税后净利支付的，不能抵减所得税，所以权益资本成本与前述债务资本成本的显著不同在于计算时不扣除所得税的影响。计算普通股成本，常用的方法有评价法和资本资产定价模型法。

（1）评价法。评价法又称股利增长模型法。按照此种方法，普通股资本成本的计算公式为：

$$K_s = \frac{D_c}{P_c(1-F_c)} + G$$

式中，K_s 为普通股成本；D_c 为预期年股利额；P_c 为普通股筹资额；F_c 为普通股筹资费用率；G 为普通股利年增长率。

（2）资本资产定价模型法。按照资本资产定价模型法（CAPM），普通股的资本成本等于无风险报酬率加上适当的风险溢价，而适当的风险溢价则等于经企业按 β 系数调整后的市场风险溢价。

5. 留存收益成本

留存收益是税后形成的，其所有权属于股东，实质上相当于股东对企业的追加投资。股东将留存收益留用于企业，是想从中获取投资报酬，所以留存收益也有资本成本，它的资本成本是股东失去向外投资的机会成本，因此与普通股成本的计算基本相同，只是不考虑筹资费用。按照评价法，留存收益成本计算公式为：

$$K_r = \frac{D_c}{P_c} + G$$

式中，K_r 为留存收益资本成本，其他符号含义同前。

4.4.3　综合资本成本

由于受多种因素的制约，企业不可能只使用某种单一的筹资方式，往往需要通过多种方式筹集所需资金。为进行筹资决策，就要计算确定企业全部长期资金的总成本——综合资本成本。综合资本成本一般是以各种资金占全部资金的比重为权数，对个别资本成本进行加权平均确定的，故又称加权平均资本成本，其计算公式为：

$$K_w = \sum_{j=1}^{n} K_j W_j$$

式中，K_w 为综合资本成本（加权平均资本成本）；K_j 为第 j 种个别资本成本；W_j 为第 j 种个别资金占全部资金的比重（权数）。

4.4.4 边际资本成本

企业无法以某一固定资本成本来筹措无限的资金，当其筹集的资金超过一定限度时，原来的资本成本就会增加。在企业追加筹资时，需要知道筹资额在什么数额上会引起资本成本怎样的变化，这就要用到边际资本成本的概念。

边际资本成本是指资金每增加一个单位而增加的成本。边际资本成本也是按加权平均计算的，是追加筹资时所使用的加权平均成本。

4.5 杠杆效应

自然科学的杠杆原理，是指通过杠杆的使用，只用一个较小的力量便可以产生较大的效果。财务管理中的杠杆原理，则是指由于固定费用（包括生产经营方面的固定费用和财务方面的固定费用）的存在，当业务量发生较小的变化时，利润会产生较大的变化。杠杆利益是企业资本结构决策的一个重要因素。筹资风险是指筹资活动中由于筹资的规划而引起的收益变动的风险。资本结构决策需要在杠杆利益与其相关的风险之间进行合理的权衡。

由于成本按习性的分类及相关指标的计算是研究杠杆问题的基础，有必要先介绍成本习性问题，再分别说明经营杠杆、财务杠杆和复合杠杆。

4.5.1 成本按习性的分类与盈亏平衡点的计算

1. 成本按习性分类

所谓成本习性，是指成本与业务量之间的依存关系。按照成本习性把成本划分为固定成本、变动成本和混合成本三类。

（1）固定成本指其成本总额在一定时期和一定业务量范围内不受业务量增减变动影响固定不变的成本。属于固定成本的主要有折旧费、保险费、管理人员工资、办公费等。当然，固定成本总额只是在一定时期和业务量的一定范围内保持不变。

(2) 变动成本指其成本总额随着业务量增减变动成正比例增减变动的成本。直接材料、直接人工等都属于变动成本。但从产品的单位成本来看，则恰好相反，产品单位成本中的直接材料、直接人工将保持不变。

(3) 混合成本。有些成本虽然也随业务量的变动而变动，但不成同比例变动，不能简单地归入变动成本或固定成本，这类成本称为混合成本。混合成本按其与业务量的关系又可分为半变动成本和半固定成本。

2. 盈亏平衡点的计算

在计算盈亏平衡点时，必须先理解边际贡献、息税前利润等相关概念。边际贡献是指销售收入减去变动成本以后的差额。其计算公式为：

$$M=S-VC=(P-V)\times Q$$

式中，M 为边际贡献总额；S 为销售收入总额；VC 为变动成本总额；P 为产品单位销售价格；V 为产品单位变动成本；Q 为产销量。

息前税前利润（简称息税前利润），是指支付利息和缴纳所得税之前的利润。成本按其习性分类后，息税前利润可用以下公式计算：

$$EBIT=S-VC-F=(P-V)\times Q-F$$

式中，$EBIT$ 为息税前利润；F 为总的生产经营性固定成本。

盈亏平衡点又称盈亏临界点，是息税前利润等于零时所要求的销售量或销售额。在盈亏平衡点（销售量 Q_{BE}），$EBIT$ 为 0，则

$$0=Q_{BE}(P-V)-F$$

$$Q_{BE}=\frac{F}{P-V}$$

盈亏平衡点的销售额则为 $P\cdot Q_{BE}$。

4.5.2 经营风险与经营杠杆

1. 经营风险和经营杠杆的概念

经营风险是指企业因经营状况及环境的变化而导致利润变动的风险，它影响企业按时支付本息的能力。经营风险不仅因行业而异，即使同一行业也差别很大。影响企业经营风险的因素很多，主要有：

(1) 产品需求。市场对企业产品的需求越稳定，经营风险越小；反之经营风险越大。

(2) 产品售价。产品售价变动不大，经营风险则小；否则经营风险大。

(3) 产品成本。产品成本是收入的抵减，成本不稳定会导致利润不稳定，因此产品成本变动大的，经营风险就大；反之经营风险就小。

(4) 调整价格的能力。当产品成本变动时，若企业具有较强的调整价格的能力，经营风险就小；反之，经营风险就大。

（5）生产经营性固定成本的比重。在企业全部成本中，固定成本所占比重较大时，单位产品分摊的固定成本额便大，若产品销售量发生变动，单位产品分摊的固定成本会随之变动，最后导致利润更大幅度的变动，经营风险就大；反之经营风险就小。

在上述影响企业经营风险的诸因素中，固定成本比重的影响最重要。在某一固定成本比重下，销售量变动对利润产生的作用，称为经营杠杆。由于经营杠杆对经营风险的影响最为综合，因此常常用来衡量经营风险的大小。经营杠杆作用越大的企业，其经营风险越高，企业的资本成本也就越大。因此，经营风险是决定企业资本结构的一个重要因素。

2. 经营杠杆系数

经营杠杆作用的大小一般用经营杠杆系数表示，它是企业计算利息和所得税之前的盈余（息税前利润）变动率与销售额变动率之间的比率。计算公式为：

$$DOL=\frac{\Delta EBIT/EBIT}{\Delta Q/Q}$$

式中，DOL 为经营杠杆系数；$\Delta EBIT$ 为息税前利润变动额；$EBIT$ 为变动前息税前利润；ΔQ 为销售变动量；Q 为变动前销售量。

假定企业的成本-销售量-利润保持线性关系，变动成本在销售收入中所占的比重不变，固定成本也保持稳定，经营杠杆系数便可通过销售量或销售额来求得。这又有两种公式：

公式Ⅰ：

$$DOL_Q=\frac{Q(P-V)}{Q(P-V)-F}=\frac{Q}{Q-Q_{BE}}$$

式中，DOL_Q 为销售量为 Q 时的经营杠杆系数；P 为产品单位销售价格；V 为产品单位变动成本；F 为总的生产经营性固定成本；Q_{BE} 为保本销售量。

公式Ⅱ：

$$DOL_S=\frac{S-VC}{S-VC-F}=\frac{EBIT+F}{EBIT}$$

式中，DOL_S 为销售额为 S 时的经营杠杆系数；S 为销售额；VC 为变动成本总额。

在实际工作中，公式Ⅰ可用于计算单一产品的经营杠杆系数，它只需要求出两项信息：Q 和 Q_{BE}，这两者都是用“件”等数量单位表示的；公式Ⅱ除了用于单一产品外，还可用于计算多产品的经营杠杆系数，它也只需要求出两项信息：$EBIT$ 和 F，这两者都是用金额单位表示的。

3. 经营杠杆与经营风险的关系

导致企业经营风险的主要原因是市场需求和成本等因素的不确定性，经营杠杆本身并不是利润不稳定的根源。但是，经营杠杆扩大了市场和生产等不确定性因素对利润变动的影响。而且，经营杠杆系数越高，利润变动越剧烈，企业的经营风险就越大。一般来说，在其他因素一定的情况下，固定成本越高，经营杠杆系数越大，企业经营风险也就越大。

4.5.3 财务风险与财务杠杆

1. 财务风险和财务杠杆的概念

一般来说，企业在经营中总会发生借入资金。企业负债经营，不论利润多少，债务利息是不变的。于是，当息税前利润增大时，每一元息税前利润所负担的利息就会相应地减少，从而给投资者收益带来更大幅度的提高。这种债务对投资者收益的影响称作财务杠杆。

财务风险是指全部资本中债务资本比率的变化带来的风险，它是财务杠杆作用的结果。当债务资本比率较高时，投资者将负担较多的债务成本，并经受较多的财务杠杆作用所引起的收益变动的冲击，从而加大财务风险；反之，当债务资本比率较低时财务风险就小。

2. 财务杠杆系数

与经营杠杆作用的表示方式类似，财务杠杆作用的大小通常用财务杠杆系数表示。财务杠杆系数越大，表明财务杠杆作用越大，财务风险也就越大；财务杠杆系数越小，表明财务杠杆作用越小，财务风险也就越小。财务杠杆系数的计算公式为：

$$DFL=\frac{\Delta EPS/EPS}{\Delta EBIT/EBIT}$$

式中，DFL 为财务杠杆系数；ΔEPS 为普通股每股收益变动额；EPS 为变动前的普通股每股收益；$\Delta EBIT$ 为息税前利润变动额；$EBIT$ 为变动前的息税前利润。

企业不存在优先股的情况下，上述公式还可以推导为：

$$DFL=\frac{EBIT}{EBIT-I}$$

式中，I 为债务年利息。

3. 财务杠杆与财务风险的关系

由于财务杠杆的作用，当息税前利润下降时，税后利润下降得更快，从而给企业股权资本所有者造成财务风险。财务杠杆会加大财务风险，企业举债比重越大，财务杠杆效应越强，财务风险越大。财务杠杆与财务风险的关系可通过计算分析不同资本结构下普通股每股收益及其标准离差和标准离差率来进行测试。

控制财务风险的方法有：控制负债比率，即通过合理安排资本结构，适度负债，使财务杠杆利益抵消风险增大所带来的不利影响。

4.5.4 复合杠杆作用与复合杠杆系数

从以上的介绍可知，经营杠杆通过扩大销售（Q）影响息税前利润，而财务杠杆通过扩大息税前利润影响每股收益。如果两种杠杆共同起作用，那么销售量（Q）或销售额（$P\times Q$）稍有变动就会使每股收益产生更大的变动。通常把这两种杠杆的连锁作用称为复合杠杆作用，又称综合杠杆作用或总杠杆作用。它们的作用过程如图 4－1 所示。

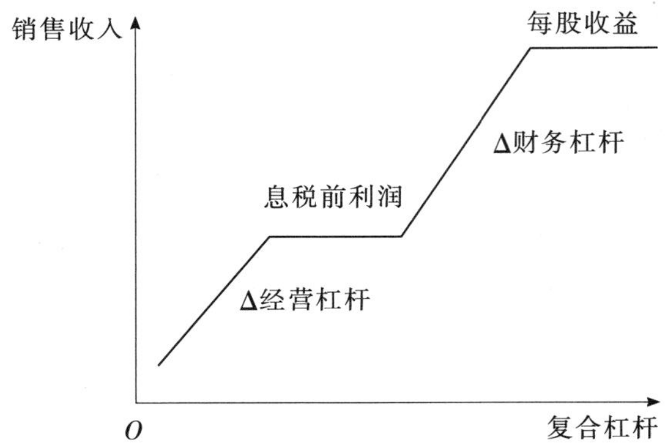

图 4－1　复合杠杆作用示意图

复合杠杆作用的程度，可用复合杠杆系数（DCL）表示。所谓复合杠杆系数，是指每股收益变动率相当于产销量（额）变动率的倍数。其计算公式为：

$$DCL=\frac{\Delta EPS/EPS}{\Delta S/S}$$

复合杠杆作用的意义首先在于，能够估计销售额变动对每股收益造成的影响。其次，它使我们看到了经营杠杆与财务杠杆之间的相互关系，即为了达到某一复合杠杆系数，经营杠杆和财务杠杆可以有很多不同的组合。比如，经营杠杆系数较高的企业可以在较小的程度上使用财务杠杆；经营杠杆系数较低的企业可以在较大的程度上使用财务杠杆；等等。这有待企业在考虑各有关具体因素后做出选择。

4.6　资本结构

4.6.1　资本结构的含义

资本结构是指企业各种资金的构成及其比例关系。资本结构是企业筹资决策的核心问题。企业应综合考虑有关影响因素，运用适当的方法确定最佳资本结构，并在以后追加筹资中继续保持。企业现有资本结构不合理，应通过筹资活动进行调整，使其趋于合理。

企业资本结构是由企业采用的各种筹资方式筹集资金而形成的，各种筹资方式不同的组合类型决定着企业资本结构及其变化。企业筹资方式有很多，但总的来看分为负债资本和权益资本，因此，资本结构问题总的来说是负债资本的比例问题，即负债在企业全部资本中所占的比重。

4.6.2 影响企业资本结构的基本因素

1. 企业销售的增长情况

预计未来销售的增长率，决定财务杠杆在多大程度上扩大每股收益，如果销售以较快的速度增长，使用具有固定利息费用的债务筹资，就会增加普通股的每股收益。

2. 企业所有者和管理人员的态度

企业资金结构的决策最终是由股东和管理当局作出的，一个企业的股票如果被众多股东所持有，谁也没有绝对的控制权，这个企业可能会更多地采用发行股票的方式来筹集资金，因为企业股东并不担心控制权的旁落；反之，有的企业被少数股东所控制，股东们很重视控制权问题，企业为了保证少数股东的绝对控制权，一般尽量避免普通股筹资，而是采用优先股或负债方式筹资。

管理当局对待风险的态度，也是影响资金结构的重要因素。如果管理当局喜欢冒险，可能会安排比较高的负债比例；反之，一些持稳健态度的管理人员则会使用较少的债务。

3. 贷款人和信用评级机构的影响

一般而言，企业管理当局往往会与贷款人和信用评级机构商讨企业的财务结构，并充分尊重他们的意见。大部分贷款人（债权人）都不希望企业的负债比例太大，如果企业坚持使用过多债务，则贷款人可能拒绝贷款。同样，如果企业债务太多，信用评级机构可能会降低企业的信用等级，这样会影响企业的筹资能力，提高企业的资本成本。

4. 企业的财务状况

获利能力越强、财务状况越好、变现能力越强的企业，就越有能力承担财务上的风险。因而，随着企业变现能力、财务状况和盈利能力的增强，举债筹资将更有吸引力。当然，有些企业因为财务状况不好，无法顺利发行股票，只好以高利率发行债券来筹集资金或根本就筹集不到资金。

5. 资产结构

资产结构会以多种方式影响企业的资本结构：（1）拥有大量固定资产的企业主要通过长期负债和发行股票筹集资金；（2）拥有较多流动资产的企业，更多依赖流动负债来筹集资金；（3）资产适用于抵押贷款的企业举债金额较多，如房地产企业的抵押贷款就相当多；（4）以技术研究开发为主的企业负债很少。

6. 所得税税率的高低

企业利用负债可以获得减税利益，因此，所得税税率越高，负债的好处越多；反之，如果税率很低，则采用举债方式的减税利益不明显。

7. 利率水平的变动趋势

如果企业管理当局认为利息率暂时较低，但不久的将来有可能上升，便会大量发行长期债券，从而在以后的若干年内把利率固定在较低水平上。

另外，企业所在的行业不同和企业规模的大小，也会影响企业的资本结构。企业管理当局，特别是财务管理人员应在认真分析以上各种因素对企业资本结构影响的基础上，根据经验来确定企业的资金结构。

4.6.3 资本结构优化决策

最佳资本结构是指在一定条件下使企业加权平均资金成本最低、企业价值最大的资本结构。从上述分析可知，利用负债资金具有双重作用，适当利用负债，可以降低企业资金成本，但当企业负债比率太高时，会带来较大的财务风险。为此，企业必须权衡财务风险和资金成本的关系，确定最佳资本结构。确定最佳资本结构的方法有每股收益无差别点法、比较资金成本法和公司价值分析法等。

1. 每股收益无差别点法

所谓每股收益无差别点，是指每股收益不受筹资方式影响的销售水平（或息税前利润水平）。根据每股收益无差别点，可以分析判断在什么样的销售水平（或利润水平）下适合采用何种资金结构。每股收益无差别点可以通过计算得出。

每股收益 EPS 的计算公式为：

$$EPS=\frac{(S-VC-F-I)(1-T)}{N}=\frac{(EBIT-I)(1-T)}{N}$$

式中，T 为所得税税率；N 为流通在外的普通股股数。

销售水平较低时，运用股票筹资（权益筹资）的每股收益高；销售水平较高时，运用负债筹资的每股收益高。因此，会存在一个特定的销售额（或 $EBIT$），无论是用股票筹资还是负债筹资，其每股收益相等，这就是每股收益无差别点。若以 EPS_1 代表负债筹资，EPS_2 代表股票筹资，在每股收益无差别点上这两个筹资方案的每股收益相等，则有

$$EPS_1=EPS_2$$

$$\frac{(S_1-VC_1-F_1-I_1)(1-T)}{N_1}=\frac{(S_2-VC_2-F_2-I_2)(1-T)}{N_2}$$

在每股收益无差别点上 $S_1=S_2=S$，则

$$\frac{(S-VC_1-F_1-I_1)(1-T)}{N_1}=\frac{(S-VC_2-F_2-I_2)(1-T)}{N_2}$$

能使上述条件公式成立的销售额（S）为每股收益无差别点销售额。

2. 比较资金成本法

该方法的基本思路是：决策前先拟订若干个备选方案，分别计算各方案的加权平均资金成本，并根据加权平均资金成本的高低来确定资本结构。该方法通俗易懂，计算过程也不是很复杂，是确定资本结构的常用方法。因所拟订的方案数量有限，故有把最优方案漏掉的可能。同时，资金成本比较法仅以资金成本率最低为决策标准，

没有具体测算财务风险因素，其决策目标实质上是利润最大化而不是公司价值最大化，一般适用于资本规模较小、资本结构较为简单的非股份制企业。

3. 公司价值分析法

以上我们以每股收益的高低作为衡量标准对筹资方式进行了选择。这种方法的缺陷在于没有考虑风险因素。从根本上讲，财务管理的目标在于追求企业价值的最大化或股价最大化。

公司价值分析法是在充分反映公司财务风险的前提下，以公司价值的大小为标准，经过测算确定公司最佳资本结构的方法。与比较资金成本法和每股收益无差别点法相比，公司价值比较法充分考虑了公司的财务风险和资金成本等因素的影响，进行资本结构的决策以公司价值最大为标准，更符合公司价值最大化的财务目标；但其测算原理及测算过程较为复杂，通常用于资本规模较大的上市公司。

企业的市场总价值 V 应该等于其股票的总价值 S 加上债券的价值 B，即

$$V=S+B$$

为简化起见，设债券的市场价值等于它的面值。股票的市场价值可通过下式计算：

$$S=\frac{(EBIT-I)(1-T)}{K_s}$$

式中，K_s 为权益资金成本。

K_s 采用资本资产定价模型计算：

$$K_s=R_s=R_f+\beta(R_m-R_f)$$

而企业的资金成本，则应采用综合资金成本 K_w 来表示，公式为：

$$K_w=K_b(\frac{B}{V})(1-T)+K_s(\frac{S}{V})$$

式中，K_b 为税前的债务资金成本。

案例评析

应用案例与点评

【案例 1】

资金需求量的预测

甲公司 2017 年 12 月 31 日的资产负债表见表 4－1。

表4-1　甲公司2017年12月31日的资产负债表　　单位：万元

资产	金额	负债及所有者权益	金额
货币资金	5 000	应付费用	10 000
应收票据及应收账款	15 000	应付票据及应付账款	5 000
存货	30 000	短期借款	25 000
固定资产净值	30 000	应付债券	10 000
		实收资本	20 000
		留存收益	10 000
资产合计	80 000	负债及所有者权益合计	80 000

假定甲公司2017年销售收入为100 000万元，销售净利率为10%，股利支付率为60%，公司现有生产能力尚未饱和，增加销售无须追加固定资产投资。经预测，2018年该公司销售收入将提高到120 000万元，企业销售净利率和利润分配政策不变。

要求：预测2018年对外筹资量。

【点评】

题目中给出了简略报表，我们首先要做的就是从给出的报表数字当中，准确找出哪些属于变动资产，哪些是变动负债。这是需要确定的。然后再看下面的条件，条件中说到“公司现有生产能力尚未饱和，增加销售无须追加固定资产投资”，这表明该企业没有固定资产投资。

现在，我们就按解题步骤来解题：

第一步：预计销售增长率。

销售增长额：120 000－100 000＝20 000（万元）

销售增长率：20 000/100 000＝20%

第二步：确定变动资产与变动负债。

变动资产：现金、应收账款、存货。（流动资产均属于变动资产。）

变动资产＝5 000＋15 000＋30 000＝50 000(万元)

变动负债：应付费用、应付账款。（短期借款除外。）

变动负债＝10 000＋5 000＝15 000(万元)

第三步：确定需要增加的资金。

变动资产与销售比：50 000/100 000＝50%

变动负债与销售比：15 000/100 000＝15%

需要增加的资金＝新增变动资产＋新增非流动资产－新增变动负债
＝20 000×50%＋0－20 000×15%＝7 000(万元)

或　＝50 000×20%－15 000×20%＝7 000(万元)

注：上式第二个等号后面，是按公式计算，是用增加的销售额与相应的增长比例

相乘。第三个等号的计算方法是因为下一年销售增长20%，用变动资产增加额减变动负债增加额直接得出。因此，有两种思路。

第四步：确定对外筹资额。

对外筹资额＝需要增加的资金－预计收益留存
＝需要增加的资金－预计销售额×销售净利率×(1－股利支付率)
＝7 000－12 000×10%×(1－60%)
＝2 200(万元)

【案例2】

商业信用筹资决策

某公司采购一批材料，供应商报价为10 000元，付款条件为“3/10，2.5/30，1.8/50，n/90”。目前企业用于支付账款的资金需要在第90天时才能周转回来，在90天内付款，只能通过银行借款解决。如果银行利率为12%，确定公司材料采购款的付款时间和价格。

要求：

1. 计算放弃折扣信用成本率，判断应否享受折扣。
2. 确定该公司材料采购款的付款时间和价格。

【点评】

1. (1) 放弃第10天付款折扣的信用成本率为：

放弃折扣的信用成本率＝[折扣率/(1－折扣率)]×[360/(信用期－折扣期)]
＝[3%/(1－3%)]×[360/(90－10)]
＝13.92%

(2) 放弃第30天付款折扣的信用成本率为：

放弃折扣的信用成本率＝[折扣率/(1－折扣率)]×[360/(信用期－折扣期)]
＝[2.5%/(1－2.5%)]×[360/(90－30)]
＝15.38%

(3) 放弃第50天付款折扣的信用成本率为：

放弃折扣的信用成本率＝[折扣率/(1－折扣率)]×[360/(信用期－折扣期)]
＝[1.8%/(1－1.8%)]×[360/(90－50)]
＝16.5%

初步结论：根据商业信用决策选择原则（见图4-2），由于各种方案放弃折扣的信用成本率均高于借款利率，因此要取得现金折扣，借入银行借款以偿还货款。

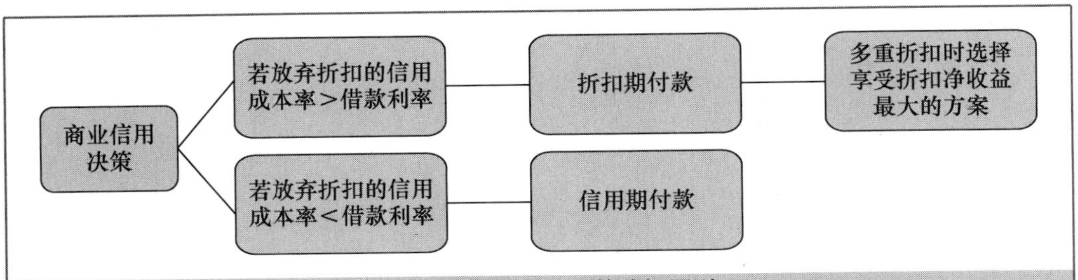

图 4－2　商业信用决策选择原则

2. 选择付款方案。

各种付款方案的结果如表 4－2 所示。

表 4－2

单位：元

方案	10 天付款方案	30 天付款方案	50 天付款方案
折扣收益	300	250	180
提前支付货款需支付的借款利息	9 700×(12%/360)×80＝258.67	9 750×(12%/360)×60＝195	9 820×(12%/360)×40＝130.93
净收益	300－258.67＝41.33	250－195＝55	180－130.93＝49.07

结论：第 30 天付款是最佳方案，其净收益最大。

【案例 3】

筹资方案的选择

某公司适用的所得税税率为 25%，2017 年有关资料如表 4－3 所示。

表 4－3　资产负债表

2017 年 12 月 31 日

单位：万元

资产	金额	负债及所有者权益	金额
货币资金	200	应付费用	500
应收票据及应收账款	2 800	应付票据及应付账款	1 300
存货	3 000	短期借款	1 200
非流动资产	4 000	应付债券	1 500
		股本（每股面值 2 元）	1 000
		资本公积	2 000
		留存收益	2 500
资产合计	10 000	负债及所有者权益合计	10 000

表中：货币资金、应收票据及应收账款和存货属于敏感性资产，应付费用和应付票据及应付账款属于敏感性负债。

为了使销售收入提高20%，2018年需要增加非流动资产投资100万元。2018年如果不从外部增加负债，则利息费用为180万元。2017年的销售收入为10 000万元，收益留存为200万元，预计2018年的收益留存为340万元。2018年若从外部追加资金，有两个方案可供选择：

A：以每股市价5.5元发行普通股股票，发行费用为每股0.5元。

B：按照120.1元的价格发行票面利率为12%的债券，每年付息一次，到期一次还本，每张面值100元，每张债券的发行费用为0.1元。

要求：

1. 按销售百分比法，预测2018年需从外部追加的资金；
2. 计算A方案中发行的普通股股数；
3. 计算B方案发行债券每年支付的利息以及资本成本；
4. 计算A、B两个方案的每股利润无差别点；
5. 若预计2018年可以实现的息税前利润为1 300万元，确定公司应选用的筹资方案。

【点评】

1. 敏感性资产销售百分比＝(200＋2 800＋3 000)/10 000＝60%

   敏感性负债销售百分比＝(500＋1 300)/10 000＝18%

   从外部追加的资金＝(敏感性资产销售百分比－敏感性负债销售百分比)×新增销售额＋增加的非流动资产投资－新增留存收益

   ＝(60%－18%)×10 000×20%＋100－340＝600(万元)

2. A方案中发行的普通股股数＝600/(5.5－0.5)＝120(万股)

3. B方案中发行的债券数量＝600/(120.1－0.1)＝5(万张)

   每年支付的利息＝5×100×12%＝60(万元)

   债券资本成本＝60×(1－25%)/[5×(120.1－0.1)]×100%＝7.5%

或　　100×12%×(1－25%)/(120.1－0.1)＝7.5%

4. 2018年年末的股数＝1 000/2＝500(万股)

   (EBIT－180)×(1－25%)/(500＋120)＝[EBIT－(180＋60)]×(1－25%)/500

解得：EBIT＝490（万元）

5. 因为预计EBIT（1 300万元）大于每股利润无差别点的EBIT（490万元），所以公司应选用的筹资方案为B方案，即发行债券筹资。

【案例4】

筹资风险与报酬决策

A公司是一家生产和销售通信器材的股份公司。该公司适用的所得税税率为25%。公司的资本结构为：400万元负债（利息率5%），普通股20万股。对于明年的预算出现三种意见：

第一方案：维持目前的生产和财务政策。预计销售45 000件，每件售价为240元，单位变动成本为200元，固定成本为120万元。

第二方案：更新设备并用负债筹资。预计更新设备需投资600万元，生产和销售量不会变化，但单位变动成本将降低至180元，固定成本将增加至150万元。借款筹资600万元，预计新增借款的利率为6.25%。

第三方案：更新设备并用股权筹资。更新设备的情况与第二方案相同，不同的只是用发行新的普通股筹资。预计新股发行价为每股30元，需要发行20万股，以筹集600万元资金。

要求：

1. 计算三个方案下的每股收益（请将结果填写在给定的“计算三个方案下的每股收益”表格（见表4－4）中，不必列示计算过程）。

表4－4　计算三个方案下的每股收益　　单位：元

方案	第一方案	第二方案	第三方案
营业收入			
变动成本			
边际贡献			
固定成本			
息税前利润			
利息			
税前利润			
所得税			
净利润			
股数（股）			
每股收益			

2. 计算第二方案和第三方案每股收益相等的销售量。

3. 计算三个方案下每股收益为零的销售量。

4. 根据上述结果分析：哪个方案的风险最大？哪个方案的报酬最高？如果公司销售量下降至30 000件，第二方案和第三方案哪一个更好？请分别说明理由。

【点评】

1. 三个方案的每股收益计算如表4－5所示。

表4－5　　单位：元

	第一方案	第二方案	第三方案
销售量（件）	45 000	45 000	45 000
单价	240	240	240
销售收入	10 800 000	10 800 000	10 800 000
单位变动成本	200	180	180

续表

	第一方案	第二方案	第三方案
变动成本总额	9 000 000	8 100 000	8 100 000
边际贡献总额	1 800 000	2 700 000	2 700 000
固定成本	1 200 000	1 500 000	1 500 000
息税前利润	600 000	1 200 000	1 200 000
原负债	4 000 000	4 000 000	4 000 000
原负债利率	5%	5%	5%
原负债利息	200 000	200 000	200 000
新增负债		6 000 000	
新增负债利率		6.25%	
新增负债利息		375 000	
利息合计	200 000	575 000	200 000
税前利润	400 000	625 000	1 000 000
所得税税率	25%	25%	25%
所得税	100 000	156 250	250 000
税后利润	300 000	468 750	750 000
股数（股）	200 000	200 000	400 000
每股收益	1.50	2.34	1.875

2. 计算每股收益无差别点。

$$[Q\times(240-180)-1\ 500\ 000-200\ 000]\times(1-25\%)/400\ 000$$
$$=[Q\times(240-180)-1\ 500\ 000-575\ 000]\times(1-25\%)/200\ 000$$
$$60Q-1\ 700\ 000=2\times(60Q-2\ 075\ 000)$$
$$Q=40\ 833.33(件)\approx40\ 834(件)$$

3. 计算每股收益为零的销售量。

第一方案：

$$Q\times(240-200)-1\ 200\ 000-200\ 000=0$$
$$Q=35\ 000(件)$$

第二方案：

$$Q\times(240-180)-1\ 500\ 000-575\ 000=0$$
$$Q=34\ 583.33\approx34\ 584\ (件)$$

第三方案：

$$Q\times(240-180)-1\ 500\ 000-200\ 000=0$$
$$Q=28\ 333.33\approx28\ 334(件)$$

4. 风险与收益分析。

风险最大的方案：第一方案，其盈亏临界点最高。

报酬最高的方案：第二方案，其每股收益最大。

如果销量降至 30 000 件，由于低于每股收益无差别点，所以股票筹资较好，即第三方案更好。

【案例 5】

杠杆原理的应用

某公司目前年销售额 1 000 万元，变动成本率 60%，全部固定成本和费用 120 万元，利息费用 80 万元。该公司拟改变经营计划，追加投资 200 万元，每年固定成本增加 20 万元，可以使销售额增加 20%，并使变动成本率下降至 55%。该公司以降低总杠杆系数作为改进经营计划的标准。

要求：

1. 计算目前情况的总杠杆系数。
2. 所需资金以追加实收资本取得，计算总杠杆系数，判断应否改变经营计划。
3. 所需资金以 12% 的利率借入，计算总杠杆系数，判断应否改变经营计划。
4. 计算改变计划之后的经营杠杆系数。

【点评】

1. 目前情况的总杠杆系数：

边际贡献＝1 000×(1－60%)＝400(万元)
税前利润＝400－120＝280(万元)
(提示：120 万元是全部固定成本和费用，包括了利息费用。)
总杠杆系数＝400/280＝1.43

2. 追加实收资本方案总杠杆系数：

边际贡献＝1 000×(1＋20%)×(1－55%)＝540(万元)
税前利润＝540－(120＋20)＝400(万元)
总杠杆系数＝540/400＝1.35

与目前情况相比，总杠杆系数降低，应改变经营计划。

3. 借入资金方案总杠杆系数：

边际贡献＝1 000×(1＋20%)×(1－55%)＝540(万元)
利息增加＝200×12%＝24(万元)
税前利润＝540－(120＋20＋24)＝376(万元)
总杠杆系数＝540/376＝1.44

与目前情况相比，总杠杆系数提高了，不应改变经营计划。

4. 息税前利润＝税前利润＋利息＝400＋80＝480(万元)

或：　息税前利润＝540－[(120－80)＋20]＝480(万元)

改变经营计划后的经营杠杆系数＝540/480＝1.13

精选案例讨论

【案例 1】

最佳资本结构的定量分析

大方公司年息税前利润为 500 万元，资金全部由普通股资金组成，股票账面价值 2 000 万元，所得税税率为 40%。该公司认为目前的资本结构不够合理，准备用发行债券购回部分股票的办法予以调整。经咨询调查，目前的债务利率和权益资金的成本情况如表 4－6 所示。

表 4－6　不同债务水平对企业债务资本成本和权益资本成本的影响

债券的市场价值 B（百万元）	税前债务资金成本 K_b	股票 β 值	无风险报酬率 R_f	平均风险股票必要报酬率 R_m	权益资金的成本 K_s
0	—	1.20	10%	14%	14.8%
2	10%	1.25	10%	14%	15.0%
4	10%	1.30	10%	14%	15.2%
6	12%	1.40	10%	14%	15.6%
8	14%	1.55	10%	14%	16.2%
10	16%	2.10	10%	14%	18.4%

【讨论】

1. 大方公司的最佳资本结构。
2. 为什么大方公司债务超过 600 万元后，公司总价值下降，综合资金成本上升？
3. 你认为计算企业最佳资本结构的最佳方法是什么？

【案例 2】

资本成本的计算

某公司拟添置一套市场价格为 6 000 万元的设备，需筹集一笔资金。现有三个筹资方案可供选择（假定各方案均不考虑筹资费用）：

1. 发行普通股。该公司普通股的 β 系数为 2，一年期国债利率为 4%，市场平均报酬率为 10%。

2. 发行债券。该债券期限 10 年，票面利率 8%，按面值发行。公司适用的所得税税率为 25%，按年支付利息。

3. 融资租赁。该项租赁租期 6 年，每年租金 1 400 万元，期满租赁资产残值为零。

【讨论】

1. 如何利用资本资产定价模型计算普通股资本成本。
2. 如何利用非折现模式（即一般模式）计算债券资本成本。
3. 如何利用折现模式计算融资租赁资本成本。
4. 根据以上计算结果，为该公司选择筹资方案。

实务演练

思考与回答

1. 2019年5月17日晚间，瑞幸咖啡（Luckin Coffee）正式登陆美国纳斯达克，股票代码为“LK”。成立仅一年半时间就成功上市，瑞幸咖啡成为全球最快IPO公司。瑞幸咖啡共发行3 300万份ADS，每份定价17美元，为价格区间顶端。瑞幸咖啡开盘涨47%，报25美元，后涨幅持续收窄，首日收盘报20.38美元，较IPO发行价17美元上涨19.88%，市值约47.4亿美元，成为今年在纳斯达克IPO融资规模最大的亚洲公司。IPO成为众多公司的终极目标，该种筹资方式有何优势，其背后是否存在风险？

2. 精明的小老板常常打着小算盘，“这件事情收益是多少，成本是多少，这件事情能不能干?”你在公司的经营中是否也有自己的小算盘呢？筹资决策是公司经理人员做出的最重要和最困难的决策之一。做出适当的筹资决策需要考虑多方面的因素。你知道怎样考虑筹资决策吗？

3.“给我一个支点，我能撬动地球。”阿基米德这句脍炙人口的名言形象地描述了自然科学中的杠杆作用。杠杆能产生神奇的力量，而杠杆作用在财务管理中同样存在，我们来看这样一个例子。

刘先生的冀华公司和张先生的海天公司是两家除了财务杠杆比率不同之外十分相似的公司。两家公司的资金总额均为1 000万元。刘先生从小接受的祖训是：最好不要借钱，因而冀华公司的负债率很低，仅有10%；张先生长期鼓吹负债筹资，以小搏大，四两拨千斤，所以海天公司的负债率非常高，达到50%。两家公司的债务利息率都是10%。在第一年，两家公司的资金回报率都是20%，在第二年则均为5%。结果如表4－7所示。

表4－7　冀华公司和海天公司的股权资金回报率　　单位：万元

项目	第一年		第二年	
	冀华公司	海天公司	冀华公司	海天公司
税前盈余	200	200	50	50
债务利息（10%）	10	50	10	50
盈余	190	150	40	0
股权资金回报率（%）	21.1	30	4.4	0

在第一年，具有较高财务杠杆比率的海天公司具有 30%的股权资金回报率，大大高于具有较低财务杠杆比率的冀华公司的 21.1%。而在第二年，冀华公司具有 4.4%的股权资金回报率，而海天公司的股权资金回报率为 0。你能解释为什么第一年负债率高的海天公司的权益资本回报率更高？而第二年冀华公司的权益资本回报率更高？

4. 有一个妇人有一只母鸡，这只母鸡每天生一个鸡蛋，过一段时间妇人就拿鸡蛋去卖，得到的钱买些小麦回来糊口。妇人贪心，常常想，如果能让母鸡每天多生一个蛋就好了，那样就可以多换一倍的小麦回来。如何才能每天得到两个鸡蛋呢？为了这个问题，她常常睡不好觉。一天，她突然“开窍”，想到了一个办法：每天给那只母鸡吃双倍的小麦。过了一段时间，母鸡变得肥肥胖胖，但不再生蛋了。妇人气愤地说：“我给你双倍的粮食你不但不多生蛋，连一只也不生了！我要把你宰了！”这个妇人真的很笨，以为母鸡吃得多蛋就会生得多。不少企业的管理者也有这种想法，以为筹集越多的资金投入运营就会赚取更多的钱，但结果并非如此，你知道这是为什么吗？

5. 在中国能运用的融资方式，华夏幸福都尝试了一遍，4 年融资 3 000 亿元。比如 2013 年 10 月，资产管理公司天方资产向华夏幸福旗下的孙公司九通投资，注资 30 亿元，其中 13.9 亿元进入注册资本，16.1 亿元进入资本公积。注资后，华夏幸福的子公司京御地产持有其 55%股权，天方资产持有其 45%股权。天方资产进入后，不仅派人进驻董事会，参与经营管理，而且享受九通投资的投资收益、利润分红。2016 年 3 月 29 日，华夏幸福第二期公司债券发行完毕，发行规模 30 亿元，期限 5 年，在第 3 年年末附公司上调票面利率选择权和投资者回售选择权，票面利率 5.19%。2015 年开始，我国房地产行业资金面宽松，整体融资成本下降成为普遍趋势，从 2015 年第二季度开始的公司债发行大潮就很能说明问题，很多公司债成本都在 5%左右。这个趋势一直延续到 2016 年第一季度。华夏幸福从 2015 年开始连续发行几笔低成本的公司债，成功将其平均融资成本从 9.64%拉低到 7.92%。这对华夏幸福节省利息支出、提升利润率起到关键作用。请对股权、债权筹资这两种方式进行对比。

搜集与整理

1. 大连万达集团的融资渠道。
2. 常山北明（代码：000158）关于回购股份的债权人通知公告（2018－088）。
3. 上海证券交易所近 30 年的上市公司筹资情况。
4. 2018 年度沪市上市公司长期资金来源比重。
5. 你所在单位主要采取何种筹资方式。

自测与练习

1. 某公司目前拥有长期资金 500 万元，其中长期债券 200 万元，普通股 300 万元，该公司明年计划筹集新的资金，并维持目前的资本结构不变。随筹资额的增加，各筹资方式的资金成本变化如表4-8所示。

表4-8

筹资方式	新筹资额	资金成本
债券	40万元以下 40万～100万元 100万元以上	6% 8% 10%
普通股	90万元以下 90万元以上	12% 14%

要求：计算各筹资总额范围内的边际资金成本。

2. 光明公司原来的资本结构为债券和普通股各占50%，债券和普通股的金额都是1 000万元，债券的年利率为8%，普通股每股面值1元，发行价格为10元，今年期望股利为1元/股，预计以后每年增加股利4%。该企业所得税税率为30%，假设发行的各种证券均无筹资费。该企业现拟增资400万元，以扩大生产经营规模，现有如下两个方案可供选择：

甲方案：增加发行400万元的债券，债券利率为10%，预计普通股股利不变，但普通股市价降至8元/股。

乙方案：发行债券200万元，年利率为8%，发行股票20万股，每股发行价10元，预计普通股股利不变。

要求：通过计算加权平均资金成本确定哪个方案最好。

3. 东方公司2018年度的利润表有关资料如下：

销售收入	4 000万元
变动成本	2 400万元
固定成本	1 000万元
息税前利润	600万元
利息	200万元
所得税	200万元

要求：

（1）计算经营杠杆系数、财务杠杆系数和复合杠杆系数。

（2）若2019年销售收入增长30%，息税前利润与净利润增长的百分比各是多少？

4. 海河公司目前的资金来源包括每股面值1元的普通股800万股和平均利率为10%的3 000万元债券。该公司拟投产新产品，该项目需要资金4 000万元，预期投产后每年可增加息税前利润400万元。有两个筹资方案：

一是按11%的利率发行债券；

二是按20元/股的价格增发普通股。

该公司目前的息税前利润为1 600万元，公司适用的所得税税率为40%，证券发行费忽略不计。

要求：

（1）计算两个筹资方案的每股收益。

（2）计算两个筹资方案的每股收益无差别点。

（3）计算筹资前后的财务杠杆系数。

（4）公司应选择哪种筹资方案？为什么？

5. ABC 公司购货所用商业信用条件为“2/10，n/30”。该企业选择折扣，每年折扣后的购货净付款额为 300 万元，一年按 360 天计，问：

（1）折扣后的平均应付账款是多少？

（2）这时的商业信用有没有成本？

（3）如果不选择折扣，计算该企业的平均应付账款和在这种有偿信用下的成本。

（4）如果将付款期限拖延到 40 天，则放弃折扣的成本是多少？

6. 丙商场季节性采购一批商品，供应商报价为 1 000 万元。付款条件为“3/10，2.5/30，n/90”。目前丙商场资金紧张，预计到第 90 天才有资金用于支付，若要在 90 天内付款只能通过借款解决，银行借款年利率为 6%。假定一年按 360 天计算。有关情况如表 4-9 所示：

表 4-9　应付账款折扣分析表　　单位：万元

付款日	折扣率	付款额	折扣额	放弃折扣的信用成本率	银行借款利息	享受折扣的净收益
第 10 天	3%	*	30	*	(A)	(B)
第 30 天	2.5%	*	(C)	(D)	*	15.25
第 90 天	0	1 000	0	0	0	0

* 表示省略的数据。

要求：

（1）确定表中字母代表的数值（不需要列示计算过程）。

（2）请做出选择，并说明理由。

第 5 章

项目投资管理

本章要点

项目投资概述

现金流量测算

项目投资决策评价方法

学习目标

项目投资是企业直接的、生产性的对内实物投资。重大项目决策的成功与否直接影响企业的成败。延缓决策会丧失企业的发展机会，而仓促决策也可能会使企业遭受灭顶之灾。通过本章的学习，你应该了解项目投资的特点与程序，掌握项目投资现金流量的预测和估算，掌握项目投资决策的方法。

【关键词】

- 资本预算指标（capital budgeting indicator）
- 资本预算方法（capital budgeting method）
- 资本性支出（capitalized expenditure）
- 机会成本（opportunity cost）
- 已贴现现金流量（discounted cash flow）
- 回收期（payback period）
- 内含报酬率（internal rate of return）
- 净现值（net present value）
- 最低报酬率（hurdle rate）
- 盈利指数（profitability index）
- 独立项目（independent project）
- 相关项目（contingent project）
- 互斥项目（mutually exclusive project）

杭州湾大桥是国内重点基础设施建设引入 BOT（建设-经营-转让）模式的先例之一。该项目总投资 160 亿元，注册资本占 35%，贷款占 65%。贷款年利率为 5.76%，投资回报率为 12.5%。企业资金成本的综合水平可以由加权平均资金乘以折现率求得。折算可获综合成本水平 WACC=7.54%。收入由对车辆的收费取得。全年通车估计每天车流量为 19 511 辆。通行费 20 座以下小客车为 80 元/辆，20 座以上 40 座以下为 160 元/辆，还有不同类别收费。经计算可得在弥补全部投资成本之后，净收 123 亿元的投资报酬。至 2010 年 5 月 1 日，累计通过车辆 1 900 万辆，平均每天 2.3 万辆，按一车过桥费最低 80 元，收入 15 亿多元。据宁波相关网站测算，预计大桥投资回收期为 14.2 年，投资回报率高达 15.1%，其中含建设期也有 12.58%，且几乎没有同类产品竞争，回报极为稳定。

核心理念

5.1 项目投资概述

5.1.1 项目投资的特点和程序

投资，是指特定经济主体（包括国家、企业和个人）为了在未来可预见的时期内获得收益或使资金增值，在一定时期向一定领域的标的物投放足够数额的资金或实物等货币等价物的经济行为。从特定企业角度看，投资就是企业为获取收益而向一定对象投放资金的经济行为。

项目投资是一种以特定项目为对象，直接与新建项目或更新改造项目有关的长期投资行为。从性质上看，它是企业直接的、生产性的对内实物投资，通常包括固定资产投资、无形资产投资、开办费投资和流动资金投资等内容。与其他形式的投资相比，项目投资具有以下主要特点：（1）投资金额大；（2）影响时间长；（3）变现能力差；（4）投资风险大。

在制造企业，投资项目主要可分为以新增生产能力为目的的新建项目和以恢复或改善生产能力为目的的更新改造项目两大类。新建项目按其涉及内容还可进一步细分为单纯固定资产投资和完整工业投资。单纯固定资产投资只包括为取得固定资产而发生的垫支资本投入而不涉及周转资本的投入；完整工业投资则不仅包括固定资产投资，而且涉及流动资金投资，甚至包括其他长期资产项目（如无形资产、递延资产）的投资。因此，不能将项目投资简单地等同于固定资产投资。出于篇幅的考虑，本章主要阐述固定资产投资决策分析。

项目投资的程序主要包括以下环节：（1）项目提出；（2）项目评价；（3）项目决策；（4）项目执行。

5.1.2 项目计算期的构成和资金构成内容

1. 项目计算期的构成

项目计算期是指投资项目从投资建设开始到最终清理结束整个过程的全部时间，即该项目的有效持续期间。完整的项目计算期包括建设期和生产经营期。其中，建设期的第一年年初（通常记作第0年）称为建设起点；建设期的最后一年年末称为投产日；项目计算期的最后一年年末（通常记作第n年）称为终结点；从投产日到终结点之间的时间间隔称为生产经营期，而生产经营期又包括试产期和达产期（完全达到设计生产能力）。

2. 原始总投资和投资总额的内容

原始总投资又称为初始投资，是反映项目所需现实资金水平的价值指标。从项目投资的角度看，原始总投资是企业为使项目完全达到设计生产能力、开展正常经营而投入的全部现实资金，包括建设投资和流动资金投资两项内容。

(1) 建设投资。指在建设期内按一定生产经营规模和建设内容进行的投资，包括固定资产投资、无形资产投资、开办费投资。

(2) 流动资金投资。指项目投产前后分次或一次投放于流动资产项目的投资增加额，又称垫支流动资金或营运资金投资。

投资总额是一个反映项目投资总体规模的价值指标，它等于原始总投资与建设期资本化利息之和。其中，建设期资本化利息是指在建设期发生的与购建项目所需的固定资产、无形资产等长期资产有关的借款利息。

5.1.3　项目投资资金的投入方式

从时间特征上看，投资主体将原始总投资注入具体项目的投入方式包括一次投入和分次投入两种形式。

资金投入方式与项目计算期的构成情况有关，同时也受投资项目具体内容的制约。建设投资既可以采用年初预付的方式，也可采用年末结算的方式，因此该项投资必须在建设期内一次或分次投入。流动资金投资必须采取预付的方式，因此其首次投资最迟必须在建设期末（即投产日）完成，亦可在试产期内有关年份的年初分次追加投入。

5.2　现金流量测算

在整个项目投资决策过程中，估计或预测投资项目的现金流量是非常关键的，是项目投资评价的首要环节，也是最重要、最困难的步骤之一。现金流量所包含的内容是否完整，预测结果是否准确，直接关系到投资项目的决策结果。

5.2.1　现金流量的概念及内容

针对某个具体的固定资产项目，现金流量是指一个项目在其计算期内因资本循环而可能或应该发生的现金流入量与现金流出量的统称。这时的"现金"与现金流量表中的现金概念有所区别，它不仅包括各种货币资金，而且包括项目需要投入企业拥有的非货币资源的变现价值。例如，一个项目需要使用原有的厂房、设备和材料等，则相关的现金流量是指它们的变现价值，而不是其账面成本。

不同类型的投资项目，其现金流量的具体内容存在差异。

1. 单纯固定资产投资项目的现金流量

(1) 现金流入量。包括增加的营业收入和回收固定资产余值等内容。

（2）现金流出量。包括固定资产投资、新增经营成本和增加的各项税款等内容。

2. 完整工业投资项目的现金流量

（1）现金流入量。包括营业收入、补贴收入、回收固定资产余值和回收流动资金。

（2）现金流出量。包括建设投资、流动资金投资、经营成本、税金及附加、维持运营投资和调整所得税。

3. 固定资产更新改造投资项目的现金流量

（1）现金流入量。包括因使用新固定资产而增加的营业收入、处置旧固定资产的变现净收入和新旧固定资产回收固定资产余值的差额等内容。

（2）现金流出量。包括购置新固定资产的投资、因使用新固定资产而增加的经营成本、因使用新固定资产而增加的流动资金投资和增加的各项税款等内容。其中，因提前报废旧固定资产所发生的清理净损失而发生的抵减当期所得税税额用负值表示。

5.2.2 现金流量估算原则

在整个资本预算过程中，估计或预测投资项目的现金流量是非常关键的。现金流量所包含的内容是否完整，预测结果是否准确，直接关系到投资项目的决策结果。因此，在进行现金流量预测时必须遵循以下原则：

1. 增量现金流量原则

所谓增量现金流量，是指接受或拒绝某个投资方案后，企业总现金流量因此发生的变动。只有增量现金流量才是与项目相关的现金流量；只有那些由于采纳某个项目引起的现金支出增加额才是该项目的现金流出；只有那些由于采纳某个项目引起的现金流入增加额才是该项目的现金流入。

2. 实际现金流量原则

实际现金流量原则是指在计量投资项目的成本和收益时，使用现金流量而不是会计收益。因为在会计收益的计算中还包含一些非现金因素，如固定资产的折旧、无形资产的摊销等。除此之外，还应注意剔除收益中的非现金项目。实际现金流量原则的另一层含义是项目未来的现金流量不是用现在的价格和成本计算，而必须用预计未来的价格和成本计算。

3. 税后原则

在预测投资项目的现金流量时，应充分考虑所得税因素。将税前现金流量调整为税后现金流量，因为只有税后现金流量才与投资者的利益相关。

应注意的是，为了正确计算投资方案的增量现金流量，需要正确判断哪些支出会引起企业总现金流量的变动，哪些支出不会引起企业总现金流量的变动。在进行这种判断时，要注意以下四个问题：

一是区分相关成本和非相关成本。相关成本是指与特定决策有关的、在分析评价时必须加以考虑的成本。例如，差额成本、未来成本、重置成本、机会成本等都属于相关成本。与此相反，与特定决策无关的、在分析评价时不必加以考虑的成本是非相关成本。例如，沉没成本、过去成本、账面成本等往往是非相关成本。如果将非相关成本纳入投资方案的总成本，则一个有利的方案可能因此变得不利，一个较好的方案可能变为较差的方案，从而造成决策错误。

二是不要忽视机会成本。在投资方案的选择中，如果选择了一个投资方案，则必须放弃投资其他途径的机会。其他投资机会可能取得的收益是实行本方案的一种代价，称为这项投资方案的机会成本。注意，机会成本不是通常意义上的“成本”，它不是一种支出或费用，而是失去的收益。这种收益不是实际发生的，而是潜在的。机会成本总是针对具体方案的，离开被放弃的方案就无从确定。

三是要考虑投资方案对企业其他部门的影响。当我们采纳一个新的项目后，该项目可能对企业的其他部门造成有利或不利的影响。例如，若新建车间生产的产品上市，原有其他产品的销路可能减少，整个企业的销售额也许不增加甚至减少。有时也可能发生相反的情况。当然，这类影响事实上是很难准确计量的，但决策时仍要考虑在内。

四是对净营运资金的影响。在一般情况下，当企业开办一项新业务并使销售额扩大后，对存货、应收账款等流动资产的需求将会增加，企业必须筹措新的资金以满足这种额外需求；另一方面，企业扩充的结果是，应付账款和一些应付费用等流动负债也会同时增加，从而降低企业对流动资金的实际需要。所谓净营运资金的需要，指增加的流动资产与增加的流动负债之间的差额。通常，在进行投资分析时，假定开始投资时筹措的净营运资金在项目结束时收回。

5.2.3　现金流量估算方法

通常，将投资项目的现金流量分为以下三个部分加以估算。

1. 初始现金流量

初始现金流量是指投资项目开始时发生的现金流量，主要包括：

(1) 固定资产投资支出，如设备买价、运输费、安装费、建筑费等。

(2) 垫支的营运资本，指项目投产前后分次或一次投放于流动资产上的资本增加额，又称铺底营运资本。

(3) 原有固定资产的变价收入，指固定资产更新时原有固定资产变卖所得的现金净流量。

(4) 其他费用，指与投资项目有关的筹建费用、职工培训费用等。

(5) 所得税效应，指固定资产重置时变价收入的税负损益。引起所得税多缴的部分视为现金流出，形成节税的部分视为现金流入。

项目建设期发生的现金流量大多为现金流出量，它们可以是一次性发生的，也可以是分次发生的。

2. 经营现金流量

经营现金流量，又称营业现金流量，是指投资项目投入使用后，在经营使用期内由于生产经营所带来的现金流入和现金流出的数量。这种现金流量一般以年为单位进行计算。这里的现金流入一般是指经营现金收入；现金流出一般是指经营现金支出和缴纳税金。

经营现金净流量一般可以按以下三种方法计算。

（1）根据经营现金净流量的定义计算。

经营现金净流量＝营业收入－付现成本－所得税

（2）根据年末营业结果来计算。企业每年现金增加来自两个主要方面：一是当年增加的净利；二是计提的折旧，以现金形式从销售收入中扣回，留在企业里。

经营现金净流量＝税后净利润＋折旧

（3）根据所得税对收入、成本和折旧的影响计算。

经营现金净流量＝收入×(1－税率)－付现成本×(1－税率)＋折旧×税率
＝税后收入－税后成本＋折旧抵税额

以上三种方法的计算结果是一致的。

3. 终结现金流量

终结现金流量是指项目完结时所发生的现金流量，项目终结的“年份”具有双重含义，它既是项目经营使用期的最后年份，同时也是项目终了的年份。因此，终结现金流量既包括经营现金流量（内容与预计方法如前述），又包括非经营现金流量。非经营现金流量包括固定资产的残值收入或变价收入及税负损益、垫支营运资本的回收、停止使用的土地的变价收入等。

项目投资现金流量的预测涉及的内容很多，影响现金流量预测结果及其分布状况的因素也很多。因此，在现金流量预测过程中除上述内容外，还应注意以下问题：

（1）利息费用。以借款投资的项目，在预测现金流量时，还存在对借款利息费用的处理。通常，对利息费用的处理有两种方式：一是将利息费用作为费用支出，从现金流量中扣除；二是将其归于现金流量的资本成本中。在实务中广泛采用的是后一种方法。值得注意的是，如果已从现金流量中扣除，就不能归于现金流量的资本成本中，以避免重复计算。

（2）通货膨胀的影响。通货膨胀是影响当今经济社会一个非常重要的因素，在投资项目评估中，通货膨胀可能会同时影响项目的现金流量和投资必要收益率（折现率），从而使项目的净现值有可能保持不变。估计通货膨胀对项目的影响应遵循一致性原则，即如果预测的现金流量序列包括了通货膨胀的影响，则折现率也应包括这一因素的影响。

（3）固定资产残值收入和变价收入的税收处理。如果会计上计提的残值与税法规定的提取办法有出入，则应按税法规定进行调整后确认其现金流量。对于固定资产的变价收入，其高于原值或账面净值的部分，多缴的所得税视为现金流出；其低于账面净值而发生的出售损失抵减所得税支出，少缴的所得税视为现金流入。

5.3　项目投资决策评价方法

对项目投资的评价，通常使用两类指标：一类是非贴现指标，即没有考虑货币时间价值因素的指标，主要包括投资回收期、会计收益率等；另一类是贴现指标，即考虑了货币时间价值因素的指标，主要包括净现值、净现值率、现值指数、内含报酬率等。

5.3.1　非贴现评价法

1. 静态投资回收期法

静态投资回收期又称全部投资回收期，简称回收期，是指以投资项目经营净现金流量抵偿原始总投资所需要的全部时间。其计算方法分以下两种情况：

（1）在原始投资额（BI）一次支出，每年现金净流入量（NCF）相等时。

$$\text{回收期}=\frac{\text{原始投资额}}{\text{每年现金净流入量}}=\frac{BI}{NCF}$$

（2）如果现金流入量（NCF）每年不等，或原始投资（BI）是分 m 年投入的，则可使下式成立的 n 为回收期。

$$\sum_{K=0}^{m} BI_K=\sum_{J=0}^{n} NCF_J$$

式中，BI_K 为第 K 年的投资额；NCF_J 为第 J 年的现金净流入量。

静态投资回收期是一个非贴现的绝对量反指标。在评价投资方案的可行性时，进行决策的标准是：投资回收期最短的方案为最佳方案。因为投资回收期越短，投资风险越小。

回收期能够直观地反映原始总投资的返本期限，便于理解，计算也简便。其缺点在于不仅忽视货币时间价值，而且没有考虑回收期以后的收益。事实上，有战略意义的长期投资往往早期收益较低，而中后期收益较高。回收期法优先考虑急功近利的项目，可能导致放弃长期成功的方案，因此，该方法只作为辅助性方法使用，主要用来测定投资项目的流动性而非盈利性。

2. 会计收益率法

这种方法计算简便，应用范围较广。会计收益率又称投资利润率，它在计算时使用会计报表上的数据，以及普通会计的收益和成本观念。

$$会计收益率(ROI)=\frac{年平均净收益}{原始投资额}\times 100\%$$

在计算年平均净收益时，如使用不包括建设期的经营期年数，其最终结果称为经营期会计收益率。

会计收益率法的决策标准是：投资项目的会计收益率越高越好，低于无风险投资利润率的方案为不可行方案。

会计收益率指标的优点是简单明了、易于掌握，且该指标不受建设期的长短、投资方式、回收额有无以及净现金流量大小等条件的影响，能够说明各投资方案的收益水平。该指标也存在以下缺点：（1）没有考虑货币时间价值因素，不能正确反映建设期长短及投资方式不同对项目的影响；（2）该指标的计算无法直接利用净现金流量信息；（3）该指标的分子与分母在时间上口径不一致，因而影响指标的可比性。

5.3.2 贴现评价法

1. 净现值法

所谓净现值，是指特定投资方案未来现金流入的现值与未来现金流出的现值之间的差额，记作 NPV。净现值的基本计算公式为：

$$净现值(NPV)=\sum_{t=0}^{n}\frac{I_t}{(1+i)^t}-\sum_{t=0}^{n}\frac{O_t}{(1+i)^t}$$

式中，n 为投资涉及的年限；I_t 为第 t 年的现金流入量；O_t 为第 t 年的现金流出量；i 为预定的贴现率。

采用净现值法的决策标准是：如果投资方案的净现值大于或等于零，该方案为可行方案；如果投资方案的净现值小于零，该方案为不可行方案；如果几个方案的投资额相同，且净现值均大于零，那么净现值最大的方案为最优方案。

应当指出的是，在项目评价中，正确选择贴现率至关重要，它直接影响项目评价的结论。在实务中，一般有以下几种方法可以用来确定项目的贴现率：（1）以投资项目的资金成本作为贴现率；（2）以投资的机会成本作为贴现率；（3）根据不同阶段采用不同的贴现率，例如在计算项目建设期净现金流量现值时，以贷款的实际利率作为贴现率，而在计算项目经营期净现金流量时，以全社会资金平均收益率作为贴现率；（4）以行业平均收益率作为项目贴现率。

净现值法的优点是：（1）考虑了资金的时间价值，增强了投资经济性的评价；（2）考虑了项目计算期的全部净现金流量，体现了流动性与收益性的统一；（3）考虑了投资的风险性，因为贴现率的大小与风险大小有关，风险越大，贴现率就越高。

净现值法也存在明显的缺点：（1）不能从动态的角度直接反映投资项目的实际收益率水平，当各项目投资额不等时，仅用净现值无法确定投资方案的优劣；（2）净现金流量的测定和贴现率的确定比较困难，而它们的正确性对计算净现值有重要影响；（3）净现值法计算麻烦，较难理解和掌握。

2. 净现值率法

净现值率的计算公式为：

$$净现值率(NPVR)=\frac{\sum_{t=0}^{n}\frac{I_t}{(1+i)^t}-\sum_{t=0}^{n}\frac{O_t}{(1+i)^t}}{\sum_{t=0}^{n}\frac{O_t}{(1+i)^t}}$$

净现值率的优点在于，可以从动态的角度反映项目投资的资金投入与净产出之间的关系。其缺点与净现值指标相似，同样无法直接反映投资项目的实际收益率。只有净现值率大于或等于零的投资项目才具有财务可行性。

3. 现值指数法

现值指数又称获利指数，其计算公式为：

$$现值指数(PI)=\frac{\sum_{t=0}^{n}\frac{I_t}{(1+i)^t}}{\sum_{t=0}^{n}\frac{O_t}{(1+i)^t}}$$

现值指数可以看成是 1 元原始投资可望获得的现值净收益，是项目投资评价的一个指标。它和净现值率都属于相对数指标，反映投资的效率，它们之间有如下关系：

$$现值指数(PI)=1+净现值率(NPVR)$$

利用现值指数法进行投资项目决策的标准是：如果投资方案的现值指数大于或等于 1，该方案为可行方案；如果投资方案的现值指数小于 1，该方案为不可行方案；如果几个方案的现值指数均大于 1，那么获利指数越大，投资方案越好。但在采用现值指数法进行互斥方案的选择时，其正确的选择原则不是选择现值指数最大的方案，而是在保证现值指数大于 1 的条件下，使追加投资所得的追加收入最大化。

现值指数法的优缺点与净现值法基本相同，但一个重要的区别是，现值指数法可以从动态的角度反映项目投资的资金投入与总产出之间的关系，可以弥补净现值法在投资额不同方案之间不能比较的缺陷，使投资方案之间可直接用现值指数进行对比。

4. 内含报酬率法

所谓内含报酬率（IRR），是指能够使未来现金流入量现值等于未来现金流出量现值的贴现率，或者说是使投资方案净现值为零的贴现率。其计算公式为：

$$\sum_{t=0}^{n}\frac{I_t}{(1+IRR)^t}-\sum_{t=0}^{n}\frac{O_t}{(1+IRR)^t}=0$$

净现值法和现值指数法虽然考虑了货币的时间价值，可以说明投资方案高于或低于某一特定的投资报酬率，但没有揭示方案本身可以达到的具体的报酬率是多少。内含报酬率是根据方案的现金流量计算的，是方案本身的投资报酬率。

内含报酬率的计算，通常采取逐步测试法。首先估计一个贴现率，用它来计算方案的净现值；如果净现值为正数，说明方案本身的报酬率超过估计的贴现率，应提高贴现率后进一步测试；如果净现值为负数，说明方案本身的报酬率低于估计的贴现率，应降低贴现率后进一步测试。经过多次测试，寻找出使净现值接近零的贴现值，即为方案本身的内含报酬率。如果对测试结果的精确度不满意，可以使用内插法改善。

采用内含报酬率指标的决策标准是：将所测算的各方案的内含报酬率与其资金成本对比，如果方案的内含报酬率大于其资金成本，该方案为可行方案；如果投资方案的内含报酬率小于其资金成本，则为不可行方案。如果几个投资方案的内含报酬率都大于其资金成本，且各方案的投资额相同，那么内含报酬率与资金成本之间差异最大的方案最好；如果几个方案的内含报酬率均大于其资金成本，但各方案的原始投资额不等，其决策标准应是“投资额×(内含报酬率－资金成本)”最大的方案为最优方案。

内含报酬率的优点是注重货币时间价值，能从动态的角度直接反映投资项目的实际收益水平，且不受行业基准收益率高低的影响，比较客观。但该指标的计算过程十分麻烦，当经营期大量追加投资时，有可能导致多个内含报酬率出现，或偏高或偏低，缺乏实际意义。

5. 贴现指标之间的关系

如果 i_c 为某企业的行业基准贴现率，则净现值 NPV、净现值率 $NPVR$、现值指数 PI 和内含报酬率 IRR 各指标之间存在以下数量关系：

当 $NPV>0$ 时，$NPVR>0$，$PI>1$，$IRR>i_c$

当 $NPV=0$ 时，$NPVR=0$，$PI=1$，$IRR=i_c$

当 $NPV<0$ 时，$NPVR<0$，$PI<1$，$IRR<i_c$

此外，净现值率 $NPVR$ 的计算需要在已知净现值 NPV 的基础上进行，内含报酬率 IRR 在计算时也需要利用净现值 NPV 的计算技巧或形式。这些指标都会受到建设期的长短、投资方式，以及各年净现金流量的数量特征的影响。所不同的是，NPV 为绝对量指标，其余为相对数指标，计算 NPV，$NPVR$，PI 所依据的贴现率都是事先已知的 i_c，而 IRR 的计算本身与 i_c 的高低无关。

案例评析

应用案例与点评

【案例1】

现金流量的估算

宏远公司拟购入一台设备以扩充生产能力，现有甲、乙两个方案可供选择。甲方案需投资30 000元，使用寿命5年，采用直线法计提折旧，5年后设备无残值，5年中每年销售收入15 000元，每年付现成本5 000元。乙方案需投资36 000元，采用直线法折旧，使用寿命也是 5 年，5 年后残值收入 6 000 元，5 年中每年销售收入为 17 000 元，付现成本第 1 年为 6 000 元，以后随着设备陈旧逐年将增加修理费 300 元，另需垫支营运资本 3 000 元。假设所得税税率为 40%。如何估算该项目投资的现金流量？

【点评】

根据以上资料编制的甲、乙两方案的现金流量表见表 5－1 和表 5－2。

表 5－1　投资方案的营业现金流量计算表　　单位：元

	年份				
	1	2	3	4	5
甲方案：					
销售收入	15 000	15 000	15 000	15 000	15 000
付现成本	5 000	5 000	5 000	5 000	5 000
折旧	6 000	6 000	6 000	6 000	6 000
税前利润	4 000	4 000	4 000	4 000	4 000
所得税	1 600	1 600	1 600	1 600	1 600
税后利润	2 400	2 400	2 400	2 400	2 400
营业现金流量	8 400	8 400	8 400	8 400	8 400
乙方案：					
销售收入	17 000	17 000	17 000	17 000	17 000
付现成本	6 000	6 300	6 600	6 900	7 200
折旧	6 000	6 000	6 000	6 000	6 000
税前利润	5 000	4 700	4 400	4 100	3 800
所得税	2 000	1 880	1 760	1 640	1 520
税后利润	3 000	2 820	2 640	2 460	2 280
营业现金流量	9 000	8 820	8 640	8 460	8 280

注：甲方案年折旧额＝30 000÷5＝6 000(元)
　　乙方案年折旧额＝（36 000－6 000）÷5＝6 000(元)

表 5－2　投资项目税后现金净流量计算表　　单位：元

	年份					
	0	1	2	3	4	5
甲方案：						
设备投资	－30 000					
营业现金流量		8 400	8 400	8 400	8 400	8 400
税后现金净流量	－30 000	8 400	8 400		8 400	8 400
乙方案：						
设备投资	－36 000					
垫支营运资本	－3 000					
营业现金流量		9 000	8 820	8 640	8 460	8 280
设备残值					6 000	
营运资本回收					3 000	
税后现金净流量	－39 000	9 000	8 820	8 640	8 460	17 280

资料来源：刘淑莲．高级财务管理理论与实务．大连：东北财经大学出版社，2005．

【案例2】

完整工业投资项目的财务可行性

某完整工业投资项目需要原始投资合计130万元，其中固定资产投资100万元（全部为贷款，年利率10%，贷款期限为5年），开办费投资10万元，流动资金投资20万元。建设期为2年。固定资产投资和开办费投资在建设期内均匀投入，流动资金于第2年年末投入。该项目寿命期5年，固定资产按直线法计提折旧，期满有1万元净残值；开办费全部在投产第1年年末摊销。预计投产后每年获7.5万元净利润，所得税税率为25%，运营期每年维持运营投资为5万元，流动资金于终结点一次收回，项目的折现率为12%。

要求：计算下列指标，并判断该项目的财务可行性。

1. 项目的计算期；
2. 按照复利计算项目的建设期资本化利息；
3. 项目的投资总额；
4. 运营期内项目各年的息税前利润；
5. 项目的投资收益率；
6. 项目建设期各年的净现金流量；
7. 运营期内项目各年的自由现金流量；
8. 项目包括建设期的静态投资回收期；
9. 项目的获利指数和净现值率。

【点评】

本案例要点：完整工业投资项目的财务可行性研究。

1. 项目的计算期＝项目的建设期＋项目的运营期

　　＝项目的建设期＋项目的寿命期＝2＋5＝7(年)

2. 建设期资本化利息＝100×$(F/P,10\%,2)$－100＝21(万元)

3. 项目的投资总额＝原始投资合计＋建设期资本化利息＝130＋21＝151(万元)

4. 运营期内项目各年的息税前利润＝税前利润＋利息费用

　　＝7.5/(1－25%)＋100×10%

　　＝20(万元)

5. 项目的投资收益率＝20/151×100%＝13.25%

6. 由于固定资产投资和开办费投资是在建设期内均匀投入的，所以建设期净现金流量为：

NCF_0＝－(100＋10)/2＝－55(万元)

NCF_1＝－(100＋10)/2＝－55(万元)

NCF_2＝－20(万元)

7. 固定资产原值＝100＋21＝121(万元)

运营期每年固定资产折旧＝(121－1)/5＝24(万元)

运营期第 1 年开办费摊销额＝10(万元)

每年维持运营投资＝5(万元)

终结点回收额＝1＋20＝21(万元)

对于完整工业投资项目而言：

运营期内项目某年的自由现金流量＝运营期某年税后净现金流量

＝该年息税前利润×(1－所得税税率)－该年折旧＋该年摊销＋该年回收额－该年维持运营投资

NCF_3＝20×(1－25%)＋24＋10－5＝44(万元)

$NCF_{4\sim6}$＝20×(1－25%)＋24－5＝34(万元)

NCF_7＝34＋21＝55(万元)

8. 项目的原始投资合计为 130 万元，项目计算期前 5 年的累计净现金流量＝44＋34＋34－130＝－18（万元），项目计算期第 6 年的累计净现金流量＝－18＋34＝16（万元），所以包括建设期的静态投资回收期＝5＋18/34＝5.53（年）。

9. 运营期净现金流量现值＝55×(*P*/*F*,12%,7)＋34×(*P*/*A*,12%,3)×(*P*/*F*,12%,3)＋44×(*P*/*F*,12%,3)

＝24.876 5＋58.126 4＋31.319 2

＝114.322 1(万元)

原始投资的现值合计＝20×(*P*/*F*,12%,2)＋55×(*P*/*F*,12%,1)＋55

＝15.944＋49.109 5＋55＝120.053 5(万元)

获利指数＝114.322 1/120.053 5＝0.95

净现值率＝0.95－1＝－0.05

10. 由于获利指数（0.95）小于 1（或由于净现值率小于 0），包括建设期的静态投资回收期（5.53 年）大于项目计算期（7 年）的一半，所以，该项目完全不具备财务可行性。

【案例 3】

折旧对现金流量的影响

现有 A 和 B 两家企业，全年销售收入、付现费用均相同，所得税税率为 40%。两者的区别是：A 企业有一项可计提折旧的资产，每年折旧额相同，B 企业没有可计提折旧的资产。两家企业的现金流量如表5-3所示。

表5-3　折旧对现金流量的影响　　单位：元

项目	A企业	B企业
销售收入	40 000	40 000
费用：		
付现营业费用	20 000	20 000
折旧	6 000	0
合计	26 000	20 000
税前利润	14 000	20 000
所得税（40%）	5 600	8 000
税后净利	8 400	12 000
营业现金流入：		
净利	8 400	12 000
折旧	6 000	0
合计	14 400	12 000
A企业比B企业拥有更现金	2 400	

问：A企业利润虽然比B企业少3 600元，但现金净流入多出2 400元，为什么？

【点评】

本案例要点：折旧对现金流量的影响。

从表5-3可以看出，A企业利润虽然比B企业少3 600元，但现金净流入多出2 400元，其原因在于有6 000元的折旧计入成本，使应纳税所得额减少6 000元，从而少纳税2 400元（6 000×40%）。这笔现金保留在企业，不必缴出。折旧对税负的影响可按以下方法计算：

税负减少额＝折旧额×税率＝6 000×40%＝2 400(元)

【案例4】

项目投资互斥方案的选择

某公司有一台设备，购于3年前，现在考虑是否需要更新。该公司所得税税率为25%，其他有关资料如表5-4所示。

表5-4　　单位：元

项目	旧设备	新设备
原价	60 000	50 000
税法规定残值（10%）	6 000	5 000
税法规定使用年限（年）	6	4
已用年限	3	0
尚可使用年限	4	4
每年操作成本	8 600	5 000

续表

项目	旧设备	新设备
两年末大修支出	28 000	
最终报废残值	7 000	10 000
目前变现价值	10 000	
每年折旧额：	（直线法）	（年数总和法）
第一年	9 000	18 000
第二年	9 000	13 500
第三年	9 000	9 000
第四年	0	4 500

假设两台设备的生产能力相同，并且未来可使用年限相同。因此，我们可通过比较其现金流出的总现值，判断方案优劣。

【点评】

本案例要点：互斥方案的选择问题。

更换新设备的现金流出总现值为 46 574.38 元，比继续使用旧设备的现金流出总现值 43 336.5 元多出 3 238.38 元。因此，继续使用旧设备比较好。如果未来的尚可使用年限不同，则需要将总现值转换成平均年成本，然后进行比较。具体见表 5－5。

表 5－5　　单位：元

项目	现金流量	时间（年次）	系数—10%	现值
继续使用旧设备：				
旧设备变现价值	－10 000	0	1	－10 000
旧设备变现损失减税	(10 000－33 000)×0.25＝－5 750	0	1	－5 750
每年付现操作成本	－8 600×(1－0.25)＝－6 450	1～4	3.170	－20 446.5
每年折旧抵税	9 000×0.25＝2 250	1～3	2.487	5 595.75
两年末大修成本	28 000×(1－0.25)＝－21 000	2	0.826	－17 346
残值变现收入	7 000	4	0.683	4 781
残值变现净收入纳税	(7 000－6 000)×0.25＝－250	4	0.683	－170.75
合计				－43 336.5
更换新设备：				
设备投资	－50 000	0	1	－50 000
每年付现操作成本	－5 000×(1－0.25)＝－3 750	1～4	3.170	－11 887.5
每年折旧抵税：				
第一年	18 000×0.25＝4 500	1	0.909	4 090.5
第二年	13 500×0.25＝3 375	2	0.826	2 787.75
第三年	9 000×0.25＝2 250	3	0.751	1 689.75
第四年	4 500×0.25＝1 125	4	0.683	768.38
残值收入	10 000	4	0.683	6 830
残值净收入纳税	－(10 000－5 000)×0.25＝－1 250	4	0.683	－853.75
合计				－46 574.88

【案例5】

是否应该替换旧设备的选择

B公司目前生产一种产品，该产品的适销期预计还有6年，公司计划6年后停产该产品。生产该产品的设备已经使用5年，比较陈旧，运行成本（人工费、维修费和能源消耗等）和残次品率较高。目前市场上出现了一种新设备，其生产能力、生产产品的质量与现有设备相同。新设备虽然购置成本较高，但运行成本较低，并且可以减少存货占用资金、降低残次品率。除此之外的其他方面，新设备与旧设备没有显著差别。

B公司正在研究是否应将现有旧设备更换为新设备，有关的资料如表5-6所示。

表5-6 单位：元

继续使用旧设备		更换新设备	
当初购买和安装成本	200 000	新设备购买和安装成本	300 000
旧设备当前市值	50 000	税法规定折旧年限（年）	10
税法规定折旧年限（年）	10	税法规定折旧方法	直线法
税法规定折旧方法	直线法	税法规定残值率	10%
税法规定残值率	10%	运行效率提高减少半成品存货占用资金	15 000
已经使用年限（年）	5	计划使用年限（年）	6
预计可使用年限（年）	6	预计6年后残值变现净收入	15 000
预计6年后残值变现净收入	0	年运行成本（付现成本）	85 000
年运行成本（付现成本）	110 000	年残次品成本（付现成本）	5 000
年残次品成本（付现成本）	8 000		

B公司更新设备投资的资本成本为10%，所得税税率为25%；固定资产的会计折旧政策与税法有关规定相同。

要求：

1. 计算B公司继续使用旧设备的相关现金流出总现值。
2. 计算B公司更换新设备方案的相关现金流出总现值。
3. 计算两个方案的净差额，并判断应否实施更新设备的方案。

【点评】

本案例要点：固定资产更新决策。

解法1：

继续使用旧设备的现金流量折现情况如表5-7所示。

表 5-7　继续使用旧设备的现金流量折现

项目	现金流量（元）	时间（年次）	系数	现值（元）
丧失的变现流量	－(50 000＋60 000×25％)＝－65 000	0	1	－65 000
税后付现成本	－(110 000＋8 000)×(1－25％)＝－88 500	1～6	4.355 3	－385 444.05
折旧抵税	18 000×25％＝4 500	1～5	3.790 8	17 058.6
回收最终残值	0	6	0.564 5	0
残值净损失抵税	200 000×10％×25％＝5 000	6	0.564 5	2 822.5
现金流量现值合计				－430 562.95

旧设备年折旧额＝200 000×(1－10％)/10＝18 000(元)

旧设备账面价值＝200 000－18 000×5＝110 000(元)

旧设备变现损失＝110 000－50 000＝60 000(元)

将新设备运行效率提高作为旧设备需要多占用的营运资本如表 5-8 所示。

表 5-8　将新设备运行效率提高作为旧设备需要多占用的营运资本

项目	现金流量（元）	时间（年次）	系数	现值（元）
丧失的变现流量	－(50 000＋60 000×25％)＝－65 000	0	1	－65 000
多占用营运资本	－15 000	0	1	－15 000
税后付现成本	－(110 000＋8 000)×(1－25％)＝－88 500	1～6	4.355 3	－385 444.05
折旧抵税	18 000×25％＝4 500	1～5	3.790 8	17 058.6
回收最终残值	0	6	0.564 5	0
残值净损失抵税	200 000×10％×25％＝5 000	6	0.564 5	2 822.5
营运资本回收	15 000	6	0.564 5	8 467.5
现金流量现值合计				－437 095.45

解法 2：

更换新设备的现金流量折现情况如表 5-9 所示。

表 5-9　更换新设备的现金流量折现

项目	现金流量（元）	时间（年次）	系数	现值（元）
购置成本	－300 000	0	1	－300 000
少占用营运资本	15 000	0	1	15 000
税后付现成本	－(85 000＋5 000)×(1－25％)＝－67 500	1～6	4.355 3	－293 982.75
折旧抵税	27 000×25％＝6 750	1～6	4.355 3	29 398.275
营运资本回收	－15 000	6	0.564 5	－8 467.5
回收残值	150 000	6	0.564 5	84 675
残值净收益纳税	－12 000×25％＝－3 000	6	0.564 5	－1 693.5
现金流量现值合计				－475 070.48

新设备年折旧额＝300 000×(1－10％)/10＝27 000(元)

第 6 年年末账面净残值＝300 000－27 000×6＝138 000(元)

残值净收益＝150 000－138 000＝12 000(元)

将新设备运行效率提高作为旧设备需要多占用的营运资本如表 5－10 所示。

表 5－10　将新设备运行效率提高作为旧设备需要多占用的营运资本

项目	现金流量（元）	时间（年次）	系数	现值（元）
购置成本	－300 000	0	1	－300 000
税后付现成本	－(85 000＋5 000)×(1－25％)＝－67 500	1～6	4.355 3	－293 982.75
折旧抵税	27 000×25％＝6 750	1～6	4.355 3	29 398.275
回收残值	150 000	6	0.564 5	84 675
残值净收益纳税	－12 000×25％＝－3 000	6	0.564 5	－1 693.5
现金流量现值合计				－481 602.98

两个方案的净差额：

新－旧＝－475 070.48－(－430 562.95)＝－44 507.53(元)

或　　新－旧＝－481 602.98－(－437 095.45)＝－44 507.53(元)

结论：不应更新。

精选案例讨论

【案例】

PPP 项目财务可行性分析

——以某安置房项目为例

随着新型城镇化建设的不断深入，保障房建设的资金缺口日益加大，传统的以政府财政为基础的 DBB（设计–招标–建造）模式已经不能满足城市发展的需求。PPP（政府和社会资本合作）模式能有效利用民间资本，鼓励企业资金投入传统的政府工程中，提高社会资本的利用效率，解决保障房建设资金不足的问题。这里以某安置房 PPP 项目为例，通过财务分析，对建设项目是否可行做出结论性方案。

一、项目概况

某工业集中发展区安置房 PPP 建设项目，占地面积 360 亩（1 亩＝666.67 平方米），总建筑面积约 70 万平方米，配套道路 6 000 米，概算总投资 23.32 亿元，其中工程投资约 20 亿元，征地拆迁、勘察设计等二类费用约 3.32 亿元；项目建设工期 24 个月。

二、融资结构及投放计划

本项目估算建设期总投资为 23.32 亿元人民币，项目融资结构为：项目资本金 4.664 亿元人民币，占总投资的 20%，其余 80%通过债务融资获得。

三、财务可行性评价说明

第一，计算期。计算期包括建设期和政府购买服务付费期。根据建设计划，本项目计算期及政府购买服务付费期安排如下：

建设期：2 年

政府购买服务付费期：30 年

计算期（建设期+政府购买服务付费期）：32 年

第二，税率。企业所得税税率按 25%计算。

第三，盈余公积金及公益金。经营期各年盈余公积金及公益金分别按税后利润的 10%和 5%计取。

第四，管理费。项目公司每年的管理费预计为 900 万元。

第五，政府购买服务付费。工程竣工验收合格或视为竣工验收合格之日起，甲方分 30 次支付本项目采购服务费，具体如下：

第 1 次支付：竣工验收合格审计完成后 1 个月内，一次性支付 13 500 万元。

第 2 次支付：竣工验收合格审计完成后 13 个月内，支付本项目第 2 年应支付金额（第 2 年应支付金额=13 500+ 13 500×8%=14 580 万元）。

第 3 次支付：竣工验收合格审计完成后 25 个月内，支付本项目第 3 年应支付金额（第 3 年应支付金额=13 500+ 13 500×2×8%=15 660 万元）。

以此类推：

第 30 次支付：本项目第 30 年应支付金额（第 30 年应支付金额=13 500+13 500×29×8%=44 820 万元）。

四、财务可行性评价指标分析

第一，总投资收益率。

$$\text{总投资收益率}=\text{正常年份的年息税前利润或运营期内年平均税前利润}/\text{总投资}\times 100\%$$

本项目的总投资收益率为 7.76%。

第二，净现值。本项目财务净现值为 436 660.23 万元。

第三，项目投资盈利能力分析。项目投资现金流量表是以假设本项目建设所需的全部资金均为投资者投入作为计算基础，计算项目本身的盈利能力。本项目投资财务现金流量分析结果见表 5-11。

表 5-11

指标	单位	缴纳企业所得税前	缴纳企业所得税后
项目投资财务内部收益率	%	8	6.67
项目投资回收期	年	14.86	16.36

本项目在财务上可以接受，项目运营期内能收回投资。

第四，项目资本金盈利能力。资本金盈利能力指标见表5-12。

表5-12　资本金盈利能力分析指标

序号	名称	单位	指标
1	项目资本金财务内部收益率	%	9.93
2	项目资本金净现值	万元	250 284.33

资本金投资回收期14.76年，项目资本金投入可获得较好的收益水平，项目可以接受。

第五，还款能力分析。本项目向银行借款186 560.00万元，中长期银行贷款利率按基准利率上浮20%即5.88%计算，利息备付率（偿还期内平均）1.80，偿债备付率（偿还期内平均）1.07。

第六，盈亏平衡分析。以营业收入水平比表示的盈亏平衡点（BEP），其计算公式为：

盈亏均衡点=（固定成本/营业收入－税金及附加－变动成本）×100%

=56.92%

计算结果表明，正常年份，项目经营收入只要达到预计收入额的56.92%就可保本，表明项目具有一定的抗风险能力。

五、财务可行性分析

本项目建设期总投资233 200.00万元。年均营业收入29 160.00万元，年均总成本费用16 902.78万元，年均税金874.80万元，年均利润总额11 382.42万元，年均所得税2 859.04万元，年均净利润8 523.38万元，投资利润率为4.66%。投资回收期为14.86年（所得税前，含建设期2年）。项目在经济上是完全可行的。

根据表5-13上述财务分析和评价指标的测算，本项目财务内部收益率均高于财务基准收益率，财务净现值大于零，总投资收益率高于基准折现率、投资回收期在经营期以内，表明本项目的投资和运营具有较强的盈利能力。从财务评价角度分析，项目的建设是可行的。

表5-13　主要财务数据及评价指标

序号	名称	单位	数量
一	财务数据		
1	建设期总投资	万元	233 200.00
2	项目资本金	万元	46 640.00
3	营业收入（经营期平均）	万元	29 160.00
4	税金及附加（经营期平均）	万元	874.80
5	总成本费用（经营期平均）	万元	16 902.78
6	利润总额（经营期平均）	万元	11 382.42
7	所得税（经营期平均）	万元	2 859.04

续表

序号	名称	单位	数量
8	税后利润（经营期平均）	万元	8 523.38
二	财务评价指标		
1	销售利润表	%	39.03
2	投资利润率	%	4.66
3	财务内部收益率（所得税前）	%	8.00
4	投资回收期（所得税前）	年	14.86

【讨论】

以该项目为例，讨论项目投资的财务分析指标有哪些，并分别说明适用情形及优缺点。

实务演练

思考与回答

1. 小赵碰巧在一个近乎完美的投资环境中“淘到”一个发财的机会。他发现了一个项目，需要20万元的启动资金，虽然期限只有1年，但1年后可收回24万元的现金流量。报酬率高达20%，远远超过现行10%的利率水平。小赵劝说自己的女友玲玲和他每人出资10万元，一起投资这个项目，1年后各分得12万元。可玲玲却是一名典型的“月光族”，宁肯今年花明年的钱，也不愿推迟消费把钱用于投资。但小赵最终说服了玲玲，使她愉快地接受了小赵的建议。你知道小赵是怎样打动玲玲芳心的吗？

2. 1950年春天，坐落在匹兹堡附近的经济运输公司的主计长为执行委员会准备了一份报告，其内容是关于维修该公司的一艘蒸汽船还是将其替换成一艘新的机电船的可行性。经济运输公司主要从事煤的运输，将附近开采的煤炭运输到钢铁公司、公用事业机构以及匹兹堡附近的其他企业。有时公司的一些蒸汽船也运送货物到较远的地区，像新奥尔良等地。公司拥有的船只全部是蒸汽动力，均已有10年的航龄，其中大部分的使用寿命在15～30年。假若你是经济运输公司的主计长，你如何作出是维修该公司的一艘蒸汽船还是将其替换成一艘新的机电船的可行性分析？

3. 东方公司财务经理说：预测现金流量应遵循增量现金流量原则，只有增量现金流量才是与项目相关的现金流量。所谓增量现金流量，是指接受或拒绝某个投资项目后，企业总现金流量因此发生的变动。只有那些由于采纳某个项目引起的现金支出的增加额，才是该项目的现金流出；只有那些由于采纳某个项目引起的现金流入增加额，才是该项目的现金流入。你同意他的观点吗？

4. 有人认为如果将非相关成本纳入投资方案的总成本，则一个有利的方案可能因此变得不利，一个较好的方案可能变为较差的方案，从而造成决策的失误。你同意这种观点吗？

5. 华油钢管公司财务经理在讨论项目投资时说：在只有一个备选方案的决策中，如果方案的净现值大于零，表明该项目的投资收益大于资本成本，则该项目是可行的；如果方案的净现值小于零，则应放弃该项目。在有多个备选方案的互斥选择决策中，应选择净现值最大者。你同意这种观点吗？

搜集与整理

1. 国家电力公司电力项目投资决策程序。
2. 你所在单位的项目投资决策程序。
3. 京东集团投资决策程序与规则。
4. 查找并分析你所在单位的项目投资方案。
5. 中国地铁工程项目投资决策特征。

自测与练习

1. 某长期投资项目累计的净现金流量资料如表5-14所示。

表5-14 单位：万元

年份	0	1	2	3	4	5	6
累计的现金净流量	−100	−300	−200	−150	−20	30	200

要求：

（1）计算该项目各年的现金净流量。

（2）计算该项目包括建设期的静态回收期。

（3）若折现期为10%，计算该项目的动态回收期。

2. 购买某台设备需8 000元，投入运营后每年净现金流量为1 260元。设备报废后无残值。

（1）若设备使用8年后报废，其*IRR*值为多少？

（2）若希望*IRR*为10%，则设备至少应使用多少年才值得购买？

3. 甲公司计划投资一个单纯固定资产投资项目，原始投资额为100万元，全部在建设期起点一次投入，并当年完工投产。投产后每年增加销售收入90万元、总成本费用62万元（其中含利息费用2万元），该固定资产预计使用5年，按照直线法计提折旧，预计净残值为10万元。该企业由于享受国家优惠政策，项目经营期第1、2年所得税税率均为0，经营期第3～5年的所得税税率为30%。已知项目的折现率为10%。

要求：

（1）计算固定资产的入账价值。

（2）计算运营期内每年的折旧额。

（3）计算运营期内每年的息税前利润。

（4）计算计算期内各年的税后现金净流量。

（5）计算该项目的净现值。

4. 公司现有一台旧设备，尚可继续使用4年，预计4年后残值为3 000元，目前出售可获得30 000元。使用该设备每年可获得营业收入600 000元，经营成本为400 000元。市场上有一种新型设备，价值100 000元，预计4年后残值为6 000元。使用新设备将使每年经营成本减少30 000元。假设公司所得税税率为25%，基准贴现率为20%。

要求：

（1）确定新旧设备的原始投资及其差额。

（2）计算新旧设备的每年折旧额及其差额。

（3）计算新旧设备的每年净利润及其差额。

（4）计算新旧设备残值的差额。

（5）计算新旧设备各年的净现金流量 NCF。

（6）请对该公司是否应更新设备作出决策。

5. 某公司有一台旧设备，现在考虑更新设备，资料如下：

（1）旧设备账面净值为45 000元，还可使用4年，4年后报废残值为5 000元；

（2）购买新设备需投资80 000元，可使用4年，4年后有残值18 000元；

（3）使用新设备每年可增加销售收入8 000元，降低经营成本3 000元；

（4）若现在出售旧设备可得价款43 000元，另外，出售设备损失可抵减所得税660元；

（5）所得税税率为25%，资金成本为10%。

要求：试作出是否更新设备的决策。

第 6 章

证券投资管理

本章要点

证券投资概述

债券投资

股票投资

基金投资

期权投资

学习目标

证券投资是投资者持有证券以期获利的投资方式。科学地进行证券投资分析与管理，能增加企业收益，降低风险，有利于财务管理目标的实现。通过本章的学习，你应该掌握证券投资风险收益率的计算；熟悉证券投资的种类和特点；了解影响证券投资决策的因素；了解基金投资和认股权证的意义及运作。

【关键词】

- 证券投资（investment in securities）
- 公募证券（publicly raising securities）
- 私募证券（privately raising securities）
- 证券市场（securities market）
- 流动性风险（liquidity risk）
- 利率风险（interest rate risk）
- 违约风险（default risk）
- 投资基金（investment fund）
- 债券价值（bond value）
- 股票价值（stock value）
- 必要报酬率（necessary rate of return）
- 内在价值（intrinsic value）
- 市盈率（price-earning ratio）

证券是商品经济和社会化大生产发展的产物，其含义非常广泛。从法律意义上说，证券是各类记载并代表一定权利的法律凭证的统称，用以证明持券人有权依其所持证券记载的内容而取得应有的权益。从一般的意义上来说，证券是指用以证明或设定权利的书面凭证，它代表证券持有人或第三者有权取得该证券拥有的特定权益。证券必须具备两个最基本的特征：一是法律特征，即它反映的是某种法律行为的结果，本身必须具有合法性。同时，它所包含的特定内容具有法律效力。二是书面特征，即必须采取书面形式或与书面形式有同等效力的形式，并且必须按照特定的格式进行书写或制作，载明有关法律规定的全部必要事项。只有同时具备上述两个特征的书面凭证才可称为证券。

资料来源：财政部会计资格评价中心．财务管理．北京：中国财政经济出版社，2004.

核心理念

6.1 证券投资概述

6.1.1 证券及其种类

证券，是指用以证明或设定权利的书面凭证，它表明证券持有人或第三者有权取得该证券所拥有的特定权益。

证券按不同的分类标准可以分为不同种类。

按照证券发行主体的不同，可分为政府证券、金融证券和公司证券。政府证券是中央政府或地方政府为筹集资金而发行的证券；金融证券是银行或其他金融机构为筹集资金而发行的证券；公司证券是工商企业发行的证券。

按照证券所体现的权益关系，可分为所有权证券和债权证券。所有权证券是指证券的持有人是证券发行单位的所有者的证券，如股票；债权证券是指证券的持有人是证券发行单位的债权人的证券，如债券。

按照证券收益的决定因素，可分为原生证券和衍生证券。原生证券的收益大小主要取决于发行者的财务状况；衍生证券包括期货合约和期权合约两种基本类型，其收益取决于原生证券的价格。

按照证券收益稳定性的不同，可分为固定收益证券和变动收益证券。固定收益证券在证券票面规定有固定收益率；变动收益证券的收益情况随企业经营状况而改变。

按照证券到期日的长短，可分为短期证券和长期证券。短期证券是指到期日短于一年的证券；长期证券是指到期日长于一年的证券。

按照募集方式的不同，可分为公募证券和私募证券。公募证券，又称公开发行证券，是指发行人向不特定的社会公众广泛发售的证券；私募证券，又称内部发行证券，是指面向少数特定投资者发行的证券。

6.1.2 证券投资的目的

证券投资是指投资者将资金投资于股票、债券、基金及衍生证券等资产，从而获取收益的一种投资行为。企业进行证券投资的目的主要有以下几个方面：

1. 暂时存放闲置资金

证券投资在多数情况下都是出于预防的动机，以替代较大量的非盈利的现金余额。

2. 与筹集长期资金相配合

处于成长期或扩张期的企业一般每隔一段时间就会发行长期证券，所获得的资金往往不会一次用完，企业可将暂时闲置的资金投资于有价证券，以获得一定的收益。

3. 满足未来的财务需求

企业根据未来对资金的需求，可以将现金投资于期限和流动性较为恰当的证券，在满足未来需求的同时获得证券带来的收益。

4. 满足季节性经营对现金的需求

从事季节性经营的公司在资金有剩余的月份可以投资证券，而在资金短缺的季节可将证券变现。

5. 获得对相关企业的控制权

通过购入相关企业的股票可实现对该企业的控制。

6.1.3　证券投资的对象与种类

金融市场上的证券很多，其中可供企业投资的证券主要有以下几类：

1. 债券投资

债券投资，是指投资者购买债券以取得资金收益的一种投资活动。

2. 股票投资

股票投资，是指投资者将资金投向股票，通过股票的买卖和收取股利以获得收益的投资活动。

3. 基金投资

基金投资，是指投资者通过购买投资基金股份或受益凭证来获取收益的投资方式。这种方式可使投资者享受专家服务，有利于分散风险，获得较高、较稳定的投资收益。

4. 期货投资

期货投资，是指投资者通过买卖期货合约规避价格风险或赚取利润的一种投资方式。所谓期货合约，是指在将来一定时期以指定价格买卖一定数量和质量商品的由商品交易所制定的统一的标准合约，它是确定期货交易关系的一种契约，是期货市场的交易对象。

5. 期权投资

期权投资，是指为了实现盈利目的或者规避风险而进行期权买卖的一种投资方式。

6. 证券组合投资

证券组合投资，是指企业将资金同时投资于多种证券，是企业等法人单位进行证券投资时常用的投资方式。

6.1.4　证券投资的风险

投资者在进行证券投资时，应对欲投资的证券风险进行充分估计，对期望报酬率进行谨慎测算。

1. 违约风险

指证券发行人无法按时支付利息或偿还本金的风险。一般而言，政府发行的证券由于有政府做担保，违约风险小。

2. 流动性风险

指无法在短期内以合理的价格出售所持有的证券的风险。能在较短期内按市价大量出售的证券，是流动性较高的证券，这种证券的流动性风险较小；反之，流动性风险较大。

3. 破产风险

指当证券发行者由于经营管理不善而持续亏损、现金周转不畅而无力清偿债务时，可能会申请破产保护，以致投资者无法取得应有的投资收益，甚至无法收回投资的本金。

以上三种风险属于非系统风险。

4. 利率风险

指由于利率变动而使投资者遭受损失的风险。一般而言，证券的价格将随利率的变动而变动。不同期限的证券，利率风险不一样，期限越长，风险越大。即使几乎没有违约风险的国库券，也会有利率风险。

5. 购买力风险

指由于通货膨胀而使货币购买力下降的风险。一般而言，随着通货膨胀的发生，变动收益的证券比固定收益的证券更好。因此，普通股票被认为能比公司债券和其他有固定收入的证券更好地避免购买力风险。

6. 再投资风险

指由于市场利率下降而造成的无法通过再投资而实现预期收益的风险。根据流动性偏好理论，长期投资的收益率应当高于短期利率。为了避免市场利率变动的利率风险，投资者可能会投资于短期证券，但短期证券又会面临市场利率下降的再投资风险，即无法按预定收益率进行再投资而实现所要求的预期收益。

以上三种风险属于系统风险。

6.2 债券投资

6.2.1 债券投资的目的和特点

企业进行短期债券投资的目的主要是合理利用暂时闲置资金，调节现金余额，获得收益。当企业现金余额太多时，便投资于债券，使现金余额降低；当现金余额太少时，则出售原来持有的债券，收回现金，使现金余额提高。企业进行长期债券投资的目的主要是获得稳定的收益。

债券投资具有以下特点：

1. 投资期限方面

不论是长期债券投资，还是短期债券投资，都有到期日，债券到期应当收回本金，投资应考虑期限的影响。

2. 权利义务方面

从投资权利来说，在各种投资方式中，债券投资者的权利最小，无权参与被投资企业经营管理，只有按约定取得利息，到期收回本金的权利。

3. 收益与风险方面

债券投资收益通常是事前预定的，收益率通常不及股票高，但具有较强的稳定性，投资风险较小。

6.2.2 债券投资决策

债券投资决策主要是对投资的时机、投资的期限、拟购入的债券等作出选择的过程。决策过程中应该考虑一系列约束条件的限制，包括可支配的资金数额约束、投资收益率要求、投资风险偏好等。债券投资决策的结果应该是在符合约束条件要求的情况下，尽可能实现投资目标。

债券投资决策中可以考虑消极的投资策略和积极的投资策略两种思路。

1. 消极的投资策略

是指投资者在买入债券后的一段时间内，很少进行买卖或者不进行买卖，只要求获取不超过目前市场平均收益水平的收益。典型的消极投资策略主要就是买入债券并持有至到期。这种策略的现金流是确定的，投资中选取信用程度较高的债券即可。

2. 积极的投资策略

是指投资者根据市场情况不断调整投资行为，以期获得超过市场平均水平的收益率。例如，通过对预期利率的变动主动交易，预计利率下降时，买进债券或增持期限较长的债券；预计利率上升时，卖出债券，或增加期限较短的债券比例。又如，由于期限较长的债券一般有较高的收益率，所以投资人购买债券并持有至到期前卖出债券后再购入另一个同样期限的债券，可以始终获得较高的收益率。

6.2.3 债券的收益率

债券的收益率有多种，分别反映投资者在不同买卖价格和持有年限下的不同收益水平。

1. 票面收益率

票面收益率的计算公式为：

$$票面收益率=\frac{债券年利息}{债券买入价}\times 100\%$$

票面收益率只适用于投资者按票面金额买入债券直至期满并按票面面值收回本金的情况，它没有反映债券发行价格与票面金额不一致的可能，也没有考虑投资者中途卖出债券的可能。

2. 直接收益率

直接收益率又称本期收益率，其计算公式为：

$$直接收益率=\frac{债券年利息}{债券买入价}\times 100\%$$

直接收益率对那些每年从债券投资中获得一定利息现金收入的投资者来说很有意义。但它和票面收益率一样，不能全面地反映投资者的实际收益，因为它忽略了资本损益，既没有计算投资者买入价格与持有债券到期满按面额偿还本金之间的差额，也没有反映买入价格与到期前出售或赎回价格之间的差额。

3. 持有期收益率

持有期收益率指买入债券后持有一段时间，又在债券到期前将其出售而得到的收益率。它包括持有债券期间的利息收入和资本损益。其计算方法有以下几种：

（1）分期付息债券持有期收益率。分期付息债券又称息票债券或附息债券，是在债券到期以前按约定的日期分期按票面利率支付利息，到期再偿还本金。分期付息债券持有期收益率常用的计算公式为：

$$持有期收益率=\frac{债券年利息+(债券卖出价-债券买入价)\div 持有年限}{债券买入价}\times 100\%$$

（2）一次还本付息债券持有期收益率。投资的债券若为到期一次还本付息，在中途出售的卖价中包含了持有期的利息收入，所以实际使用的计算公式为：

$$持有期收益率=\frac{(债券卖出价-债券买入价)\div 持有年限}{债券买入价}\times 100\%$$

（3）贴现债券持有期收益率。贴现债券又称贴水债券，是指以低于面值发行、发行价与票面金额之差额相当于预先支付的利息、债券期满时按面值偿付的债券。贴现债券多为短期债券和中期债券，很少用于长期债券。贴现债券也可以不等到期满而中途出售。证券行情表每天公布各种未到期贴现债券二级市场的折扣率，投资者可据此先计算债券卖出价，再计算持有期收益率。如果持有期收益率高于到期收益率，则中途出售债券更有利。

贴现债券持有期收益率的计算公式与一次还本付息债券持有期收益率的计算公式基本相同。

（4）到期收益率。债券的收益水平通常用到期收益率来衡量。到期收益率是指以特定价格购买债券并持有至到期日所能获得的收益率。它是使未来现金流量等于债券购入价格的折现率。计算到期收益率的方法是求解含有贴现率的方程。

6.3 股票投资

6.3.1 股票投资的目的和特点

股票投资是证券投资最基本也是最重要的手段之一。企业进行股票投资的目的主要有两种：一是获利，即作为一般的证券投资，获取股利收入及股票买卖差价；二是控股，即通过购买某一企业的大量股票达到控制该企业的目的。

相对于债券投资而言，股票投资具有以下特点：

1. 股票投资是权益性投资

股票投资与债券投资虽然都是证券投资，但投资的性质不同：股票投资是权益性投资，股票是代表所有权的凭证，持有人作为发行公司的股东，有权参与公司的经营决策。

2. 股票投资的风险大

投资者购买股票后，不能要求股份公司偿还本金，只能在证券市场上转让。因此股票投资者至少面临两方面的风险：一是股票发行公司经营不善所形成的风险；二是股票市场价格变动所形成的价差损失风险。

3. 股票投资的收益率高

由于投资的高风险性，股票作为一种收益不固定的证券，其收益率一般高于债券。

4. 股票投资的收益不稳定

股票投资的收益主要是公司发放的股利和股票转让的价差收益，相对于债券而言，其稳定性较差。

5. 股票价格的波动性大

股票价格既受发行公司经营状况影响，又受股市投机等因素的影响，波动性极大。

6.3.2 股票的收益率

根据固定增长股利模型，我们知道：

$$V=\frac{D_1}{K-g}$$

如果将该公式移项整理，求 K，可以得到

$$K=\frac{D_1}{V}+g$$

该公式告诉我们，股票的总收益率可以分为两个部分：第一部分是 D_1/V，叫

做股利收益率，它是根据预期现金股利除以当前股价计算出来的。第二部分是增长率 g，叫做股利增长率。由于股利的增长速度也就是股价的增长速度，因此可以解释为股价增长率或资本利得增长率。g 的数值可以根据公司的可持续增长率估计。V 是股票市场形成的价格，只要能预计出下一期的股利，就可以估计出股东预期报酬率，在有效市场中它就是与该股票风险相适应的必要报酬率。

【例6-1】 某股票的价格为30元，预计下一期的股利是3元，该股利将以约6%的速度持续增长。该股票的预期报酬率为：

$$K=\frac{3}{30}+6\%=16\%$$

如果用16%作为必要报酬率，则一年后的股价为：

$$V=\frac{3\times(1+6\%)}{16\%-6\%}=31.8(\text{元})$$

这就是说，如果你现在用30元购买该股票，年末你将收到3元股利，并且得到1.8元（31.8—30）的资本利得。

总报酬率＝股利收益率＋资本利得收益率
＝3/30＋1.8/30
＝10%＋6%
＝16%

这个例子验证了股票期望报酬率模型的正确性。该模型可以用来计算在特定公司风险情况下投资人要求的必要报酬率，也就是公司的权益资金成本。这就是说投资者希望或者说要求公司赚取16%的收益。如果投资者的要求大于16%，他就不会去购买该股票；反之，则会争购该股票，使得价格上升。既然投资者接受了30元的价格，表明他们要求的报酬率就是16%。

6.3.3 股票投资分析

1. 股票投资的基本分析法

股票投资的基本分析法是证券市场分析方法的基础。对于投资者而言，基本分析法比技术分析法及现代数学模型分析法重要得多。在既定环境下进行股票投资的基本分析，应重点关注微观层次的公司分析，这是基本分析法的重点和难点。财务分析是基本分析法中的一种具体方法；运用资本资产定价模型等理论进行公司分析，是股票投资中常见的做法。

2. 股票投资的技术分析法

（1）技术分析法的含义。技术分析法是从市场行为本身出发，运用数理统计和心理学等理论和方法，根据证券市场已有的价格、成交量等历史资料来分析价格变动趋势的方法。

在成熟的证券市场中，股票的投资价值一般能从其价格、成交量等方面反映出来，因此，技术分析法实际上是对市场一段时间的价量关系作出分析，以预测其未来走势的一系列方法，其最终分析的对象是价格、成交量、时间、空间。其中，价格反映了股票市场变化方向；成交量反映了市场对价格变化方向的认同程度；时间是指一种行情或者走势持续的时间跨度；空间是指某一趋势可能达到的高点或者低点，股市行情在高点或者低点很可能变盘。时空分析的目的是寻找买卖时机。

（2）技术分析法的理论基础。技术分析法的理论基础主要包括三个假设：市场行为包含一切信息；价格沿趋势运动；历史会重演。

（3）技术分析法的内容。

1）指标法。指标法是根据市场行为的各种情况建立数学模型，按照一定的数学公式，得到一个体现股票市场某个方面内在实质的数字，即指标值。指标的具体数值和相互关系直接反映了股市所处的状态，为具体操作提供方向性指导。指标反映的东西大多是从股市行情报表中不能直接看到的。

2）K 线法。K 线法的研究侧重于若干条 K 线的组合情况，通过推测股票市场多空双方力量的对比来判断股票市场多空双方谁占优势，是暂时的还是决定性的。K 线图是进行各种技术分析的最重要图表。

3）形态法。形态法是指根据价格图表中过去一段时间价格轨迹的形态来预测股价的未来趋势的方法。

4）波浪法。波浪法把股价的上下变动和不同时期的持续上涨、下降看成是波浪的上下起伏。股票的价格也遵循波浪起伏的规律。

（4）技术分析法和基本分析法的区别。

1）技术分析法着重分析股票市价的运动规律，基本分析法的主要目的在于分析股票的内在投资价值。

2）技术分析法直接从股票市场入手，根据股票的供求、市场价格和交易量等市场因素进行分析；基本分析法则是从股票市场的外部决定因素入手，从外部因素与股票市场相互关系的角度进行分析。

3）技术分析是短期性质的，它只关心市场上股票价格的波动和如何获得股票投资的短期收益，很少涉及股票市场及外在因素分析；基本分析则不仅研究整个证券市场的情况，而且研究单个证券的投资价值；不仅关心证券的收益，而且关心证券的升值。

4）技术分析法通过对股票市场价格的波动形式、股票的成交量和投资心理等因素的分析，可以帮助投资者选择适当的投资机会和投资方法；基本分析法通过对宏观形势的分析，帮助投资者了解股票市场的发展状况和股票的投资价值。

3. 市盈率分析法

（1）用市盈率估计股价高低。市盈率是股票市价和每股盈利之比，以股价是每股盈利的倍数表示。市盈率可以粗略反映股价的高低，表明投资人愿意用盈利的多少倍的货币来购买这种股票，是市场对该股票的评价。

因为　　市盈率＝股票市价÷每股盈利

所以　　股票价格＝该股票市盈率×该股票每股盈利

　　　　股票价值＝行业平均市盈率×该股票每股盈利

根据证券机构或刊物提供的同类股票过去若干年的平均市盈率，乘上当前的每股盈利，可以得出股票的公允价值。用它和当前市价比较，可以看出所付价格是否合理。

【例 6-2】 若相城公司的股票每股盈利是 5 元，市盈率是 12，行业类似股票的平均市盈率是 15，则

股票价格＝12×5＝60(元)

股票价值＝15×5＝75(元)

说明市场对该股票的评价略低，股价基本正常，有一定吸引力。

(2) 用市盈率估计股票风险。一般认为，股票的市盈率比较高，表明投资者对公司的未来充满信心，愿意为每 1 元盈利多付买价，这种股票的风险比较小。但是，当股市受到不正常因素干扰时，某些股票的市价会被哄抬到不应有的高度。通常认为，超过 20 倍市盈率是不正常的，很可能是股价下跌的前兆，风险相当大。

股票的市盈率比较低，表明投资者对公司的未来缺乏信心，不愿意为每 1 元盈利多付买价。这种股票的风险也比较大。通常认为，市盈率在 5 倍以下的股票，其前景比较悲观。

6.4 基金投资

6.4.1 投资基金概述

1. 投资基金的概念

投资基金，是一种利益共享、风险共担的集合投资方式，即投资者将资金交给专业机构（基金管理人）管理，这些专业机构根据法律、法规、基金契约规定的投资原则和投资组合的原理，进行分散投资，趋利避险，以达到兼顾资金的流动性和安全性而获利的目的。

不管是发达国家还是发展中国家，当其金融市场发展到一定程度、金融工具的种类和数量达到一定水平时，投资基金就会适应市场运行的需要而得到相应的发展。

2. 投资基金与股票、债券的区别

(1) 反映的关系不同。股票反映的是所有权关系，债券反映的是债权债务关系，而基金反映的则是基金投资者和基金管理人之间的一种委托代理关系。

(2) 筹集资金的投向不同。股票和债券是融资工具，筹集的资金主要是投向实

业，而基金主要是投向其他有价证券等金融工具。

（3）风险水平不同。股票的直接收益取决于发行公司的经营效益，不确定性强，投资风险较大。债券的直接收益取决于债券利率，而债券利率一般是事先确定的，投资风险较小。基金主要投资于有价证券，而且其投资选择灵活多样，从而使基金的收益有可能高于债券，投资风险有可能小于股票。

6.4.2　投资基金的种类

1. 根据组织形态不同分类

（1）契约型基金。契约型基金又称为单位信托基金，是指把受益人（投资者）、管理人、托管人三者作为基金的当事人，由管理人与信托人通过签订信托契约的形式发行受益凭证而设立的一种基金。契约型基金是基于基金契约原理而组织起来的代理投资行为。通过信托契约来规范三方当事人的行为。基金管理人负责基金的管理操作；基金托管人作为基金资产的名义持有人，负责基金资产的保管和处置，对基金管理人的运作实行监督。

（2）公司型基金。公司型基金是按照《公司法》以公司形态组成的，该基金公司以发行股份的方式募集资金，一般投资者购买该公司的股份即为认购基金，也就成为该公司的股东，凭其持有的基金份额依法享有投资收益。

契约型基金与公司型基金的不同点有以下几个方面：

（1）资金的性质不同。契约型基金的资金是信托财产，公司型基金的资金为公司法人的资本。

（2）投资者的地位不同。契约型基金的投资者购买受益凭证后成为基金契约的当事人之一，即受益人；公司型基金的投资者购买基金公司的股票后成为该公司的股东，以股息或红利形式取得收益。因此，契约型基金的投资者没有管理基金资产的权利，而公司型基金的股东通过股东大会和董事会享有管理基金公司的权利。

（3）基金的运营依据不同。契约型基金依据基金契约运营基金，公司型基金依据基金公司章程运营基金。

2. 根据变现方式不同分类

（1）封闭式基金。封闭式基金是指基金的发起人在设立基金时，限定了基金单位的发行总额，筹集到这个总额后，基金即宣告成立，并进行封闭，在一定时期内不再接受新的投资。基金单位的流通采取在交易所上市的办法，投资者以后要买卖基金单位都必须经过证券经纪商，在二级市场上进行竞价交易。封闭式基金的期限是指基金的存续期，即基金从成立之日起到结束之日止的整个时间。

（2）开放式基金。开放式基金是指基金发起人在设立基金时，基金单位的总数是不固定的，可视经营策略和发展需要追加发行。投资者也可根据市场状况和各自的投资决策，或者要求发行机构按现期净资产值扣除手续费后赎回股份或受益凭证，或者再买入股份或受益凭证，增加基金单位份额的持有比例。

封闭式基金与开放式基金的区别是：

（1）期限不同。封闭式基金通常有固定的封闭期，而开放式基金没有固定期限，投资者可随时向基金管理人赎回。

（2）基金单位的发行规模要求不同。封闭式基金在招募说明书中列明其基金规模，开放式基金没有发行规模限制。

（3）基金单位转让方式不同。封闭式基金的基金单位在封闭期限内不能要求基金公司赎回，只能寻求在证券交易场所出售或柜台市场上出售给第三者。开放式基金的投资者则可以在首次发行结束一段时间（多为3个月）后，随时向基金管理人或中介机构提出购买或赎回申请。

（4）基金单位的交易价格计算标准不同。封闭式基金的买卖价格受市场供求关系的影响，并不必然反映公司的净资产值。开放式基金的交易价格则取决于基金每单位资产净值的大小，其卖出价一般是基金单位资产净值加5%左右的首次购买费，买入价即赎回价是基金券所代表的资产净值减去一定的赎回费，基本不受市场供求影响。

（5）投资策略不同。封闭式基金的基金单位数不变，资本不会减少，因此基金可进行长期投资，基金资产的投资组合能有效地在预定计划内进行。开放式基金因基金单位可随时赎回，为应付投资者随时赎回兑现，基金资产不能全部用来投资，更不能把全部资本用来进行长线投资，必须保持基金资产的流动性，在投资组合上需保留一部分现金和可随时兑现的金融商品。

3. 根据投资标的不同分类

（1）股票基金。股票基金是所有基金品种中最为流行的一种类型，它是指投资于股票的投资基金，其投资对象通常包括普通股和优先股，其风险程度较个人投资股票市场要低得多，且具有较强的变现性和流动性，因此它也是一种比较受欢迎的基金类型。

（2）债券基金。债券基金是指投资管理公司为稳健型投资者设计的，投资于政府债券、市政公债、企业债券等各类债券品种的投资基金。债券基金一般情况下定期派息，其风险和收益水平通常较股票基金低。

（3）货币基金。货币基金是指由货币存款构成投资组合，协助投资者参与外汇市场投资，赚取较高利息的投资基金。其投资工具包括银行短期存款、国库券、政府公债、公司债券、银行承兑票据及商业票据等。这类基金的投资风险小，投资成本低，安全性和流动性较高，在整个基金市场上属于低风险的安全基金。

（4）期货基金。期货基金是指投资于期货市场以获取较高投资回报的投资基金。由于期货市场具有高风险和高回报的特点，因此投资期货基金虽可能获得较高的投资收益，但投资者同时也面临着较大的投资风险。

（5）期权基金。期权基金就是以期权作为主要投资对象的基金。期权是一种选择权，是买卖期货合约的选择权利。期权交易就是期权购买者向期权出售者支付一定费用后，取得在规定时期内的任何时候，以事先确定好的协定价格，向期权出售者购买或出售一定数量的某种商品合约的权利的一种买卖。

（6）认股权证基金。认股权证基金就是以认股权证为主要投资对象的基金。认股权证是指由股份有限公司发行的，能够按照特定的价格，在特定的时间内购买一定数量该公司股票的选择权凭证。由于认股权证的价格是由公司的股价决定的，一般来说，认股权证的投资风险较通常的股票要大得多，因此，认股权证基金也属于高风险基金。

（7）专门基金。专门基金由股票基金发展演化而成，属于分类行业股票基金或次级股票基金，包括黄金基金、资源基金、科技基金、地产基金等。这类基金的投资风险较大，收益水平较易受到市场行情的影响。

6.4.3 投资基金的价值

投资基金也是一种证券，与其他证券一样，基金的内在价值也是指在基金投资上所能带来的现金净流量。但是，基金内在价值的具体确定依据与股票、债券等其他证券有很大的区别。

1. 投资基金价值的内涵

基金的价值取决于目前能给投资者带来的现金流量，这种目前的现金流量用基金的净资产价值表达。

基金的价值取决于基金净资产的现在价值，其原因在于：股票的未来收益是可以预测的，而投资基金的未来收益是不可预测的。由于投资基金不断变换投资组合对象，再加上资本利得是投资基金收益的主要来源，变幻莫测的证券价格波动使得对投资基金未来收益的预计变得不大现实。既然未来不可预测，投资者把握的就是“现在”，即基金资产的现有市场价值。

2. 基金单位净值

基金单位净值，也称为单位净资产值或单位资产净值。基金的价值取决于基金净资产的现在价值，因此基金单位净值是评价基金业绩最基本和最直观的指标，也是开放型基金申购价格、赎回价格以及封闭型基金上市交易价格确定的重要依据。

基金单位净值是在某一时点每一基金单位（或基金股份）所具有的市场价值，计算公式为：

$$基金单位净值=\frac{基金净资产价值总额}{基金单位总份额}$$

式中：$基金净资产价值总额=基金资产总额-基金负债总额$

在基金净资产价值的计算中，基金的负债除了以基金名义对外融资借款以外，还包括应付投资者的分红、应付给基金管理公司的首次认购费、管理费用等各项基金费用。相对来说，基金的负债金额是固定的，基金净资产的价值主要取决于基金总资产的价值。这里，基金总资产的价值并不是指资产总额的账面价值，而是指资产总额的市场价值。

3. 基金的报价

从理论上说，基金的价值决定了基金的价格，基金的交易价格是以基金单位净值为基础的，基金单位净值高，基金的交易价格也高。封闭型基金在二级市场上竞价交易，其交易价格由供求关系和基金业绩决定，围绕着基金单位净值上下波动。开放型基金的柜台交易价格则完全以基金单位净值为基础，通常采用两种报价形式：认购价（卖出价）和赎回价（买入价）。

开放型基金柜台交易价格的计算方式为：

基金认购价＝基金单位净值＋首次认购费

基金赎回价＝基金单位净值－基金赎回价

基金认购价也就是基金管理公司的卖出价，卖出价中的首次认购费是支付给基金管理公司的发行佣金。基金赎回价也就是基金管理公司的买入价，赎回价低于基金单位净值是由于抵扣了基金赎回费，以此提高赎回成本，防止投资者的赎回，保持基金资产的稳定性。收取首次认购费的基金，一般不再收取赎回费。

6.4.4 投资基金的收益率

基金收益率用以反映基金增值的情况，它通过基金净资产的价值变化来衡量。基金净资产的价值是以市价计量的，基金资产的市场价值增加，意味着基金的投资收益增加，基金投资者的权益也随之增加。基金收益率的计算公式为：

$$\text{基金收益率}=\frac{\text{年末持有份数}\times\text{基金单位净值年末数}-\text{年初持有份数}\times\text{基金单位净值年初数}}{\text{年初持有份数}\times\text{年初基金单位净值}}$$

式中，持有份数是指基金单位的持有份数。如果年末和年初基金单位的持有份数相同，基金收益率就简化为基金单位值在本年内的变化幅度。

年初的基金单位净值相当于购买基金的本金投资，基金收益率也就相当于一种简便的投资报酬率。

【例6-3】 某封闭型基金年初资产净值为12元，年末时资产净值为12.1元，在年初时基金按资产净值的2%溢价售出，年末时按资产净值的5%折价售出。基金支付年终收入分配1.5元。该年度基金投资者的收益率是多少？在该年度持有与该基金管理人相同证券组合的投资者的收益率是多少？

基金的年初价格＝12×1.02＝12.24(元)

基金的年末价格＝12.1×0.93＝11.25(元)

基金投资者的年收益率＝(11.25－12.24＋1.5)/12.24＝4.17%

$$\begin{array}{c}\text{持有与该基金管理人相同证券组合的}\\\text{投资者的收益率}\end{array}=(12.1-12+1.5)/12=13.33\%$$

【例6-4】 考虑一共同基金，年初资产净值为2亿元，共发行基金单位2 000

万份。基金投资于某股票资产组合，年末的股利收入为200万元。基金所持有的资产组合的股票市值上涨了8%，但未出售任何证券，因而没有资本利得分配。基金全年收取的管理费用的费率为1%，管理费用从年末的资产组合中扣除。年初和年末的资产净值分别是多少？基金投资者的收益率是多少？

每份基金的年初资产净值(*NAV*)＝20 000/2 000＝10(元)

每份基金的股利＝200/2 000＝0.1(元)

年末资产净值为基于8%的价格收益，再减去1%的管理费用：

年末 *NAV*＝10×1.08×(1－1%)＝10.69(元)

基金收益率＝(10.69－10＋0.1)/10＝7.9%

6.5 期权投资

6.5.1 期权投资概述

1. 期权的概念

期权也称选择权，是一种合约，该合约赋予持有人在某一特定日期或该日之前的任何时间以固定价格购进或售出一种资产的权利。

例如，张小姐2007年7月以160万元的价格购入一处房产，同时与房地产商甲签订了一项期权合约。合约赋予张小姐享有在2009年9月9日或者此前的任何时间，以190万元的价格将该房产出售给甲的权利。如果在到期日之前该房产的市场价格高于185万元，张小姐则不会执行期权，而选择在市场上出售或者继续持有。如果该房产的市价在到期日之前低于185万元，则张小姐可以选择执行期权，将房产出售给甲并获得185万元现金。

期权概念的要点如下：

(1) 期权是一种权利。期权合约至少涉及购买人和出售人两方。获得期权的一方称为期权购买人，出售期权的一方称为期权出售人。交易完成后，购买人成为期权持有人。

期权赋予持有人做某件事的权利，但他不承担必须履行的义务，可以选择执行或者不执行该权利。持有人仅在执行期权有利时才会利用它，否则该期权将被放弃。从这种意义上说，期权是一种“特权”，因为持有人只享有权利而不承担相应的义务。

期权合约不同于远期合约和期货合约。在远期和期货合约中，双方的权利和义务是对等的，双方互相承担责任，各自具有要求对方履约的权益。当然，与此相适应，投资人签订远期或期货合约时不需要向对方支付任何费用，而投资人购买期权合约必须支付期权费，作为不承担义务的代价。

（2）期权的标的资产。期权的标的资产是指选择购买或出售的资产。它包括股票、政府债券、货币、股票指数、商品期货等。期权是这些标的物衍生的，因此又称为衍生金融工具。

值得注意的是，期权出售人不一定拥有标的资产。例如出售 IBM 股票期权的人，不一定是 IBM 本身，也未必持有 IBM 的股票，期权是可以卖空的。期权购买人也不一定真的想购买标的资产。因此，期权到期时双方不一定进行标的物的实物交割，而只需按价差补足价款即可。

一个公司的股票期权在市场上交易，该期权的原生股票发行公司并不能影响期权市场，该公司并不从期权市场上筹集资金。期权持有人没有选举公司董事、决定公司重大事项的投票权，也不能获得该公司的股利。

（3）到期日。双方约定的期权到期的那一天称为到期日，在那一天之后，期权失效。

按照期权执行时间分为欧式期权和美式期权。如果该期权只能在到期日执行，称为欧式期权。如果该期权可以在到期日或到期日之前的任何时间执行，则称为美式期权。

（4）期权的执行。依据期权合约购进或售出标的资产的行为称为执行。在期权合约中约定的、期权持有人据以购进或售出标的资产的固定价格，称为执行价格。

2. 期权的种类

按照合约授予期权持有人权利的类别，期权分为看涨期权和看跌期权两大类。

（1）看涨期权。看涨期权也叫认购期权，购买看涨期权可以获得在期权合约有效期内根据合约所确定的履约价格买进一种标的资产的权利。看涨期权授予权利的特征是购买，因此也可以称为买入期权或买权。

例如，一股每股执行价格为 80 元的 ABC 公司股票的 3 个月后到期的看涨期权，允许其持有人在到期日之前的任意一天，包括到期日当天，以 80 元的价格购入 ABC 公司的股票。如果 ABC 公司的股价确实超过 80 元时，期权持有人有可能会以执行价格购买标的资产。如果标的股票的价格一直低于 80 元，持有人则不会执行期权。他并不被要求必须执行该期权。期权未被执行，过期后不再具有价值。

看涨期权的执行净收入，称为看涨期权到期日价值，它等于股票价格减去执行价格的价差。看涨期权的到期日价值，随标的资产价值上升而上升，如果在到期日股票价格低于执行价格，则看涨期权没有价值。期权到期日价值没有考虑当初购买期权的成本。期权的购买成本称为期权费（或权利金），是指看涨期权购买人为获得在对自己有利时执行期权的权利而必须支付的补偿费用。期权到期日价值减去期权费后的剩余，称为期权购买人的损益。

（2）看跌期权。看跌期权也叫认售期权，购买看跌期权可以获得在未来一定期限内根据合约所确定的价格卖出一种标的资产的权利。看跌期权授予权利的特征是出售，因此也可以称为卖出期权或卖权。

例如，一股每股执行价格为80元的ABC公司股票的7月份看跌期权，允许其持有人在到期日之前的任意一天，包括到期日当天，以80元的价格出售ABC公司的股票。当ABC公司的股价低于80元时，看跌期权持有人会要求以执行价格出售标的资产，看跌期权的出售方必须接受。如果标的股票的价格一直高于80元，持有人则不会执行期权。他并不被要求必须执行该期权。期权未被执行，过期后不再具有价值。

看跌期权的执行净收入，称为看跌期权到期日价值，它等于执行价格减去股票价格的价差。看跌期权的到期日价值，随标的资产价值下降而上升，如果在到期日股票价格高于执行价格，则看跌期权没有价值。看跌期权到期日价值没有考虑当初购买期权的成本。看跌期权的到期日价值减去期权费后的剩余，称为期权购买人的损益。

6.5.2　认股权证

1. 认股权证的概念

认股权证是由股份公司发行的，能够按特定的价格，在特定的时间内购买一定数量该公司股票的选择权凭证，有理论价值与实际价值之分。认股权证的理论价值可用下式计算：

$$V=\max[(P-E)\times N,0]$$

式中，V为认股权证理论价值；P为普通股市价；E为认购价格；N为每一认股权可认购的普通股股数。

2. 影响认股权证理论价值的因素

影响认股权证理论价值的主要因素是：(1) 换股比率；(2) 普通股市价；(3) 执行价格；(4) 剩余有效期间。

认股权证的实际价值是由市场供求关系所决定的。由于套利行为的存在，认股权证的实际价值通常高于其理论价值。

【例6-5】　某公司发行认股权证进行筹资，规定每份认股权证可按15元认购1股普通股股票，若公司当前的普通股市价为16.7元，该公司发行的每份认股权证的理论价值计算如下：

$$\begin{aligned}\text{理论价值}&=(\text{普通股市价}-\text{执行价格})\times\text{换股比率}\\&=(16.7-15)\times 1=1.7(\text{元})\end{aligned}$$

6.5.3　优先认股权

1. 优先认股权的概念

优先认股权又称股票先买权，是普通股股东的一种特权，在我国习惯上称为配股权证。它是指当股份公司为增加公司资本而决定增加发行新的股票时，原普通股股东享有的按其持股比例，以低于市价的某一特定价格优先认购一定数量新发行股票的权利。

2. 优先认股权的价值

优先认股权的价值应分别考虑附权优先认股权和除权优先认股权两种情况。

（1）附权优先认股权。这种认股权通常在某一股权登记日前颁发，在此之前购买的股东享有优先认股权，或者说此时的股票的市场价格含有分享新发行股票的优先权，因此称为附权优先认股权，其价值可由下式求得：

$$M_1-(R\times N+S)=R$$

式中，M_1 为附权股票的市价；R 为附权优先认股权的价值；N 为购买 1 股股票所需的认股权数；S 为新股票的认购价。

也就是说，投资者在股权登记日前购买 1 股股票，应该付出市价 M_1，同时，也获得 1 个优先认股权；投资者也可购买申购 1 股新股所需的若干认股权，付出的代价为 $R\times N$，并且付出新股每股认购价 S。这两种选择都可获得 1 股股票，唯一的差别在于，前一种选择多获得 1 个认股权。因此，这两种选择的成本差额必然等于股权价值，即

$$M_1-(R\times N+S)=R$$

（2）除权优先认股权。在股权登记日以后的股票不再包含新发行股票的认购权，其优先认股权的价值也相应下降，此时就被称为除权优先认股权。其计算公式为：

$$M_2-(R\times N+S)=0$$

式中，M_2 为除权股票的市价；R 为除权优先认股权的价值；N 为购买 1 股股票所需的认股权数；S 为新股票的认购价。

投资者付出成本 M_2，可在公开市场购买 1 股股票；也可以花费 $R\times S$ 购买申购 1 股股票所需的认股权，同时付出 1 股股票的认购金额 S，其总成本为 $R\times N+S$。这两种选择完全相同，都是为投资者提供 1 股股票，因此成本应是相同的，其差额为 0，即

$$M_2-(R\times N+S)=0$$

【例 6-6】 假定某上市公司分配给现有股东的新发行股票与原有股票的比例为 1∶5，每股认购价格为 30 元，原有股票每股市价为 40 元。则股权登记日前附权优先认股权的价值、无优先认股权的股票价格以及除权后认股权的价值计算如下：

股权登记日前附权优先认股权的价值＝(40－30)/(5＋1)＝1.667(元)

无优先认股权的股票价格＝40－1.67＝38.33(元)

除权后认股权的价值＝(38.33－30)/5＝1.666(元)

6.5.4　可转换债券

1. 可转换债券的概念

可转换债券，又称可转换公司债券，是指可以转换为普通股的证券，赋予持有者按事先约定在一定时间内将其转换为公司股票的选择权。在转换权行使之前债券持有者是发行公司的债权人，权利行使之后则成为发行公司的股东。

2. 可转换债券的要素

可转换债券的基本要素包括：

（1）基准股票。又称标的股票，是可转换债券的标的物。

（2）票面利率。指可转换债券票面载明的利率，通常低于普通债券利率。

（3）转换价格。也称转股价格，是将债券转换为股票时股票的每股价格。

$$转换价格=\frac{债券面值}{转换比率}$$

转换价格的确定与认股权行使价格类似，一般比可转换债券出售时的股票市价高出 20%～30%。具体价格要根据企业使用可转换债券的原因和各种背景资料而定。

（4）转换比率。是指一份债券可以转换为多少股股份。

$$转换比率=\frac{债券面值}{转换价格}=\frac{股票数}{可转换债券数}$$

（5）转换期限。是指可转换债券转换为股份的起始日至结束日的期间。可转换债券的转换期可以与债券的期限相同，也可以短于债券的期限。

（6）赎回条款。赎回条款规定，债券的发行公司有权在预定的期限内按事先约定的条件买回尚未转股的可转换债券。赎回条款包括以下内容：不可赎回期；赎回期；赎回价格；赎回条件。

（7）回售条款。回售条款规定，发行公司的股票价格在一定时期连续低于转换价格并达到一定幅度时，债券持有者可根据规定将债券出售给发行公司。回售条款具体包括回售时间、回售价格等内容。

3. 可转换债券的价值估算

（1）已上市的可转换债券可以根据其市场价格适当调整后得到评估价值。

（2）非上市的可转换债券价值等于普通债券价值加上转股权价值，其中，普通债券价值可按照普通债券的计算公式计算；转股权价值本质上是期权价值，需要综合考虑标的股票的价格变动、转换的可能性和转换成本等因素的影响。

4. 可转换债券的投资决策

（1）投资时机选择。较好的投资时机一般包括：新的经济增长周期启动时；利率下调时；行业景气回升时；转股价调整时。

（2）投资对象选择。优良的债券品质是选择可转换债券品种的基本原则。

（3）套利机会。可转换债券的投资者可以在股价高涨时，通过转股获得收益；或者根据可转换债券的理论价值和实际价格的差异套利。

5. 可转换债券的风险

与股票相比，可转换债券的投资风险较小。但也应该考虑如下风险：（1）股价波动风险；（2）利率风险；（3）提前赎回风险；（4）公司信用风险；（5）公司经营风险；（6）强制转换风险。

案例评析

应用案例与点评

【案例1】

流通债券估价

有一面值为1 000元的债券，票面利率为8%，每年支付一次利息，2015年9月1日发行，2020年9月1日到期。现在是2018年8月1日，假设投资的必要报酬率为10%。该债券的价值是多少？请进行简要说明。

【点评】

第一种估价方法：

流通债券估价时必须注意付息日，分别对每期利息和最后的本金折现。本例中在2018年8月1日后的2年零1个月的剩余期限中，有三个付息日，发生三次利息收入，因此要计算三次利息。

现分别计算2018年8月1日以后现金流入的现值，然后求和。计息期数不是整数，分别为1/12（2018年9月1日），13/12（2019年9月1日），25/12（2020年9月1日）。

2018年9月1日利息的现值为：

$$PV_{(2018I)}=\frac{1\,000\times 8\%}{(1+10\%)^{\frac{1}{12}}}=\frac{80}{1.007\,97}=79.367\,4(\text{元})$$

2019年9月1日利息的现值为：

$$PV_{(2019I)}=\frac{1\,000\times 8\%}{(1+10\%)^{1\frac{1}{12}}}=\frac{80}{1.108\,77}=72.151\,9(\text{元})$$

2020年9月1日利息的现值为：

$$PV_{(2020I)}=\frac{1\,000\times 8\%}{(1+10\%)^{2\frac{1}{12}}}=\frac{80}{1.219\,6}=65.595\,3(\text{元})$$

2020 年 9 月 1 日本金的现值为：

$$PV_{(2020M)}=\frac{1\,000}{(1+10\%)^{2\frac{1}{12}}}=\frac{1\,000}{1.219\,6}=819.941\,0(\text{元})$$

该债券 2018 年 8 月 1 日的现值为：

$$PV=79.367\,4+72.151\,9+65.595\,3+819.941\,0=1\,037.06(\text{元})$$

第二种估价方法：

先计算 2018 年 9 月 1 日的债券价值，然后将其折现到 2018 年 8 月 1 日。

2018 年 9 月 1 日债券的价值为：

$$\begin{aligned}PV&=1\,000\times8\%\times(P/A,10\%,2)+1\,000\times8\%+1\,000\times(P/F,10\%,2)\\&=80\times1.735\,5+80+1\,000\times0.826\,4\\&=1\,045.24(\text{元})\end{aligned}$$

2018 年 8 月 1 日债券的价值为：

$$PV=\frac{1\,045.24}{(1+10\%)^{\frac{1}{12}}}=1\,037(\text{元})$$

流通债券的价值在两个付息日之间呈周期性变动。对于平价发行债券来说，发行后价值逐渐升高，在付息日由于割息而价值下降，然后又逐渐上升。总的趋势是波动上升。越临近付息日，利息的现值越大，债券的价值有可能超过面值。付息日后债券的价值下降，会低于其面值。

【案例 2】

到期收益

已知华美公司于 2019 年 1 月 1 日以 5 000 元价格购买了 A 公司于 2019 年 1 月 1 日发行的面值为 5 000 元的债券，票面利率为 9%，8 年期。A 公司每年付息一次。假定华美公司持有该债券至到期日，计算其到期收益率。如果华美公司以 5 800 元的价格购入 A 公司债券，其到期收益率是多少？

【点评】

(1) 华美公司以 5 000 元价格购买 A 公司债券。

$$5\,000=5\,000\times9\%\times(P/A,i,8)+5\,000\times(P/F,i,8)$$

解该方程要用试误法。

用 $i=9\%$ 试算：

$$5\,000\times9\%\times(P/A,9\%,8)+5\,000\times(P/F,9\%,8)=5\,000(\text{元})$$

可见，按面值购买的每年付息一次，到期还本的债券，其到期收益率等于票面利率。

（2）华美公司以5 800元价格购买A公司债券。

$$5\,800=5\,000\times9\%\times(P/A,i,8)+5\,000\times(P/F,i,8)$$

由于$i=9\%$时等式右边为5 000元，小于5 800元，就此可判断到期收益率必定低于9%。应降低贴现率试算，用$i=7\%$试算：

$$\begin{aligned}&5\,000\times9\%\times(P/A,7\%,8)+5\,000\times(P/F,7\%,8)\\&=450\times5.971\,3+5\,000\times0.582\,0=2\,687+2\,910=5\,597(\text{元})\end{aligned}$$

由于贴现率仍小于5 800元，继续降低贴现率，用$i=5\%$试算：

$$\begin{aligned}&5\,000\times9\%\times(P/A,5\%,8)+5\,000\times(P/F,5\%,8)\\&=450\times6.463\,2+5\,000\times0.676\,8=2\,908+3\,384=6\,292(\text{元})\end{aligned}$$

贴现结果高于5 800元，可以判定收益率高于5%。用内插法计算近似值。

$$i=5\%+\frac{6\,292-5\,800}{6\,292-5\,597}\times(7\%-5\%)=6.42\%$$

用试误法比较麻烦，在实务中可用下面简便算法求得近似结果。

$$i=\frac{I+(M-P)\div N}{(M+P)\div2}$$

式中，I为每年的利息；M为到期归还的本金；P为买价；N为年数。

式中的分母是平均资金占用，分子是每年平均收益，若以购买价5 800元计算，则到期收益率为：

$$i=\frac{5\,000\times9\%+(5\,000-5\,800)\div8}{(5\,000+5\,800)\div2}=6.48\%$$

从此例可以看出，如果买价和面值不等，则收益率和票面利率不同。

到期收益率是指导选购债券的标准，它可以反映债券投资按复利计算的真实收益率。如果到期收益率高于投资人要求的报酬率，则应买进该债券，否则就放弃。其结论和计算债券的内在价值相同。需要说明的是，在实务中，债券收益率的计算除考虑购买价格外，还要考虑交易费用、通货膨胀和税收等因素，需要对上述计算公式作相应的调整。

【案例3】

东方公司股票的价值

南方公司持有东方公司的股票，它要求的投资最低报酬率为15%。预计东方公司未来 3 年股利将高速增长，成长率为 20%。此后转为正常增长，增长率为 12%。东方公司最近支付的股利是 2 元。东方公司股票的价值是多少？

【点评】

第一步，计算非正常增长期的股利现值，见表 6-1。

表 6-1

年份	股利	现值因数（15%）	现值
1	2×1.2=2.4	0.870	2.088
2	2.4×1.2=2.88	0.756	2.177
3	2.88×1.2=3.456	0.658	2.274
合计			6.539

第二步，计算第 3 年年底的普通股内在价值。

$$
\begin{aligned}
V_3 &= D_3(1+g)/(K-g)\\
&= D_4/(K-g)\\
&= 3.456\times 1.12/(15\%-12\%)=129.02(\text{元})
\end{aligned}
$$

其现值为：129.02×(P/F，15%，3)=129.02×0.658=84.90(元)

第三步，计算股票目前的内在价值。

$V=6.539+84.90=91.439$(元)

【案例 4】

认股权证

某公司年初股票价格为 100 元，总股份为 100 万股。公司董事会为激励公司经理，给予经理 3 万份认股权证。规定经理在今后的 3 年内每年年末可以执行认股权证的 1/3，在上一年度未执行的可以累计到下一年度执行；在第一年年末执行时，经理可以使用每份认购权证按照 110 元的价格购买 1 股普通股股票，以后每年年末执行价格递增 5%。假设该公司经理决定只要每年年末执行当年认股权证能获利便立即执行，此后 3 年股价分别为 115 元、105 元、125 元。那么，怎样计算该公司经理执行认股权证的获利情况呢？

【点评】

1. 第一年年末股价为 115 元，认股权证的执行价格为 110 元，因此，经理执行 1 万份认股权证。

执行认股权后公司权益总额=115×100+110×1=11 610(万元)

公司总股份=100+1=101(万股)

每股价值=11 610÷101=114.95(元/股)

经理执行认股权证获利＝(114.95－110)×1＝4.95(万元)

2. 第二年年末因股价低于 110 元，因此经理暂时不执行认股权。

3. 第三年股价 125 元高于执行价 121.28 元［$110\times(1+5\%)^2$］，因此经理执行 2 万股认股权。

执行认股权后公司权益总额＝$125\times101+101\times(1+5\%)^2\times2$

＝12 867.55(万元)

公司总股份＝101＋2＝103(万股)

每股价值＝12 867.55÷103＝124.93(元/股)

经理执行认股权证获利＝［$124.93-110\times(1+5\%)^2$］×2＝7.3(万元)

【案例 5】

基金收益的核算

ABC 公司是一个基金公司，相关资料如下：

资料一：2018 年 1 月 1 日，ABC 公司的基金资产总额（市场价值）为 27 000 万元，负债总额（市场价值）为 3 000 万元，基金份数为 8 000 万份。在基金交易中，该公司收取首次认购费和赎回费，认购费率为基金资产净值的 2%，赎回费率为基金资产净值的 1%。

资料二：2018 年 12 月 31 日，ABC 公司按收盘价计算的资产总额为 26 789 万元，负债总额为 345 万元，已售出 10 000 万份基金。

资料三：假定 2018 年 12 月 31 日，某投资者持有该基金 2 万份，到 2019 年 12 月 31 日，该基金投资者持有的份数不变，预计此时基金单位净值为 3.05 元。

(1) 根据资料一计算 2018 年 1 月 1 日 ABC 公司的下列指标：基金净资产价值总额；基金单位净值；基金认购价；基金赎回价。

(2) 根据资料二计算 2018 年 12 月 31 日 ABC 公司的基金单位净值。

(3) 根据资料三计算 2019 年该投资者的预计基金收益率。

【点评】

(1) 2018 年 1 月 1 日的基金净资产价值总额＝27 000－3 000＝24 000(万元)

2018 年 1 月 1 日的基金单位净值＝24 000/8 000＝3(元)

2018 年 1 月 1 日的基金认购价＝3 ＋3×2%＝3.06(元)

2018 年 1 月 1 日的基金赎回价＝3－3×1%＝2.97(元)

(2) 2018 年 12 月 31 日的基金单位净值＝(26 789－345)/100 000＝2.64(元)

(3) 预计基金收益率＝(3.06－2.64)/2.64×100%＝15.91%

【案例 6】

评估公司股票价值

王胜利是东方咨询公司的一名财务分析师，应邀评估华联商业集团建设新商场对公司股票价值的影响。

（1）公司本年度净收益为 200 万元，每股支付现金股利 2 元，新建商场开业后，净收益第 1 年、第 2 年均增长 15%，第 3 年增长 8%，第 4 年及以后将保持这一净收益水平。

（2）该公司一直采用固定支付率的股利政策，并打算今后继续实行该政策。

（3）公司的 β 系数为 1，如果将新项目考虑进去，β 系数将提高到 1.5。

（4）无风险收益率（国库券）为 4%，市场要求的收益率为 8%。

（5）公司股票目前市价为 23.6 元/股。

王胜利打算利用股利贴现模型，同时考虑风险因素进行股票价值的评估。华联商业集团公司的一位董事提出，如果采用股利贴现模型，则股利越高，股价越高，所以公司应改变原有的股利政策，提高股利支付率。请你协助王胜利完成以下工作：

（1）参考固定股利增长贴现模型，分析这位董事的观点是否正确；

（2）分析股利增加对可持续增长率和股票的账面价值有何影响；

（3）评估公司股票价值。

【点评】

（1）该董事的观点是错误的。在固定股利增长模型中 $P_0 = D_1 \div (K - g)$，当股利较高时，在其他条件不变的情况下，股票价格的确也会较高。但其他条件不是一成不变的，如果公司提高了股利支付率，增长率 g 就会下降，股票价格不一定会上升，事实上，如果股权收益率 $R > K$，价格反而会下降。

（2）股利支付率的提高将减少可持续增长率，因为用于再投资企业的资金减少了。股利支付率的上升会减少股票账面价值，原因与（1）相同。

（3）$K = 4\% + (8\% - 4\%) \times 1.5 = 10\%$

股票价值计算见表 6－2。

表 6－2

	年份				合计
	0	1	2	3	
每股股利（元）	2	2.3	2.65	2.86	
现值系数（I=10%）		0.909 1	0.826 4	0.751 3	
股利现值（元/股）		2.09	2.19	2.15	6.43
第 3 年年末股价（元/股）				28.6	
第 3 年年末股价现值（元/股）				21.49	21.49
股票价值（元/股）					27.92

公司股票的内在价值将高于其市价，这一分析表明，采用新项目，公司股价将会上升，它的β系数和风险溢价也会上升。

【案例7】

权证的投资策略

汤姆是美国某公司的经理，获得10 000股公司股票作为其退休补偿金的一部分。股票现价40美元/股。汤姆想在下一纳税年度出售该股票。但是他需要在1月份将其所持股票全部售出以支付其新居费用。汤姆担心继续持有这些股票会有价格风险。按现价，他可以获得400 000美元，如果股票价格跌至35美元以下，他会面临无法支付住宅款项的困境；但如果股价升至45美元，他就可以在付清房款后还结余一小笔现金。汤姆考虑以下三种投资策略。

（1）策略A：按执行价格45美元卖出股票1月份的看涨期权。这类看涨期权现售价为每份3美元。

（2）策略B：按执行价格35美元买入股票1月份的看跌期权。这类看跌期权现售价为每份3美元。

（3）策略C：构建一个零成本的双限期权收益策略，按执行价格45美元卖出1月份看涨期权，按执行价格35美元买入1月份看跌期权。

根据汤姆的投资目标，分别评价三种策略各自的利弊是什么。投资者会建议选哪一种?

【点评】

（1）通过卖出看涨期权，汤姆获得30 000美元的溢价收入。如果1月份其所持股票价格低于或等于45美元，他将继续持有股票。但他最多可获得450 000美元（股票市值）加30 000美元（溢价收入），因为如果股票价格高于45美元，期权的买方将会实施期权（忽略短期内的利率变动）。汤姆的支付结构如表6－3所示。

表6－3

股票价格	资产组合值
低于45美元	10 000×股票价格＋30 000美元
高于45美元	480 000美元（450 000＋30 000）

这个策略提供了额外的溢价收入，但也有很高的风险。在极端的情况下，如果股票价格降到0，汤姆将只剩30 000美元。汤姆的收入上限是480 000美元，高于需要支付的房款。

（2）以35美元的执行价格购买股票的看跌期权，汤姆将支付30 000美元的期权费以确保其所持股票有一最低价值。在这个策略中，汤姆的支付结构如表6－4所示。

表 6－4

股票价格	资产组合值
低于 35 美元	320 000 美元（350 000－30 000）
高于 35 美元	10 000×股票价格－30 000 美元

（3）双限期权的净成本为 0，资产组合的值如表 6－5 所示。

表 6－5

股票价格	资产组合值
低于 35 美元	350 000 美元
在 35～45 美元之间	10 000×股票价格
高于 45 美元	450 000 美元

如果股票价格低于或等于 35 美元，双限期权保住了本金。如果股票价格超过了 45 美元，汤姆的资产组合值可以达到 450 000 美元。股票价格在这两者之间，它的资产值就为股票价格×10 000（大于 350 000 美元，小于 450 000 美元）。

由以上分析可知，最好的投资策略是策略 C。因为这个策略既能保住 350 000 美元，又有机会得到 450 000 美元。而策略 A 可以不考虑，因为它让汤姆承受了很高的风险。

因此，三个投资策略选择排序应该为：C，B，A。

精选案例讨论

【案例】

中国证券市场 20 年大事记

1990 年 12 月 1 日　深圳证券交易所开始营业。

1990 年 12 月 19 日　上海证券交易所开业。

1992 年 1 月 19 日　邓小平抵达深圳，考察了深圳股市情况并发表讲话。

1992 年 2 月 21 日　第一家 B 股上市公司上海真空电子器件股份有限公司首次向境外投资者发行股票。

1992 年 5 月 21 日　沪市全面放开股价，大盘直接跳空高开在 1 260.32 点，较前一天猛涨 104.27%，上证综指当天从 616 点蹿升至 1 265 点，首度跨越千点。

1992 年 7 月 7 日　深圳原野股票停牌。

1992 年 8 月 10 日　深圳数千人因为排队数日没买到认股抽签表而爆发震惊全国的“8·10”事件。

1992年10月　国务院证券委员会和中国证监会成立。

1993年4月22日　《股票发行与交易管理暂行条例》正式发布实施。

1993年6月29日　第一家H股上市公司青岛啤酒在香港正式招股上市。

1993年8月6日　上海证券交易所所有上市A股均采用集合竞价。

1993年8月20日　第一只上市的投资基金淄博基金发行。

1993年9月30日　中国宝安集团股份有限公司宣布持有上海延中实业股份有限公司发行在外的普通股比例超过5%，由此揭开中国收购上市公司第一页。

1995年1月1日　即日起实行"T+1"交易制度。

1995年2月23日　上海国债市场发生著名的"3·27风波"，直接导致后来万国证券倒闭和国债期货试点暂停。

1995年5月17日　中国证监会发出《关于暂停国债期货交易试点的紧急通知》，强制协议平仓，暂停国债期货交易试点。

1996年12月13日　沪深两交易所发出通知，决定自1996年12月16日起对在两交易所上市和交易的股票和基金类证券的交易价格实行10%的涨跌幅限制。

1997年11月　国务院证券委颁布实施《证券投资基金管理暂行办法》。

1998年4月22日　沪深两市交易所实行"特别处理"（简称ST）制度。4月28日，辽物资A成为第一家ST公司。

1998年6月12日　国家宣布降低证券交易印花税，从单边交易千分之五降到千分之四。

1998年11月25日　中国证监会下发通知，规定股份有限公司公开发行股票一律不再发行职工股。

1998年12月29日　酝酿5年多的《中华人民共和国证券法》终于获得通过。该法于1999年7月1日起正式实施，它是我国证券市场健康发展的基本大法。

1999年5月19日　中国股市开启以网络科技股为龙头的"5·19行情"，网络股领头启动，当日沪市上涨51点，深市上涨129点，随后这波牛市一直延续到2001年。

1999年6月15日《人民日报》再次发表特约评论员文章，重申股市是恢复性上涨。

1999年7月9日　农商社、双鹿、苏三山、渝钛白成为第一批PT上市公司。

2001年1月　经济学家吴敬琏抛出"股市赌场论"，引发对股市定位与建设的大讨论。

2001年2月　境内居民获准可投资B股市场。

2001年6月14日　国有股减持办法出台，沪指创下此前11年来新高2 245点，直到7月13日，股市仍在高位盘整。

2001年7月26日　国有股减持在新股发行中正式实施，股市暴跌。

2001年10月22日　中央电视台报道，国有股减持办法暂停，证监会宣布首发增发停止国有股出售。

2002年6月23日　国务院决定，除企业海外发行上市外，对国内上市公司停止执行关于利用证券市场减持国有股的规定，并不再出台具体实施办法。

2002年6月24日　出现井喷行情。

2002年11月5日　中国人民银行和中国证监会联合发布《合格境外机构投资者境内证券投资管理暂行办法》，这标志着我国QFII制度（合格境外机构投资者制度）正式启动。2003年7月，QFII第一单出炉，瑞银抢得头筹。

2004年1月31日　《国务院关于推进资本市场改革开放和稳定发展的若干意见》出台，又称资本市场“国九条”。

2004年4月　市场著名“庄股”德隆旗下的“新疆屯河”“湘火炬”“合金投资”等3只股票开始崩溃式连续跌停，多年来纵横市场的德隆系轰然倒下。

2004年6月1日　《中华人民共和国证券投资基金法》施行。

2004年9月4日　券商开始清理整顿，南方证券、汉唐证券、闽发证券、大鹏证券等相继被托管或清盘。

2005年4月29日　上市公司股权分置改革启动。

2005年5月9日　三一重工等4家上市公司进入股权分置改革首批试点程序。

2006年10月27日　全球最大IPO中国工商银行在沪港两地同日上市。

2007年5月30日　国家上调证券交易印花税税率导致“5·30”大跌。证券交易印花税税率由千分之一调整为千分之三，调整幅度超出市场预期，多数股票出现了连续5个以上的跌停。

2007年6月20日　中国证监会发布《合格境内机构投资者境外证券投资管理试行办法》和相关通知，QDII制度（合格境内机构投资者制度）开始实施。

2007年10月15日　上证综指突破6 000点。

2008年4月24日　财政部、国家税务总局下调证券交易印花税税率，由千分之三下调至千分之一。

2008年9月19日　证券交易印花税改为单边征收。

2008年10月5日　中国证监会宣布正式启动证券公司融资融券业务试点工作。

2009年10月30日　创业板正式揭开帷幕，首批28只股票同日挂牌，刷新了中国股市多股齐发的历史纪录。

2010年3月31日　融资融券试点正式启动。

2010年4月16日　筹备多年的股指期货正式上市交易，挂牌基准价定为3 399点。

2010年5月21日　首个股指期货合约IF1005平稳交割。

2010年6月9日　融资融券业务试点扩大范围。

2011年11月11日　国务院下发《国务院关于清理整顿各类交易场所　切实防范金融风险的决定》。

2012年4月4日　中国证监会等相关监管机构决定增加500亿美元的QFII（合格境外机构投资者）和500亿元人民币的RQFII（人民币合格境外机构投资者）额度。

2013年　全年停发IPO。

2013年11月30日　中国证监会发布了《关于进一步推进新股发行体制改革的意见》。

2013年12月14日　国务院发布《国务院关于全国中小企业股份转让系统有关问题的决定》。

2014年1月8日　IPO重启。

2014年3月21日　《优先股试点管理办法》正式发布。

2014年4月10日　中国证监会与香港证监会就开展沪港通试点发布联合公告。沪港通总额度为5 500亿元人民币。

2014年5月9日　国务院印发《国务院关于进一步促进资本市场健康发展的若干意见》（“新国九条”）。

2014年11月17日　沪港通正式启动。

2015年2月9日　上证50 ETF期权于上海证券交易所上市交易。

2015年3月20日　中国证监会宣布，已批准中国金融期货交易所（简称“中金所”）开展上证50和中证500股指期货交易，合约正式挂牌交易时间为2015年4月16日。

2016年　A股新股发行按新规申购，取消新股申购预先缴款制度，改为按市值申购，中签之后才缴款。

2016年1月4日　中国股市熔断机制生效。

2016年1月8日　中国证监会暂停实施熔断机制。

2016年12月5日　深港通正式开通。

2017年5月27日　中国证监会发布《上市公司股东、董监高减持股份的若干规定》。

2017年6月21日　中国全球领先指数供应商明晟（MSCI）宣布，决定2018年6月开始将中国A股纳入MSCI新兴市场指数。

2018年3月26日　上海期货交易所原油期货正式上市交易。

2018年11月6日　中国证监会发布《关于完善上市公司股票停复牌制度的指导意见》。

【讨论】

改革开放40年弹指一挥间。40年前，许多西方经济学家认为中国再过40年也不可能出现股市。然而40年后的今天，中国已经位于全球资本市场的前列。与此同时，中国资本市场作为有效的资源配置平台，已经成为中国经济增长强劲的发动机。站在改革开放40年这个重要历史节点，请展望中国资本市场未来40年。

实务演练

思考与回答

1. 证券投资的风险有多种，以下属于哪种风险？长期债券的利率12%，短期债券的利率10%，为减少利率风险，投资者A购买了短期债券。在短期债券到期收回现金时，市场利率降到 8%，投资者 A 此时只能找到报酬率大约为 8%的投资机会。如果他当初购买长期债券，现在仍可获得 12%的收益。

2. B 企业 1995 年按面值购进国库券 100 万元，年利率 14%，3 年期。购进后一年，如果市场利率上升到 24%，则这批国库券的价格将下降到约 92.36 万元，损失 21.64 万元，高达本金的 22%。具体计算过程如下：

国库券到期值＝100×(1＋3×14%)＝142(万元)

一年后的现值＝142×(P/F,24%,2)＝92.36(万元)

一年后的本利和＝100×(1＋14%)＝114(万元)

投资损失＝114－92.36＝21.64(万元)

请问 B 企业发生的证券投资损失应归类于哪种证券投资风险？

3. 甲种债券面值 2 000 元，票面利率为 8%，每年付息，到期还本，期限为 5 年，当前的市场利率为 10%，债券目前的市价是 1 800 元，投资者 C 拟购买该债券。他认为如果不考虑风险问题，购买此债券是合算的，可获得大于 10%的收益。你赞同投资者 C 的说法吗？如果甲种债券为到期一次还本付息债券，且单利计息，其他条件不变，你认为投资者 C 还会购买该债券吗？为什么？

4. 通常大公司都有知识全面且素质较高的财务管理人员，为什么在筹集新资本时，大公司还是倾向于花钱聘用投资经纪人，以得到他们的服务？

5. 股评专家经常告诉股民：“某只股票的价值被市场低估，具有投资价值，投资者可以介入。”可是，投资者购买了这只股票之后，却被长期“套牢”，更谈不上获利。于是，投资者大骂股评专家被人收买，为“庄家”说话。

请回答：股评专家所说的“某只股票的价值被市场低估”的依据是什么？股评专家果真被“庄家”收买了吗？股票内在价值与市场价格之间的关系如何？如何正确看待这种关系？

搜集与整理

1. 广发聚丰混合（代码 270005）的基金类别和投资风格。
2. 基金开元（代码 184688）的基金类别和投资类型。
3. 武钢 CWB1（代码 580013）的权证类别。
4. 中集 ZYP1（代码 038006）的权证类别。
5. 创业板发行和上市规则。

自测与练习

1. 某企业准备购入 A 公司股票，目前市场价格每股为 25 元，预计每年可获得股利 3 元/股，准备 2 年后出售，预计出售价格 30 元/股，预期报酬率 15%。请问该股票是否值得投资？

2. 某企业准备投资购买相城股份有限公司的股票，该股票上年每股股利为3元，预计以后每年以5%的增长率增长，某企业经分析后，认为必须得到12%的报酬率，才能购买相城股份有限公司的股票，则该种股票的内在价值应为多少？

3. 甲公司持有A，B两只股票，投资额分别为50万元和250万元，期望收益率分别为10%和20%，β系数分别为1.2和0.35，甲公司拟将B股票投资额缩减50万元，另追加150万元用于C股票（期望收益率为15%，β系数为1.57）。这种调整是否有利？

4. 开开公司准备对股利固定增长的永泰公司普通股股票进行长期投资。该股票基年股利为8元，估计年股利增长率为5.4%，永泰公司股票的平均必要收益率为16%，国库券收益率为12%，β系数为1.08。现市场上永泰公司股票价格为80元。

要求：

（1）计算永泰公司股票的预期收益率。

（2）计算永泰公司股票价值。

（3）分析是否可以购买永泰公司股票。

5. 持有某公司认股权证购买该公司股票的认购价为10元（假设认股权证的售价与理论价值一致），每份认股权证可认购1股普通股。当股票市价为15元时，甲、乙两投资者分别用75元进行股票和认股权证的投资。

要求：计算当股价为21元时，甲、乙两投资者的收益率。

第 7 章 营运资金管理

本章要点

营运资金概述
流动资产的管理
流动负债的管理

学习目标

企业的生存和发展，离不开资金。企业的日常经营，需要依靠营运资金来维系。通过本章的学习，你应该理解和掌握营运资金的含义与特点，营运资金管理的基本要求和营运资金决策方法，掌握现金、应收账款、存货等流动资产项目的管理，以及银行短期借款、应付账款等流动负债项目的管理。

【关键词】

- 营运资本（working capital）
- 现金（cash）
- 应收账款（receivables）
- 存货（inventory）
- 经济订货量（economic order quantity，EOQ）
- 订货点（order point）
- 现金集中（cash concentration）
- 信用标准（credit standard）
- 信用期间（credit period）
- 现金折扣（cash discount）
- 信用限额（line of credit）
- 临时性营运资本（temporary working capital）
- 永久性营运资本（permanent working capital）
- 自然融资（spontaneous financing）

一个富翁走过地下通道，碰到一个乞丐，看到乞丐衣衫单薄的样子，富翁动了恻隐之心，掏钱时才发现身上只带了100元，“把钱给了乞丐，自己午饭怎么解决?”富翁手里拿着100元犹豫了，乞丐见到这100元心里一阵狂喜，但突然富翁又把钱收起来了，乞丐吞了一下口水。富翁脱下自己的大衣对乞丐说：“衣服给你吧，价值1 000多元呢。”富翁以为乞丐会很感激。乞丐接过大衣，但很快又还给他，盯着他的钱包说：“你还是给我现金吧，衣服不能拿去买饭吃!”

从这个故事中可以了解一些财务原理：名贵衣服虽然价值1 000多元，但只能用来穿，而100元现金可以让乞丐买到很多他需要的东西，对乞丐来说，100元现金比1 000多元的衣服更有诱惑力。对一个企业来说，是利润重要还是手里的现金重要？如果一个公司没有现金，流动性就不存在，结果就是破产。实际上，保证合理比例的流动资金在任何一个企业的理财中都十分关键，这即是财务管理中的营运资金问题。

核心理念

7.1 营运资金概述

7.1.1 营运资金的含义和特点

营运资金又称营运资本，有广义和狭义之分。广义的营运资金又称总营运资金，是指一个企业流动资产的总额；狭义的营运资金又称净营运资金，是指流动资产减流动负债后的余额。

营运资金的特点体现在流动资产与流动负债的特点上，可以从流动资产与流动负债两个方面分别理解。

1. 流动资产的特点

(1) 投资回收期短。投资于流动资产的资金一般在一年或一个营业周期内收回，对企业影响的时间比较短。因此流动资产投资所需要的资金一般可通过商业信用、短期银行借款等加以解决。

(2) 流动性强。流动资产相对固定资产等长期资产来说比较容易变现，这对于财务上满足临时性资金需求具有重要意义。

(3) 具有并存性。在循环周转过程中，各种不同形态的流动资产在空间上同时并存，在时间上依次继起。因此，合理地配置流动资产各项目的比例，是保证流动资产得以顺利周转的必要条件。

(4) 具有波动性。流动资产易受到企业内外环境的影响，其资金占用量的波动往往很大，财务人员应有效地预测和控制这种波动，以防止其影响企业正常的生产经营活动。

2. 流动负债的特点

(1) 速度快。申请短期借款往往比申请长期借款更容易、更便捷，通常在较短时间内便可获得。长期借款的借贷时间长，贷款方风险大，贷款人需要对企业的财务状况评估后方能作出决定。因此，当企业急需资金时，往往首先寻求短期借款。

(2) 弹性大。与长期债务相比，短期贷款给债务人更大的灵活性。长期债务债权人为了保护自己的利益，往往要在债务契约中对债务人的行为加以种种限制，使债务人丧失某些经营决策权。而短期借款契约中的限制条款比较少，使企业有更大的行动自由。对于季节性企业，短期借款具有比长期借款更大的灵活性。

（3）成本低。在正常情况下，短期负债筹资所发生的利息支出低于长期负债筹资的利息支出。而某些自然融资（如应交税费、应计费用等）则没有利息负担。

（4）风险大。尽管短期债务的成本低于长期债务，但对于债务人来说，其风险大于长期债务。这主要表现在：一是长期债务的利息相对比较稳定，即在相当长一段时间内保持不变。而短期债务的借款利率则随市场利率的变化而变化，时高时低，企业难以适应。二是如果企业过多筹措短期债务，债务到期时，企业不得不在短期内筹措大量资金还债，极易导致企业财务状况恶化，甚至会因无法及时还债而破产。

7.1.2 营运资金管理的内容

营运资金管理的内容主要包括营运资金持有策略和短期筹资策略两个方面。

1. 营运资金持有策略

营运资金持有量的高低，影响企业的收益和风险。较高的营运资金持有量，意味着在固定资产、流动负债和业务量一定的情况下，流动资产额较高，即企业拥有较多的现金、有价证券和保险储备量较高的存货。这会使企业有较大把握按时支付到期债务，及时供应生产用材料和准时向客户提供产品，从而保证经营活动平稳进行，风险较小。但是，由于流动资产的收益一般低于固定资产，所以较高的总资产拥有量和较高的流动资产比重会降低企业的收益。而较低的营运资金持有量带来的后果正好相反。此时，较低的总资产拥有量和较低的流动资产比重，会使企业的收益率较高；但较少的现金、有价证券量和较低的存货保险储备量会降低偿债能力和采购的支付能力，造成信用损失、材料供应中断和生产阻塞；还将由于不能准时向购买方供货而失去客户。这些都会加大企业的风险，因此，营运资金持有量的确定，就是在收益和风险之间进行权衡。

2. 短期筹资策略

短期筹资策略主要是研究如何对流动资产和流动负债进行配合。研究短期筹资策略，需要先对构成营运资金的两要素——流动资产和流动负债作进一步的分析，然后再考虑两者间的匹配。

对于流动资产，如果按照用途再作区分，则可以分为临时性流动资产（波动性流动资产）和永久性流动资产。临时性流动资产指那些受季节性、周期性影响的流动资产，如季节性存货、销售和经营旺季（如零售业的销售旺季在春节期间等）的应收账款；永久性流动资产则指那些即使企业处于经营低谷也仍然需要保留的用于满足企业长期稳定需要的流动资产。与流动资产按照用途划分的方法相对应，流动负债也可以分为临时性负债和自发性负债。临时性负债指为了满足临时性流动资金需要所发生的负债，如商业零售企业春节前为满足节日销售需要，超量购入货物而举借的债务；如食品制造企业为赶制季节性食品，大量购入某种原料而发生的借款等。自发性负债指直接产生于企业持续经营中的负债，如商业信用筹资和日常运营中产生的其他应付款，以及应付工资、应付利息、应付税金等。

7.1.3　营运资金管理的要求

营运资金的管理就是对企业流动资产和流动负债的管理，其重点是保证企业能够按时偿付各种到期债务，为企业的日常生产经营活动提供足够的资金，防止资金调度与资金运用出现问题。这对保持企业的良好资信与筹资能力、保证企业生产经营活动的正常进行是十分重要的。企业进行营运资金管理，应满足下列要求：

1. 认真分析生产经营状况，合理确定营运资金的需要数量

企业经营所需的营运资金数量多少与企业的生产经营状况密切相关。企业生产经营活动活跃时，流动资产和流动负债都会有所增加，而企业的生产经营活动萎缩时，流动资产和流动负债也会相应减少。由于不同外部环境和经营状况下营运资金的需求与占用有很大的差异，因此，企业的财务管理人员要根据企业生产经营活动的实际情况，合理确定所需的流动资产与流动负债的数量。

2. 合理确定营运资金的来源构成，保证企业有足够的短期偿债能力

流动资产、流动负债以及二者之间的关系能较好地反映企业的短期偿债能力。流动负债是在短期内需要偿还的债务，而流动资产则是在短期内可以转化为现金的资产。因此，如果一个企业的流动资产比较多，流动负债比较少，说明企业的短期偿债能力较强；反之，则说明短期偿债能力较弱。但如果企业的流动资产太多，流动负债太少，也并不是正常现象，这可能是流动资产闲置、流动负债利用不足所致。根据惯例，流动资产是流动负债的 2 倍比较合理。

3. 加速营运资金周转，提高资金的利用效果

营运资金周转是指企业的营运资金从现金投入生产经营开始，到最终转化为现金的过程。在其他因素不变的情况下，加速营运资金的周转，也就相应地提高了资金的利用效果。因此，企业要千方百计地加速存货、应收账款等流动资产的周转，以有限的资金，取得最优的经济效益。

7.2　流动资产的管理

7.2.1　现金管理

现金是指在生产经营过程中暂时停留在货币形态的资金，包括库存现金、银行存款、银行本票、银行汇票等。现金是变现能力最强的非盈利性资产。现金管理的过程就是在现金的流动性与收益性之间进行权衡选择的过程，现金管理的目的是在保证企业生产经营所需现金的同时，降低企业闲置的现金的数量，提高资金收益率。现金管理的内容主要包括合理确定现金持有量及对日常的现金收支进行控制。

1. 企业持有现金的动机

企业持有一定数量现金的动机主要包括以下三个方面：(1) 交易性动机；(2) 预防性动机；(3) 投机性动机。

企业在确定现金余额时，一般应综合考虑各方面的持有动机。企业除以上三项原因持有现金外，也会基于满足将来某一特定要求或者为在银行维持补偿性余额等其他原因而持有现金。

2. 企业持有现金的成本

(1) 机会成本；(2) 管理成本；(3) 转换成本；(4) 短缺成本。

3. 最佳现金持有量

公司最佳现金持有量的确定，应根据公司的经营管理范围和现金管理特点，选择适当的模式。下面介绍几种确定最佳现金持有量的模式。

(1) 成本分析模式。成本分析模式是通过分析持有现金的成本，寻求持有成本最低的现金持有量。在成本分析模式中，需要考虑机会成本、管理成本和短缺成本。三项成本之和最小的现金持有量，就是最佳现金持有量，可以用图 7－1 表示。在该图中，机会成本线向右上方倾斜，短缺成本线向右下方倾斜，管理成本线为平行于横轴的线，总成本线是一条抛物线，该抛物线的最低点即为持有现金的最低总成本。超过这一点，机会成本上升的代价会大于短缺成本下降的好处；在这一点之前，短缺成本上升的代价大于机会成本下降的好处。这一点在横轴上对应的量即是最佳现金持有量。

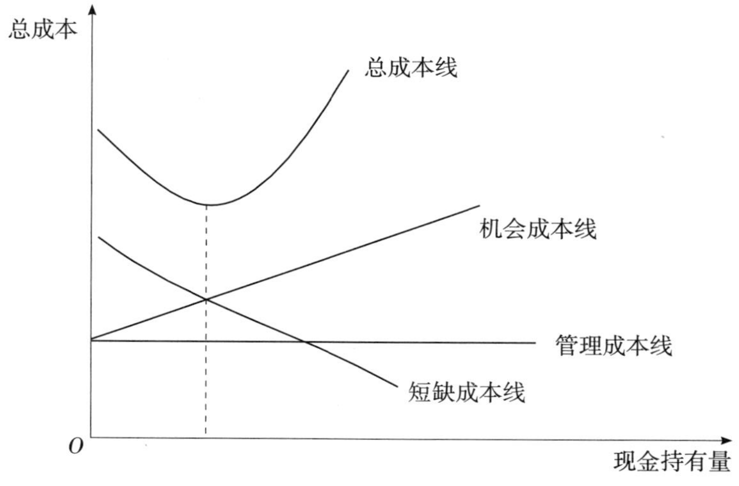

图 7－1 现金成本分析图

最佳现金持有量的具体计算，可以先分别计算出各种方案的机会成本、管理成本、短缺成本之和，再从中选出总成本之和最低的现金持有量，即为最佳现金持有量。

（2）存货模式。存货模式也称鲍莫模式，是由美国经济学家威廉·鲍莫（William J. Baumol）于 1952 年首先提出的。这种模式非常类似于存货的经济批量模型。利用存货模型确定最佳现金持有量的基本假设是：公司的现金流入量是稳定并且可以预测的；公司的现金流出量是稳定并且可以预测的；在预测期内，公司现金的需求量是一定的；在预测期内，公司不能发生现金短缺，并且可以出售有价证券来补充现金。

在存货模式中，只对机会成本和转换成本进行考虑，它们随着现金持有量的变动而呈现出相反的变动趋向：现金持有量增加，持有机会成本增加，而转换成本减少。这就要求企业必须对现金和有价证券的分割比例进行合理安排，从而使机会成本与转换成本保持最佳组合。换言之，能够使现金管理的机会成本与转换成本之和保持最低的现金持有量，即为最佳现金持有量。

设 T 为一个周期内现金总需求量；F 为每次转换有价证券的固定成本；Q 为最佳现金持有量（每次证券变现的数量）；K 为有价证券利息率（机会成本）；TC 为现金管理总成本。则有

现金管理总成本＝持有机会成本＋转换成本

即　$$TC=(Q/2)\times K+(T/Q)\times F$$

现金管理总成本与持有机会成本、转换成本的关系如图 7－2 所示。

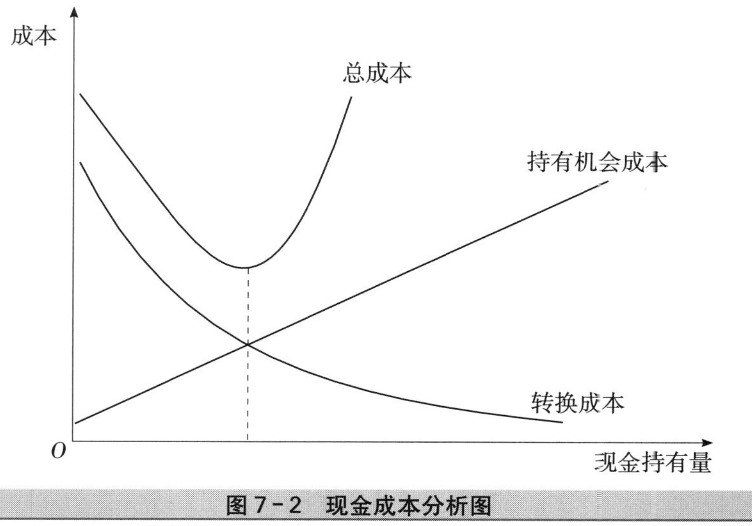

图 7－2　现金成本分析图

从图 7－2 可以看出，现金管理的总成本与现金持有量呈凹形曲线关系。持有现金的机会成本与证券变现的交易成本相等时，现金管理的总成本最低，此时的现金持有量为最佳现金持有量，即

$$Q=\sqrt{\frac{2T\times F}{K}}$$

于是，可以推导出最佳现金管理总成本为：

$$TC = \sqrt{2T \times F \times K}$$

（3）现金周转模式。现金周转模式是从现金周转的角度出发，根据现金周转速度来确定最佳现金持有量。该模式在运用时包括以下三个步骤：

第一，计算现金周转期。现金周转期是指公司从购买材料支付现金至销售商品收回现金的时间，即现金周转一次所需要的天数，具体计算公式为：

现金周转期＝应收账款周转期－应付账款周转期＋存货周转期

第二，计算现金周转率。现金周转率是指一年或一个经营周期内现金的周转次数，其计算公式为：

$$现金周转率=\frac{1}{现金周转期}\times 计算期天数$$

现金周转次数与周转期互为倒数。周转期越短，则周转次数越多，在一定现金需求额下，现金持有量将会越少。

第三，计算目标现金持有量。

$$目标现金持有量=\frac{年现金需求量}{现金周转率}$$

（4）随机模式。随机模式是在现金需求量难以预知的情况下，对现金持有量进行控制的方法。对企业来讲，现金需求量往往波动大且难以预知，但企业可以根据历史经验和现实需要，测算出一个现金持有量的控制范围，即制定出现金持有量的上限和下限，将现金持有量控制在上下限之内。当现金量达到控制上限时，用现金购入有价证券，使现金持有量下降；当现金量降到控制下限时，则抛售有价证券换回现金，使现金持有量回升；若现金量在控制的上下限之内，则不必进行现金与有价证券的转换，保持它们各自的现有存量。这种对现金持有量的控制如图7-3所示。

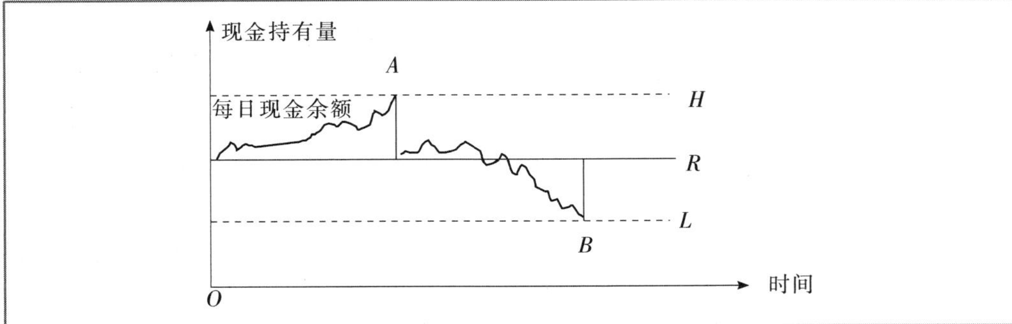

图7-3　随机模式示意图

在图7-3中，虚线 H 为现金存量的上限，虚线 L 为现金存量的下限，实线 R

为最优现金返回线。从图中可以看到，企业的现金存量（表现为现金每日余额）是随机波动的，当其达到 A 点时，即达到了现金控制的上限，企业应当用现金购买有价证券，使现金量回落到现金返回线（R 线）的水平；当现金存量降至 B 点时，即达到了现金控制的下限，企业则应转让有价证券换回现金，使其存量回升至现金返回线的水平。现金存量在上下限之间的波动属控制范围内的变化，是合理的，不必理会。以上关系中的上限 H、现金返回线 R 可按下列公式计算：

$$R=\sqrt[3]{\frac{3b\delta^2}{4i}}+L$$

$$H=3R-2L$$

式中，b 为每次有价证券的固定转换成本；i 为有价证券的日利息率；δ 为预期每日现金余额变化的标准差（可根据历史资料测算）。

下限 L 的确定，受到企业每日的最低现金需要、管理人员的风险承受倾向等因素的影响。

7.2.2　应收账款管理

应收账款是指企业因对外赊销产品、材料、供应劳务等而应向购货或接受劳务的单位收取的款项。企业在采取赊销方式促进销售、减少存货的同时，会因持有应收账款而付出一定的代价，主要包括机会成本、管理成本、坏账成本，但同时也会因销售增加而产生一定的收益。信用政策的制定就是在成本与收益比较原则的基础上，作出信用标准、信用条件和收账政策的具体决策方案，并通过采取应收账款的管理措施，主要包括应收账款追踪分析、应收账款账龄分析、应收账款收现率分析和建立应收账款坏账准备制度，降低坏账损失风险。

1. 应收账款的功能

（1）促进销售；（2）减少存货。

2. 应收账款成本的计算

企业在采取赊销方式促进销售的同时，会因持有应收账款而付出一定的代价，这种代价就是应收账款的成本。其内容和计算方法包括：

（1）机会成本。是指因资金投放在应收账款上所丧失的其他收入，如投资于有价证券便会有利息收入。这一成本的大小通常与企业维持赊销业务所需的资金数量、资金成本率或有价证券利息率有关。其计算公式为：

应收账款机会成本＝维持赊销业务所需要的资金×资金成本率

式中：　维持赊销业务所需要的资金＝应收账款平均余额×变动成本率

资金成本率一般可按有价证券利息率计算。

（2）管理成本。即企业对应收账款进行管理而耗费的开支，是应收账款成本的重要组成部分，主要包括对客户的资信调查费用、应收账款账簿记录费用、收账费用以及其他费用。

（3）坏账成本。应收账款基于商业信用而产生，存在无法收回的可能性，由此而给应收账款持有企业带来的损失即为坏账成本。这种成本一般同应收账款数量成正比，即应收账款越多，坏账成本就越高。

3. 信用策略

应收账款赊销的效果好坏，依赖于企业的信用策略。所谓信用策略，即应收账款的管理策略，是指企业为对应收账款投资进行规划与控制而确立的基本原则与行为规范，包括信用标准、信用条件和收账策略。

（1）信用标准。信用标准，是指顾客获得企业的交易信用所应具备的条件。如果顾客达不到信用标准，便不能享受企业的信用或只能享受较低的信用优惠。企业在设定某一顾客的信用标准时，往往先要评估其赖账的可能性。这可以通过5C系统来进行。所谓5C系统，是对顾客以下五个方面的信用品质进行定性评估：

1）品质（character）。指顾客的信誉，即履行偿债义务的可能性。

2）能力（capacity）。指顾客的偿债能力，即其流动资产的数量和质量以及与流动负债的比例。

3）资本（capital）。指顾客的财务实力和财务状况，表明顾客可能偿还债务的背景。

4）抵押（collateral）。指顾客拒付款项或无力支付款项时能被用作抵押的资产。

5）条件（conditions）。指可能影响顾客付款能力的经济环境。

（2）信用条件。一旦企业决定给予客户信用优惠时，就需要考虑具体的信用条件。因此，所谓信用条件就是指企业接受客户信用订单时所提出的付款要求，主要包括信用期限、折扣期限及现金折扣等。

（3）收账策略。收账策略亦称收账方针，是指当客户违反信用条件，拖欠甚至拒付款项时企业所采取的收账策略与措施。企业在向客户提供商业信用时，必须考虑三个问题：

1）客户是否会拖欠或拒付账款，程度如何？

2）怎样最大限度地防止客户拖欠账款？

3）一旦账款遭到拖欠甚至被拒付，企业应采取怎样的对策？

前两个问题主要靠信用调查和严格信用审批制度，第三个问题则必须通过制定完善的收账方针，采取有效的收账措施加以解决。

影响企业信用标准、信用条件及收账策略的因素很多，如销售额、赊销期限、收账期限、现金折扣、坏账损失、过剩生产能力、信用部门成本、机会成本、存货投资等的变化。这就使信用策略的制定更为复杂，一般来说，理想的信用策略就是企业采取或松或紧的信用策略时所带来的收益最大化策略。

4. 应收账款的日常管理

（1）应收账款追踪分析；（2）应收账款账龄分析；（3）应收账款坏账准备制度。

7.2.3 存货管理

存货是指企业在日常活动中持有以备出售的产成品或商品、处在生产过程中的在产品、在生产过程或提供劳务过程中耗用的材料或物料等，包括各类材料、商品、在产品、半成品、产成品以及包装物、低值易耗品、委托代销商品等。存货控制或管理效率的高低，直接反映并决定着企业收益、风险、流动性的综合水平，因而在整个投资决策中具有举足轻重的地位。

1. 存货的功能

（1）防止停工待料；（2）适应市场变化；（3）降低进货成本；（4）维持均衡生产。

2. 存货的成本

为充分发挥存货的固有功能，企业必须储备一定的存货，但也会由此而发生各项支出，这就是存货成本。与储备存货有关的成本，包括以下三种：

（1）取得成本。取得成本是指为取得某种存货而支出的成本，通常用 TC_a 来表示，包括订货成本和购置成本两部分。

第一，订货成本是指取得订单的成本，如办公费、差旅费、邮资、电报电话费等支出。订货成本中有一部分与订货次数无关，如常设采购机构的基本开支等，称为订货的固定成本（F_1）；另一部分与订货的次数有关，如差旅费、邮资等，称为订货的变动成本。每次订货的变动成本用 K 表示；订货次数等于存货年需要量 D 与每次进货量 Q 之商。因此，订货成本的计算公式为：

$$订货成本=F_1+\frac{D}{Q}K$$

第二，购置成本是指存货本身的价值，经常用数量与单价的乘积来确定。年需要量用 D 表示，单价用 U 表示，于是购置成本为 DU。

订货成本加上购置成本，就等于存货的取得成本。其公式为：

$$TC_a=F_1+\frac{D}{Q}K+DU$$

（2）储存成本。储存成本是指为保持存货而发生的成本，包括存货占用资金所应计的利息（若企业用现金购买存货，便失去了现金存放银行或投资于证券本应取得的利息，是为“放弃利息”；若企业借款购买存货，便要支付利息费用，是为“付出利息”）、仓库费用、保险费用、存货破损和变质损失等，通常用 TC_c 来表示。储存成本也分为固定成本和变动成本：固定成本（F_2）与存货数量的多少无关，如仓库折旧、仓库职工的固定月工资等；变动成本与存货的数量有关，如存货资金的应计利息、存货的破损和变质损失、存货的保险费用等，单位成本用 K_c 来表示。因此，储存成本的计算公式为：

$$TC_c=F_2+K_c\frac{Q}{2}$$

（3）缺货成本。缺货成本是指由于存货供应中断而造成的损失，包括材料供应中断造成的停工损失、产成品库存缺货造成的拖欠发货损失和丧失销售机会的损失（还应包括需要主观估计的商誉损失）；若生产企业以紧急采购代用材料解决库存材料中断之急，那么缺货成本表现为紧急额外购入成本（紧急额外购入的开支会大于正常采购的开支）。缺货成本用 TC_s 表示。

如果以 TC 表示储存存货的总成本，它的计算公式为：

$$TC=TC_a+TC_c+TC_s=F_1+\frac{D}{Q}K+DU+F_2+K_c\frac{Q}{2}+TC_s$$

企业存货的最优化即使式中 TC 值最小。

3. 存货控制方法

实现存货管理的目标，关键在于确定一个最佳的存货数量，对存货数量加以控制。在企业存货管理和控制的实践过程中，逐步形成了一些有效的存货控制方法，主要包括存货经济批量模型、存货储存期控制、存货 ABC 分类控制等。

（1）经济订货量基本模型。经济订货量基本模型需要设立的假设条件是：

1）企业能够及时补充存货，即需要订货时便可立即取得存货；

2）能集中到货，而不是陆续入库；

3）不允许缺货，即无缺货成本，TC_s 为零，这是因为良好的存货管理本来就不应该出现缺货成本；

4）需求量稳定，并且能预测，即 D 为已知常量；

5）存货单价不变，不考虑现金折扣，即 U 为已知常量；

6）企业现金充足，不会因现金短缺而影响进货；

7）所需存货市场供应充足，不会因买不到需要的存货而影响其他。

设定了上述假设后，存货总成本的公式可以简化为：

$$TC=F_1+\frac{D}{Q}K+DU+F_2+K_c\frac{Q}{2}$$

当 F_1，K，D，U，F_2，K_c 为常数量时，TC 的大小取决于 Q。为了求出 TC 的极小值，对其求导，可得出下列公式：

$$Q^*=\sqrt{\frac{2KD}{K_c}}$$

这一公式称为经济订货量基本模型，求出的每次订货批量，可使 TC 达到最小值。这一基本模型还可以演变为其他形式。

1）每年最佳订货次数公式：

$$N^{*}=\frac{D}{Q^{*}}=\frac{D}{\sqrt{\frac{2KD}{K_c}}}=\sqrt{\frac{DK_c}{2K}}$$

2）与批量有关的存货总成本公式：

$$TC(Q^{*})=\frac{KD}{\sqrt{\frac{2KD}{K_c}}}+\frac{\sqrt{\frac{2KD}{K_c}}}{2}\cdot K_c=\sqrt{2KDK_c}$$

3）最佳订货周期（天数）公式：

$$t^{*}=\frac{360}{N^{*}}=\frac{1}{\sqrt{\frac{DK_c}{2K}}}$$

4）经济订货量占用资金公式：

$$I^{*}=\frac{Q^{*}}{2}\cdot U=\frac{\sqrt{\frac{2KD}{K_c}}}{2}\cdot U=\sqrt{\frac{KD}{2K_c}}\cdot U$$

需要指出的是，实际工作中，通常还存在数量优惠（即商业折扣或称价格折扣）的情形等，因此企业必须灵活运用经济订货量基本模型。为了鼓励客户购买更多的商品，销售企业通常会给予不同程度的价格优惠，即实行商业折扣或称价格折扣。购买越多，所获得的价格优惠越大。此时，进货企业对经济进货批量的确定，除了考虑进货费用与储存成本外，还应考虑存货的进价成本，因为此时的存货进价成本与进货数量的大小有直接的联系，属于决策的相关成本。

（2）存货储存期控制。无论是商品流通企业还是生产制造企业，其商品产品一旦入库，便面临着如何尽快销售出去的问题。暂且不考虑未来市场供求关系的不确定性，仅是存货储存本身就会给企业造成较多的资金占用费（如利息成本或机会成本）和仓储管理费。因此，尽力缩短存货储存时间，加速存货周转，是节约资金占用、降低成本费用、提高企业获利水平的重要保证。

企业进行存货投资所发生的费用支出，按照与储存时间的关系可以分为固定储存费用与变动储存费用两类。前者数额的大小与存货储存期的长短无直接联系，如各项进货费用、管理费用等。后者即变动储存费用则随存货储存期的延长或缩短成正比例增减变动，如存货资金占用费（贷款购置存货的利息或现金购置存货的机会成本）、存货仓储管理费、仓储耗费等。

基于上述分析，可以将本-量-利的平衡关系式调整为：

利润＝毛利－固定储存费－税金及附加－每日变动储存费×储存天数

可见，存货的储存成本之所以会不断增加，主要是由于变动储存费随着存货储存期的延长而不断增加的结果，所以，利润与费用之间此增彼减的关系实际上是利润与变动储存费用之间此增彼减的关系。这样，随着存货储存期的延长，利润将日渐减少。当“毛利－固定储存费－税金及附加”的余额被变动储存费抵消到恰好等于企业目标利润时，表明存货已经到了保利期。当它完全被变动储存费抵消时，便意味着存货已经到了保本期。无疑，存货如果能够在保利期内售出，所获得的利润便会超过目标值；反之，将难以实现既定的利润目标。若存货不能在保本期内售出，企业便会蒙受损失。具体计算公式如下：

$$存货保本储存天数=\frac{毛利-固定储存费-税金及附加}{每日变动储存费}$$

$$存货保利储存天数=\frac{毛利-固定储存费-税金及附加-目标利润}{每日变动储存费}$$

以批进批出（即存货整批购进又整批卖出）方式经销某批存货，其获利（或亏损）额＝变动储存费×(保本储存天数－实际储存天数)，即较保本期每提前一天售出，就可以节约一天的变动储存费，即取得一个相当于变动储存费的利润额。

值得注意的是，在企业存货经销的实际工作中，批进批出只是一种偶然现象，普遍的情形是存货大批量购进、小批量售出或批进零售，此时若仍然按照批进批出的假设测算批进零售存货经销的保利期或保本期，必然与实际产生很大的出入。为此，有必要对以上存货储存期控制模式结合实际情况加以修正。

（3）存货ABC分类管理。ABC分析法是对存货各项目（如原材料、在产品、产成品等）按种类、品种或规格分清主次、重点控制的方法。ABC分析法的操作步骤如下：

1）计算每一种存货在一定期间内（通常为一年）的资金占用额。

2）计算每一种存货资金占用额占全部资金占用额的百分比，并按大小顺序排列，编成表格。

3）将存货占用资金巨大、品种数量较少的确定为A类；将存货占用资金一般、品种数量相对较多的确定为B类；将存货品种数量繁多但价值金额较小的确定为C类。

4）对A类存货进行重点规划和控制；对B类存货进行次重要管理；对C类存货实行一般管理。

通过对存货进行A，B，C分类，可使公司分清主次，并采取相应的措施进行有效的管理和控制。从财务管理的角度来看，A类存货种类虽然较少，但占用资金较多，应集中主要精力，对其经济批量进行认真规划，实施严格控制；C类存货虽然种类繁多，但占用资金很少，不必耗费过多的精力去分别确定其经济批量，也难以实行分品种或分大类控制，因此，可凭经验确定进货量；B类存货介于A类和C类之间，也应给予相当的重视，但不必像A类那样进行非常严格的规划和控制，管理中可根据实际情况采取灵活措施。

7.3 流动负债的管理

流动负债包括短期借款、应付账款、应付票据等，是企业日常周转资金的主要来源。由于这类资金的使用期限一般不超过一年，是企业的短期负债筹资，故流动负债又称短期负债筹资。

流动负债的管理主要包括短期负债筹资方式的选择和短期负债筹资策略的确定。本书第4章已介绍过短期负债筹资方式的选择内容，这里不再重述。下面重点介绍短期筹资策略的确定。

7.3.1 短期负债筹资的特点

1. 筹资速度快，容易取得

长期负债的债权人为了保护自身利益，往往要对债务人进行全面的财务调查，因而筹资所需时间一般较长且不易取得。短期负债在较短时间内即可归还，故债权人顾虑较少，容易取得。

2. 筹资富有弹性

举借长期负债，债权人或有关方面经常会向债务人提出很多限定性条件或管理规定；而短期负债的限制则相对宽松，使筹资企业的资金使用较为灵活、富有弹性。

3. 筹资成本较低

一般来讲，短期负债的利率低于长期负债，短期负债筹资的成本因此也较低。

4. 筹资风险高

短期负债需在短期内偿还，因而要求筹资企业在短期内拿出足够的资金偿还债务，若企业届时资金安排不当，就会陷入财务危机。此外，短期负债利率的波动比较大，一时高于长期负债的水平也是可能的。

7.3.2 短期筹资策略的确定

短期筹资策略主要是研究如何对流动资产和流动负债进行配合。研究短期筹资策略，需要先对构成营运资金的二要素——流动资产和流动负债作进一步分析，然后考虑两者间的匹配。企业的短期筹资策略，主要是就如何安排临时性流动资产和永久性流动资产的资金来源而言的，一般可以区分为三种筹资策略。

（1）稳健型筹资策略。这是一种较为谨慎的筹资策略。稳健型筹资策略的特点是：临时性负债只融通部分临时性流动资产的资金需要，另一部分临时性流动资产和永久性资产，则由长期负债、自发性负债和权益资本作为资金来源。稳健型筹资策略下，临时性负债占企业全部资金来源的比例较小，即企业无法偿还到期债务的风险较低，同时蒙受短期利率变动损失的风险也较低。然而，这一策略却会因长期负债资金成本高于临时性负债的资金成本，以及经营淡季时仍需负担长期负债利息，从而降低企业的收益。所以，稳健型筹资策略是一种风险性和收益性均较低的营运资金筹集策略。这种策略通常适合于长期资本闲置，但又找不到更好的投资机会的公司。稳健型筹资策略如图 7－4 所示。

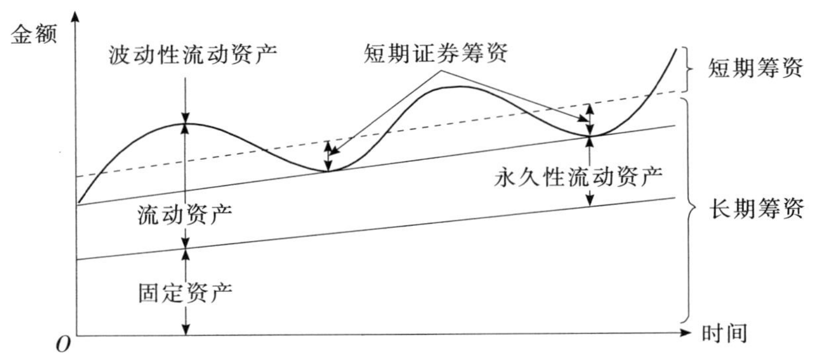

图 7－4　稳健型筹资策略示意图

（2）激进型筹资策略。这是一种扩张型筹资策略。激进型筹资策略的特点是：临时性负债不但融通临时性流动资产的资金需要，还解决部分永久性资产的资金需要，即在激进型筹资策略下，临时性负债在企业全部资金来源中所占比重大于配合型筹资策略。由于临时性负债（如短期银行借款）的资金成本一般低于长期负债和权益资本的资金成本，而激进型筹资策略下临时性负债所占比重较大，所以该策略下企业的资金成本较低。但是为了满足永久性资产的长期资金需要，企业必然要在临时性负债到期后重新举债或申请债务展期，这样企业便会更多地举债和还债，从而加大筹资困难和风险；还可能面临由于短期负债利率的变动而增加企业资金成本的风险。所以，激进型筹资策略是一种收益性和风险性均较高的营运资金筹资策略。这种策略一般适合于长期资本来源不足，或短期负债成本较低的公司。激进型筹资策略如图 7－5 所示。

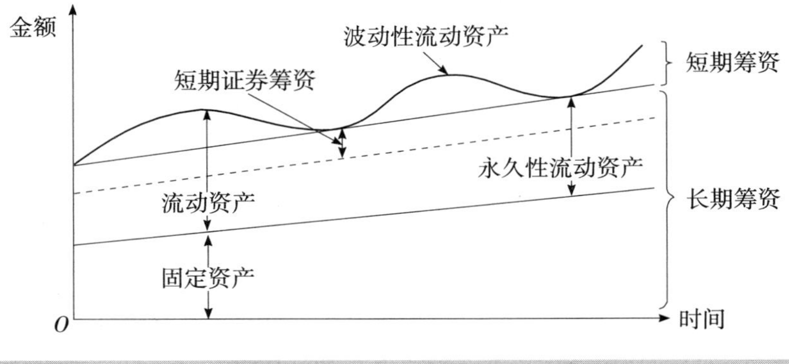

图 7－5　激进型筹资策略示意图

（3）折中型筹资策略。这是一种介于上述两者之间的筹资策略。折中型筹资策略的特点是：对于临时性流动资产，运用临时性负债筹集资金满足其资金需要；对于永久性流动资产和固定资产（统称为永久性资产），运用长期负债、自发性负债和权益资本筹集资金满足其资金需要。这种筹资策略要求企业临时负债筹资计划严密，实现现金流动与预期安排相一致。在季节性低谷时，企业应当除了自发性负债外没有其他流动负债；只有在临时性流动资产的需求高峰期，企业才举借各种临时性债务。可见，折中型筹资策略的基本思想是将资产与负债的期间相配合，以降低企业不能偿还到期债务的风险和尽可能降低债务的资金成本。但事实上，由于资产使用寿命的不确定性，往往达不到资产与负债的完全配合。因此，这种策略是一种理想的筹资策略，在现实经济活动中往往难以实现。折中型筹资策略如图7-6所示。

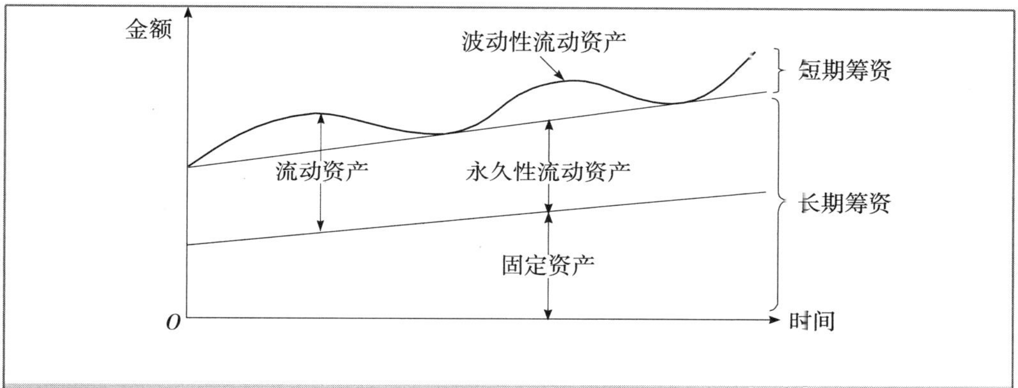

图7-6 折中型筹资策略示意图

案例评析

应用案例与点评

【案例1】

存货最佳订货量计算

某企业生产中使用的A标准件既可自制也可外购。若自制，单位生产成本为60元，每次生产准备成本500元，年固定生产准备成本为50 000元，每次生产准备时间需要3天，日产量30件；若外购，购入价格是单位自制成本的1.5倍，从发出订单至货物到达需要2天时间，一次订货运输费2 600元，每次订货的检验费400元。

A标准件全年共需耗用4 500件，企业存货占用资金的资本成本率为10%，单件存货保险费为1元，存货残损变质损失为每件2元，假设一年工作天数为300天，单位缺货成本为10元。企业生产每日需要的零件数量见表7-1。

表7-1

需要量（件）	11	13	15	17	19
概率	0.15	0.2	0.3	0.2	0.15

要求：

1. 计算自制存货的单位储存成本。

2. 计算外购存货的单位储存成本。

3. 若不考虑缺货的影响，分别计算自制的经济生产批量和外购的经济订货批量，并通过计算分析企业应自制还是外购A标准件。

4. 确定企业当库存零件水平为多少时应进行生产准备（以一天的材料消耗量为最小单位）。

5. 若考虑缺货的影响，判断企业应自制还是外购A标准件（以一天的材料消耗量为最小单位）。

【点评】

本案例要点：存货最佳订货量。

1. 自制存货单位储存成本＝单位存货占用资金的应计利息＋单位存货保险费＋单位存货残损变质损失＝60×10%＋1＋2＝9(元/件)

2. 外购存货单位储存成本＝60×1.5×10%＋1＋2＝12(元/件)

3. 自制：

$$Q^*=\sqrt{\frac{2\times 4\,500\times 500}{9\times\left(1-\frac{15}{30}\right)}}=1\,000(\text{件})$$

$$TC(Q^*)=\sqrt{2\times 4\,500\times 500\times 9\times(1-15/30)}=4\,500(\text{元})$$

$$TC=4\,500\times 60+4\,500+50\,000=324\,500(\text{元})$$

外购：

$$Q^*=\sqrt{\frac{2\times 4\,500\times 3\,000}{12}}=1\,500(\text{件})$$

$$TC(Q^*)=\sqrt{2\times 4\,500\times 3\,000\times 12}=18\,000(\text{元})$$

$$TC=4\,500\times 60\times 1.5+18\,000=423\,000(\text{元})$$

因为外购总成本大于自制总成本，所以企业应自制A标准件。

4. 生产准备期内存货需要量及概率。

年生产准备次数＝4 500/1 000＝4.5(次)

设保险储备（B)＝0：

考虑保险储备的再订货点(R)＝3×(4 500/300)＝45(件)

缺货损失$(S)=(51-45)\times0.2+(57-45)\times0.15=3$(件)

$TC(S,B)=3\times10\times4.5=135$(元)

设$B=6$件：

$R=45+6=51$(件)

$S=(57-51)\times0.15=0.9$(件)

$TC(S,B)=10\times0.9\times4.5+6\times9=94.5$(元)

设$B=12$件：

$R=45+12=57$(件)

$S=0$

$TC(S,B)=12\times9=108$(元)

再订货点为51件时，相关成本最小。所以当库存零件水平为51件时应进行生产准备。

5. 自制：

考虑缺货影响的自制相关总成本$=324\,500+94.5=324\,594.5$(元)

若外购，则相应概率如表7-2所示。

表7-2

订货期内存货需要量（每日需求（L）×天数（D））	22	26	30	34	38
概率	0.15	0.2	0.3	0.2	0.15

年订货次数$=4\,500/1\,500=3$(次)

设$B=0$：

$R=2\times(4\,500/300)=30$(件)

$S=(34-30)\times0.2+(38-30)\times0.15=2$(件)

$TC(S,B)=2\times10\times3=60$(元)

设$B=4$件：

$R=30+4=34$(件)

$S=(38-34)\times0.15=0.6$(件)

$TC(S,B)=10\times0.6\times3+4\times12=66$(元)

设$B=8$件：

$R=30+8=38$(件)

$S=0$

$TC(S,B)=8\times12=96$(元)

再订货点为30件时，相关成本最小。

考虑缺货影响的外购相关成本＝423 000＋60＝423 060(元)

所以应该选择自制。

【案例 2】

收账费用估算

某公司的年赊销收入为 720 万元，平均收账期为 60 天，坏账损失为赊销额的 10%，年收账费用为 5 万元，该公司认为通过增加收账人员等措施，可以使平均收账期降为 50 天，坏账损失降为赊销额的 7%。假设公司的资金成本率为 6%，变动成本率为 50%。

要求：计算为使上述变更经济上合理，新增收账费用的上限（每年按 360 天计算）。

【点评】

$$\begin{aligned}\begin{matrix}\text{原方案}\\\text{总成本}\end{matrix}&=\begin{matrix}\text{应收账款}\\\text{平均余额}\end{matrix}\times\begin{matrix}\text{变动}\\\text{成本率}\end{matrix}\times\begin{matrix}\text{资金}\\\text{成本率}\end{matrix}+\text{赊销额}\times\begin{matrix}\text{原坏账}\\\text{损失率}\end{matrix}+\begin{matrix}\text{原收账}\\\text{费用}\end{matrix}\\&=720/360\times50\%\times6\%+720\times10\%+5=80.6\text{(万元)}\end{aligned}$$

$$\begin{aligned}\begin{matrix}\text{新方案}\\\text{总成本}\end{matrix}&=\begin{matrix}\text{应收账款}\\\text{平均余额}\end{matrix}\times\begin{matrix}\text{变动}\\\text{成本率}\end{matrix}\times\begin{matrix}\text{资金}\\\text{成本率}\end{matrix}+\text{赊销额}\times\begin{matrix}\text{新坏账}\\\text{损失率}\end{matrix}+\begin{matrix}\text{新收账}\\\text{费用}\end{matrix}\\&=720/360\times50\%\times6\%+720\times7\%+\text{新收账费用}\\&=53.4+\text{新收账费用}\end{aligned}$$

为了使政策变更更合理，新方案总成本不应超过原方案总成本：

新收账费用上限＝80.6－53.4＝27.2(万元)

新增收账费用上限＝27.2－5＝22.2(万元)

故采取新收账措施而增加的收账费用，不应超过 22.2 万元。

【案例 3】

实行数量折扣时的经济批量

某公司甲材料的年需要量为 3 600 千克。销售企业规定：客户每批购买量不足 900 千克的，按照单价 8 元/千克计算；每批购买量 900 千克以上、1 800 千克以下的，价格优惠 1%；每批购买量 1 800 千克以上的，价格优惠 3%。已知每批进货费用 25 元，单位材料的年储存成本 2 元。要求计算实行数量折扣时的最佳经济进货批量。

【点评】

本案例要点：实行数量折扣时的最佳经济进货批量。

按经济进货批量基本模式确定的经济进货批量为：

$$Q=\sqrt{\frac{2\times 3\,600\times 25}{2}}=300(\text{千克})$$

每次进货 300 千克时的存货相关总成本为：

存货相关总成本＝3 600×8＋3 600/300×25＋300/2×2
＝28 800＋300＋300＝29 400(元)

每次进货 900 千克时的存货相关总成本为：

存货相关总成本＝3 600×8×(1－1%)＋3 600/900×25＋900/2×2
＝28 512＋100＋900＝29 512(元)

每次进货 1 800 千克时的存货相关总成本为：

存货相关总成本＝3 600×8×(1－3%)＋3 600/1 800×25＋1 800/2×2
＝27 936＋50＋1 800＝29 786(元)

通过比较可以看出，每次进货 300 千克时的存货相关总成本最低，所以最佳经济进货批量为 300 千克。

【案例4】

最佳现金持有量

某公司现金收支状况比较稳定，预计全年（按 360 天计算）需要现金 150 000 元，现金与有价证券的转换成本为每次 600 元，有价证券的年利率为 5%。

要求：

(1) 计算最佳现金持有量。

(2) 计算最佳现金持有量下的全年现金管理相关总成本、全年现金转换成本和全年现金持有机会成本。

(3) 计算最佳现金持有量下的全年有价证券交易次数和有价证券交易间隔期。

【点评】

本案例要点：最佳现金持有量的确定。

(1) 最佳现金持有量＝$\sqrt{2\times150\,000\times600/5\%}$＝60 000(元)

(2) 最低现金管理相关总成本＝$\sqrt{2\times150\,000\times600\times5\%}$＝3 000(元)

全年现金转换成本＝(150 000/60 000)×600＝1 500(元)

全年现金持有机会成本＝(60 000/2)×5%＝1 500(元)

(3) 最佳现金持有量下全年有价证券最佳交易次数＝150 000/60 000＝2.5(次)

有价证券交易间隔期＝360/2.5＝144(天)

【案例5】

存货成本变动下最佳订货批量

AB公司是一家面向零售商店的过滤器分销商，该公司从两家制造企业购进过滤器。过滤器的订货批量为1 000件，每次订货成本为40元。零售店对过滤器的需求是每月20 000件，过滤器的储存成本是每月每件0.1元。

要求：

(1) 计算最佳订货批量（即每次订货应是多少千件）。

(2) 如果每件过滤器每月的储存成本下降0.05元，计算最佳订货批量。

(3) 如果订货成本下降为每次10元，计算最佳订货批量。

【点评】

本案例要点：存货成本变动下最佳订货批量。

(1) 最佳订货批量$=\sqrt{\frac{2\times 40\times 20}{100}}=4$(千件)

最佳订货批量为4 000件过滤器，即每月订货5次。

注意：每1 000件批量的储存成本=0.1×1 000=100(元)

(2) 最佳订货批量$=\sqrt{\frac{2\times 40\times 20}{50}}=5.66$(千件)

由于每个批量为1 000件，因此企业每次需订购6 000件。储存成本越低，订货成本相对变得越重要，最佳订货规模也就越大。

(3) 最佳订货批量$=\sqrt{\frac{2\times 10\times 20}{100}}=2$(千件)

【案例6】

应否改变现行的收账政策

A公司是一家商业企业。由于目前的收账政策过于严厉，不利于扩大销售，且收账费用较高，该公司正在研究修改现行的收账政策。现有甲和乙两个放宽收账政策的备选方案，有关数据如表7-3所示。

表7-3

项目	现行收账政策	甲方案	乙方案
年销售额（万元/年）	2 400	2 600	2 700
收账费用（万元/年）	40	20	10
所有账户的平均收账期	2个月	3个月	4个月
所有账户的坏账损失率	2%	2.5%	3%

已知A公司的变动成本率为80%，资金成本率为10%。坏账损失率是指预计年度坏账损失和销售额的百分比。假设不考虑所得税的影响。甲方案比现行收账政策固定成本增加15万元，乙方案比现行收账政策固定成本增加10万元。

要求：通过计算分析回答，应否改变现行的收账政策？如果要改变，应选择甲方案还是乙方案？

【点评】

通过计算和比较现行的收账政策，对甲方案、乙方案信用成本后收益的计算如表7-4所示。

表7-4 单位：万元

项目	现行收账政策	甲方案	乙方案
年销售额	2 400	2 600	2 700
毛利（信用成本前收益）	2 400×(1－80%)＝480	2 600×(1－80%)＝520	2 700×(1－80%)＝540
平均应收账款	(2 400/12) ×2＝400	(2 600/12) ×3＝650	(2 700/12) ×4＝900
应收账款投资应计利息	400×0.8×10%＝32	650×0.8×10%＝52	900×0.8×10%＝72
固定成本增加	0	15	10
坏账费用	2 400×2%＝48	2 600×2.5%＝65	2 700×3%＝81
收账费用	40	20	10
信用成本后收益	360	368	367

通过上述计算分析可知，甲方案信用成本后收益最大，因此，应改变现行的收账政策，采纳甲方案。

【案例7】

信用政策方案的选择

某企业上年销售收入为4 000万元，总成本为3 000万元，其中固定成本为600万元。假设本年该企业变动成本率维持在上年的水平，现有两种信用政策可供选用：乙方案给予客户45天信用期限（n/45），预计销售收入为5 000万元，货款将于第45天收到，收账费用为20万元，坏账损失率为货款的2%；甲方案信用政策为“2/10，1/20，n/90”，预计销售收入为5 400万元，将有30%的货款于第10天收到，20%的货款于第20天收到，其余50%的货款于第90天收到（前两部分货款不会产生坏账，后一部分货款的坏账损失率为该部分货款的4%），收账费用为50万元。该企业产品销售额的相关范围为3 000万～6 000万元，企业的资金成本率为8%（为简化计算，本题不考虑增值税因素）。

【点评】

要解决上述问题，分析、计算及判断过程如下：（1）计算该企业的变动成本总额及以销售收入为基础计算的变动成本率；（2）计算甲、乙两方案的收益之差（提示：边际贡献率＝1－变动成本率）；（3）计算乙方案的应收账款相关成本费用；（4）计算甲方案的应收账款相关成本费用；（5）计算甲、乙两方案税前收益之差，在甲、乙两个方案之间做出选择。

（1）变动成本总额＝3 000－600＝2 400(万元)

变动成本率＝2 400/4 000×100%＝60%

（2）甲、乙两方案收益之差＝5 400×(1－60%)－5 000×(1－60%)＝160(万元)

（3）1）应收账款应计利息＝(5 000×45)/360×60%×8%＝30(万元)

2）坏账成本＝5 000×2%＝100(万元)

3）收账费用＝20(万元)

4）采用乙方案的应收账款相关成本费用＝30＋100＋20＝150（万元）

（4）1）平均收账天数＝10×30%＋20×20%＋90×50%＝52（天）

2）应收账款应计利息＝(5 400×52)/360×60%×8%＝37.44(万元)

3）坏账成本＝5 400×50%×4%＝108(万元)

4）现金折扣成本＝5 400×30%×2%＋5 400×20%×1%＝43.2(万元)

5）收账费＝50(万元)

6）采用甲方案的应收账款相关成本费用＝37.44＋108＋50＋43.2＝238.64(万元)

（5）甲、乙两方案税前收益之差为：

160－(238.64－150)＝71.36(万元)

因为71.36＞0，所以企业应选择甲方案。

精选案例讨论

【案例1】

海马汽车深陷困境

2019年5月16日，海马汽车发布公告称公司拟出售海口市金盘工业开发区的闲置房产，共计住宅269套（总面积14 685.04平方米），商铺15套（总面积2 729.12平方米）。根据交易标的的数额，这些房产原值约为3 090万元，最终估值以成交价为准。对此，海马汽车表示本次交易有利于盘活公司闲置资产，补充公司流动资金，有利于公司的经营发展。

就在稍早前的4月22日，海马汽车还发布了被实行退市风险警示的公告。根据公告内容，由于连续两个会计年度审计的净利润为负值，海马汽车的股票名称变为“＊ST海马”。

此次公告声称通过卖房变现来筹集流动资金，可见销量不断下滑的海马汽车当前的经营状况已经到了非常危险的地步。

根据统计，海马汽车2018年累计销售新车仅为67 570辆，同比2017年大幅下滑51.88%。经营方面，根据其2018年财报显示，过去一年营收额为50亿元，与2017年相比大幅下滑47.88%；净利润更是从2017年的−9.9亿元扩大至−16.4亿元。对此，海马汽车给出的解释为，公司汽车产销量同比大幅下滑，导致净利润大幅度下滑。而且公司根据所实施的品类战略和即将实施的国六排放标准，对产品研发项目进一步聚焦，决定对部分在研产品终止研发。财报内容显示，受制于国六排放标准的实施和国家新能源汽车补贴退出的影响，海马汽车决定在2020年6月30日前停售海马M3车型，福美来F5和F7产品也将逐步退市，并对相关的福美来F7商品性改进项目VB00-B项目、福美来系列产品技术平台项目、福美来F7的电动化项目VB00-EA项目等终止研发。此外，对受政策影响盈利大幅下滑的@1、@3纯电动汽车产品予以停产。

对此，有业内人士表示，海马汽车如今所面临的颓势主要因为自身研发实力弱、技术老旧，导致海马汽车产品布局过于狭窄，与市场需求脱节。同时吉利、上汽乘用车等自主车企持续发力，导致市场竞争愈加激烈，部分法系、韩系品牌也加入同价位的竞争，再加上品牌和营销方面的弱势，海马汽车竞争力进一步减弱。

这种势头进入2019年后并未能有所扭转，反而进一步加剧下滑。

销量统计数据显示，海马汽车2019年1—4月份累计产量仅为6 004辆，同比下滑近80%；销量更是惨淡，只有7 742辆，同比暴跌近72%。2019年一季度财报显示，其一季度营收仅为7.1亿元，同比下滑56.09%。净利润方面较上年同期略微收窄，约为−4.4亿元。

事实上，海马汽车当前所遇到的困境，很大一部分原因在于其产品在终端市场中缺乏竞争力。

海马汽车官网显示，目前其拥有海马汽车、福美来和海马新能源三大产品谱系。但是真正意义上在售且拥有销量的车型屈指可数。以SUV为例，仅海马S5一款车型在售，而且还是“三代同堂”的局面。

有业内人士表示，自从与马自达分道扬镳后，海马几乎失去了技术研发能力，新车型和换代产品的推出陷入停滞状态，在售车型中依然能够从海马汽车的产品中找到经典的马自达323和普力马的影子。对于拥有上海研发中心和郑州、海南两大生产基地的海马汽车来说是莫大的“耻辱”了。更为尴尬的是，本将在2018年内（海马汽车）与科力远推出的海马M6定制混动版，也因为年底双方合作告吹而不见踪迹，至此海马汽车新车投放几乎陷入停滞状态。

面对糟糕的业绩，海马汽车集团董事长孙忠春把原因归咎于经济增长乏力、行业增速放缓、公司战略转型及产品结构调整等诸多客观因素，还不忘强调“主要工作仍可圈可点”。

资料显示，海马汽车似乎正逐渐放弃汽车产业，转而向房地产和金融业进军。

目前，海马集团三大业务板块分别为海马汽车、海田金控以及青丰置业。其中海田金控为海马集团金控板块，总资产100多亿元，全资拥有海马财务有限公司、海南海田小额贷款公司、深圳海马第一基金管理有限公司，同时控股参股海南银行股份有限公司、海保人寿保险股份有限公司等；而青风置业则为海马集团地产板块，总资产100多亿元，产业分布于郑州、武汉、海口、开封等地，下设郑州地产、开封地产、武汉地产、海南地产、海汇商业、老管家物业、红燕堂酒店等多家子公司。如今，对这家汽车制造商来说更大的问题在于，面对当前困境，似乎还看不出能够拿得出来的任何解决方案。卖房变现，能否让海马汽车借此扭转困境仍存在较大疑问。

【讨论】

海马汽车的困境带给我们什么启示？

【案例2】

企业流动资金为什么会紧张？

一、流动负债

从流动负债的角度来看，流动资金紧张的原因既可能是日常生产运营的支付增加，也可能是企业债务的偿付义务增加。

资产负债管理不匹配是企业面临流动性紧张的主要原因之一，表现为主动或者被动的“短借长用”。

企业流动资金紧张的核心原因是流动资产的变现能力较弱：

● 受限资产占比高导致偿债能力虚高：企业的货币资金以及应收账款的受限程度较大，使得企业自身能够用于偿债的资金进一步下降。

● 经营效率下降导致营运资金需求增加：在主营业务结构相对稳定的情况下，一旦经营效率下降，就会增加营运资金需求量，使得流动资金紧张加剧。

● 非经营活动对流动资产的挤占：非经营活动流动资产的形成往往与关联企业间资金往来有关，对资金的回收缺乏约束力。

1. 流动资金紧张事件频发

2018年新增违约发行人43个，发行主体以民企为主，并且流动资金紧张是引发民企违约的共性之一。流动资产不足以偿付当期的日常经营支出以及短期债务的到期偿付，引发企业出现经营困难或者债务危机。

2. 企业流动资金紧张原因探析

企业的流动负债主要由两大内容构成：一是日常经营周转支出，例如采购原材料、支付职工薪酬等；二是短期债务的偿付义务。因此，从流动负债的角度来看，流动资金紧张的原因既可能是日常生产运营的支付增加，也可能是企业债务的偿付义务增加。

（1）日常生产运营的支付增加。

假设企业的主营业务结构未发生重大变化，可能导致运营资金紧张的原因有以下三种：

1）企业盈利能力弱，主要表现为销售利润率低，例如，建筑工程企业、贸易企业的毛利率低，对运营资金的投入需求量大。

2）利润的积累跟不上生产经营规模的扩大，主要表现为预计销售收入年增长率提升，这主要体现在部分企业的销售扩张需求上。

3）运营效率下降，回款速度变慢。主要体现为营运资金周转次数下降，营运资金被存货、下游占用增加。

（2）依赖短期债务进行扩张。

资产负债管理不匹配也是企业面临流动资金紧张的主要原因之一，表现为主动或者被动的“短借长用”——依赖短期债务进行扩张，企业的负债结构以短期债务为主。

案例：金鸿控股

金鸿控股的燃气管输气销售仍处于前期快速布局阶段，非流动资产占比较高，属于重资产、资金密集型的前期，业务尚未进入稳定阶段，自身造血能力有限，抗风险能力相对较弱。金鸿控股自身的日常生产运营支付需求较小，但是短期债务的还本付息需求较大。主要是其依赖短期债务进行扩张。

2017年年末固定资产、在建工程占总资产的比例分别为49.91%、12.83%，合计占比超过60%，主要原因是发行人近年来大幅依赖短期债务快速扩张。

二、流动资产

企业流动资金主要是指能够用于支付日常经营周转、偿付短期借款等的资金。企业流动资产主要为现金、银行存款、随时可以变现的现金等价物等。企业流动资金紧张的核心原因是流动资产的变现能力较弱。

根据资产流动性的高低，通常用三大指标来衡量企业的长期偿付能力：

（1）现金比率，以现金类资产作为偿付流动负债的基础。

（2）速动比率，以扣除变现能力较差的存货和不能变现的待摊费用作为偿付流动负债的基础。

（3）流动比率，以全部流动资产作为偿付流动负债的基础。

案例：南京丰盛

南京丰盛的流动比率、速动比率虽然持续下降，但处于相对较高的水平，2018年6月末流动比率为1.21，速动比率为0.94。其现金比率长期处于较低水平，从2017年年末的0.12，下降为2018年6月末的0.09。

这种流动资产结构显示了南京丰盛的核心流动资产构成以应收账款、存货等为主。及时偿债要求南京丰盛的存货、应收账款具有较强的变现能力，或者金融机构对企业的支持力度较大，能够及时提供流动资金补给。

1. 经营效率下降导致营运资金需求增加

理论上经营效率越低，运营过程中对资金的占用越大。经营效率下降，现金回笼能力变慢。在主营业务结构相对稳定的情况下，一旦经营效率下降，就会增加营运资金需求量，使得流动资金紧张加剧。

案例：雏鹰农牧

雏鹰农牧以生猪的养殖及销售为主。2018 年第 3 季度末，雏鹰农牧总资产规模为 242.59 亿元，负债率 74.42%。2018 年以来猪粮比价不断走低，生猪饲养企业的盈利不断收窄，远低于 2016 年、2017 年的水平。由于国内生猪价格波动是整个生猪养殖行业不可控制的外部风险，雏鹰农牧的生产经营出现恶化，在 2018 年 6 月末出现净利润亏损，2018 年 9 月末，净利润亏损高达 8.45 亿元，经营活动现金净流量为负值。总体来讲，2018 年猪周期处于较为低迷的阶段。伴随着自身存货周转率、应收账款周转率的快速下降，应收账款周转率下降较快，表明其现金回笼的能力变慢。由于营运资金需求量与企业的经营效率成反比，经营效率下降使得营运资金被占用，因此企业需要为生产经营投入更多的流动性。

2. 受限资产占比高导致偿债能力虚高

当企业的受限资产占比上升，流动资产的实际变现能力下降，企业的短债偿付压力相对较大。部分企业的流动比率以及速动比率较高，却存在通过流动资产抵质押融资的状况，出现现金比率、流动比率、速动比率不低，但是因为质押受限，导致偿债能力较弱的状况。

这种情况在轻资产企业中表现更为明显，由于缺乏较为充足的厂房、土地作为抵押物，信贷融资往往需要对应的保证金、存货、应收账款进行质押，导致流动资产的受限幅度增加。

案例：上海华信

上海华信的流动比率与速动比率并不低，2016 年年末流动比率为 1.46；2017 年 9 月末流动比率为 1.44，该指标显示上海华信的流动资产与流动负债规模的匹配性较好。但实际上由于受限资产的存在，流动比率存在虚高的状况。根据 2016 年年报披露，各类流动资产受限金额合计高达 426 亿元，约占流动资产比例的 1/3。如果将这部分受限资产剔除，则调整后的流动比率下降为 0.95，与原指标相比，流动资产的覆盖能力有所下降。

实际情况中，即使流动资产存在受限的情况较小，但仍存在资产流动性虚高的情况。例如，部分流动资产的实际变现能力较弱，在企业面临兑付需求的时候，难以及时变现为企业补充流动性，导致资产流动性虚高。因此我们需要根据企业流动资产的实际变现能力，调整流动比率进行分析。

3. 非经营活动对流动资产的挤占

部分企业的流动比率指标较好，但仍出现资金紧张问题。这可能是其他应收款、其他流动资产等非经营活动科目占比过大。其非经营活动流动资产的形成往往与关联企业间资金往来有关，对资金的回收缺乏较强的约束力，因此变现能力存在较大的不确定性。

案例：凤凰机场、美兰机场

凤凰机场、美兰机场作为运营载体，整体业务经营稳定，但其短期的流动性受到了关联方占用资金的影响。两大机场的实际控股股东为海航集团，且财务报表均显示其流动资产的主要构成是其他应收款，而其他应收款的主要去向是关联企业的资金往来。凤凰机场、美兰机场的其他应收款占比较高，主要为往来款以及对关联企业的借款，存在一定的资金占用嫌疑。这严重影响了其短期偿债能力。

4. 总结

流动资产不足以偿付当期的日常经营支出以及短期债务的到期偿付，引发企业出现经营困难或者债务危机。导致企业流动资金紧张的原因，既有宏观融资环境变化引发的冲击，也有企业自身对流动资金管理不善所引发的负面影响。我们这里主要以企业自身的流动负债、流动资产的结构为探析视角。

【讨论】

1. 如何判断企业流动资金是否充足？
2. 根据上述分析，企业融资时应关注哪些问题。

实务演练

思考与回答

1. 柯达公司财务总监毕盛曾讲：“我坚持认为现金是最重要的。如果一个公司没有现金的话。公司的流动性就不存在，结果就是破产……现金是衡量一个公司实力的重要标准。足够的现金储备能够为公司的投资提供支付保障。”你同意他的观点吗？为什么企业要持有现金？

2. 总经理：“我们的业务规模和竞争对手差不多，你凭什么认为我们需要维持比它们多出将近一倍的现金持有量呢？”财务总监：“因为我们的现金周转期太长了，老板！”总经理：“即使是最佳现金持有量，也应当努力维持在一个较低的水平。”

试想一下，假如同行业当中，其他业务规模类似的企业只要维持20万元左右的现金余额就能满足日常开支所需，而你的企业却要为此维持30多万元的现金余额。这对企业会有怎样的影响呢？

3. 家里该怎样储备粮食？是一次性买五六百斤，放在家里慢慢吃上一年，还是一粒米都不存，每天做饭时现买呢？恐怕没有哪户人家会采用这两种办法。每个家庭都会储备一些粮食，不会太多，够吃十天半个月就行，但也不会一点粮食不存，因为天天都去买米买面实在太麻烦，万一没买到还有饿肚子的危险。

企业储备存货就像居家过日子储备粮食一样，你必须盘算好一个合适的数量。存货储备太多，会大量占用资金，导致公司资金短缺、现金循环不畅，还会使仓库爆满，仓储、保险、维护费用直线上升。存货储备太少，你又不得不频繁地进行采购，麻烦不说，由此带来的高额订货费用也会让你吃不消，而且公司还要时刻面临缺货停业的威胁。所以，存货储备量就像美人的身材，增一分则肥，减一分则瘦，必须不多不少恰到好处。那么，怎样确定这个恰到好处的存货储备量呢？

4. 你一定还记得鲁迅的名作《孔乙己》吧。孔乙己被打断双腿后，又艰难地来到咸亨酒店讨酒喝，但被老板拒绝了，直到他掏出现钱买酒。为什么呢？因为他已经欠酒店八个铜板了。应收账款可不是多多益善，无限度地给客户提供信用是危险的！如果不想被巨额应收账款所带来的机会成本和坏账损失拖垮，你必须确定公司愿意接受的信用额度。你知道怎样确定公司愿意接受的信用额度吗？

5. 假若你所在的公司2018年应收账款总额为800万元，当年必要现金支付总额为500万元，应收账款收现以外的其他稳定可靠的现金流入总额为300万元，你知道该公司2018年应收账款收现保证率是多少吗？

6. 眼下你正急需现金来周转，但应收账款都还没到期。怎么办？眼睁睁地看着现金握在别人手里，就只有干着急的份儿吗？问问你的老朋友——银行吧，也许它能帮你一把。你知道你的老朋友——银行，除贷款以外，还能用何种方法帮你吗？

7. 在规定的时间内提前偿付货款的客户可按销售收入的一定比率享受现金折扣，折扣比率越高，越能及时收回货款，减少坏账损失，所以企业将现金折扣比率定得越高越好。你同意这种观点吗？

8. 三星电子前CEO尹钟龙曾认为，寿司与手机有不少共同点。他说，再贵的鱼，一两天后也会变得便宜。无论是寿司店还是数码业，存货都是有害的，速度就是一切。你如何理解这种观点？

搜集与整理

1. “宝钢股份”（代码600019）2018年的营运资金状况。
2. 你所在单位的短期筹资策略调查。
3. “武钢股份”（代码600005）2018年的短期筹资策略。
4. 查找《“长虹事件”与信用管理体系建设》一文。
5. 搜集零存货控制资料。

自测与练习

1. A公司预计1个月经营所需现金640 000元，公司现金支出过程较稳定，故准备用短期有价证券变现取得，平均每次证券固定变现费用为100元，证券的市场利率为6%。

要求：判断最佳现金持有量和最低现金持有成本。

2. 某企业有四种现金持有方案，它们各自的机会成本、管理成本、短缺成本如表 7－5 所示。

表 7－5　现金持有方案

单位：元

项目	方案			
	丁	甲	乙	丙
现金持有量	30 000	60 000	90 000	120 000
机会成本	2 000	4 000	6 000	8 000
管理成本	10 000	10 000	10 000	10 000
短缺成本	12 000	6 750	2 500	0

要求：根据这四种方案的总成本计算结果，判断该企业的最佳现金持有量。

3. 某零售企业预测 2018 年度的赊销收入净额为 36 000 000 元，应收账款周转期（或收账天数）为 60 天，变动成本率为 75%，资金成本率为 10%。

要求：计算应收账款机会成本。

4. 某企业原信用标准为只对预计坏账损失率在 10%以下的顾客赊销，其销售利润率为 20%，同时有价证券利息率为 15%。企业拟改变信用标准，现有两个改变信用标准的方案：(1) 甲方案，只对预计坏账损失率 6%以下的客户赊销，将会使销售收入减少 50 000 元，平均付款期限为 60 天，管理成本将减少 300 元，减少赊销额的预计坏账损失率为 9%。(2) 乙方案，只对预计坏账损失率 15%以下的客户赊销，将会使销售收入增加 80 000 元，平均付款期限为 75 天，管理成本将增加 500 元，增加赊销额的预计坏账损失率为 12.5%。

要求：

(1) 计算改变信用标准后的利润额。

(2) 计算改变信用标准后的成本额。

(3) 计算改变信用标准后的综合影响。

(4) 根据计算结果，判断该企业是否应改变信用标准，若改变信用标准，应采用哪个方案？

5. 某企业每年需耗用 A 材料 45 000 件，单位材料年储存成本 20 元，平均每次进货费用为 180 元，A 材料全年平均单价为 240 元。假定不存在数量折扣，不会出现陆续到货和缺货的现象。

要求：

(1) 计算 A 材料的经济进货批量。

(2) 计算 A 材料年度最佳进货批数。

(3) 计算 A 材料的相关进货成本。

(4) 计算 A 材料的相关储存成本。

(5) 计算 A 材料经济进货批量平均占用资金。

6. B 公司生产、销售一种产品，该产品的单位变动成本是 60 元，单价为 80 元。公司目前采用 30 天按发票金额付款的信用政策，80%的顾客（按销售量计算，下同）能在信用期内付款，另外20%的顾客平均在信用期满后20天付款，逾期应收账款的收回需要支出占逾期账款5%的收账费用。公司每年的销售量为36 000件，平均存货水平为2 000件。为扩大销售量、缩短平均收现期，公司拟推出一种现金折扣策略（3/10，1/20，n/30）。采用该策略后，预计销售量会增加15%，40%的顾客会在10天内付款，30%的顾客会在20天内付款，20%的顾客会在30天内付款，另外10%的顾客平均在信用期满后20天付款，逾期应收账款的收回需要支出占逾期账款5%的收账费用。为了保证及时供货，平均存货水平需提高到2 400件，其他条件不变。假设等风险投资的最低报酬率为10%，一年按360天计算。

要求：

（1）计算改变信用政策后的边际贡献、收账费用、应收账款应计利息、存货应计利息、现金折扣成本的变化。

（2）计算改变信用政策增加的净损益，回答B公司是否应推出该现金折扣策略。

第 8 章 收益分配管理

本章要点

收益分配概述

股利政策及选择

利润分配的程序和方案

股票股利与股票分割和回购

学习目标

从企业理财活动讲，收益分配是最后一个环节，它与筹资活动、投资活动一起，构成企业完整的现金流循环。通过本章的学习，你应该熟悉收益分配的基本原则，掌握各种股利分配政策的基本原理、优缺点及适用范围，熟悉股份公司的股利分配形式，了解股票分割和股票回购的意义，能够为企业正确选择收益分配政策。

【关键词】

- 收入（revenue）
- 股利政策（dividend policy）
- 剩余股利政策（residual dividend policy）
- 固定股利政策（fixed dividend policy）
- 固定股利支付率政策（constant dividend payout ratio policy）
- 现金股利（cash dividends）
- 股票股利（stock dividends）
- 资本保全（capital maintenance）
- 收益分配（profit appropriation）
- 股票分割（stock split）
- 股票回购（stock buyback）
- 留存收益（retained earnings）
- 盈余公积（reserve）

从前，有位猎人养了几条猎狗，他一直在想办法让它们抓更多的兔子。起初猎人规定，在打猎中捉到几只兔子，就可以得到几根骨头，捉不到的就没有。这一招果然有用，猎狗纷纷努力追兔子，因为谁都不愿意看着别的猎狗有骨头吃，自己没得吃。

可是不久后，猎人发现，由于猎狗获得的骨头是以捕获兔子的数量而定，和兔子的大小无关，而大兔子显然比小兔子要难捉，所以猎狗捉来的兔子数量没变，但越来越小了。于是，猎人改变做法，规定猎狗获得的骨头奖赏和兔子的重量挂钩，于是猎狗捕获兔子的重量和数量都得到了保证。

但是过了一段时间，猎人发现猎狗捉兔子的数量又少了，而且越有经验的猎狗捉兔子的数量下降得越厉害。于是猎人去问猎狗，猎狗说：我们把最好的时间都奉献给了您，主人，但是我们随着时间的推移会老，当我们捉不动兔子的时候，您还会给我们骨头吃吗？猎人恍然大悟，于是规定，今后不管是否能够捉到兔子，猎狗都能得到基本的骨头，同时根据捕获兔子的多少进行提成，随着贡献增大，提成的比例还可以上升。这个决定重新调动了猎狗捕猎的热情。

如果将猎狗比作企业的投资者，而捕获的兔子作为企业的利润，这个故事实际上反映了企业收益分配的基本原理。

核心理念

8.1　收益分配概述

8.1.1　收益分配的含义及基本原则

企业的收益分配有广义收益分配和狭义收益分配两种。广义的收益分配是指对企业的收入和收益总额进行分配的过程；狭义的收益分配则是指对企业净收益的分配。本章所指收益分配是指对企业净收益的分配。企业的收益分配应当遵循以下原则：

（1）依法分配原则；

（2）兼顾各方面利益原则；

（3）资本保全原则；

（4）分配与积累并重原则；

（5）投资与收益对等原则。

8.1.2　制定收益分配政策时应考虑的因素

企业制定收益分配政策会受到各方面因素的影响，一般来说，应考虑以下几个方面。

1. 法律方面

为了保护债权人和股东的利益，国家有关法规如公司法对企业收益分配有一定的硬性限制。这些限制主要体现在以下几个方面：

（1）资本保全约束；

（2）资本积累约束；

（3）偿债能力约束；

（4）超额累积利润约束。

2. 股东方面

股东出于自身利益的考虑，一般会对公司的收益分配提出不同意见：

（1）限制股利支付；

（2）要求多分股利。

3. 企业方面

企业出于长期发展与短期经营考虑，往往需要综合考虑以下因素，并最终制定出切实可行的分配政策：

（1）举债能力；

（2）投资机会；

（3）盈余状况；

（4）资产流动性；

（5）筹资成本；

（6）其他因素。

另外，企业的债务合同，特别是长期债务合同，为保护债权人的利益，往往有限制企业现金支付程度的条款。通货膨胀等也会影响企业的收益分配政策。

8.1.3 股利分配的实质及股利理论

1. 股利分配的实质

股利分配是指公司制企业向股东分派股利，是企业收益分配的一部分。股利分配涉及的方面很多，如股利支付程序中各日期的确定、股利支付比率的确定、股利支付形式的确定、支付现金股利所需资金的筹集方式的确定等。其中最主要的是确定股利的支付比率，即用多少盈余发放股利，多少盈余为公司留用（称为内部筹资），因为这可能会对公司股票的价格产生影响。换句话说，股利分配的实质就是在股票吸引力与公司财务负担之间寻求一种合理的均衡，即探寻股利与留存收益之间的比例关系。它们的基本关系如下：

税后利润－留存收益＝股利

从上式可以看出，当税后利润一定时，问题的焦点就在留存收益与股利之间比例的确定上。

股利是反映股利水平的绝对数。不同类型公司的每股股利的多少是不相同的，缺乏可比性。因此应运用股利支付率指标，即每股股利占每股利润的份额，它是反映股利水平的相对数。通过股利支付率指标，不同公司之间的股利水平具有一定的可比性。

2. 股利理论

股利理论是研究股利分配政策对公司股价或公司价值有无影响问题的有关理论。股利理论是指导决策人员选择股利政策的基础。然而，迄今为止，有关股利政策的理论还不是很成熟，存在不同观点。

（1）股利无关论。股利无关论认为股利分配对公司的市场价值（或股票价格）不会产生影响。这一理论是建立在完全市场理论之上的，假设条件包括：不存在个人或公司所得税；不存在股票的发行和交易费用；公司的投资决策与股利决策彼此独立；公司的投资者和管理当局可同样获得关于未来投资机会的信息。股利无关论的观点包括：

1）MM 理论。1961 年，米勒（Miller）和莫迪格利安尼（Modigliani）发表了著名的《股利政策增长和股票价值》一文，提出了“股利无关论”（以下简称 MM 理论）。MM 理论是建立在完美市场假设基础之上的。MM 理论认为在企业投资决策既定的情况下，股利的支付不过是一个细枝末节的问题，不会影响股东的财富，企业的价值完全取决于该企业当期获得并且随企业投资决策的实施会继续获得的营业利润，只要企业接受了所有正净现值的投资项目，并且当资本不足时，可以无成本地在资本市场上筹集资本，那么它就可以支付它愿意支付的任何一期、任何水平的股利，所以，盈利在股利和留存收益之间的分割方式无法影响企业的价值。

2）股利剩余理论。股利剩余理论认为，企业首先考虑使用全部盈余为这些项目筹资，在满足所有投资后如果还有剩余，则支付股利，没有剩余，就不支付股利；反之，如果企业找不到超过投资者要求的必要收益率的投资项目，则应将全部盈余作为股利支付，各期股利支付金额将随着企业可接受投资机会数量的波动而波动。股利剩余理论将股利政策看做一种筹资决策，既解决了企业对资本的需求，又降低了资本成本，所以，许多高速成长的企业在其成长期几乎不发放股利，而将全部盈余用于再投资。

3）股利的顾客效应理论。股利的顾客效应是指投资者倾向于投资股利政策符合他们偏好的公司。顾客效应理论认为不同的投资者要求不同的股利水平，当一家公司改变其股利政策时，它就会失去一些投资者，从而引起股票价格的暂时下跌，但它同时也吸引了另一些投资者以较低的价格大量购入该公司的股票，结果每个投资者都能买到自己满意的股票，公司的价值保持不变。但是这一理论的成立要有一个假设条件，就是每种股利政策中都存在众多的投资者，因而无论股利政策如何变化，公司都能被公平定价。

（2）股利相关论。股利相关论认为公司的股利分配对公司市场价值有影响。在现实生活中，不存在无关论提出的假定前提，公司的股利分配是在种种制约因素下进行的。股利支付的多少对投资者非常重要。股利相关论的主要观点有：

1）“在手之鸟”理论。“在手之鸟”一词源自谚语“双鸟在林不如一鸟在手”。而“在手之鸟”理论的核心就是：已经得到的现实价值比未得到的有风险的预期价值要高。

“在手之鸟”理论的基础是对投资者心理状态的分析。其主要论点就是：由于投资者对风险有天生的反感，而且认为风险将随时间的延长而增大，所以宁愿目前收到较少的股利，也不愿意等到将来再收回不肯定的较大的股利或较高的股票出售价格。这样，只有较高的股利支付率，才能有效地吸引股东购买公司发行的股票，因而公司要定期向股东支付较高水平的股利。

2）股利分配的信号传递理论。信号传递理论认为，在信息不对称的情况下，公司可以通过股利政策向市场传递有关公司未来盈利能力的信息。一般说来，预期未来盈利能力强的公司往往愿意通过相对较高的股利支付率，把自己同预期盈利能力差的公司区别开来，以吸引更多的投资者。对市场上的投资者来说，股利政策的差异或许是反映公司预期盈利能力差异的极有价值的信号。如果公司连续保持较为稳定的股利支付率，那么，投资者就可能对公司未来的盈利能力与现金流量抱有较为乐观的预期。

3）交易成本理论。该理论认为，市场上有相当一部分投资者出于消费等原因，希望从投资中定期获得稳定的现金流量。对于这类投资者来说，选择稳定派现的股票也许是达到上述目的成本最小的方式。这是因为：倘若投资者以出售所持股票的方式来套现，就可能因时机选择不当而蒙受损失。况且，选择在何时以何种价位出售股票还需要投入许多时间和精力，这些交易成本的存在使得投资者更加偏好现金股利。

4）制度约束理论。该理论认为，公司之所以选择支付现金股利，是由于“谨慎人”所起的作用。所谓“谨慎人”，是指信托基金、保险基金、养老基金等机构投资者。出于降低风险的考虑，法律通常要求这些机构投资者只能持有支付现金股利的股票，并获得股利收入。如果公司不派现，则这种股票就会被排除在机构投资者的投资对象之外。

5）股利分配的代理理论。代理理论认为，股利政策有助于减缓管理者与股东之间，以及股东与债权人之间的代理冲突，也就是说，股利政策相当于是协调股东与管理者之间代理关系的一种约束机制。股利政策对管理者的这种约束体现在两个方面：一方面，从投资角度看，当企业存在大量自由现金时，管理者通过股利发放不仅减少了因过度投资而浪费资源，而且有助于减少管理者潜在的代理成本，从而增加企业价值（这样可解释股利增加宣告与股价变动正相关的现象）；另一方面，从融资角度看，企业发放股利减少了内部融资，导致进入资本市场寻求外部融资，从而可以经常接受资本市场的有效监督，这样通过加强资本市场的监督而减少代理成本（这一分析有助于解释公司保持稳定股利政策的现象）。因此，高水平股利支付政策将有助于降低企业的代理成本，但同时也增加了企业的外部融资成本。因此最优的股利政策应使两种成本之和最小。

6）股利分配的税收效应理论。由于对股利和资本收益征收不同税率，因此，股利支付水平高的股票要比支付水平低的股票有更高的税前收益。在存在差别税负的前提下，公司选择不同的股利支付方式，不仅会对公司的市场价值产生不同的影响，而且会使公司（及个人）的税收负担出现差异。此外，继续持有股票可延缓资本收益的获得而推迟资本收益的纳税时间。考虑到纳税的影响，投资者对具有较高收益的股票要求的税前收益要高于低股利收益的股票。即股利政策不仅与股价相关，而且由于税负的影响，企业应采用低股利政策。

8.2　股利政策及选择

8.2.1　常见的股利政策

1. 剩余股利政策

（1）股利分配方案的确定。剩余股利政策是指公司生产经营所获得的税后利润首先应较多地考虑满足公司有利可图的投资项目的需要，即增加资本或公积金，只有当增加的资本额达到预定的目标资本结构（最佳资本结构）后，如果有剩余，再派发股利；如果没有剩余，则不派发股利。剩余股利政策的依据是股利无关理论。

采用剩余股利政策时，其操作流程如下：

1）根据投资机会确定目标资本结构；

2）利用最优资本结构比例，预计确定企业投资项目的权益资金需要额；

3）尽可能地使用留存收益来满足投资所需的权益资本数额；

4）留存收益在满足投资需要后尚有剩余时，再向股东派发现金股利。

（2）剩余股利政策的优缺点。采用剩余股利政策，意味着公司只将剩余的盈余用于发放股利。这样做的结果能够保持理想的资本结构，使加权平均资本成本最低，实现企业价值的长期最大化。

剩余股利政策的不足之处是：完全遵照执行剩余股利政策，将使股利发放额每年随投资机会和盈利水平的波动而波动，不利于投资者安排收入与支出，也不利于公司树立良好的形象。

一般来说，剩余股利政策适用于公司初创阶段。

2. 固定股利政策

（1）股利分配方案的确定。固定股利政策是公司将每年派发的股利额固定在某一特定水平，然后在一段时间内不论公司的盈利情况和财务状况如何，派发的股利额均保持不变。只有当企业对未来利润增长确有把握，并且这种增长被认为不会发生逆转时，才增加每股股利额。采用该政策的依据是股利相关理论。

（2）固定股利政策的优缺点。采用固定股利政策的主要目的是避免出现由于经营不善而削减股利的情况。采用这种股利政策的优点是：

1）稳定的股利向市场传递着公司正常发展的信息，有利于树立公司良好形象，增强投资者对公司的信心，稳定股票价格。

2）稳定的股利额有利于投资者安排股利收入和支出，那些对股利有着很高依赖性的股东更是如此。而股利忽高忽低的股票，不会受这些股东的欢迎，股票价格会因此而下降。

固定股利政策的主要缺陷表现为：

1）公司股利支付与公司盈利相脱节，造成投资风险与投资收益不对称。

2）由于公司盈利较低时仍要支付较高的股利，容易引起公司资金短缺，导致财务状况恶化，甚至侵蚀公司留存收益和公司资本。

一般来说，固定股利政策适用于经营比较稳定或处于成长期、信誉一般的公司，但该政策很难长期采用。

3. 固定股利支付率政策

（1）股利分配方案的确定。固定股利支付率政策，是指公司确定一个股利占盈余的比率，长期按此比率支付股利的政策。在这一股利政策下，各年股利额随公司经营的好坏而上下波动，获得较多盈余的年份股利额高，获得盈余少的年份股利额低。固定股利支付率政策的理论依据是股利相关理论。

（2）固定股利支付率政策的优缺点。采用固定股利支付率政策的优点是：

1）能使股利分配与企业盈余紧密结合，以体现多盈多分、少盈少分、不盈不分的原则，真正公平地对待每一位股东。

2）由于公司的盈利能力在年度间是经常变动的，因此每年的股利随公司收益的变动而变动，保持股利与利润间的一定比例关系，体现了投资风险与收益的对等关系。

固定股利支付率政策的不足之处是：

1）由于各年股利波动较大，容易使外界产生公司经营不稳定的感觉，公司财务压力较大，不利于股票价格的稳定与上涨。

2）公司每年按固定比例从净利润中支付股利，缺乏财务弹性。

3）确定合理的固定股利支付率难度很大。

一般来说，固定股利支付率政策只能适用于稳定发展的公司和公司财务状况较稳定的阶段。

4. 低正常股利加额外股利政策

（1）股利分配方案的确定。低正常股利加额外股利政策，是指公司一般情况下每年只支付固定的、数额较低的股利；在盈余多的年份，再根据实际情况向股东发放额外股利。但额外股利并不固定，不意味着公司永久地提高规定的股利率。低正常股利加额外股利政策的依据是股利相关理论。

（2）低正常股利加额外股利政策的优缺点。这种股利政策的优点是：

1）这种股利政策具有较大的灵活性。当公司盈余较少或投资需用较多资金时，可维持设定的较低但正常的股利，股东不会有股利跌落感；而当盈余有较大幅度增加时，则可适度增发股利，把经济繁荣的部分利益分配给股东，使他们增强对公司的信心，这有利于稳定股票的价格。

2）这种股利政策既可以在一定程度上维持股利的稳定性，又有利于企业的资本结构达到目标资本结构，使灵活性与稳定性较好地结合，因而为许多企业所采用。

3）这种股利政策可使那些依靠股利度日的股东每年至少可以得到虽然较低但比较稳定的股利收入，从而吸引住这部分股东。

低正常股利加额外股利政策的缺点是：

1）股利派发仍然缺乏稳定性，额外股利随盈利的变化而变化，时有时无，给人漂浮不定的印象。

2）如果公司较长时期一直发放额外股利，股东就会误认为这是正常股利，一旦取消，极易造成公司财务状况逆转的负面影响，股价下跌在所难免。

8.2.2 股利政策的选择

通常，企业在选择股利政策时应考虑的因素有：企业所处的成长与发展阶段；企业支付能力的稳定情况；企业获利能力的稳定情况；目前的投资机会；投资者的态度；企业的信誉状况。

企业在不同成长与发展阶段所采用的股利政策一般可用表 8－1 来描述。

表 8－1 公司股利分配政策的选择

公司发展阶段	特点	适用的股利政策
初创阶段	经营风险高，融资能力差	剩余股利政策
高速发展阶段	产品销售急剧上升，需要大规模的投资	低正常股利加额外股利政策
稳定增长阶段	销售收入稳定增长，公司的市场竞争力增强，行业地位已经巩固，公司扩张的投资需求减少，广告开支比例下降，净现金流入量稳步增长，每股净利呈上升态势	稳定增长型股利政策
成熟阶段	盈利水平稳定，公司通常已积累了相当的盈余和资金	固定股利政策
衰退阶段	产品销售收入锐减，利润严重下降，股利支付能力日绌	剩余股利政策

8.3 利润分配的程序和方案

8.3.1 收益分配程序

《公司法》第一百六十六条规定，公司分配当年税后利润时，应当提取利润的10％列入公司法定公积金。公司法定公积金累计额为公司注册资本的 50％以上的，可以不再提取。公司的法定公积金不足以弥补以前年度亏损的，在依照前款规定提取法定公积金之前，应当先用当年利润弥补亏损。公司从税后利润中提取法定公积金后，经股东会或者股东大会决议，还可以从税后利润中提取任意公积金。公司弥补亏损和提取公积金后所余税后利润，有限责任公司依照《公司法》第三十四条的规定分配；股份有限公司按照股东持有的股份比例分配，但股份有限公司章程规定不按持股比例分配的除外。股东会、股东大会或者董事会违反前款规定，在公司弥补亏损和提取法定公积金之前向股东分配利润的，股东必须将违反规定分配的利润退还公司。

公司持有的本公司股份不得分配利润。

8.3.2 股利支付形式

股利支付形式多样，常见的有以下几种：

（1）现金股利形式；

（2）财产股利形式；

（3）负债股利；

（4）股票股利。

8.3.3 股利的发放

公司在选择了股利政策、确定了股利支付水平和方式后，应当进行股利的发放。公司股利的发放必须遵循相关的要求，按照日程安排来进行。一般情况下，股利的支付需要按照下列日程来进行：

1. 预案公布日

上市公司分派股利时，首先要由公司董事会制定分红预案，包括本次分红的数量、分红的方式，股东大会召开的时间、地点及表决方式等，以上内容由公司董事会向社会公开发布。

2. 宣布日

董事会制定的分红预案必须经过股东大会讨论。只有讨论通过之后，才能公布正式分红方案及实施的时间。

3. 股权登记日

这是由公司在宣布分红方案时确定的一个具体日期。凡是在此指定日期收盘之前取得了公司股票，成为公司在册股东的投资者都可以享受公司分派的股利。在此日之后取得股票的股东则无权享受已宣布的股利。

4. 除息日

在除息日，股票的所有权和领取股息的权利分离，股利权利不再从属于股票，所以在这一天购入公司股票的投资者不能享有已宣布发放的股利。另外，由于失去了附息的权利，除息日的股价会下跌，下跌的幅度约等于分派的股息。

5. 股利发放日

在这一天，公司按公布的分红方案向股权登记日在册的股东实际支付股利。

8.4　股票股利与股票分割和回购

8.4.1　股票股利

股票股利是指公司以增加发行一定数量的股票作为股利的支付方式。发放股票股利不会直接增加股东的财富，不会导致公司资产的流出或负债的增加，因而不是公司资金的使用，同时也并不因此而增加公司的财产，但会引起所有者权益各项目的结构发生变化。

发放股票股利，不会对公司股东权益总额产生影响，但会发生资金在各股东权益项目间的再分配。发放股票股利后，如果盈利总额不变，会由于普通股股数增加而引起每股收益和每股市价的下降；又由于股东所持股份的比例不变，每位股东所持股票的市场价值总额仍保持不变。

尽管股票股利不直接增加股东的财富，也不增加公司的价值，但对股东和公司都有特殊意义。

1. 股票股利对股东的意义

（1）有时公司发放股票股利后其股价并不成比例下降；一般在发放少量股票股利（如2%～3%）后，不会引起股价的立即变化。这可使股东得到股票价值相对上升的好处。

（2）发放股票股利通常由成长中的公司所为，因此投资者往往认为发放股票股利预示着公司会有较大发展，利润将大幅度增长，足以抵消增发股票带来的消极影响。这种心理会稳住股价甚至令股价略有上升。

（3）在股东需要现金时，还可以将分得的股票股利出售，有些国家税法规定，出售股票所需缴纳的资本利得（价值增值部分）税率比收到现金股利所需缴纳的所得税税率低，这使股东可以从中获得纳税上的好处。

2. 股票股利对公司的意义

（1）发放股票股利可使股东分享公司的盈余而无须分配现金，这使公司留存了大量现金，便于进行再投资，有利于公司长期发展。

（2）在盈余和现金股利不变的情况下，发放股票股利可以降低每股价值，从而吸引更多的投资者。

（3）发放股票股利往往会向社会传递公司将继续发展的信息，增强投资者对公司的信心，在一定程度上稳定股票价格。但在某些情况下，发放股票股利也会被认为是公司资金周转不灵的征兆，降低投资者对公司的信心，加剧股价的下跌。

（4）发放股票股利比发放现金股利的费用大，会增加公司的负担。

3. 发放股票股利的消极作用

发放股票股利也会产生消极作用，这主要反映在两个方面：一是发放股票股利产生的费用比现金股利高；二是有些公司在经营状况不佳时，发放股票股利会给股东传递不利的信息，不利于稳定公司的股票市值。因此，结合股票股利的特点，公司在发放股票股利时要配合现金股利。否则，连续多次发放股票股利的行为有可能导致公司的股票市值超跌。

8.4.2 股票分割

1. 股票分割的含义

股票分割又称拆股，是公司管理当局将其股票分割或拆细的行为，即将面额较大的股票分割成面额较小的股票的行为。例如，将原来的一股股票分割成两股股票。股票分割不属于某种股利方式，但其所产生的效果与发放股票股利近似，要根据证券管理部门的具体规定对二者加以区分。按国际惯例，发放25%以下股票股利界定为股票股利，而发放25%以上股票股利则界定为股票分割。

股票分割对公司的资本结构和股东权益不会产生任何影响，只会使发行在外的股票总数增加，每股面值降低，并由此引起每股收益和每股市价下跌，而资产负债表中股东权益各项目的余额保持不变，股东权益的总额也维持不变。因此，股票分割与发放股票股利时的情况有相同之处，又有不同之处。

2. 股票分割对公司的意义

实行股票分割，虽然不能增加公司的价值，但采用股票分割对公司有着重要作用。

（1）股票分割可使股票市价降低。许多投资者和公司财务主管认为股票价格存在一个最优的范围，在此价格范围内，公司股票价值可以达到最大。当股票价格过高时，超过这个范围，投资者无力购买股票，从而影响股票交易的活跃和流动性。这时投资者的需求也受到抑制。在这种情况出现时，公司常常采取股票分割的手段控制股价，以吸引更多的投资者。

（2）股票分割一般被视为利好消息。股票分割往往是成长中公司的行为，宣布股票分割后容易给人一种“公司正处于发展之中”的印象，这种有利信息会对公司有所帮助。

（3）股票分割有助于公司并购政策的实施，增加对被并购方的吸引力。例如，假设有甲、乙两家公司，甲公司股票每股市价为50元，乙公司股票每股市价为5元，甲公司准备通过股票交换方式对乙公司实施并购，如果甲公司以1股股票换取乙公司10股股票，可能会使乙公司的股东在心理上难以承受。如果甲公司先进行股票分割，将原来的1股分拆为5股，再以1∶2的比例换取乙公司股票，则乙公司的股东在心理上可能会容易接受。通过股票分割的办法改变被并购企业股东的心理差异，更有利于企业并购方案的实施。

3. 股票分割对股东的意义

实行股票分割，虽然不能增加股东财富，因为股票分割后各股东持有的股数增加，但持股比例不变，持有股票的总价值不变，但是，只要股票分割后每股现金股利的下降幅度小于股票分割幅度，股东仍能多获现金股利。

8.4.3　股票回购

1. 股票回购的含义及其法律规定

股票回购，是指上市公司出资将其发行的流通在外的股票以一定价格购买回来予以注销或作为库藏股的一种资本运作方式。股票回购使流通在外的股份减少，每股股利增加，从而会使股价上升，股东能因此获得资本利得。这相当于公司支付给股东股利。所以，可以将股票回购看做一种现金股利的替代方式。回购的股票称为库藏股。我国《公司法》规定，公司不得收购本公司股份。但是，有下列情形之一的除外：(1) 减少公司注册资本；(2) 与持有本公司股份的其他公司合并；(3) 将股份奖励给本公司职工；(4) 股东因对股东大会作出的公司合并、分立决议持异议，要求公司收购其股份的。

2. 股票回购的动机

(1) 现金股利的替代。当公司有富余资金，但又不希望通过派现方式进行分配的时候，股票回购可以作为现金股利的一种替代。对公司来讲，派发现金股利会对公司产生未来的派现压力，而股票回购属于非正常股利政策，不会对公司产生未来的派现压力。对股东来讲，需要现金的股东可以选择出售股票，不需要现金的股东可以选择继续持有股票。

(2) 改变公司的资本结构。公司在认为权益资本在资本结构中所占比例较大时，会为了调整资本结构而进行股票回购，从而在一定程度上降低整体资金成本。股票回购可以改变公司的资本结构，提高财务杠杆水平。无论是用现金回购还是举债回购股份，都会提高财务杠杆水平，改变公司的资本结构。在现金回购方式下，假定公司的负债规模不变，那么股票回购之后的权益资本在公司资本结构中的比重下降，公司财务杠杆水平提高；而在举债回购股份的情况下，一方面是公司负债规模增加，另一方面是权益资本比重下降，公司财务杠杆水平更会明显提高。

(3) 提高每股收益。财务上的每股收益指标是以流通在外的股份数作为计算基础，有些公司为了自身形象、上市需求和投资人渴望的高回报等原因，采取股票回购的方式来减少实际支付股利的股份数，从而提高每股收益指标。

(4) 传递公司的信息以稳定或提高公司的股价。由于信息不对称和预期差异，证券市场上的公司股票价格可能被低估，而过低的股价会对公司产生负面影响。因此，如果公司认为公司的股价被低估时，可以进行股票回购，以向市场和投资者传递公司真实的投资价值，稳定或提高公司的股价。这时，股票回购就是公司管理层向市场和投资者传递公司内部信息的一种手段。

(5) 巩固既定控制权或转移公司控制权。许多股份公司的大股东为了保证其所代表股份公司的控制权不被改变，往往采取直接或间接的方式回购股票，从而巩固既有的控制权。另外，有些公司的法定代表人并不是公司大股东的代表，为了保证不改变其在公司中的地位，也为了能在公司中实现自己的意志，往往也采取股票回购的方式分散或削弱原控股股东的控制权，以实现控制权的转移。

（6）满足企业兼并与收购的需要。在进行企业兼并与收购时，产权交换的实现方式包括现金购买及换股两种。如果公司有库藏股，则可以用公司的库藏股来交换被并购公司的股权，这样可以减少公司的现金支出。

（7）防止敌意收购。股票回购有助于公司管理者避开竞争对手企图收购的威胁，因为它可以使公司流通在外的股份数变少，股价上升，从而使收购方获得控制公司的法定股份比例变得更为困难。而且，股票回购可能会使公司的流动资金大大减少，财务状况恶化，这样的结果也会减少收购公司的兴趣。

（8）可减少股东税金支出。对股东来说，股票回购可少支付股利报酬的应纳税金。因为股票购回后股东得到的资本利得只需缴纳资本利得税，而发放现金股利后股东则需缴纳个人所得税。个人所得税税负要远高于资本利得税。

3. 股票回购的方式

（1）公开市场回购。即公司在股票的公开交易市场上以等同于任何潜在投资者的地位，按照公司股票当前市场价格回购股票。这种方式的缺点是在公开市场回购时很容易推高股价，从而增加回购成本，另外交易税和交易佣金也是不可忽视的成本。

（2）要约回购。即公司在特定期间向市场发出的以高出股票当前市场价格的某一价格，回购既定数量股票的要约。这种方式赋予所有股东向公司出售其所持股票的均等机会。与公开市场回购相比，要约回购通常被市场认为是更积极的信号，原因在于要约价格存在高出股票当前价格的溢价。但是，溢价的存在也使得回购要约的执行成本较高。

（3）协议回购。即公司以协议价格直接向一个或几个主要股东回购股票。协议价格一般低于当前的股票市场价格，尤其是在卖方首先提出的情况下。但是有时公司也会以超常溢价向其认为有潜在威胁的非控股股东回购股票，显然，这种过高的回购价格将损害继续持有股票的股东的利益，公司有可能为此而涉及法律诉讼。

4. 股票回购的影响

（1）股票回购对上市公司的影响。

1）股票回购需要大量资金支付回购的成本，容易造成资金紧张，资产流动性降低，影响公司的后续发展。公司进行股票回购必须以拥有资金实力为前提，如果公司负债率较高，再进行股票回购，将使公司的资产流动性恶化，偿债能力降低，会使公司面临巨大的偿债压力，公司正常的生产经营活动及后续发展将会受到影响。

2）公司进行股票回购，无异于股东退股和公司资本的减少，在一定程度上削弱了对债权人利益的保障。

3）股票回购可能使公司的发起人股东更注重创业利润的兑现，而忽视公司长远的发展，损害公司的根本利益。

4）股票回购容易导致公司操纵股价。公司回购自己的股票，容易导致其利用内幕消息进行炒作，或操纵财务信息，加剧公司行为的非规范化，使投资者蒙受损失。

（2）股票回购对股东的影响。对于投资者来说，与现金股利相比，股票回购不仅可以节约个人税收，而且具有更大的灵活性。因为股东对公司派发的现金股利没有是否接受的可选择性，而对股票回购则具有可选择性，需要现金的股东可选择卖出股票，而不需要现金的股东则可继续持有股票。如果公司急于回购相当数量的股票，而对股票回购的出价太高，以至于偏离均衡价格，那么结果会不利于选择继续持有股票的股东，因为回购行动过后，股票价格会出现回归性下跌。

案例评析

应用案例与点评

【案例 1】

美、日、德等国股利政策差异及形成的根源对我国的启示

美国绝大多数公司实行的是高支付率的稳定股利政策。股利支付率一般在 50%左右，1992—1996 年，纽约证券交易所上市公司的股利支付率分别为 76.0%，56.9%，46.6%，52.1%，50.1%。美国股利政策形成的主要原因是：（1）分散化的股权结构。分散化一直是美国公司股权结构的主要特点，这与美国的法律背景有着直接的联系。1863 年的《美国国家银行法》以及 1933 年的《格拉斯-斯蒂格尔法》对金融混业经营进行了严格限制，1940 年的《投资公司法》禁止机构集中持股，要求共同基金必须分散持股。这就导致尽管美国的机构投资者在公司股权结构中所占的比例越来越大，但其投资行为与日本、德国的机构投资者有本质的差别。美国机构投资者在投资目的和投资行为上与个人投资者比较相似，对红利和股价十分敏感。而美国公司为了保持股价稳定，不得不实行稳定的股利政策，支付较高的股利，否则股票表现不理想的话，股东往往会"用脚投票"，这将导致公司被收购接管。（2）美国公司较高的国际化程度。20 世纪 80 年代后期以来，美国公司利润中来源于国外的比例逐步上升。1981 年美国公司的国外利润占整体利润的 16.8%，1996 年则上升为 39%。而国外利润的股利支付率远高于国内，一般是国内的 3 倍。其原因在于海外公司的代理问题较国内更加严重，股东受到损失的可能性更高，为此股东自然会要求较高的股利支付率，以降低代理成本。这样，利润构成中，国外利润比例的加大相应提高了股利支付率。

日本一直执行低支付率的稳定股利政策，股利支付率一般在 35%以下，1992—1996 年，日本东京证券交易所上市公司的股利支付率分别为 40.8%，32.4%，34.1%，32.4%，35.0%，明显低于美国。日本股利政策形成的主要原因是：（1）法

人交叉持股的股权结构。日本公司的一个重要特点是法人持股比例很高，1990年法人持股的比例达到70%，并且法人往往交叉持股。这就使得日本公司的股权结构非常稳定，法人的投资目的和投资行为与个人投资者有很大差异。首先，个人的投资目的主要是获得股息和股票差价，使投资收益最大化，投资行为往往趋于短期化。而在日本的法人交叉持股情况下，法人的投资目的主要是在生产经营上与被持股企业建立长期稳定的业务关系，对股利的要求不高。其次，在法人交叉持股情况下，如果抬高分红，其实是互相支付，股利相互抵消，只有个人股东得利，法人公司只是增加了分红压力而已，因此日本公司也具有压低分红的动机。(2) 经营目标上的差异。日本公司一般把追求公司长期发展放在第一位，产品开发、市场份额受到极大重视，股东投资回报则放在次要地位。这样，在收益分配上就表现为公司普遍重积累、轻分配。如果经营者为了维持较高的分红而减少技术开发和设备投资，为短期利益而牺牲长远发展，不会得到持股伙伴公司的赞同。(3) 税收方面的影响。日本税法规定，个人资本利得在销售某种股票达到20万股以上时，才缴纳个人所得税。这样，由于资本利得课税低，就使投资者对资本利得的偏好高于现金分红。(4) 日本的银行贷款利率较高，外部融资的资金成本较大，这样公司往往倾向于从内部利润留存中获取资金，从而减少了现金股利分派。

德国大多数公司实行稳定的股利政策，股利支付率处于美国和日本之间。1992—1996年股利支付率分别为54.8%，50.1%，48.7%，41.2%，40.3%。德国股利政策形成的原因是：(1) 以银行为中心的公司治理结构。从19世纪开始，德国的银行就从公司的债权人逐步变为大股东。德国法律对银行持股没有严格限制，德国银行一方面通过自己持股，另一方面通过接受小股东委托，代理选举董事会成员，获得了德国大部分公司的控制权。因为银行具有债权人和大股东的双重角色，所以它们就希望减少股息支付，使公司有能力偿还贷款。(2) 员工参与型的共同治理模式。德国公司中，监事会是权力核心，它类似于我们通常意义上的董事会。而董事会则是一个执行机构，实质上是通常意义上的管理层。德国公司董事会成员的任命、报酬由监事会决定，重大决策由监事会核准，监事会由3～21人组成，其中股东代表和员工代表各占50%，此外一般还包括一名独立监事。股东大会权力有限，只能选举监事会中的股东代表，不能控制整个监事会，而公司员工通过选举员工代表可以实现公司的共同治理。这种模式导致公司行为既不是美国式的股东支配型，也不是日本式的法人主导型，而是德国式的平衡型。在股利政策上能平衡内部积累与股东的股利要求，综合考虑股东利益和公司的长远发展。因此，股利支付率也介于美国和日本之间。

【点评】

本案例要点：美、日、德等国股利政策差异及形成的根源对我国的启示。

通过国外股利政策的分析，我们很容易发现，一个国家的公司治理、资金成本、证券市场成熟程度等对该国企业的股利政策有着非常重要的影响。目前我国上市公司股利政策中存在不少问题，诸如不分配股利的公司逐年增多，过高地送股，股利政策没有长远性，变化频繁。这些问题也可以从公司治理等方面探寻其原因。

（1）公司治理结构。我国大多数上市公司是原国有企业改制过来的，国家是上市公司的大股东，且持股比例非常高，形成了上市公司常有的“一段独大”现象。“一股独大”造成了公司往往只考虑大股东的利益，其他股东根本不能影响公司的最终决策。表现在股利政策上，就是大股东过度“圈钱”而经常不发放股利。即使分配股利，也是采用股票股利形式而不是发放现金股利。

（2）资金成本。公司的资金需求可通过多种筹资方式来解决，发行债券、从银行贷款等方式都是资金成本较低的融资方式，当低成本融资较容易时，公司管理层也会减少对股权资本的利用，反映在股利政策中就是发放现金股利比例提高。但当前，虽然我国采用了积极的财政政策，央行也降低利率鼓励投资，但公司的经营业绩不尽如人意，为此银行“惜贷”现象严重，债务融资的资金成本较高，这就导致了债权资本融资困难，公司转而热衷于发放股票股利来留住资金。

（3）证券市场。我国证券市场还处于成长期，长期以来，投资者缺乏价值投资的意识，他们最关心的不是来自上市公司的现金红利，而是股票股利的发放以及由此在二级市场形成的填权效应，上市公司自然也就经常进行送红股来迎合投资者的需求。

【案例 2】

宣布发放股票股利和进行股票分割后股东权益各项目的变化

某公司年终进行收益分配前的股东权益情况如表 8－2 所示。

表 8－2　　单位：万元

股本（面值 2 元，已发行 100 万股）	200
资本公积	400
未分配利润	200
股东权益合计	800

要求：回答下列互不关联的两个问题：

（1）如果公司宣布发放 10%的股票股利，并按发放股票股利后的股数发放现金股利每股 0.1 元，计算发放股利后的股东权益各项目的数额。

（2）如果按照 1 股换 2 股的比例进行股票分割，计算进行股票分割后股东权益各项目的数额。

【点评】

本案例要点：股票股利和股票分割。

（1）增加的普通股股数＝100×10%＝10(万股)

增加的普通股股本＝10×2＝20(万元)

发放股利后的股本＝200＋20＝220(万元)

发放股利后的资本公积＝400(万元)

发放的现金股利＝110×0.1＝11(万元)

未分配利润减少额＝10×2＋11＝31(万元)

发放股利后的未分配利润＝200－31＝169(万元)

发放股利后的股东权益合计＝220＋400＋169＝789(万元)

（2）股票分割后普通股股数变为200万股，每股面值1元，股本仍然为200万元。

资本公积为400万元，未分配利润为200万元，股东权益总额为800万元。

【案例3】

公司发放股票股利对股东权益的影响

大海公司在发放股票股利前，股东权益情况见表8-3。

表8-3　发放股票股利前股东权益　　单位：元

普通股（面额2元，已发行200 000股）	400 000
资本公积	500 000
未分配利润	2 000 000
股东权益合计	2 900 000

假定该公司宣布发放10%的股票股利，即发放20 000股普通股股票，并规定现有股东每持10股可得1股新发放股票。若该股票当时市价15元。公司发放股票股利对股东权益有什么影响?

【点评】

随着股票股利的发放，需从“未分配利润”项目划转出的资金为：

15×200 000×10%＝300 000(元)

由于股票面额（2元）不变，新发放20 000股，普通股只应增加“普通股”项目40 000元，其余的260 000元（300 000－40 000）应作为股票溢价转至“资本公积”项目，公司股东权益总额保持不变。

发放股票股利后，公司股东权益各项目见表8-4。

表8-4　发放股票股利后股东权益　　单位：元

普通股（面额2元，已发行220 000股）	440 000
资本公积	760 000
未分配利润	1 700 000
股东权益合计	2 900 000

可见，发放股票股利不会对公司股东权益总额产生影响，但会发生资金在各股东权益项目间的再分配。

【案例 4】

股票分割对公司股票每股收益和每股市价的影响

假定开开公司原发行面额 2 元的普通股 200 000 股，若按 1 股换成 2 股的比例进行股票分割，分割前后的股东权益项目见表 8－5、表 8－6。

表 8－5　股票分割前的股东权益　　单位：元

普通股（面额 2 元，已发行 200 000 股）	400 000
资本公积	500 000
未分配利润	2 000 000
股东权益合计	2 900 000

表 8－6　股票分割后的股东权益　　单位：元

普通股（面额 1 元，已发行 400 000 股）	400 000
资本公积	500 000
未分配利润	2 000 000
股东权益合计	2 900 000

【点评】

本案例要点：股票分割对公司股票每股收益和每股市价影响分析。

分割前后的每股盈余计算如下：

假定公司本年净利润 960 000 元，那么股票分割前的每股收益为 4.8 元（960 000/200 000）。假定股票分割后公司净利润不变，分割后的每股收益为 2.4 元（960 000/400 000），每股市价也会因此下降。

股票分割对公司的资本结构和股东权益不会产生任何影响，一般只会使发行在外的股票总数增加，每股面值降低，并由此引起每股收益和每股市价下跌，而资产负债表中股东权益各项目的余额都保持不变，股东权益的总额也维持不变。

【案例 5】

资本结构与股利政策

某公司成立于 2017 年 1 月 1 日，2017 年度实现的净利润为 500 万元，分配现金股利 300 万元，提取盈余公积 200 万元（所提盈余公积均已指定用途）。2018 年实现的净利润为 800 万元。2019 年计划增加投资，所需资金为 1 000 万元。假定公司目标资本结构为自有资金占 50%，借入资金占 50%。

要求：

（1）在保持目标资本结构的前提下，计算 2019 年投资方案所需的自有资金额和需要从外部借入的资金额。

（2）在保持目标资本结构的前提下，如果公司执行剩余股利政策，计算 2018 年度应分配的现金股利。

（3）在不考虑目标资本结构的前提下，如果公司执行固定股利政策，计算 2018 年度应分配的现金股利、可用于 2019 年投资的留存收益和需要额外筹集的资金额。

（4）不考虑目标资本结构的前提下，如果公司执行固定股利支付率政策，计算该公司的股利支付率和 2018 年度应分配的现金股利。

【点评】

本案例要点：资本结构与股利政策关系分析。

（1）2019 年投资方案所需的自有资金额＝1 000×50%＝500(万元)

2019 年投资方案所需从外部借入的资金额＝1 000×50%＝500(万元)

（2）2018 年度应分配的现金股利＝净利润－2019 年投资方案所需的自有资金额

＝800－500＝300（万元）

（3）2018 年度应分配的现金股利＝上年分配的现金股利＝300(万元)

可用于 2019 年投资的留存收益＝800－300＝500(万元)

2019 年投资需要额外筹集的资金额＝1 000－500＝500(万元)

（4）该公司的股利支付率＝300/500×100%＝60%

2018 年度应分配的现金股利＝60%×800＝480(万元)

【案例 6】

股利分配方案决策

某公司本年实现的净利润为 500 万元，资产合计 5 600 万元，当前每股市价 10 元。年终利润分配前的股东权益项目资料如表 8－7 所示。

表 8－7

股本——普通股（每股面值 4 元，200 万股）	800 万元
资本公积	320 万元
未分配利润	1 680 万元
所有者权益合计	2 800 万元

要求：回答下列互不相关的问题：

（1）计划按每 10 股送 1 股的方案发放股票股利，股票股利的金额按市价计算，计算完成这一分配方案后的股东权益各项目数额，以及每股收益和每股净资产。

(2) 计划按每10股送1股的方案发放股票股利，股票股利的金额按市价计算，并按发放股票股利前的股数派发每股现金股利0.2元。计算完成这一分配方案后的股东权益各项目数额，以及每股收益和每股净资产。

(3) 假设利润分配不改变市净率，公司按每10股送1股的方案发放股票股利，股票股利按现行市价计算，并按发放股票股利前的股数发放现金股利，且希望普通股市价达到每股8元，计算每股现金股利应是多少。

(4) 若计划每1股分割为4股，计算完成这一分配方案后的股东权益各项目数额，以及每股收益和每股净资产。

【点评】

(1) 发放股票股利后的普通股数＝200×(1＋10%)＝220(万股)

发放股票股利后的普通股本＝4×220＝880(万元)

发放股票股利后的未分配利润＝1 680－20×10＝1 480(万元)

发放股票股利后的资本公积＝320＋20×(10－4)＝440(万元)

发放股票股利后的所有者权益总额＝2 800(万元)

每股收益＝500/220＝2.27(元)

每股净资产＝2 800/220＝12.73(元)

(2) 发放股票股利前的普通股数＝200(万股)

发放股票股利后的普通股数＝200×(1＋10%)＝220(万股)

发放股票股利后的普通股本＝4×220＝880(万元)

发放股票股利后的资本公积＝320＋20×(10－4)＝440(万元)

现金股利＝0.2×200＝40(万元)

利润分配后的未分配利润＝1 680－10×20－40＝1 440(万元)

利润分配后的所有者权益总额＝880＋440＋1 440＝2 760(万元)

每股收益＝500/220＝2.27(元)

每股净资产＝2 760/220＝12.55(元)

(3) 分配前市净率＝10÷(2 800÷200)＝0.714

分配后市净率＝8/分配后的每股净资产＝0.714

分配后的每股净资产＝11.2(元)

分配后的总净资产＝11.2×220＝2 464(元)

发放现金股利＝2 800－2 464＝336(元)

每股现金股利＝336÷200＝1.68(元)

(4) 分割后的股数为800万股，股东权益各项目金额不变。

每股收益＝500/800＝0.63(元)

每股净资产＝2 800/800＝3.5(元)

【案例7】

分红与回购相关指标计算

甲公司是一家上市公司，有关资料如下：

资料一：2018年3月31日甲公司股票每股市价20元，每股收益1.5元；股东权益项目构成如下：普通股5 000万股，每股面值1元，计5 000万元；资本公积1 000万元；留存收益9 000万元。目前国债利息率为2%，市场组合平均收益率为10%。

资料二：2018年4月5日，甲公司公布的2017年度分红方案为：每10股送2股派发现金红利10元（含税），转增1股。即每股送0.2股派发现金红利1元（含税，送股和现金红利均按10%代扣代缴个人所得税），转增0.1股。股权登记日，2018年4月15日（注：该日收盘价为18元）；除权（除息）日，2018年4月16日；新增可流通股份上市流通日，2018年4月17日；享有本次股息分红的股东可于5月16日领取股息。

要求：

1. 若甲公司股票所含系统风险是市场组合的风险的0.8倍，结合资料一运用资本资产定价模型计算股票的资本成本。

2. 若股票股利按面值确定，结合资料二完成分红方案后的下列指标：

（1）普通股股数；

（2）股东权益各项目的数额；

（3）在除权（除息）日的该公司股票的除权参考价。

3. 假定2018年3月31日甲公司准备用现金按照每股市价20元回购1 000万股股票，且假设回购前后公司净利润与市盈率保持不变，结合资料一（不考虑资料二）计算下列指标：

（1）股票回购之后的每股收益；

（2）股票回购之后的每股市价。

【点评】

1. 甲公司股票的β系数＝0.8

甲公司股票的资本成本＝2%＋0.8×(10%－2%)＝8.4%

2. （1）发放股票股利新增普通股股数＝5 000×20%＝1 000(万股)

资本公积转增股本新增普通股股数＝5 000×10%＝500(万股)

分配后的普通股总股数＝5 000＋1 000＋500＝6 500(万股)

（2）股本＝6 500×1＝6 500(万元)

留存收益＝9 000－1 000×1－5 000×1＝3 000(万元)

资本公积＝1 000－500×1＝500(万元)

（3）除权参考价：

$$\frac{\text{股权登记日收盘价}-\text{每股现金股利}}{1+\text{送股率}+\text{转增率}}=(18-1)/(1+20\%+10\%)=13.08(\text{元})$$

3.（1）原有净利润＝原有股数×原有每股收益＝5 000×1.5＝7 500（万元）

回购后净利润＝7 500（万元）

回购后每股收益＝净利润/回购后股数＝7 500/（5 000－1 000）＝1.88（元）

（2）因为市盈率不变，所以：

回购前市盈率＝回购前每股市价/回购前每股收益＝20/1.5＝13.33

回购后市盈率＝回购后每股市价/回购后每股收益＝回购前市盈率＝13.33

回购后每股市价＝回购后每股收益×回购后市盈率＝1.88×13.33＝25.06（元）

精选案例讨论

【案例】

贵州茅台股利政策

贵州茅台（代码 600519）2001 年在上交所主板上市，该公司的标志性产品茅台酒是我国酱香型白酒的典范，享有“国酒”美誉。该公司一直秉承连续稳定派现的股利政策，特别是 2010 年以来已连续 6 年位居 A 股每股派息排行榜首位。

一、基本情况

（一）股利分配总体比较连续

现阶段，在国内资本市场上，部分上市企业的股利分配政策各年间变动较大，股利分配方式不尽合理，也有不少上市公司常年不进行股利分配或经常出现超能力分配问题。从表 8－8 至表 8－10 可以看出，贵州茅台自 2001 年以来，连续 16 年每年都分配股利，该公司分配的每股股利自 2008 年以来一直保持在 1 元以上，除 2012 年外，其每股股利基本上呈持续稳定增长态势，表明该公司的股利政策延续性较好。

（二）股利分配以现金方式为主

贵州茅台一直实施高现金红利政策，由表 8－8 至表 8－10 可知，该公司 2014 年、2013 年、2010 年、2002 年这 4 年的分配方案中涉及送红股的情况；其 2005 年、2004 年、2003 年、2001 年这 4 年的分配方案中有公积金转增股本的内容。由此可见，该公司的股利分配是以现金股利为主，同时兼顾其他方式。值得一提的是，贵州茅台在上市后的前 5 年即 2001—2005 年期间，基本上是现金股利、股票股利、转增股本三种方式混合运用；而从2006年起的10年左右的时间里，贵州茅台的股利分配以现金股利为主，偶尔有送红股现象。

表8-8　贵州茅台2001—2015年股利分配方案实施情况

股本基准日期	2015/12/31	2014/12/31	2013/12/31	2012/12/31	2011/12/31
税前每股股利（元）	6.17	4.37	4.37	6.42	4
每股股利排名	1	1	1	1	1
每股派送红股（股）	—	0.1	0.1	—	—

股本基准日期	2010/12/31	2009/12/31	2008/12/31	2007/12/31	2006/12/31	2006/5/25
税前每股股利（元）	2.3	1.19	1.16	0.84	0.7	0.59
每股股利排名	1	4	5	8	6	—
每股派送红股（股）	0.1	—	—	—	—	—

股本基准日期	2005/12/31	2004/12/31	2003/12/31	2002/12/31	2001/12/31
税前每股股利（元）	0.3	0.5	0.3	0.2	0.6
每股股利排名	54	11	51	96	2
每股派送红股（股）	—	—	—	0.1	—
每股转增（股）	1	0.2	0.3	—	0.1

（三）每股股利排名靠前

大手笔的股利分配是贵州茅台一直以来的经营策略。由表8-8可知，自2010年以来，该公司分别以每股派息2.3元（2010年）、4元（2011年）、6.42元（2012年）、4.37元（2013年）、4.37元（2014年）、6.17元（2015年）连续6年位居A股每股派息排行榜首位；而其在2006—2009年派发的每股股利排名也位居A股每股派息排行榜前10，从而使得贵州茅台成为目前沪深两市在现金分红上“最慷慨”的公司。

（四）股利支付率呈分阶段上升趋势

由表8-9可知，贵州茅台自上市以来各年实现的净利润持续增长，就算是在白酒行业发展跌入低谷的2013年，其净利润也比上年增加了195 644.92万元。

在高利润保障下，近10年来贵州茅台的股利支付额基本上呈现出分阶段上升的趋势。如在2007—2012年，贵州茅台的现金分红总额持续增长，2013年白酒行业经营风险加大，贵州茅台现金分红额度有所回调，确定为454 099.93万元，这也高于其历年的平均现金分红总额234 155.74万元。而在白酒行业行情开始转好时，贵州茅台的现金分红总额也有所提高，其中2014年为499 509.93万元、2015年为775 199.66万元。贵州茅台的股利分配率近10年虽有波动，但在2007—2008年、2009—2012年、2013—2015年期间，基本上呈现出阶段性增长态势。

表8-9 贵州茅台历年现金分红总额与股利支付率

报告期	净利润（万元）	现金分红总额（万元）	股利支付率（%）
2015/12/31	1 645 499.66	775 199.66	47.11
2014/12/31	1 626 937.15	499 509.93	30.70
2013/12/31	1 596 489.99	454 099.93	28.44
2012/12/31	1 400 845.07	666 407.74	47.57
2011/12/31	925 032.38	414 960.55	44.86
2010/12/31	533 976.15	217 074.00	40.65
2009/12/31	455 288.89	111 840.30	24.56
2008/12/31	400 075.93	109 103.28	27.27
2007/12/31	296 605.25	78 901.68	26.60
2006/12/31	161 637.52	121 844.58	75.38

二、影响贵州茅台股利分配的财务因素

企业的盈利能力、营运能力、偿债能力、现金需求水平、现金创造能力等是影响股利分配的主要财务因素，其中，盈利能力是股利分配的前提；营运能力的强弱会影响股利分配的可能性和支付率；发放现金股利会减少现金净流量，从而对企业偿债能力产生不利影响；企业对现金的需求与其现金创造能力也会影响股利分配方式的选择。

（一）基于杜邦财务分析的盈利、营运及偿债能力分析

1. 初步评价。从表8-10中可以看出，贵州茅台2010—2012年连续3年的净资产收益率（ROE）呈上升态势，而在2013—2015年连续3年的ROE虽有所下滑，但仍然维持在25%以上，初步判断该公司的总体盈利能力较强。而与之相关的浅层盈利能力指标销售净利率表现出了与ROE类似的变动趋势，且自2010年以来都在45%以上，由此初步判断贵州茅台销售获利能力较强，能有效支撑公司的经营业绩。贵州茅台的总资产周转率在各年变动幅度较大，其从2012年起开始呈现下降趋势，而从2013年起，该指标出现负增长，由此初步推断贵州茅台的营运能力有所下降。此外，贵州茅台的权益乘数在2011—2014年呈下降态势，只是在2015年稍有回升，由此可初步判断贵州茅台债务负担较轻、财务风险较小、偿债能力较强。

表8-10 贵州茅台2010—2015年传统杜邦财务分析指标

项目		2015年	2014年	2013年	2012年	2011年	2010年
净资产收益率（%）	指标值	26.42	31.96	39.43	45.00	40.39	30.74
	增减变动额	−5.54	−7.47	−5.57	4.61	9.65	−2.81
	增减变动率	−17.33	−18.94	−12.38	11.41	31.39	−8.38
销售净利率（%）	指标值	49.20	50.50	51.38	52.95	50.27	45.90
	增减变动额	−1.30	−0.88	−1.57	2.68	4.37	−1.18
	增减变动率	−2.57	−1.71	−2.97	5.33	9.52	−2.51

续表

项目		2015年	2014年	2013年	2012年	2011年	2010年
总资产周转率（次）	指标值	0.44	0.53	0.62	0.66	0.61	0.51
	增减变动额	−0.09	−0.09	−0.04	0.05	0.10	−0.03
	增减变动率	−16.98	−14.52	−6.06	8.20	19.61	−5.56
权益乘数	指标值	1.30	1.26	1.31	1.35	1.39	1.38
	增减变动额	0.04	−0.05	−0.04	−0.04	0.01	0.00
	增减变动率	3.17	−3.82	−2.96	−2.88	0.72	0.00

2. ROE下降的深层次原因。接下来分析导致贵州茅台2015年ROE下降的主要因素销售净利率与总资产周转率。从表8－11中可以看出，在影响贵州茅台销售净利率的因素中，归属于母公司股东的净利润占比年度变动额为0.13%，考虑利息负担的年度变动额为−0.26%，表明这两个因素对销售净利率的影响较小，而经营利润率、考虑税负因素的年度变动额分别为−1.96%、0.44%，表明这两个因素对销售净利率产生了较大影响。同时，从表8－11中可知，贵州茅台2015年的营业总收入增加了3.44%，但其经营利润率却在下降，表明该公司的成本费用控制工作而要进一步加强。

表8－11　贵州茅台2015年、2014年销售净利率指标分解

		2015年年报	2014年年报
销售净利率		50.50%	49.20%
因素分解	经营利润率（息税前利润/营业总收入）	67.54%	65.58%
	考虑税负因素（净利润/利润总额）	74.35%	74.79%
	考虑利息负担（利润总额/息税前利润）	100.57%	100.31%

从表8－12中可以看到，贵州茅台的营业税金及附加、管理费用、营业成本增加幅度较大，而当期的销售费用有所下降。为了确定下一步该上市公司成本费用控制的重点，通过对贵州茅台2015年年报数据进行分析发现：公司营业成本增加主要是本期销量增加所致，营业税金及附加增加主要是本期销量增加及公司消费税税基提高所致；管理费用增加主要是公司职工薪酬类费用及固定资产折旧等增加所致；销售费用减少主要是本期广告费用减少所致。由此可见，贵州茅台应重点关注白酒产品的成本构成与管理费用等的控制。

表8－12　贵州茅台2015年营业收入与成本费用

项目	本期数（元）	上年同期数（元）	变动比率（%）
营业收入	3 265 958 372 528	3 157 392 853 094	3.44
营业成本	253 833 744 906	233 855 053 233	8.54
营业税金及附加	344 917 063 740	278 899 443 605	23.67
销售费用	148 496 151 921	167 477 345 106	−11.33

同时，资产周转率的变动受到收入指标、资产指标的双重影响，其中造成平均总资产出现较大变动的主要原因是 2015 年贵州茅台的资产有了 2 042 829.82 万元的增量，而该公司资产管理能力没有相应提高，2015 年资产项目中增加较多的是货币资金、应收票据、存货、长期待摊费用等。据此可知，贵州茅台需要提高流动资产管理能力，加强应收款项催收、存货成本管控，同时合理利用固定资产。此外，贵州茅台的 EBIT（息税前利润）、利润总额的年度变动额分别为 17 447.28 万元、11 937.26 万元，年度变动率分别为 0.82%、0.54%。结合上面对负债因素、利息负担影响的分析，可以判断对公司净利润有较大影响的除营业总收入外，还有负债因素与税收因素。

3. 总体评价。通过分析发现，贵州茅台的盈利与偿债能力较强；其资产周转率虽有下降，但增加最多的资产项目——货币资金，对公司分配较高现金股利的行为来说是利好消息。同时，该上市公司目前良好的盈利能力、偿债能力有扎实的资金基础，这些财务能力在未来的延续性很强，为贵州茅台积极的股利分配政策提供了强有力的支持。

（二）现金创造力与现金需求分析

1. 现金创造能力评价。销售现金比率、全部资产现金回收率、每股经营现金流量净额经常被用来衡量企业获取现金的能力。从表 8-13 中可以看出，贵州茅台的现金创造能力很强，其近 10 年的销售现金比率均在 25%以上，全部资产现金回收率均在 15%以上，每股经营现金流量净额均为正数，表明该上市酒企的股利支付力度很大，并且在支付股利后仍能保持较高的现金持有水平。

表 8-13　贵州茅台 2006—2015 年现金创造能力与满足现金需求指标

项目	2015 年	2014 年	2013 年	2012 年	2011 年
销售现金比率（%）	52.13	39.21	40.73	45.06	55.15
全部资产现金回收率（%）	20.20	19.18	22.82	26.49	29.08
每股经营现金流量净额（元）	13.88	11.06	12.19	11.48	9.78
现金满足投资比率（%）	1.64	0.99	0.85	1.08	1.57
现金股利保障倍数	3.49	2.78	1.90	2.87	4.68
现金营运指数	1.03	0.74	0.77	0.83	1.08
经营现金净收益比（%）	78.70	57.16	58.08	63.32	82.29
	2010 年	2009 年	2008 年	2007 年	2006 年
销售现金比率（%）	53.31	43.68	63.67	24.09	43.09
全部资产现金回收率（%）	24.24	21.37	33.31	16.63	22.08
每股经营现金流量净额（元）	6.57	4.48	5.56	1.85	2.24
现金满足投资比率（%）	1.41	1.15	1.94	0.97	1.31
现金股利保障倍数	5.54	3.87	6.65	2.64	3.79
现金营运指数	1.11	0.90	1.30	0.53	1.27
经营现金净收益比（%）	86.61	69.54	97.37	38.54	85.02

2. 满足现金需求指标评价。现金满足投资比率、现金股利保障倍数等经常被用来评价企业满足现金需求的情况。近10年来，贵州茅台满足现金需求的指标表现良好，其中现金满足投资比率始终为正数，现金股利保障倍数基本在2倍以上，表明贵州茅台经营活动现金流能够满足投资的需求，同时也保障了公司现金股利政策的顺利推行。

3. 收益质量评价。现金营运指数、经营现金净收益比等经常用来衡量企业的收益质量。由表8-13可知，贵州茅台近10年的现金营运指数均为正数，经营现金净收益比均在35%以上，这表明贵州茅台的收益质量较高，产生经营活动现金净流量的能力较强，从而为其持续的高额现金股利分配提供了重要保障。

【讨论】

1. 股利政策有哪几种类型？各有何特点？贵州茅台采用的是何种类型的股利政策？
2. 你对贵州茅台的股利政策有何评价？

实务演练

思考与回答

1. 有个养猴人和猴子谈判。养猴人：“每天早上给你们四枚果子，晚上再给三枚，好不好？”猴子们一齐摇头。养猴人：“要不这样吧，每天早上给你们三枚果子，晚上再给四枚，行了吧？”猴子们欢呼雀跃。这个故事讲的是你耳熟能详的成语“朝三暮四”。著名经济学家米勒和莫迪格利安尼（经常被人们简称为“MM”）为我们证明了，在完善的资本市场中，当公司的投资政策和投资收益一定时，股东在乎股利的多少，就像成语“朝三暮四”里关心果子个数的猴子那样可笑。你知道这是理财学中的什么理论吗？这种理论的主要观点是什么？

2. 据说，杜鲁门总统在任时最不想见“两面派律师”。因为这些人一方面基于种种理由建议你应当这样做，另一方面又基于其他理由告诉你不能这样做。股利无关论过于脱离现实的假设使它很难成为公司制定股利政策的理论指导。公司在制定股利政策时，更多的是考虑股利相关论的观点。不过，千万别想当然地认为股利相关论就是主张股利越多越好的理论。实际上，股利相关论很像令杜鲁门总统讨厌的“两面派律师”，一些观点主张你多发股利，另一些观点却告诫你应当少发点儿股利。请说明你是否同意以上观点，为什么？

3. 朋友答应送你可爱的百灵鸟做生日礼物。他领你到后花园，指着在树丛中一边飞舞一边歌唱的两只百灵鸟说：“如果你能抓到，它们就是你的礼物。”或者，他指着身边的一只鸟笼说：“如果你不想费事去抓它们，你可以把笼中的这只百灵鸟拿走。”你是愿意拿走那只笼中鸟，还是愿意去抓那两只林中鸟？请用股利理论解释这一故事。

4．假若你是主要依靠股利维持生活的股东和养老基金管理人，请问你最不赞成的公司股利政策是什么？

5．你所在企业 2018 年实现销售收入 2 480 万元，全年固定成本 570 万元（含利息），变动成本率 55%，所得税税率 33%。年初已超过 5 年的尚未弥补亏损有 40 万元，按 15%提取盈余公积金，向投资者分配利润的比率为可供投资者分配利润的 40%，不存在纳税调整事项。2018 年的未分配利润为多少？

6．某公司经理讲：相对于其他股利政策而言，既可以维持股利的稳定性，又有利于优化资本结构的股利政策是低正常股利加额外股利政策。你同意这种观点吗？

搜集与整理

1．查找“三一重工”（代码 600031）2014 年度收益分配方案。
2．你所在单位的股利政策筹集策略调查。
3．股利政策的国际比较与启示。
4．查找 2018 年中国电力行业的股利分配政策。
5．查找 2018 年中期高净值高未分配利润公司。

自测与练习

1．某上市公司 2018 年年末资产负债表上的股东权益账户情况如下（单位：万元）：

股东权益：	
普通股（面值 10 元，流通在外 1 000 万股）	10 000
资本公积	20 000
盈余公积	4 000
未分配利润	5 000
股东权益合计	39 000

要求：

（1）假设该公司宣布发放 30%的股票股利，现有股东每持有 10 股即可获得赠送的 3 股普通股。发放股票股利后，股东权益有何变化？每股净资产是多少？

（2）假设该公司按照 1∶5 的比例进行股票分割。股票分割后，股东权益有何变化？每股的净资产是多少？

2．计算回答下列互不相关的问题：

（1）计划按每 10 股送 1 股的方案发放股票股利，股票股利的金额按面值计算，要求分析完成这一分配方案后的股东权益各项目金额以及每股净资产有何变化。

（2）计划按每 10 股送 1 股的方案发放股票股利，股票股利的金额按面值计算，并按发放股票股利前的股数派发每股现金股利 0.2 元。计算完成这一分配方案后的股东权益各项目数额。

3. 某公司提取了公积金后的本年税后利润为 1 500 000 元，下一年拟上一个新项目，需投资 2 000 000 元，公司目标资本结构为负债与权益之比为 2∶3，公司流通在外的普通股为 1 000 000 股，公司采用剩余股利政策。

要求：

（1）公司本年可发放的股利额是多少？

（2）股利支付率是多少？

（3）每股股利是多少？

4. 某公司 2017 年发放股利共 225 万元。过去 10 年间该公司的盈利以 10%的固定速度持续增长，2017 年税后利润为 750 万元。2018 年预期盈利 1 200 万元，而投资总额为 900 万元。预计 2018 年以后仍会恢复 10%的增长率。公司如果采取下列不同的股利政策，请分别计算 2018 年的股利：

（1）股利按照盈利的长期成长率稳定增长。

（2）维持 2017 年股利支付率。

（3）2018 年的投资 30%用外部权益融资，30%用负债，40%用留存收益。未投资的盈余用于发放股利。

5. 某公司 2016 年度的税后利润为 1 000 万元，该年分配股利 500 万元，2018 年拟投资 1 000 万元引进一条生产线以扩大生产能力，该公司目标资本结构为自有资金占 80%，借入资金占 20%。该公司 2017 年度的税后利润为 1 200 万元。

要求：

（1）如果该公司执行的是固定股利政策，并保持资金结构不变，则 2018 年度该公司为引进生产线需要从外部筹集多少自有资金？

（2）如果该公司执行的是固定股利支付率政策，并保持资金结构不变，则 2018 年度该公司为引进生产线需要从外部筹集多少自有资金？

（3）如果该公司执行的是剩余股利政策，则 2017 年度公司可以发放多少现金股利？

6. 甲公司今年年底的所有者权益总额为 8 000 万元，普通股 5 000 万股。目前的资本结构为长期负债占 60%，所有者权益占 40%，没有需要付息的流动负债。甲公司的所得税税率为 25%，预计继续增加长期债务不会改变目前 10%的平均利率水平。董事会在讨论明年资金安排时提出：

（1）计划年度分配现金股利 0.04 元/股。

（2）为新的投资项目筹集 4 000 万元的资金。

（3）计划年度维持目前的资本结构，并且不增发新股，不举借短期借款。

要求：测算实现董事会上述要求所需要的息税前利润。

7. 某公司年终利润分配前的股东权益项目资料如表 8－14 所示。

表 8-14

股本——普通股（400 万股）	400 万元
资本公积	120 万元
未分配利润	1 150 万元
股东权益合计	1 670 万元

公司股票的每股现行市价为 20 元。

要求：

（1）计划按每 10 股送 1 股的方案发放股票股利，并按发放股票股利后的股数派发每股现金股利 0.1 元，股票股利的金额按现行市价计算。计算完成这一分配方案后的股东权益各项目数额。

（2）若按 1 股换 2 股的比例进行股票分割，计算普通股股数、股东权益各项目数额。

（3）假设利润分配不改变市净率，公司按每 10 股送 1 股的方案发放股票股利，股票股利按现行市价计算，并按新股数发放现金股利，且希望普通股市价达到每股 15 元，计算每股现金股利应是多少？

第 9 章

财务预算

本章要点

财务预算体系

财务预算编制方法

财务预算的编制

学习目标

财务预算是整个财务管理体系的重要一环，是财务决策的具体化。本章论述了财务预算及其在全面预算体系中的地位。通过本章的学习，你应该掌握日常业务预算和财务预算的编制程序和方法，掌握财务报表预算的编制。

【关键词】

- 财务预算（finance budget）
- 弹性预算（flexible budget）
- 固定预算（fixed budget）
- 零基预算（zero based budgeting）
- 增量预算（incremental budget）
- 定期预算（periodic budget）
- 滚动预算（rolling budget）
- 现金预算（cash budget）
- 销售预算（sales budget）
- 生产预算（production budget）
- 直接材料预算（direct material budget）
- 直接人工预算（direct labor budget）
- 制造费用预算（manufacturing overhead budget）

"凡事预则立，不预则废"，财务管理活动亦需要未雨绸缪。财务预算作为财务决策活动的具体化，就是事先做好的计划，是财务管理的重要环节。有了财务预算，就可以使整个管理过程有章可循、有据可查。

然而，还有不少企业管理者没有充分意识到财务预算的重要性和必要性，片面地认为"企业只要能卖出足够多的产品获取高额的利润就行了"。

事实上，在竞争日益激烈的市场环境中，这种只注重短期销售业绩的观点是短视的、不可持续的。

财务预算作为一种强大的商业工具，有助于更好地使财务决策具体化、可操作化，有助于设定合理的销售量、收入、费用和利润等财务目标。

核心理念

现代企业在日常经营活动中需要有一个详尽的规划和预算，对经营过程中将要发生的事项做好各方面的筹划和准备，尤其是财务上的准备。一个好的财务预算，可以事先对各种情况进行总体分析和判断，把相应的有利因素和不利因素以数据的形式反映在财务模型中加以分析和比较，并且可以将潜在风险可能造成的影响计算出来，从而更好地规避或控制风险。

9.1 财务预算体系

企业通常先做财务决策，然后根据决策结果编制财务预算，从而确保财务决策能够具体化、系统化地执行。企业的财务预算并不仅仅是现金预算和预计财务报表的编制，它还涉及日常经营过程中的采购、生产、销售等各个方面的预算，这些预算联系在一起，就构成了全面预算体系。财务预算是全面预算中不可缺少的部分。

9.1.1 全面预算体系

所谓全面预算，顾名思义，就是企业的综合、总体情况的预算，它是根据企业目标编制的经营、资本、财务等年度收支计划，也即以货币及其他数量形式反映的，有关企业未来一段时间内全部经营活动各项目标和内容的具体计划与相应措施的数量说明。全面预算覆盖企业各个部门、各个方面，有助于企业全体员工明确工作目标和任务，使各部门的生产经营活动协调进行。

全面预算包括的具体内容如表9-1所示。

表9-1　全面预算的类型和内容

预算类型	定义	预算内容
特种决策预算	企业不经常发生的、需要根据特定决策临时编制的一次性预算。	经营决策预算和投资决策预算（如固定资产投资资金需要量的预测）。
日常业务预算	企业日常经营活动直接相关的经营业务的各种预算。	销售预算、生产预算、直接材料耗用量及采购预算、应交增值税等。
财务预算	一系列专门反映企业一定预算期内预计财务状况和经营成果以及现金收支等价值指标的各种预算的总称。	现金预算、财务费用预算、预计利润表、预计利润分配表和预计资产负债表等。

其中，日常业务预算通常与企业的现金预算、预计财务报表的编制有关，既有实物计量的指标，如产量指标、采购量指标的编制；又有价值计量的指标，如销售

收入指标、采购成本指标的编制等。各种预算之间前后衔接，相互对应。例如，在编制产品成本预算时，要把材料成本、工人的工资以及相应生产过程中的费用考虑在内，这里面需要生产预算、直接材料采购预算、制造费用预算等。

财务预算是全面预算体系中的最后环节，可以从价值方面总括地反映经营期特种决策预算与日常业务预算的结果，所以又称为总预算。其余预算则相应称为辅助预算或分预算。财务预算在全面预算体系中占有举足轻重的地位。它们之间的关系如图 9－1 所示。

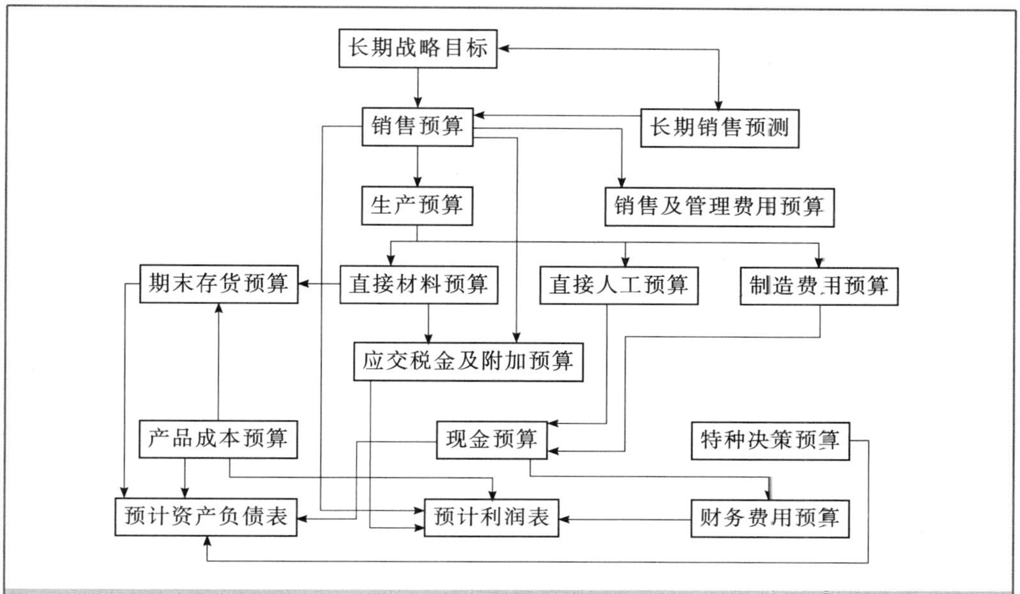

图 9－1　全面预算体系

9.1.2　财务预算的作用和编制的步骤

1. 财务预算的作用

财务预算在企业中的作用主要在于以下几个方面：

(1) 可以明确工作目标；

(2) 可以协调各部门的工作；

(3) 可以作为控制财务活动的依据；

(4) 可以作为业绩考核的标准。

2. 财务预算编制的步骤

财务预算编制的步骤和程序一般如下：

(1) 企业最高管理当局依据长期规划，提出一定时期的经营目标，下达给各基层部门。

(2) 各基层部门根据下达的指标，结合实际情况，草拟分项预算。分项预算应由各级业务部门编制，以提高业务部门实现预算目标的责任感和事业心。财会部门应当为业务部门提供必要的资料，协助业务部门分析数据和编制预算表格。

（3）企业预算主管部门对各分项预算进行汇总、审查、分析、调整，编制总体预算。企业财务预算一般采用自上而下和自下而上相结合的方式编制。

（4）根据协调、平衡结果汇编出总预算，报企业最高管理当局批准。

（5）预算下达到各有关部门执行。

另外，在整个预算的编制过程中，要注意以下几点：

（1）明确预算的编制方针；

（2）掌握和收集有关基础资料和数据；

（3）注重预算的连贯性和长短期的衔接。

9.2 财务预算编制方法

我们知道，财务预算是一系列专门反映企业未来一定预算期内预计财务状况和经营成果，以及现金收支等价值指标的各种预算的总称。作为预算编制基础和依据的业务量的数量特征有多种，可以假定业务量固定不变，也可以假定在一定范围内变化；同样，预算期的设定也有多种，可以假定预算期是一个固定的会计年度，也可以在保持预算期始终为12个月的前提下按逐月或逐季滚动的方法来编制预算。根据这些不同的方法最后得出的预算结果是不同的，并且各有优缺点。

9.2.1 固定预算与弹性预算

1. 固定预算

固定预算，又称静态预算，是指根据预算期内正常的、可实现的某一业务量（如销售量）水平作为唯一基础和依据来编制预算的方法。固定预算的优缺点及使用范围如表9-2所示。

表9-2 固定预算的优缺点

优点	缺点
编制比较简单。	（1）缺乏灵活性。固定预算的编制基础是事先假定的某一业务量水平，无论编制预算期内业务量水平发生什么变动，都只能按事先假定的业务量水平编制。 （2）缺乏可比性。当作为编制基础的业务量水平和实际的业务量水平有较大差异时，预算数和实际数就会因业务量基础不同而失去可比性。

固定预算方法适用于业务量水平较为稳定的企业或非营利组织。

2. 弹性预算

弹性预算是通过不同成本性态的确认，编制出随业务量变动而变动的一种预算，又称变动预算或滑动预算。它是为克服固定预算的缺点而设计的，是在成本习性分析的基础上，以业务量、成本和利润之间的依存关系为依据，按照预算期可预见的各种业务量水平，编制能够适应多种不同业务量情况预算的方法。

编制弹性预算所依据的业务量可以是销售量、产量、直接人工工时、机器工时、材料消耗量和直接人工工资等。弹性预算的优缺点如表 9-3 所示。

表 9-3　弹性预算的优缺点

优点	缺点
(1) 灵活性强。弹性预算反映预算期内与一定相关范围内的可预见的多种业务量水平相对应的不同预算额，不再是只适应一个业务量水平的一个预算，而是能够随业务量水平的变动做机动调整的一组预算，从而扩大了预算的适用范围，便于预算指标的调整。一经编制，便可连续使用，可大大减少工作量。 (2) 可比性强。由于弹性预算是能够随业务量水平的变动做机动调整的一组预算，因此可以将实际指标与实际业务量相应的预算额进行对比，能够使预算执行情况的评价与考核建立在更加客观和可比的基础上。	(1) 可控性差，控制力弱。 (2) 编制较为复杂。

从理论上说，弹性预算适用于编制全面预算中所有与业务量有关的各种预算，但从实用角度看，主要用于编制弹性成本费用预算和弹性利润预算等。

9.2.2　增量预算和零基预算

1. 增量预算

增量预算方法简称增量预算，又称调整预算方法，是指以基期成本费用水平为基础，结合预算期业务量水平及各影响成本因素的未来变动情况，通过调整原有费用项目而编制预算的一种方法。增量预算方法的优缺点如表 9-4 所示。

表 9-4　增量预算的优缺点

优点	缺点
编制比较简单。	(1) 受原有费用项目的限制。不加分析地保留了原有的成本项目，有可能造成原来不合理的开支继续存在下去。 (2) 不利于调动各部门的积极性。按一定比率增减费用，不利于调动各部门的积极性，滋长预算中的平均主义和简单化。 (3) 不利于企业未来的发展。没有考虑未来开支的变化而造成预算的不足。

增量预算适用于服务部门费用预算的编制，并且一般与零基预算结合使用，每隔若干年进行一次零基预算的编制，在两次编制零基预算的间隔中间年份采用增量预算。

2. 零基预算

零基预算是将所有的预算支出均以零为出发点，不考虑以往会计期间所发生的费用项目及数额，一切从实际出发，分别审议预算期内各项费用的内容及开支标准是否合理，在综合平衡的基础上编制费用预算的一种方法。零基预算的优缺点如表

9－5所示。

表9－5 零基预算的优缺点

优点	缺点
（1）可以合理有效地进行资源分配，将有限的资金用在刀刃上，实现资源的最优化利用。 （2）可以充分发挥各级管理人员的积极性和创造性，促进各预算部门精打细算，量力而行，合理使用资金，提高资金的利用效果。	编制过程可能耗费大量时间，对管理人员的专业能力要求比较高。

零基预算特别适用于产出较难辨认的服务性部门预算的编制与控制。

9.2.3 定期预算和滚动预算

1. 定期预算

定期预算是指在编制预算时，以不变的会计期间作为预算期的一种编制预算的方法。定期预算的优缺点如表9－6所示。

表9－6 定期预算的优缺点

优点	缺点
能够使预算期间与会计年度相配合，便于考核和评价预算的执行结果。	（1）远期指导性差。由于定期预算往往是在年初或者提前两三个月编制的，因此难以对整个预算年度的生产经营活动做出准确预算。 （2）灵活性差。当预算内的各项活动发生重大变化时，就会导致预算滞后，造成虚假预算。 （3）连续性差。由于期间的限制，导致经营管理者的决策仅局限于本期规划的经营活动，通常不会考虑下一期。

2. 滚动预算

滚动预算，又称连续预算或永续预算，是指在编制预算时，将预算期与会计年度脱离，随着预算的执行不断延伸补充预算，逐期向后滚动，使预算期永远保持为一个固定期间的一种预算编制方法。滚动预算的优缺点如表9－7所示。

表9－7 滚动预算的优缺点

优点	缺点
（1）透明度高。编制预算不再是预算年度开始之前几个月的事情，而是实现了与日常管理的紧密衔接，可以使管理人员始终能够从动态的角度把握住企业近期的规划目标和远期的战略布局，使预算具有较高的透明度。 （2）灵活性强。滚动预算能根据前期预算的执行情况，结合各种因素的变动影响，及时调整和修订近期预算，从而使预算更加切合实际，能够充分发挥预算的指导和控制作用。 （3）连续性强。滚动预算在时间上不再受日历年度的限制，能够连续不断地规划未来的经营活动，不会造成预算的人为间断。	预算工作量较大。

9.3　财务预算的编制

9.3.1　现金预算的编制

1. 现金预算的定义

现金预算亦称现金收支预算，它是以日常业务预算和特种决策预算为基础所编制的反映现金收支情况的预算。这里的现金是指全部货币资金。广义的现金预算包括现金收入、现金支出、现金收支差额和现金筹措与使用情况等，同时也反映期初、期末的现金余额。

2. 现金预算的编制依据

由于现金储备过少会影响周转，现金过多又会造成浪费，所以现金预算应当在保证各项支出所需资金供应的前提下，注意保持期末现金余额在合理的上下限额内波动。

当收支差额为正值（即现金结余）时，在偿还了利息和借款本金之后仍超过现金余额上限时，可以把超出部分用于投资包括有价证券在内的一些投资产品。

当现金收支差额为负值（即现金短缺）时，可采取暂缓还本付息、将有价证券等投资工具变现或向银行借款等措施予以补足。

3. 现金预算编制的流程

现金预算的内容包括现金收入、现金支出、现金不足的筹措方案和现金多余部分的利用方案等。现金预算实际上是其他各个预算中有关现金收支部分的汇总，因此现金预算的编制要以其他各项预算为基础。

（1）销售预算的编制。销售预算是全面预算的起点，也是日常业务预算的基础。销售预算需要确定预算期的销售收入和现金收入，需要在销售预测的基础上，根据企业年度目标利润确定的预计销售量和销售价格等参数计算编制。编制步骤如下：

1）计算该期各种产品的预计销售收入之和。按照该期各种产品的预计含税单价和预计销售量计算各产品的预计销售收入总和，计算公式为：

$$\begin{matrix}\text{各种产品的预计}\\\text{销售收入之和}\end{matrix}=\sum\left(\begin{matrix}\text{某种产品}\\\text{的预计单价}\end{matrix}\times\begin{matrix}\text{该产品该期的}\\\text{预计销售量}\end{matrix}\right)$$

各种产品的预计单价可根据市场供求关系并通过价格决策决定；预计销售量则需要根据市场预测及本企业上年销售情况并结合企业生产能力确定。

2）计算经营现金流入。企业产品的销售往往是现销与赊销并存，因此应在编制销售预算的同时，编制与销售收入有关的经营现金收入预算表，以反映全年及各期销售所得的现销含税收入和回收以前各期应收账款的现金收入。

某预算期的经营现金收入的计算公式为：

某预算期的经营现金收入＝该期现销含税收入＋该期回收前期的应收账款

式中： 该期现销含税收入＝该期含税销售收入×该期预计现销率

该期回收前期的应收账款＝本期期初应收账款×该期的预计应收账款回收率

在全面预算中，现销率和回收率的数值通常由企业根据以往销售的情况估计得出。

【例9-1】 假设元鸿公司2019年预计销售量和销售单价如表9-8所示，每季度收入的60%能于当期收入现金，其余40%在下一季度收回。2018年第四季度末应收账款余额为6 200元，假设不考虑坏账准备和应交税金的影响，同时为简便起见，本例只涉及一种产品，则该公司2019年的销售预算和经营现金收入预算如表9-8所示。

表9-8 元鸿公司2019年销售预算 单位：元

项目	第一季度	第二季度	第三季度	第四季度	本年合计
销售量（预计）（件）	1 000	1 500	2 000	1 800	6 300
销售单价	20	20	20	20	20
a. 销售收入合计	20 000	30 000	40 000	36 000	126 000
b. 现销收入	12 000	18 000	24 000	21 600	
c. 回收前期应收账款	6 200	8 000	12 000	16 000	
d. 现金收入合计	18 200	26 000	36 000	37 600	117 800

说明：a＝销售量×销售单价，b＝a×60%，c＝上一季度的a×40%，d＝b＋c。

（2）生产预算的编制。生产预算是为规划一定预算期内预计生产量水平而编制的一种日常业务预算。它是以销售预算为基础编制的，是所有日常业务预算中唯一使用实物量计量单位的预算，为进一步编制有关成本和费用预算提供实物量数据。

生产预算需要根据预计的销售量按品种分别编制。由于企业可能存在销售旺季和淡季，在旺季可能生产能力不够，而在淡季又可能生产能力有富余，生产和销售较难做到同步同量，因此，为保证均衡生产，企业储备一些存货是必须的。预算期间的生产量除要考虑本期销售量外，还需考虑预计期初存货和预计期末存货。有关计算公式如下：

某种产品预计生产量＝预计销售量＋该期期末存货量－该期期初存货量

式中，预计销售量来自销售预算；该期期初存货量等于上期期末存货量；该期期末存货量通常根据下期销售量的一定比例估算。

根据元鸿公司资料编制的生产预算如表9-9所示。其中，元鸿公司每期库存按照下季度销售量的10%估算，预计2019年第四季度的存货量为200件，2018年第四季度的存货量为100件。

表9-9 元鸿公司2019年产品生产预算 单位：件

项目	第一季度	第二季度	第三季度	第四季度	本年合计
销售量（预计）	1 000	1 500	2 000	1 800	6 300
a. 期末存货	150	200	180	200	200
b. 期初存货	100	150	200	180	100
c. 本期生产	1 050	1 550	1 980	1 820	6 400

说明：a=下季度销售量×10%，b=本季度销售量×10%，c=本季度销售量+a−b。

（3）直接材料预算的编制。直接材料预算是直接材料消耗及采购预算的简称，是根据一定预算期内直接材料消耗情况及采购活动编制的，用于确定预计的直接材料需用量、采购数量和采购成本而编制的一种经营预算。

与编制生产预算一样，编制直接材料预算应注意材料的采购量、耗用量和库存量之间保持合理的比例关系，避免材料的供应不足或超储积压。同时以材料消耗定额和预计材料采购单价等信息为基础，结合期初、期末材料存货水平进行编制。具体程序如下：

直接材料预算包括需用量预算和采购预算两个部分。

第一部分，直接材料需用量预算编制步骤。

1）按照各种产品的材料消耗定额和生产量计算预算期某种直接材料的需用量。

2）将预算期内各种直接材料的需用量汇总。

第二部分，直接材料采购预算的编制步骤。

1）预计预算期某种直接材料的采购量及采购成本。公式如下：

某期某种材料采购量=该材料该期总消耗量+该材料期末存货量
−该材料期初存货量

某期某种材料采购成本=该材料单价×该材料当期采购量

2）计算预算期预计直接材料采购总成本。计算公式为：

$$某期直接材料采购总成本=\sum 该期各种材料采购成本$$

3）计算采购现金支出。为了便于以后编制现金预算，通常要编制与材料采购有关的各季度预计材料采购现金支出预算。直接材料现金支出预算与销售现金收入有类似之处，一部分采购可以通过赊购方式实现，因此某期的现金支出的计算公式为：

某期的采购现金支出=该期预计采购金额×该期预计付现率
+该期期初应付账款×应付账款支付率

式中，付现率是指一定期间现购材料现金支出占该期含税采购金额的百分比；应付账款支付率为前期应付账款在本期支付的现金额占相关应付账款的百分比。在全面预算中，付现率和应付账款支付率通常为已知的经验数据。

仍依例9-1中元鸿公司的资料，编制出直接材料预算和预计现金支出如表9-10和表9-11所示。其中，预计期末存量是下季度需要量的20%，应付账款一半在本季度付清，一半在下季度付清。

表9-10　元鸿公司2019年直接材料预算

项目	第一季度	第二季度	第三季度	第四季度	本年合计
预计生产量（件）	1 050	1 550	1 980	1 820	6 400
单位产品材料用量（千克/件）	1	1	1	1	1
生产需要量（千克）	1 050	1 550	1 980	1 820	6 400
加：预计期末存量（千克）	310	396	364	400	400
减：预计期初存量（千克）	300	310	396	364	300
预计材料采购量（千克）	1 060	1 636	1 948	1 856	6 500
单价（元/千克）	5	5	5	5	5
预计采购金额（元）	5 300	8 180	9 740	9 280	32 500

表9-11　2019年预计现金支出　　单位：元

项目	第一季度	第二季度	第三季度	第四季度	本年合计
上季度应付账款	2 350	2 650	4 090	4 870	
本季度采购支出	2 650	4 090	4 870	4 640	
现金支出合计	5 000	6 740	8 960	9 510	30 210

说明：上季度应付账款=上季度采购金额×50%，本季度采购支出=本季度采购金额×50%。

（4）直接人工预算的编制。直接人工预算是为规划一定预算期内人工工时的消耗水平和人工成本水平而编制的经营预算。

直接人工预算包括直接工资和按直接工资的一定比例计算的其他直接支出预算，如职工福利费等。

编制直接人工预算的主要依据是已知的标准工资率、标准单位直接人工工时、其他直接支出计提标准和生产预算中的预计生产量等资料。

直接人工预算的编制步骤如下：

1）预计每种产品的直接人工成本。

某产品的直接工资=标准小时工资率×该产品的工时定额
×该产品的预计生产量

某产品其他直接支出=每种产品的直接工资预算额×计提百分比

不同的产品可能有不同的工时定额，单位产品工时定额与特定产品的生产流程有关，需要由企业根据经验数据事先分析确定，而预计生产量数据可从生产预算中取得。标准小时工资率则由企业根据一定时期直接工资总额和同期直接人工工时总数确定。

2）计算企业直接工资及其他直接支出总额。

$$\text{企业直接工资及其他直接支出总额} = \sum \left(\text{某种产品的直接工资} + \text{该产品其他直接支出预算额} \right)$$

直接人工一般为现金支出，但是应付福利费的计提有可能是非现金支出，可以将其剔除。元鸿公司的直接人工预算如表 9－12 所示。

表 9－12 元鸿公司 2019 年直接人工预算

项目	第一季度	第二季度	第三季度	第四季度	本年合计
预计生产量（件）	1 050	1 550	1 980	1 820	6 400
单位产品工时（小时/件）	1	1	1	1	1
人工总工时（小时）	1 050	1 550	1 980	1 820	6 400
每小时人工成本（元/小时）	2	2	2	2	2
人工总成本（元）	2 100	3 100	3 960	3 640	12 800

（5）制造费用预算的编制。制造费用预算是根据一定预算期内除直接材料和直接人工预算以外预计发生的其他生产费用水平编制的一种日常业务预算。

制造费用预算可以以变动成本法为基础编制，将除直接材料和直接人工预算以外预计发生的其他生产费用划分为固定部分和变动部分分别编制。

变动制造费用可以根据单位产品预定分配率乘以预计的生产量进行预计。

固定制造费用可在上年的基础上根据预期变动加以适当修正进行预计，并作为期间成本，可以不必分配至具体的产品。根据前述资料，元鸿公司的制造费用预算如表 9－13 所示，产品成本预算如表 9－14 所示。

表 9－13 元鸿公司 2019 年制造费用预算 单位：元

项目	第一季度	第二季度	第三季度	第四季度	本年合计
变动制造费用					
间接人工	105	155	198	182	640
间接材料	105	155	198	182	640
修理费	105	155	198	182	640
水电费	105	155	198	182	640
暖气费	105	155	198	182	640
合计	525	775	990	910	3 200
固定制造费用					
修理费	1 075	1 225	1 010	1 090	4 400
折旧	1 000	1 000	1 000	1 000	4 000
管理工人工资	300	300	300	300	1 200
合计	2 375	2 525	2 310	2 390	9 600
制造费用合计	2 900	3 300	3 300	3 300	12 800
减：折旧	1 000	1 000	1 000	1 000	4 000
现金支出	1 900	2 300	2 300	2 300	8 800

表9-14　元鸿公司2019年产品成本预算　　单位：元

项目	生产成本（6 400件）	期末存货（200件）	销售成本（6 300件）
直接材料	32 000	1 000	31 500
直接人工	12 800	400	12 600
变动制造成本	3 200	100	3 150
固定制造成本	9 600	300	9 450
合计	57 600	1 800	56 700

（6）销售和管理费用预算的编制。销售和管理费用预算是根据一定预算期内因销售企业产品和管理企业预计发生的各项费用水平而编制的一种日常业务预算。

由于销售和管理费用多为固定成本，它们的发生是为保证企业维持正常的运营，所以，销售和管理费用一般按项目反映全年预计水平。我们同样可将销售和管理费用按照固定部分和变动部分分别编制。

假设元鸿公司2019年全年的销售和管理费用预算为20 000元，则每季度需要支付的现金为5 000元。

（7）现金预算的编制。现金预算的编制必须以各项预算为基础，反映各预算期的收入款项和支出款项，并作对比说明。目的在于资金不足时筹措资金，资金多余时及时处理现金余额，并且提供现金收支的控制限额，发挥现金管理作用。

根据元鸿公司的资料，假设2019年第一季度期初现金余额为8 000元，销售现金收入及其他日常业务预算和特种决策预算的现金收支情况由上述表9－8至表9－14的资料确定。该公司每季度的现金余额必须保持在8 000元以上，现金不足可向银行借款，借款金额必须是1 000的倍数，且年利率为10%，则可以编制元鸿公司的现金预算如表9－15所示。

表9－15　元鸿公司2019年现金预算　　单位：元

项目	第一季度	第二季度	第三季度	第四季度	本年合计
期初现金余额	8 000	9 200	8 060	9 290	8 000
加：销售现金收入	18 200	26 000	36 000	37 600	117 800
可供使用资金	26 200	35 200	44 060	46 890	125 800
减各项支出：					
直接材料	5 000	6 740	8 960	9 510	30 210
直接人工	2 100	3 100	3 960	3 640	12 800
制造费用	1 900	2 300	2 300	2 300	8 800
销售及管理费用	5 000	5 000	5 000	5 000	20 000
所得税费用	3 000	3 000	3 000	3 000	12 000
购买设备		10 000			10 000
股利		8 000		8 000	16 000
现金多余或不足	9 200	－2 940	20 840	15 440	
向银行借款		11 000			
向银行还款			11 000		
借款利息			550		550
期末现金余额	9 200	8 060	9 290	15 440	15 440

9.3.2　利润表和资产负债表预算的编制

1. 利润表预算的编制

利润表用于综合反映企业在预算期间的收入、成本费用及经营成果的情况。由于财务预算是以销售收入为起点的，因此，利润表中只有在确定了销售收入以后，才能进一步对与销售收入配比的成本费用进行规划和测算。根据前述资料，元鸿公司的利润表预算如表 9－16 所示。其中，销售收入、销售成本、销售管理费用和利息都可以通过前面的预算查得，所得税费用是根据利润总额大致估算的，即利润总额×所得税税率（25%）。

表 9－16　元鸿公司 2019 年利润表预算　　单位：元

项目	金额
销售收入	126 000
销售成本	56 700
毛利	69 300
销售及管理费用	20 000
利息	550
利润总额	48 750
所得税费用（≈利润总额×25%）	12 000
税后净收益	36 750

通过编制利润表预算，可以对企业的盈利水平有一个大致的了解。如果编制的利润表预算与企业的目标利润有较大差异，就需要调整部门预算，设法达到预定的目标。

2. 资产负债表预算的编制

资产负债表预算反映企业在预算期末的财务状况，包括资产、负债和所有者权益。编制资产负债表预算以资产负债表期初数为基础，充分考虑利润表预算、现金流量表预算的相关数据对资产、负债、所有者权益期初数的影响。元鸿公司的资产负债表预算如表 9－17 所示。

表 9－17　元鸿公司 2019 年资产负债表预算　　单位：元

资产		负债与所有者权益	
现金	15 440	应付账款	4 640
应收账款	14 400	普通股	29 000
直接材料	2 000	未分配利润	37 000
产成品	1 800		
固定资产	45 000		
减：累计折旧	8 000		
资产总额	70 640	负债与所有者权益总额	70 640

其中，现金、应收账款、直接材料、产成品、累计折旧、应付账款可以通过之

前编制的预算查得。

固定资产期初为35 000元，本期增加10 000元。

普通股期初为29 000元，本期没有变化。

上期末未分配利润为16 250元，则本期未分配利润＝上期末未分配利润＋本期利润－本期支付股利＝16 250＋36 750－16 000＝37 000元。

需要注意的是，财务预算并不是一经制定就固定不变的。财务预算编制是建立在一系列假设及估计的基础上的，因此预算存在一定的局限性。在推行预算过程中如果出现较大差异，就应对财务预算作适当修正，以提高财务预算的合理性、客观性和正确性，发挥财务预算在企业经营管理中的作用。

案例评析

应用案例与点评

【案例1】

如何做好预算

C公司是一家成立时间不长的家电生产企业，在经营的前三年中没有做过预算管理，新财务经理上任后提出了做好预算的关键点：好预算要由两点来衡量。首先，这个预算是可实现的；其次，它的目标是在企业现有能力下最大限度地为股东贡献价值。从C公司的情况看，就是保持收入和盈利的增长，这是预算的第一目标。

财务经理对好预算的阐述非常简单明了，但要想做好预算，她也直截了当地指出，“那并不是一件容易的事”。“这两方面虽说很简单，其实包含的内容很多。要保持企业能够盈利增长，预算就绝对不能单凭主观想象，而是要组织各相关部门的负责人，经过一个好的预算编制流程才能完成。”

根据财务经理的要求，C公司每年从9月开始启动预算，一般需要用三四个月的时间，其中70%的时间花在了解市场上。首先，所有做预算的人心里都必须非常清楚，所有的预算和企业计划要从分析新用户的需求开始，彻底分析所在市场的用户想让你成为什么、需要什么，这是做好预算的第一步。财务经理同时指出，“企业做预算最容易发生的问题，就是我想怎么样，我想明年增长多少，我想赚多少钱，我想成为中国的龙头，这种心态是不可取的”。

通常情况下，用户有几种不同的需求，用户能够说得很清楚的，大家也都能够做出满足这种需求的产品或者服务，企业在这个需求领域的增长一定会迅速变化。因为这一领域的产品和服务各家企业都可以做，市场份额自然不会太大。

财务经理认为，“企业新的增长点往往是从那些用户还没有被满足的需求，或者说不出来的需求里找出来的，这就是某些公司可以成功的一个很重要的原因”。财务经理对于第一步十分重视，她认为做好第一步就等于找到了企业新的增长点，找到了生存的命脉。“用户需要的所有东西我们都要满足，对每一个变化，我们称之为刷新。不断刷新企业的宗旨，不断刷新给用户的东西，从而使企业不断发展。这是做预算的一个要素，也是最重要的一点。”

第二步，分析竞争的环境，也就是研究竞争对手的战略是什么。企业要增长得快，首先要给用户最需要的，也就是给用户一个非买你产品不可的理由。这时就要把自己跟竞争对手区别开。研究竞争对手的策略是什么，分析它的优势和劣势，找出我们的优势。然后确定第三步，就是我们给用户什么。C公司每年都要用两三个月的时间来重点做这三步。

以下是C公司对其生产的AD产品编制的1—3月的预算。

AD产品的成本数据如表9-18所示。

表9-18 AD产品的成本数据

成本项目	计量单位	金额（元）
直接材料a	3千克，每千克3.5元	10.5
直接材料b	4千克，每千克4.5元	18
直接人工	15分钟，每小时8元	2
变动制造费用	2元/件	2
固定制造费用	4元/小时	1
单位成本		33.5

该产品的销售量有明显的季节性特征，公司管理层对1—3月的销售预测如表9-19所示。

表9-19 销售预测

月份	1	2	3	4
销售量（件）	15 000	17 500	30 000	10 000

2月和3月的产成品期初储备量必须是当月预期销售量的20%。3月的期末产成品储备量必须是4月份预期销售量的10%。1月的期初产成品储备量为2 000件，价值为34 900元。

1月初，原材料a的储备量需要15 000千克，原材料b的储备量需要20 000千克。这些原材料储备量可以以目前的价格购买。由于原材料的供应价格上涨，如需进一步购买，C公司只能以3.8元/千克的价格购买原材料a，以4.8元/千克的价格购买原材料b。其余月份的月初原材料储备量与1月相同。

在上述几个月中，预期每月劳动力工作总小时数为5 000小时，超过部分为加班时间，加班工资以12元/小时支付。

C公司采用先进先出法计量存货价值。

要求：

1. 提供1—3月的有关预算表：

生产预算（单位：件）；

原材料使用预算（单位：元）；

产品成本预算（单位：元）。

2. 讨论保障预算成功的因素。

【点评】

1. 生产预算如表9-20所示。

表9-20 生产预算 单位：件

	月份			总额（元）
	1	2	3	
销售量（件）	15 000	17 500	30 000	62 500
期末储备（件）	3 500	6 000	1 000	1 000
合计	18 500	23 500	31 000	63 500
期初储备（件）	2 000	3 500	6 000	2 000
生产数量（件）	16 500	20 000	25 000	61 500

原材料使用预算如表9-21所示。

表9-21 原材料使用预算 单位：元

	月份			总额（元）
	1	2	3	
原材料a	49 500	60 000	75 000	184 500
原材料b	66 000	80 000	100 000	246 000

产品成本预算如表9-22所示。

表9-22 产品成本预算 单位：元

	月份			总额（元）
	1	2	3	
直接材料a	183 600	228 000	285 000	696 600
直接材料b	310 800	384 000	480 000	1 174 800
直接人工	33 000	40 000	55 000	128 000
变动制造费用	33 000	40 000	50 000	123 000
固定制造费用	16 500	20 000	25 000	61 500
生产成本总额	576 900	712 000	895 000	2 183 900
单位生产成本	34.96	35.60	35.80	

1月原材料a使用＝15 000×3.5＋34 500×3.8＝183 600(元)

2 月原材料 a 使用＝60 000×3.8＝228 000(元)

3 月原材料 a 使用＝75 000×3.8＝285 000(元)

1 月原材料 b 使用＝20 000×4.5＋46 000×4.8＝310 800(元)

2 月原材料 b 使用＝80 000×4.8＝384 000(元)

3 月原材料 b 使用＝100 000×4.8＝480 000(元)

1 月直接人工＝4 125×8＝33 000(元)

2 月直接人工＝5 000×8＝40 000(元)

3 月直接人工＝5 000×8＋1 250×12＝55 000(元)

2. 财务预算的重要性、预算成功的条件。

(1) 财务预算的重要性。

1) 财务预算使决策目标具体化、系统化和定量化。在现代企业财务管理中，财务预算起到全面综合地协调规划企业内部各部门、各层次的经济关系的职能，使之统一服从于未来经营总体目标的要求；同时，财务预算又能使决策目标具体化、系统化和定量化，能够明确规定企业有关生产经营人员各自职责及相应的奋斗目标，做到人人事先心中有数。财务预算作为全面预算体系中的最后环节，可以从价值方面总括地反映经营期特种决策预算与业务预算的结果，使预算执行情况一目了然。

2) 财务预算有助于财务目标的顺利实现。通过财务预算，可以建立评价企业财务状况的标准。将实际数与预算数对比，可及时发现问题和调整偏差，使企业的经济活动按预定的目标进行，从而实现企业的财务目标。

(2) 预算成功的条件。

1) 高层管理者的认同和支持。

2) 全员的参与认同。

3) 数据具有正确性和相当的精确性。

【案例 2】

山东航空集团的全面预算体系

项目背景

被誉为“齐鲁之翼”的山东航空集团（以下简称山航集团）是 2000 年成立的国有大型一类航空运输企业集团。公司拥有资产 45 亿元，经过 10 多年的发展，山航集团以山东航空集团有限公司为母公司，拥有山航股份、山东太古（飞机维修）、航空培训、广告公司等子公司和山航大厦、济南丹顶鹤大酒店（三星级）、烟台飞行员度假村等分支机构，形成以运输业为龙头，上下游产业配套发展的经营格局，逐渐发展成为一个具有多种产业结构布局的综合性企业集团。

山航集团全面预算的编制主体十分复杂，成员单位既涉及控股、非控股的子公司，又涉及非法人的独立核算单位；既涉及B股上市公司，又涉及内资企业；既涉及航空运输主业，又延伸到与航空业有关的飞行员、乘务员、地面维修业务培训等多种行业。原来集团公司各成员单位执行分行业的会计制度，2004年起统一执行《企业会计制度》。山航集团以现代企业制度为基础，实行董事会领导下的总裁负责制。

2005年年初，山航集团在综合平衡各软件的特点和其他集团的经验之后，结合自身情况，决定首先从全面预算管理入手，这也是整个山航集团推出战略管理的重要组成部分以及实现全面信息化的第一步。

虽从全面预算管理入手，但山航集团着眼于未来集团信息化统一平台的建设，这次转型既要考虑企业现有特点及需求，能满足集团及下属企业全面预算管理的需要，能够建立全面预算管理体系优化企业的资源配置，保证集团公司总体财务目标的实现，全方位地调动各个层面员工的积极性，促进企业建立健全内部约束机制，规范企业财务管理行为，促使企业效益最大化；又要能面向集中管理，实现集团信息化统一平台建设，要求整个系统在战略上实行集中控制，整合所有资源，在战术上实行分布式经营，做到既降低经营风险，又发挥规模经济优势，协助集团实现战略目标。成熟的产品线、大型企业实施案例也同样是山航所关注的。

基本需求

山航集团是国有大型一类航空运输企业，这要求其系统具有很强的安全性、可靠性、易使用性、可扩展性和先进性等技术特点，同时要能体现山航集团对全面预算的管理思想，尤其是事前预算、事中控制、事后分析调整等，并根据预算执行情况进行绩效考核。其系统特别强调资源的配置和对集团公司战略目标的支撑，出发点应是集团公司的管理思想，从集团管理角度看待全面预算系统，不是简单地从账务管理系统中得出来的数据罗列和报表管理，要真正成为山航集团战略管理的有力支撑。

系统总体目标

(1) 面向内部管理，提高企业营运的计划性和可监管性；

(2) 面向业务流程，实现全面预算报表编制规范化；

(3) 面向决策，提供辅助决策支持；

(4) 面向未来，构筑统一的企业财务信息化平台。

整体架构

全面预算信息系统的整体构架以集团的分级管理构架为基础，企业预算报表信息由集团公司成员单位根据集团确定的年度经营目标，将预算目标层层分解落实到企业内部各预算编制单位，并将本单位预算报表汇总上报到集团公司，集团公司借以对预算执行情况进行分析和监控，并实现对预算执行情况的考核和评价。

建立预算体系

全面预算管理是利用预算对各部门、各单位的各种财务及非财务资源进行分配、考核、控制，以便有效组织和协调企业的生产经营活动，完成既定的经营目标。业务预算、投资预算、筹资预算、财务预算共同构成企业的全面预算。

山航集团预算体系主要由以下部分构成，如表9-23所示。

表 9-23　山航集团预算体系

预算体系	预算表	编制部门
第一部分　业务预算	1. 销售收入预算	销售部、货运部
	2. 生产计划预算	企业管理与证券部
	3. 人工预算	人力资源部
	4. 航材采购及维修预算	机务工程部
	5. 飞机及发动机维修预算	机务工程部
	6. 物资采购与物料消耗预算	财务部
	7. 业务成本预算	财务部
	8. 销售费用预算	销售部、货运部
	9. 管理费用预算	财务部
第二部分　投资预算	10. 固定资产投资预算	财务部
	11. 权益性资本投资预算	企业管理与证券部
	12. 债券投资预算	企业管理与证券部
第三部分　筹资预算	13. 筹资预算	财务部
	14. 财务费用预算	财务部
第四部分　财务预算	15. 预计利润	财务部
	16. 预计资产与负债	财务部
	17. 预计现金流量	财务部

预算编制审批流程

山航集团按照“二下”“二上”的预算编制流程。首先，下达预算目标，各企业单位根据“一下”目标并结合自身情况编制企业的“一上”预算，在预算编制过程中进行平衡检查及控制检查，检查通过后上报汇总，集团对各单位上报的预算报表进行审查，对不符合要求的预算报表，填写审批意见发回原单位进行修改。预算报表审批通过后，结合企业预算情况及集团经营目标制定企业的预算指标，形成“二下”指标，下达企业，企业根据“二下”指标编制“二上”预算，“二上”预算要受“二下”指标的控制，并进行平衡检查。检查通过后的预算数据上报上级公司，上级公司进行审批处理，对审批通过的预算进行汇总合并形成集团公司预算，集团公司将以此为依据，在预算期内，监督、控制预算的执行情况。

对执行过程采用对比分析、环比分析、定基分析等多种分析方法，对指标、预算项目、预算表进行分析，通过对预算执行情况进行差异分析，可以从单位（部门）、预算期间、预算项目、预算版本四维进行穿透分析，查找差异原因，为决策提供支持。

资料来源：http://articles.e-works.net.cn/Articles/570/Article40545.htm.

根据上述资料：

1. 试分析山航集团全面预算管理系统的主要特点。

2. 就山航集团全面预算管理系统应用情况给出你的评价。

【点评】

1. 山航集团全面预算管理系统的主要特点。

（1）预算系统支持多种预算体系，可以实现包含业务预算、财务预算、投资预算及筹资预算等多种体系的全面预算管理。

（2）能够实现预算编制过程的灵活性和弹性，支持在一个会计年度内分阶段进行编制，也支持跨年度编制预算。可定义预算表格式，适合多种预算编制方法。

（3）支持滚动预算、弹性预算、增量预算、零基预算等编制方法，支持自上而下的集中预算的编制和分解，自下而上的预算编制和汇总，以及上下结合的预算编制流程。

（4）支持预算编制的多种细化预算数据方式，可以从编制期间上进行细化，也可以从部门、专项上进行细化处理。

（5）支持预算表之间的推演，可定义各预算表间的勾稽关系。

（6）灵活的功能权限和数据权限控制，不同的人具有不同层次、不同数据的操作、修改、查看等权限，保证系统和数据的安全性。

（7）预算执行数据被动采集于其他业务系统，可直接与其他系统共享，实现事前预算和预警，事中控制；可同时在年、季、月、旬定义不同的控制方法，预算控制更为灵活。

（8）预算分析灵活，可以进行预算对比分析、预算差异分析、预算环比分析、预算定基分析、预算穿透分析等多种分析，满足预算管理的需要。

2. 应用评价。

企业预算编制的过程就是一个企业经营行为的过程。以往，下属企业在上报预算时会适当少报一些，以减轻增长压力。这种“顺利”“轻松”完成任务的想法与集团公司的初衷差距较大；也有一些企业由于信息不对称，指标制定缺乏合理依据，预算指标与实际情况相脱节。

预算系统体现了企业下一步要做的事情和企业真正的管理思想和经营行为。针对这种情况，山航集团在预算系统中加入了自动化的预警、报警等相当多的控制点，以便更好地把握集团公司整个预算年度的经营命脉和发展趋势。

从编制预算开始，山航集团管理的核心思想就得到了充分体现。集团整个预算体系的近200张预算表的数据从企业人工和各种物料消耗定额填写开始，自动反映到后面的成本表，越到后面的环节系统需填写的数据就越少，最后所有数据都汇总到现金收支上。最终形成的三张会计报表中，有60%～70%的数据是从前面的环节中自动获取的，要人为做假很难，这些都加强了集团的控制力。

通过全面预算管理系统，山航集团对各单位的生产经营活动有了全面的了解，实现了集团对下属二、三级单位的全方位管控，把企业中的各种经济活动统一到了企业整体发展目标上来，在集团内部形成合力，推动集团的高效运转。全面预算真正起到了对山航集团战略管理的强有力支撑，及时掌握企业信息、配置企业信息、综合企业的管理资源，把资源配置到最有效的地方；控制企业发展导向，把握整个集团的发展命脉。

山航集团以前的管理主要是行政管理，是人事管理和财务监督。由于政府每年对集团都有资金支持，集团下属企业汇报工作时主要考虑资金怎么分配，但生产经营数据不会真实上报。而现在，通过系统的实施，集团对营运、销售、资金等各方面都能摸清楚，对企业的经营活动有了彻底的了解。从系统本身来说，它确实体现了企业以管理为先导、以管理为本质的思想，不是一个机械、僵化的系统，而是一个人性化、动态化的系统。

精选案例讨论

【案例】

宝钢全面财务管理控制体系

在经济转型、企业迅猛发展的运作过程中，宝山钢铁股份有限公司（以下简称宝钢）紧跟时代前进步伐，紧密结合企业生产经营实际，坚持企业管理以财务管理为中心、财务管理以资金管理为中心，并以企业价值最大化为终极目标，不断加强和改进财务管理，逐步建立健全了一套适应现代企业发展需要的、具有宝钢特色的财务管理体系，促进了企业发展。近年来，宝钢生产能力、盈利能力逐步上升，此外，净资产收益率、销售利润率等指标也保持了较高的水平。

宝钢财务管理经验的核心内容主要包括五个方面，即以企业价值最大化为导向，以全面预算管理为基本方法，以标准成本管理为基础，以现金流量控制为核心，以信息化技术为支撑的全面财务管理控制体系。

1. 以企业价值最大化为导向

宝钢通过几年的价值管理实践，形成了公司的核心价值观：追求企业价值最大化，即追求为股东、用户、员工、社会及其他利益相关者持续不断地创造价值，促使各利益相关者协调平衡、共同发展，使整个供应链价值最大化，最终实现企业价值最大化。

价值是公司一切活动的衡量标准和出发点。价值管理引导企业及其各职能部门都以为企业创造价值为工作的根本出发点，坚持所有工作以价值创造为评判标准。

2. 以全面预算管理为龙头

预算是对企业预算期内经营形势的判断及未来经营形势货币化语言的描述。在宝钢，预算是公司经营思想的具体体现，在生产经营的各个方面都发挥着重要作用，并已成为宝钢财务控制体系的龙头。通过预算的编制、对预算管理执行过程的跟踪和监控、对预算执行结果的分析和对比以及对策的提出，价值管理贯穿企业生产经营的方方面面，企业生产经营活动得以有序运行。

（1）预算体系架构。战略预算侧重于对规划期经营活动进行描述；经营预算是企业对年度内经营活动所作的预算和计划。战略预算通过经营预算来实现，并在经营预算中设置相应的战略指标，以实现公司的长期目标。预算体系以企业战略、经营规划为导向，以滚动预算为控制手段。年度预算则由总预算、制造成本预算和期间费用预算组成，是公司生产经营的基本目标和控制标准。

（2）全面预算管理的控制体系。预算管理是建立在企业现有的结构、业务流程、管理模式和管理水平基础之上的，它的控制也是通过公司现有的管理模式来进行的，并针对自身的特点和要求对企业管理进行改进和完善。预算管理首先着眼于企业整体效益，其目标是确保企业整体效益和价值的最大化。

（3）公司各二级部门均是价值中心。对于生产辅助部门来说：价值增量=（当季预算成本－当季实际成本）－本工序资产增量×资本成本率；对产品生产部门来说：价值增量=（当季预算成本－当季实际成本）×30%+（当季实际边际贡献－当季预算边际贡献）×70%－本工序资产增量×资本成本率；对采购部门来说：采购价值贡献增量=采购价格贡献×50%+采购物化成本贡献×50%－采购部门资产增量×资本成本率；对于销售部门来说：销售价值贡献增量=销售价格贡献×50%+（当季实际边际贡献－当季预算边际贡献）×50%－销售部门资产增量×资本成本率。通过这样的评价方法倡导价值增值，协调部门与公司利益目标，实现企业价值最大化。

3. 以标准成本管理为基础

标准成本制度是运用标准成本与实际成本的对比，揭示差异并进行分析的方法，实施对成本的事前、事中和事后控制，通过对成本中心成本绩效的衡量，着力于成本的改善，并运用标准成本服务于经营决策的成本管理体系。标准成本以管理创新和技术进步为动力，通过成本达标、挖潜，推进成本的持续改良，对成本实行全过程控制，全面提升产品的成本竞争力。

4. 以现金流量控制为核心的资金集中统一管理

融资权的集中，即统一确定融资规模、结构和渠道。调度权的集中，即实行统一调度，银行账户开设、变更或注销由资金管理部门统一办理。运作权的集中，即统一协调金融机构，避免资金分散运作，实现规模资金保值增值运作。

为牢固树立资金预算管理意识，根据各部门年度现金流量预算，分别将现金流量预算细化到每季、每月、每周、每日，提高可执行预算的执行精度，使月度滚动计划和资金调度计划紧密结合，预测月度资金溢缺情况，保证资金调度的及时性和准确性，使预算在不断的变化中尽量与实际相符，提高预算的准确性和可操作性。

宝钢高度重视控制应收账款风险，为此采取了预收货款、定期对账、密切跟踪客户财务状况变化、货款互抵等多种措施清理历史欠款，强化货款回笼。公司的货款回笼率一直保持在100%，保证了充足的现金流量，夯实了效益基础。

为降低货币资金存量占用，提高资金使用效率，宝钢建立了一系列管理制度，提高流动资金周转速度，引入了规模票据贴现和采购出票付款，扩大了企业自身商业信用范围，加速了营运资金周转。此外，宝钢追求经营项目下的外汇收支平衡，运用金融衍生工具，规避利率、汇率风险，适度调控外币资产、负债规模，优化外币资产、负债结构。

5. 以信息技术为支撑

宝钢经过长期探索，吸取世界先进企业信息化建设的先进理念，开发出符合自己需要的特大型企业信息管理系统——宝钢整体产销信息管理系统，即宝钢的企业资源计划（ERP）系统，由销售管理、质量管理、生产管理、出厂管理、成本管理、统计管理和会计管理等子系统组成。该系统于 1998 年 1 月顺利投入运营。它的实施，对于完善宝钢现代化管理、缩短生产周期、加快资金周转、降低成本、提高服务水平、增强竞争实力、实现企业价值最大化具有深远的意义。

同时，宝钢通过信息技术这一强有力的支撑，真正创建了一个完整的、集成的、实时的、公司级的成本会计管理系统。该系统能快速反映企业的运作结果，并将结果反馈到各业务部门，促使业务不断优化整合，最终形成了 PDCA 管理控制循环，构成了宝钢完整的现代财务控制体系，极大地提升了企业的价值创造能力。

【讨论】

1. 全面预算管理对宝钢这样的企业的积极作用有哪些?
2. 标准成本管理的意义。
3. 资金集中统一管理的意义。
4. 根据收集的资料，谈谈优化和健全公司资金管理体制的措施。

实务演练

思考与回答

1. 某公司打算在编制 2019 年预算时，进行方法上的改进。在编制利润预算时，由原来采用的固定预算法，改为采用弹性预算法。该公司的财务人员预计产品的销售量在 8 000～12 000 件之间，并以 1 000 件的变化幅度编制利润的弹性预算，结果与以前相比灵活方便了很多，请具体谈谈弹性预算与固定预算相比有哪些优点。

2. 宁美电器公司是一家以生产电冰箱、空调为主的家电制造商，同时在家电市场上有自己完善的销售渠道。该公司一位财务经理在编制财务预算时，先从公司的销售预算开始编制；另一位财务经理认为宁美公司是生产制造型企业，需要先从生产预算编制才更加科学、合理。你赞同哪一位的观点？为什么?

3. 某公司预算管理流程如下：

第一步，每年末集团公司董事会根据集团年度总体目标，提出下一财年总预算指标，并将总预算指标分解。

第二步，下属子公司根据集团公司分解的指标、预算编制原则和方法以及工作计划安排编制公司当年的财务预算。

第三步，财务中心审查下属子公司编制提交的预算，汇总集团总预算，并将总预算提交总经理室进行审议。

第四步，总经理室将总预算提交集团公司董事会审议，根据集团董事会意见调整财务预算后，由总经理室将预算下达到各下属子公司执行。

试评价该公司的预算编制流程。

4. 某小型私营企业只有两个部门：销售部门和生产部门。该企业主计划对这两个部门编制预算。财务人员建议该业主采用零基预算方法编制销售部门的预算；采用增量预算方法编制生产部门的预算。如果你是该私营企业业主，你会采纳财务人员的建议吗？为什么？试评价增量预算和零基预算各自的特点和适用性。

搜集与整理

1. 中石化的财务预算制度。

2. 你所在单位的财务预算制度。

3. 运用案例说明实行全面预算管理是如何提高企业效益的。

4. 宝钢的标准成本管理体系和资金管理系统。

5. 财务部门如何与销售部门、生产部门及其他部门进行协调，保证全面预算体系的顺利实施。

自测与练习

1. 相城公司 2019 年现金预算如表 9－24 所示。假定企业发生现金余缺均由归还和取得流动资金借款解决，流动资金借款利息可以忽略不计。除表中所列项目外，既没有有价证券，也没有发生其他现金收支业务。预计 2019 年末流动负债为 4 000 万元，需要保证的年末现金比率为 50%。

要求：根据所列资料，计算填列表中用字母表示的项目。

表 9－24　现金预算表　　单位：万元

项目	第一季度	第二季度	第三季度	第四季度
期初现金余额	1 000			2 500
本期现金收入	31 000	33 500	E	36 500
本期现金支出	30 000	C	37 000	40 000
现金余缺	A	1 000	3 000	G
资金筹措与运用	－500	1 000	F	I
取得流动资金借款	—	—		
归还流动资金借款	－500	—		
期末现金余额	B	D	2 500	H

2. 安宇公司生产经营甲、乙两种产品，2019 年年初应收账款数据和各季度预测的销售价格和销售数量等资料如表 9－25 所示。

表 9－25　2019 年安宇公司预计销售单价、销售量等资料

		季度				年初应收账款
		1	2	3	4	
甲产品	销售单价（元/件）	60	60	60	60	17 000 元
	预计销售量（件）	700	800	1 100	1 000	
乙产品	销售单价（元/件）	80	80	80	80	13 000 元
	预计销售量（件）	600	1 200	700	1 000	

每种产品每季度的销售中有 60％能于当季收到现金，其余 40％要到下季度收讫。适用的增值税税率为 13％，为安宇公司编制 2019 年度的销售预算和经营现金收入预算。（单价保留两位小数，其他计算结果保留整数。）

第 10 章 财务控制与预警

本章要点

财务控制的种类与方法
责任中心
财务预警

学习目标

财务控制是对财务预算的全面落实和执行情况进行控制，是财务预算目标得以实现的必要保障。财务预警是对可能引发财务危机的风险因素进行监测的方法和系统。通过本章的学习，你应该掌握财务控制、责任中心的基本概念；掌握成本中心、利润中心、投资中心的划分依据与考核指标；掌握财务预警的基本原理及功效系数预警方法。

【关键词】

- 财务控制（financial control）
- 责任中心（responsibility center）
- 成本中心（cost center）
- 利润中心（profit center）
- 投资中心（investment center）
- 财务预警（financial early-warning analysis）
- 功效系数法（efficiency coefficient method）
- *Z* 分数模型（*Z*-score method）

目前管理界流行的一个词是“执行力”。所谓执行力就是对计划的高效执行，也就是说，再好的计划也需要有效地贯彻实施才能实现既定的目标。同样，在财务管理中，财务预算可以说是计划，财务控制的重要内容之一就是对财务预算的执行过程进行控制。当然，财务控制是一个动态的过程，它一方面控制财务预算的执行，另一方面还要将执行情况反馈，分析实际执行结果与财务预算发生偏差的原因，以便对财务预算和执行情况进行调整。

俗话说，“千里之堤，溃于蚁穴”。虽然企业产生财务危机的原因是多方面的，但是，任何引发财务危机的财务风险都是在各种风险因素的作用下逐渐显现并且不断恶化的。财务预警就是对可能引起财务危机的风险因素进行监测并适时发出预警信号，为管理当局提供决策支持和依据的监控系统。

2007 年 1 月 1 日起实施的《企业财务通则》第 63 条要求，企业应当建立财务预警机制，自行确定财务危机警戒标准，重点监测经营性净现金流量与到期债务、企业资产与负债的适配性，及时沟通企业有关财务危机预警的信息，提出解决财务危机的措施和方案。

财务预警是一种过程控制，用于发现潜在的风险和危机，其本身并不能完全解决所发现的问题。管理当局对于财务预警系统发现的问题往往需要采取各种措施来解决，财务控制就是措施之一。此外，管理当局还可能需要通过诸如改变经营理念、经营方法等措施来解决预警所发现的问题。不可否认的是，财务控制与财务预警有着密切的内在联系。

核心理念

在第9章，我们介绍了如何进行财务预算的编制，以及财务预算的实施方法。我们知道，仅有好的计划和预算是远远不够的，如果没有有效的贯彻执行，再好的计划也是一纸空文。财务控制的主要内容是对财务预算的执行情况和执行过程加以控制。财务控制要求不仅找出实际执行结果与财务预算的差异，还要找出产生差异的原因，以便改进预算的编制或者强化对预算执行的监控，完善预算管理系统。当然，财务控制的内容并非仅仅是对财务预算执行的控制，它还包括制度控制、组织控制、人员控制等内容。

10.1 财务控制的种类与方法

10.1.1 财务控制的种类

财务控制所涉及的内容相当庞杂，为了便于更好地学习和掌握财务控制的内容与方法，我们可以按不同的标志对财务控制进行分类，不同的财务控制类型有不同的侧重点，分别适应企业的不同需要。具体分类如表10-1所示。

表10-1 财务控制的类别

分类的标准	内容
按照财务控制的内容分类	一般控制：对企业财务活动赖以进行的内部环境所实施的总体控制，包括组织控制、人员控制、财务预算、业绩评价、财务记录等项内容。 应用控制：作用于企业财务活动的具体控制，包括业务处理程序中的批准与授权、审核与复核以及为保证资产安全而采取的限制措施等项控制。
按照财务控制的功能分类	预防性控制：为防范风险、错弊和非法行为的发生，或减少其发生机会所进行的控制。 侦查性控制：为了及时识别已经存在的风险、已经发生的错弊和非法行为，或增强识别能力所进行的控制。 纠正性控制：对那些通过侦查性控制查出来的问题所进行的调整和纠正。 指导性控制：为了实现有利结果而进行的控制。 补偿性控制：针对某些环节的不足或缺陷而采取的控制措施。

续表

分类的标准	内容
按照财务控制的时序分类	事前控制：企业为防止财务资源在质和量上发生偏差，而在行为发生之前所实施的控制。 事中控制：财务活动发生过程中所进行的控制。 事后控制：对财务活动的结果所进行的分析、评价。
按照控制的依据分类	预算控制：以财务预算为根据，对预算主体财务收支活动进行监督调整。 制度控制：通过制定企业内部规章制度，规定什么能做，什么不能做。
按照控制的对象分类	收支控制：控制企业和各责任中心的财务收入和支出。 现金控制：控制企业和各责任中心的现金流入和现金流出。
按照控制的手段分类	定额控制：控制企业和各责任中心的财务指标的绝对额。 定率控制：控制企业和各责任中心的财务指标的相对比率。

10.1.2　财务控制的方法

1. 职务分离控制

职务分离控制是指将处理某种经济业务所涉及的职责分派给不同的人员，防止不相容的职务由同一个人兼任。

职务分离控制的目的是合理分配每个人员相应的职责，使单个人员不得包办任何事务的全过程，每个人员的职责能相互牵制，以便及时发现员工在履行职责过程中产生的错误和舞弊行为。

2. 授权审批控制

授权审批同样可以实现对企业各项活动的控制。授权通常包括一般授权和特别授权两种方式。

(1) 一般授权。一般授权主要是对日常业务活动的授权，如企业对各职能部门权限范围和职责的规定属于一般授权。通常必须控制好一般授权的度，如该层次的授权过大，则风险不易控制，过小则效率降低。一般授权适用于经常发生的数额较大的交易，如赊销时的价格表与信用额度。

(2) 特别授权。特别授权适用于管理当局认为某些个别交易必须经过审批的情形，如对外投资、资产处置、资金调度、资产重组、收购兼并、担保抵押、财务承诺、关联交易等重大经济业务事项的决策权，以及超过一般授权限制的常规交易，都需要特别授权。特别授权只涉及特定的经济业务处理，它不是经常发生的业务，应由较高管理层掌握。

一个完善的授权审批体系应该具有以下特点：

1) 所有人员不经合法授权，不能行使相应权力；

2) 所有业务未经授权不能执行；

3) 有权授权的人应在规定的权限范围内行事，不得越权授权；

4) 有权授权的人必须承担相应的责任，达到权力和责任的统一。

3. 财产保全控制

财产保全方面的控制措施包括：专人保管、定期盘点、记录保护、财产保险。

4. 全面预算控制

全面预算控制是最主要的财务控制方式，它以全面预算为依据，对企业的财务收支和现金流量进行控制。全面预算控制包括预算执行过程的监督、预算差异的分析与调整和预算业绩的考核。

5. 业绩评价控制

业绩评价的控制主要通过奖罚制度来实现，具体包括：建立合理的奖罚制度；形成严格的考评机制；将过程考核与结果考核结合起来。

10.2 责任中心

为了有效进行财务控制，企业通常都按照统一领导、分级管理的原则，按照责权利相结合的原则在其内部划分出一个个具有明确责权利边界的统一体，即所谓的责任中心。

责权利相结合的原则明确了责任中心是需要承担一定经济责任，有一定的目标和任务，并享有一定权力和利益的部门。责权利的划分有利于考核和评价各部门和单位的业绩。而明确不同责任中心责权利的边界，则可有效避免不同责任中心之间互相推诿应该承担的责任，争夺模糊地带的利益等。

责任中心的划分往往与责任预算编制相适应。企业为了保证预算的贯彻落实和最终实现，往往把总预算中确定的目标和任务，按照责任中心逐层进行指标分解，形成责任预算，使各个责任中心明确自己的目标和任务。

责任中心通常具有以下特征：

第一，责任中心的权力、义务以及利益三者相结合；

第二，责任中心所承担的义务和行使的权力都应是可控的；

第三，责任中心具有相对独立的经营业务和财务收支活动；

第四，责任中心的划分必须便于单独核算。

根据责权利划分的不同，可以将责任中心划分为成本中心、利润中心和投资中心，并可为每个中心设立一系列评价指标。

10.2.1 成本中心

成本中心是仅对成本或费用承担义务的责任中心。只要企业内部有成本发生，需要对成本负责并能实施成本控制的单位就都可以成为成本中心。因此，成本中心的应用范围是责任中心中最为宽广的。对于一个企业来说，上至工厂，下至车间、工段、班组，甚至个人都有可能成为成本中心。

1. 成本中心的类型

（1）技术性成本。指发生的数额可以通过技术分析相对可靠地估算出来的成本，如产品生产过程中发生的直接材料、直接人工、间接制造费用等。这种成本中心的特点是成本的发生可以为企业提供一定的物质成果，在技术上投入量与产出量之间有着密切的联系。一般来说，技术性成本可以通过弹性预算予以控制。

（2）酌量性成本。指那些是否发生以及发生数额的多少由管理人员决定的成本，主要包括各种管理费用和某些间接成本项目，如研究开发费用、广告宣传费用、职工培训费用等。这些费用主要是用来为企业提供一定的专业服务，一般不会产生可以用货币计量的成果。酌量性成本的投入量与产出量之间没有直接关系，所以它的控制应着重于对预算总额的审批。

2. 成本中心的特点

（1）成本中心仅仅考评成本费用。

（2）成本中心只对可控成本承担责任。

可控成本应该同时具备以下四个条件：1）可预计；2）可计量；3）可施加影响；4）可落实责任。凡不能同时具备上述四个条件的成本即为非可控成本。

成本的可控与否通常与责任中心的权力层次有关，与责任中心的管辖范围有关，与时期长短有关，与属于固定成本还是变动成本有关，与属于直接成本还是间接成本有关。

3. 成本中心的考核指标

将成本区分为可控成本和非可控成本，主要是因为成本中心需要对可控成本承担责任，也就是说，可控成本是成本中心的责任成本。

责任成本可分为预算责任成本和实际责任成本。前者是指由全面预算分解确定的各责任中心应承担的责任成本；后者是指各责任中心从事业务活动实际发生的责任成本。

对成本费用进行控制，应以各成本中心的预算责任成本为依据，确保实际责任成本不会超过预算责任成本；对成本中心进行考核，应通过各成本中心的实际责任成本与预算责任成本进行比较，确定其成本控制的绩效，并采取相应的奖惩措施。

成本中心的考核指标主要有两个，计算公式如下：

$$\text{成本(费用)变动额}=\text{实际责任成本(或费用)}-\text{预算责任成本(或费用)}$$

$$\text{成本(费用)变动率}=\frac{\text{成本(费用)变动额}}{\text{预算责任成本(费用)}}\times 100\%$$

在进行成本中心考核时，如果预算产量与实际产量不一致，应注意按弹性预算的方法先行调整预算指标，然后再按上述公式计算。

10.2.2　利润中心

利润中心是指既对成本负责又对收入和利润负责的区域，它具有独立或相对独立的收入和生产经营决策权。

利润中心的权力和责任都比成本中心大，它不仅寻求降低成本，更要寻求收入的增长，并使收入超过成本的增长。

利润中心往往处于企业内部的较高层次，如分厂、分店、分公司，一般具有独立的收入来源或能视同一个有独立收入的部门，通常还拥有独立经营权。

1. 利润中心的类型

（1）自然利润中心。自然利润中心是指可以直接对外销售产品并取得收入的利润中心。这种利润中心本身直接面向市场，具有产品销售权、价格制定权、材料采购权和生产决策权。

自然利润中心的特点是有很大的独立性。它虽然是企业内的一个部门，但功能与独立企业相近。最典型的形式就是公司内的事业部，每个事业部均有销售、生产、采购的机能，并且能独立地控制成本、取得收入。

（2）人为利润中心。人为利润中心是指只对内部责任单位提供产品或劳务而只能取得内部销售收入的利润中心。

制造企业的大多数成本中心都可以转化为人为利润中心。人为利润中心一般也应具备相对独立的经营权，即能自主决定本利润中心的产品品种、产品质量、作业方法、人员调配、资金使用等。

2. 利润中心的成本计算

利润中心对利润负责，因此必然要考核和计算成本，以便正确计算利润，并作为对利润中心业绩评价考核的可靠依据。

对利润中心的成本计算，通常有两种方式可供选择：

（1）利润中心只计算可控成本，不分担非可控成本。这种方式主要适用于共同成本难以合理分摊或无须进行共同成本分摊的场合。按这种方式计算出的盈利相当于边际贡献总额，而非通常意义的企业利润总额。企业的利润总额需将各利润中心的边际贡献总额之和，减去未分配的共同成本，经过调整后才能得到。

采用这种成本计算方式的利润中心，实质上是边际贡献中心。通常，人为利润中心适合采取这种计算方式。

（2）利润中心既计算可控成本，也计算非可控成本。这种方式适合于共同成本易于合理分摊或不存在共同成本分摊的场合。各利润中心的税前利润之和就是整个企业的利润总额。自然利润中心适合采用这种计算方式。

3. 利润中心的考核指标

对利润中心的考核，主要通过比较一定期间实际实现的利润与责任预算所确定的利润，从而评价其责任中心的业绩。

利润中心的考核指标为利润，但应当注意的是，由于成本计算方式不同，各利润中心的利润指标表现形式也不相同。

10.2.3 投资中心

投资中心是指既对成本、收入和利润负责，又对投资效果负责的责任中心。投资中心负责人所拥有的自主权不仅包括短期经营决策权，还包括投资决策权。

投资中心是企业内部最高层次的责任中心，它在企业内部具有最大的决策权，也承担最大的责任。投资中心的管理特征是较高程度的分权管理。

在法律地位方面，投资中心也是最高的。成本中心不是独立法人，利润中心可以是也可以不是独立法人，而投资中心是独立法人。一般来说，大型集团所属的子公司、分公司、事业部往往都是投资中心。

对投资中心的考核，除了需要比较一定期间实际获得的利润与责任预算所确定的利润外，还应当考核利润与投资额之间的关系，包括投资利润率和剩余收益。

(1) 投资利润率。投资利润率又称投资收益率，计算公式如下：

$$投资利润率=\frac{利润}{投资额}\times 100\%$$

式中，分子和分母可以有不同的计算口径：投资额是投资中心的净资产，相应的利润是净利润；投资额是总资产，相应的利润是息税前利润。

投资利润率能反映投资中心的综合盈利能力，具有横向可比性，因此投资利润率是广泛采用的评价投资中心业绩的指标。

但是，为了获得较好的业绩评价，投资中心的管理者可能会放弃高于资金成本而低于部门投资报酬率的机会，或者减少现有的投资报酬率较低但高于企业资金成本的某些资产。这样做虽然能获得较好的业绩评价，但有可能损害企业的整体利益。

(2) 剩余收益。为克服单纯使用投资利润率指标存在的局限性，可以同时采用剩余收益作为评价指标。剩余收益的计算公式如下：

$$剩余收益=利润-\begin{matrix}投资额或\\净资产占用额\end{matrix}\times\begin{matrix}规定或预期的\\最低投资收益率\end{matrix}$$

如果考核指标是总资产息税前利润率，剩余收益公式应作相应调整，其计算公式如下：

$$剩余收益=息税前利润-\begin{matrix}总资产\\占用额\end{matrix}\times\begin{matrix}规定或预期的\\总资产息税前利润率\end{matrix}$$

这里所说的规定或预期的最低投资收益率和总资产息税前利润率，通常指的是企业为保证其生产经营正常、持续进行所必须达到的最低收益水平。

以剩余收益作为投资中心经营业绩评价指标时，各投资中心只要投资利润率大于规定或预期的最低投资收益率（或总息税前利润率大于规定或预期的最低总资产息税前利润率），该项投资（或资产占用）便是可行的。

剩余收益指标避免了投资中心单纯追求投资利润而放弃一些有利可图的投资项目。这是因为，以剩余收益作为衡量投资中心工作成果的指标，投资中心将尽量提高剩余收益，也即只要有利于增加剩余收益绝对额的投资行为就是可取的，而不只是尽量提高投资利润率。

在以剩余收益作为考核指标时，所采用的规定或预期最低投资收益率的高低对剩余收益的影响很大，通常可用公司的平均利润率作为基准收益率。

10.3 财务预警

现代企业可以说是在风险中经营，在风险中求生存和发展。从财务的角度看，威胁企业生存的主要风险是不能清偿到期债务而引发的财务危机。那么，既然风险无时不有、无处不在，企业如何才能在风险中持续、长久地发展呢？只有建立起防范、监控、化解风险的预警机制才有可能“与风险共舞”。

本节将介绍财务预警的基本知识，着重介绍功效系数财务预警法。

10.3.1 财务预警方法简介

所谓财务预警，就是以企业的财务信息、数据为基础，以财务指标体系为评价方法，利用实时的财务信息和非财务信息对公司财务经营状况进行综合分析，预测企业经营情况和财务状况的变化，并对企业各环节可能发生的经营风险和财务风险发出预警信号，为管理当局提供决策依据的监控系统。

财务预警在我国还是一个比较年轻的研究领域，尽管颁布和实施的《企业财务通则》要求企业建立财务预警系统，但是并没有对运用财务预警的方法和系统做出具体规定。

财务预警方法通常可以分为单变量预警和多变量预警两大类。

1. 单变量预警方法

单变量预警方法是指对于每一个具体的财务指标，企业应根据实际情况确定相应的临界值。在企业日常财务危机管理中，应每隔一段时间，将实际财务指标与临界值进行比较，若财务指标接近或突破临界值，可根据具体情况发出警报。单变量预警方法的指标由偿债能力、盈利能力、增长能力三个模块构成。这种预警方法较为简单、直观，但不能综合说明公司的整体财务状况。

2. 多变量预警方法

多变量预警方法将多种财务指标结合在一起预测发生财务危机的可能性。国外较为流行的多变量预警方法是 Z 分数模型。

Z 分数模型是由美国学者奥特曼（Altman，1968）提出的运用多变量分析法探讨公司财务危机预测问题的财务预警模型。它根据大量破产企业的财务报表，用统计方法对 5 个财务比率分别给出一定权数，计算其加权平均值（即 Z 值）。

$$Z=0.012X_1+0.014X_2+0.033X_3+0.006X_4+0.999X_5$$

X_1＝（期末流动资产－期末流动负债）/期末总资产

X_2＝期末留存收益/期末总资产

X_3＝息税前利润/期末总资产

X_4＝期末股东权益的市场价值/期末总负债

X_5＝本期销售收入/总资产

式中，X_1 反映了企业资产的折现能力和规模特征；X_2 反映了企业的累积获利能力；X_3 可称为总资产息税前利润率；X_4 测定的是财务结构，分母为流动负债、长期负债的账面价值之和，分子以股东权益的市场价值取代了账面价值；X_5 为总资产周转率。

奥特曼教授通过对 Z 分数模型的研究分析得出：Z 值越小，该企业遭受财务失败的可能性就越大。美国企业 Z 值的临界值为 1.8，具体判断标准如表 10－2 所示。

表 10－2　Z 分数模型具体判断标准表*

Z 值分布	财务失败情况
$Z\geqslant 3.0$	财务失败的可能性很小　财务不失败组
$2.8\leqslant Z\leqslant 2.99$	有财务失败的可能
$1.81\leqslant Z\leqslant 2.79$	财务失败可能性很大
$Z\leqslant 1.8$	财务失败可能性非常大　财务失败组

*当 Z 值介于 1.81～2.99 之间时，则是所谓的灰色地带。在这一区间内，公司的未来情况很难通过 Z 值进行推测，很可能发生破产，也可能正常运作下去。

Z 分数模型选择的五个预警变量都是属于指标数值越大，所反映的财务状况越稳健、越良好。

一般而言，财务指标就指标数值的大小与所反映财务状况的好坏关系可以分为四种类型：第一种是指标数值越大越好的极大型指标；第二种是指标数值越小越好的极小型指标；第三种是指标数值趋于某个数值为好的稳定型指标；第四种是指标数值在某个区间为好的区间型指标。

因此，在财务预警模型的架构中仅仅选择极大型指标作为预警变量无法全面反映企业面临的风险。下面我们将要介绍的多变量预警方法中的功效系数法就是一种综合考虑极大型指标、极小型指标、稳定型指标和区间型指标的预警方法。

10.3.2　功效系数法

功效系数法对公司进行综合评价，对所选定的每个评价指标确定一个满意值和一个不允许值，然后设计并计算各类指标的单项功效系数，再根据各评价指标的重要性，运用德尔菲法等确定各指标的权数，用加权算术平均或加权几何平均得到的平均数，即为该公司的综合功效系数。根据综合功效系数的大小可以进行警情预报。

功效系数财务预警方法[①]自2000年提出以来，受到了国内理论界和实务界的关注[②]，多位学者运用该方法在不同行业的上市公司中进行了财务预警实证研究，结果表明该方法具有较高的行业适用性和预警正确率，如张友棠[③]证明了该模型在电力、医药行业中的有效性等。

1. 功效系数法指标类型的确定

根据功效系数法，首先将所选择的指标分为四种：

（1）极大型指标，如净资产收益率、应收账款周转率等；

（2）极小型指标，如资产损失率；

（3）稳定型指标，如流动比率；

（4）区间型指标，如资产负债率等。

2. 功效系数法各类指标标准值的确定

根据不同类型的指标，需要划分指标值的理想范围、允许范围和不允许范围。对每一个评价指标确定其理想范围的满意值（或上下限）与不允许范围的不允许值（或上下限）。

各类指标临界值划分的参考标准如下，当然，企业也可以根据自身情况和行业特点作相应的调整。

（1）极大型指标。其满意值为该行业的平均值（剔除最大值和最小值）。不允许值在确定的时候有所区别：净资产收益率、总资产收益率、销售利润率、成本费用率的不允许值为零，如果为零就是巨警了；已获利息倍数的不允许值为1；总资产周转率、流动资产周转率、应收账款周转率和存货周转率的不允许值为满意值的一半。

（2）极小型指标。资产损失率是极小型指标，它的标准值确定方法应该与极大型指标相反，其满意值为零，不允许值可以根据公司的管理目标来定，也可以取零。

（3）稳定型指标。对于流动比率和速动比率而言，满意值可以在平均值之上再增加20%，不允许值的上下限则分别取满意值的一倍和一半。

（4）区间型指标。先求出这类比率的行业平均值，在平均值的基础上增加和减少20%作为满意范围的上下限，在平均值的基础上增加一倍和减少一半作为其不允许范围的上下限。

图10-1至图10-4直观、形象地反映了上述四种指标的特点。

---

① 顾晓安．公司财务预警系统的构建．财经论丛，2000（4）．

② 据中国引文数据库显示，截至2018年3月该文已经被引用了415次。

③ 张友棠．财务预警系统管理研究．北京：中国人民大学出版社，2004．

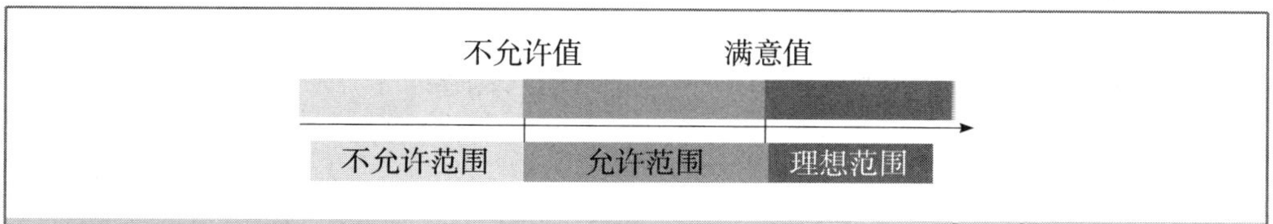

图 10-1　极大型指标

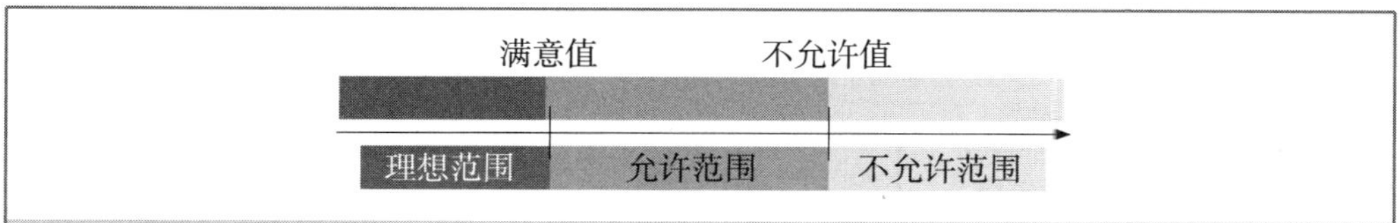

图 10-2　极小型指标

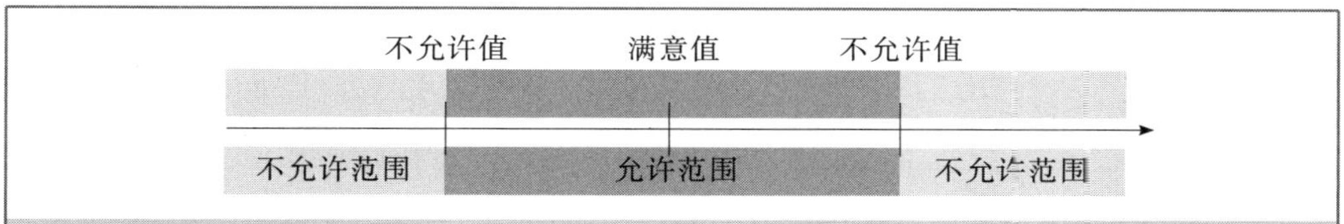

图 10-3　稳定型指标

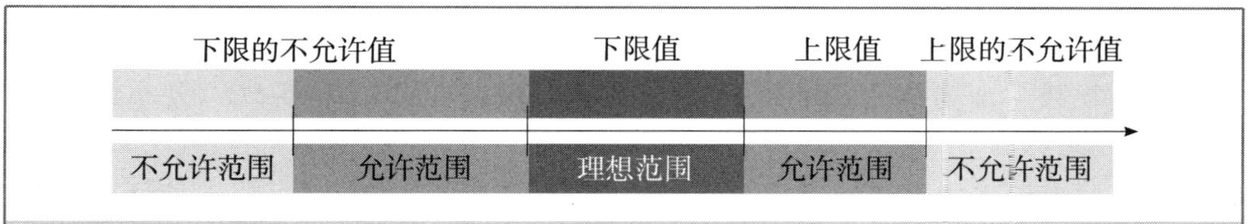

图 10-4　区间型指标

3. 功效系数法指标体系的构建

（1）预警体系的结构。功效系数财务预警模型由获利能力、偿债能力、经济效率和发展潜力四个模块构成。获利能力和偿债能力是公司财务评价的两大基本部分，而经济效率高低直接体现了公司的经营管理水平。此外，公司的发展潜力尤其值得重视。在具体预警指标的选取方面，考虑到各指标间既能相互补充，又不重复，尽可能全面综合地反映公司运营状况，故每个预警模块各取两个最具代表性的指标，共八个评价指标构成预警评价模型，其结构如图 10-5 所示。

（2）预警指标的说明。

1）获利能力 。一般用总资产报酬率和成本费用利润率两项指标加以分析。

2）偿债能力。一般用流动比率和资产负债率两项指标加以分析。

3）经济效率。一般用应收账款周转率和产销平衡率两项指标加以分析。

4）发展潜力。一般用销售增长率和资本保值增值率两项指标加以分析。

4. 满意值与不允许值的确定

满意值与不允许值的确定分别按照前面四类指标的参考临界值，同时应遵循以下原则：有标准值的财务指标应尽可能使用指标的标准值作为满意值；若无标准值，可按同行业的平均或者最高水平为满意值。不允许值可按同行业的最低水平或本企业历史最低水平来确定，当进行企业间横向比较时采用前者，当进行本企业纵向比较时采用后者。满意值与不允许值应具有相对稳定性。

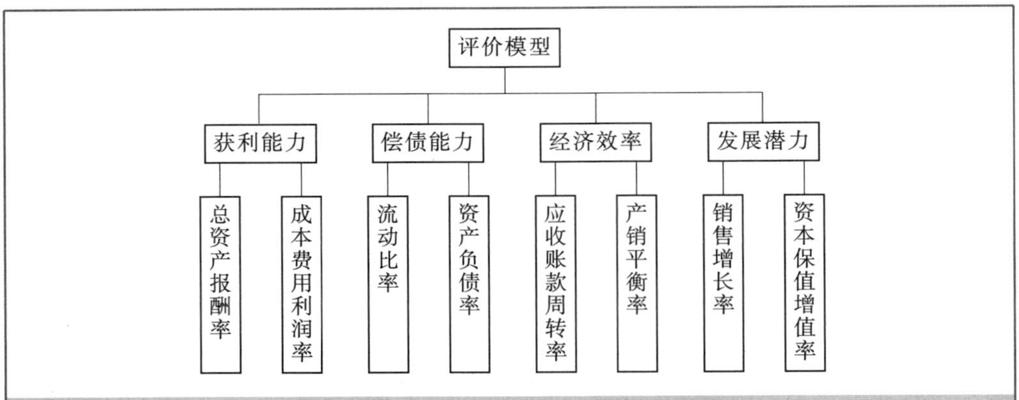

图 10-5　功效系数法财务预警体系结构

5. 单项功效系数的设计

根据功效系数法，要针对所选定的每个预警指标的满意值（或上下限）和不允许值（或上下限），设计并计算各类指标的单项功效系数，再乘以各评价指标的权数，即为该公司的综合功效系数。根据综合功效系数的大小即可进行警情预报。

根据上述四类指标分别设计单项功效系数如下①：

极大型指标单项功效系数：

$$\begin{cases}[(\text{实际值}-\text{不允许值})/(\text{满意值}-\text{不允许值})]\times 40+60 & (\text{实际值}<\text{满意值})\\ 100 & (\text{实际值}\geqslant\text{满意值})\end{cases}$$

稳定型指标单项功效系数：

$$\begin{cases}[(\text{上限的不允许值}-\text{实际值})/(\text{上限的不允许值}-\text{满意值})]\times 40+60 & (\text{实际值}>\text{满意值})\\ [(\text{实际值}-\text{下限的不允许值})/(\text{满意值}-\text{下限的不允许值})]\times 40+60 & (\text{实际值}\leqslant\text{满意值})\end{cases}$$

极小型指标单项功效系数：

$$\begin{cases}[(\text{不允许值}-\text{实际值})/(\text{不允许值}-\text{满意值})]\times 40+60 & (\text{实际值}>\text{满意值})\\ 100 & (\text{实际值}\leqslant\text{满意值})\end{cases}$$

区间型指标单项功效系数：

① 顾晓安．公司财务预警系统的构建．财经论丛，2000（4）．

$$
\begin{cases}
[(\text{上限的不允许值}-\text{实际值})/(\text{上限的不允许值}-\text{上限值})]\times 40+60 & (\text{实际值}>\text{上限值}) \\
100 & (\text{下限值}\leqslant\text{实际值}\leqslant\text{上限值}) \\
[(\text{实际值}-\text{下限的不允许值})/(\text{下限值}-\text{下限的不允许值})]\times 40+60 & (\text{实际值}<\text{下限值})
\end{cases}
$$

6. 综合功效系数的确定

根据上述单项功效系数可计算综合功效系数如下：

$$\text{综合功效系数}=\sum(\text{各指标的单项功效系数}\times\text{该指标的权数})$$

根据综合功效系数的数值大小，可将警情划分为相应的警限区间，如表 10-3 所示。

表 10-3　功效系数与警限区间的划分

综合功效系数	财务状况	警限
≤60	恶化期	巨警
60～70	恶化期	重警
70～80	发作期	中警
80～90	潜伏期	轻警
≥90	财务状况良好	无警

一般情况下，综合功效系数得分大于等于 90，就说明企业财务状况良好，没有警情；综合功效系数得分处于 80～90 之间，则需引起注意，这是处于风险的潜伏期；如果得分低于 70 分，则比较危险，处于恶化期，应采取切实措施化解财务风险。

针对不同行业情况，相应的警限区间可能有所不同。如实证研究表明，汽车制造行业警限区间划分标准为：当综合功效系数小于等于 50 时，警限为巨警；综合功效系数在 50～60 之间时，警限为重警；综合功效系数在 60～70 之间时，警限为中警；综合功效系数在 70～80 之间时，警限为轻警；综合功效系数大于 80 时，警限为无警。警限区间的确定主要取决于不同行业的特性。

与 Z 分数模型选择固定不变的五个预警指标不同的是，功效系数财务预警法的评价指标体系中，四个模块的指标选择可以针对不同的行业和企业特性作适当的调整，并不是一成不变地选择图 10-5 所示的 8 个指标。

在预警实务中，为了更全面准确地反映公司的财务状况，通常可以选择 8～20 个预警指标具体计算单项功效系数和综合功效系数进行预警判断。可以说，功效系数财务预警系统是一个开放式的、柔性的系统，可以通过实证研究调整不同行业预警指标和预警参数的设置，最大限度地提高预警的正确率。

案例评析

应用案例与点评

【案例】

功效系数法在酒精及饮料酒制造业财务预警中的应用研究

1. 研究行业及样本的选择

在本案例中，考虑到上市公司的年度报表资料比较容易取得，因此选择了酒精及饮料酒制造业的18家上市公司作为研究样本。

2. 预警指标的选取及权重分配

按照功效系数财务预警法评价指标体系中四个模块的指标选择原则，结合张友棠①等人的实证研究成果，本案例选择15个财务预警指标，并分配各指标的权重。指标及权重分配如表10－4和表10－5所示。

表10－4　财务预警指标体系

财务收益40%	净资产收益率40%、销售利润率20%、成本费用利润率20%、总资产报酬率20%
资产运营30%	总资产周转率30%、流动资产周转率30%、应收账款周转率10%、存货周转率10%、资产损失率20%
偿债能力30%	资产负债率30%、已获利息倍数30%、流动比率10%、速动比率10%、现金流动负债比率10%、长期资产适合率10%

表10－4中财务比率的计算公式如下：

净资产收益率＝净利润÷平均净资产

销售利润率＝销售利润÷收入总额

成本费用利润率＝利润总额÷成本费用总额

总资产报酬率＝(利润总额＋利息支出)÷平均总资产

总资产周转率＝收入净额÷平均总资产

流动资产周转率＝收入净额÷平均流动资产

应收账款周转率＝销售净额÷平均应收账款

存货周转率＝销售成本÷存货平均余额

资产损失率＝待处理资产损失净额÷年末总资产

资产负债率＝负债总额÷资产总额

① 张友棠．财务预警系统管理研究．北京：中国人民大学出版社，2004．

已获利息倍数＝息税前利润÷利息支出

流动比率＝流动资产÷流动负债

速动比率＝速动资产÷流动负债

现金流动负债比率＝年经营现金净流入÷流动负债

长期资产适合率＝(所有者权益＋长期负债)÷(固定资产＋长期投资)

表 10－5　预警指标权重分配表

指标名称	权重
净资产收益率	40%×40%＝0.16
销售利润率	40%×20%＝0.08
成本费用利润率	40%×20%＝0.08
总资产报酬率	40%×20%＝0.08
总资产周转率	30%×30%＝0.09
流动资产周转率	30%×30%＝0.09
应收账款周转率	30%×10%＝0.03
存货周转率	30%×10%＝0.03
资产损失率	30%×20%＝0.06
资产负债率	30%×30%＝0.09
已获利息倍数	30%×30%＝0.09
流动比率	30%×10%＝0.03
速动比率	30%×10%＝0.03
现金流动负债比率	30%×10%＝0.03
长期资产适合率	30%×10%＝0.03

3. 研究资料的选择及其来源

本案例选择酒精及饮料酒制造业 18 家上市公司 2005 年的年报资料，在计算出所选取的三个方面（财务效益、资产运营和偿债能力）四种类型（极大型、极小型、稳定型和区间型）的 15 个指标数值的基础上，根据每一项指标的满意值（或上下限）和不允许值（或上下限）分别计算了它们的单项功效系数和综合功效系数，得出相应的预警结论，并根据 2006 年年报资料进行检验，确定功效系数法是否适应。研究资料主要通过上市公司资讯网、大智慧证券软件等获取。

4. 功效系数法在酒精及饮料酒制造业上市公司中的预警计算

（1）各公司预警指标计算结果如表 10－6 所示。

表 10－6　酒精及饮料酒制造业企业预警指标计算表

公司简称	净资产收益率	总资产报酬率	销售利润率	成本费用利润率	总资产周转率	流动资产周转率	应收账款周转率	存货周转率
古越龙山	0.022 1	0.011 1	0.068 6	0.072 3	0.260 0	0.021 2	3.280 0	0.477 9
贵州茅台	0.219 7	0.155 1	0.284 6	0.954 6	0.540 0	－0.149 2	104.864 9	0.386 6
皇台酒业	0.014 1	0.008 8	0.096 9	0.105 0	0.150 0	0.007 3	2.810 0	0.640 0
惠泉啤酒	0.028 6	0.023 0	0.054 1	0.056 7	0.120 3	0.355 9	93.528 3	5.333 6
兰州黄河	0.045 6	0.014 9	0.056 3	0.057 7	0.580 0	0.166 8	21.420 0	2.787 7

续表

公司简称	净资产收益率	总资产报酬率	销售利润率	成本费用利润率	总资产周转率	流动资产周转率	应收账款周转率	存货周转率
泸州老窖	0.030 0	0.017 9	0.080 7	0.089 4	0.564 9	0.020 1	36.301 9	0.642 5
莫高股份	0.010 2	0.005 7	0.020 5	0.020 7	0.273 5	0.019 7	3.435 3	0.618 6
青岛啤酒	0.061 5	0.158 6	0.052 7	−0.056 1	1.027 4	0.031 2	75.770 0	4.240 7
山西汾酒	0.139 8	0.104 2	0.256 0	−0.056 1	0.840 0	0.314 5	11.210 4	0.874 0
水井坊	0.069 1	0.047 0	0.277 2	0.345 7	0.360 0	0.139 4	9.080 0	0.252 3
通葡股份	0.002 4	0.002 0	0.014 7	0.013 7	0.130 3	0.003 1	0.496 7	0.409 2
沱牌曲酒	0.008 9	0.006 9	0.083 4	0.028 9	0.340 0	0.019 7	22.303 9	0.856 7
五粮液	0.107 5	0.085 9	0.186 3	0.228 9	0.696 7	0.337 7	2 277.268 5	2.272 2
新天国际	−1.087 3	−0.084 5	−0.351 0	−0.260 5	0.310 0	−0.149 2	3.101 2	0.780 6
燕京啤酒	0.061 4	0.036 1	0.071 1	0.075 7	0.692 9	0.166 8	41.289 9	3.068 1
伊力特	−0.028 6	−0.021 0	0.023 6	0.029 7	0.410 0	0.020 1	14.819 7	1.081 9
张裕A	0.168 9	0.138 4	0.245 8	0.057 7	0.799 5	0.256 6	31.022 7	1.328 3
重庆啤酒	0.113 3	0.040 8	0.068 1	0.072 6	0.770 0	0.159 1	41.662 2	1.992 4
最大值	0.219 7	0.158 6	0.284 6	0.954 6	1.027 4	0.355 9	2 277.268 5	5.333 6
最小值	−1.087 3	−0.084 5	−0.351 0	−0.260 5	0.120 3	−0.149 2	0.496 7	0.252 3
平均值	0.053 4	0.042 3	0.103 5	0.071 4	0.482 4	0.112 2	32.931 3	1.403 6

公司简称	资产损失率	资产负债率	已获利息倍数	流动比率	速动比率	现金流动负债比率	长期资产适合率
古越龙山	0	49.230 1%	2.121 4	1.164 7	0.346 2	12.490 0%	1.560 0%
贵州茅台	0	35.913 1%	−58.515 5	2.079 1	1.436 5	58.500 5%	5.180 0%
皇台酒业	0	39.516 3%	2.300 3	1.139 9	0.632 7	11.375 8%	1.710 0%
惠泉啤酒	0	19.916 5%	8.071 9	0.764 7	0.351 5	66.252 4%	0.930 0%
兰州黄河	0	53.834 2%	2.594 5	0.937	0.684 1	15.771 1%	0.870 0%
泸州老窖	0	41.246 2%	6.325 7	1.608 7	0.521 4	21.009 9%	2.380 0%
莫高股份	0	44.518 3%	1.666 9	1.771 7	1.071	24.906 8%	3.600 0%
青岛啤酒	0	41.879 5%	27.444 9	0.828 6	0.460 1	30.629 3%	0.900 0%
山西汾酒	0	25.295 9%	−541.293 2	2.739 2	1.648 2	45.541 9%	2.760 0%
水井坊	0	34.370 4%	8.971 3	2.242 9	1.144 1	14.702 2%	6.120 0%
通葡股份	0	16.426 6%	−6.261 2	3.879 4	2.581 6	23.050 2%	2.560 0%
沱牌曲酒	0	24.467 8%	−3.212 2	2.204 6	0.868 4	21.847 6%	2.310 0%
五粮液	0	23.175 6%	−46.407 8	1.847 9	1.196 6	56.286 1%	1.370 0%
新天国际	0	87.207 7%	−1.185 2	0.878 4	0.450 2	13.134 3%	0.620 0%
燕京啤酒	0	31.600 8%	11.084 9	1.264 8	0.592 2	45.242 3%	1.010 0%
伊力特	0	23.274 6%	24.575 7	1.885 9	0.969 8	33.104 6%	3.200 0%
张裕A	0	19.602 4%	−19.465 9	3.945 9	2.794 1	70.738 6%	3.910 0%
重庆啤酒	0	61.761 9%	3.332 7	0.541 5	0.170 3	24.346 5%	0.640 0%
最大值	0.000 0	87.207 7%	27.444 9	3.945 9	2.794 1	70.738 6%	6.120 0%
最小值	0.000 0	16.426 6%	−541.293 2	0.541 5	0.170 3	11.375 8%	0.620 0%
平均值	0.000 0	35.600 2%	−4.000 2	1.702 3	0.934 7	31.676 0%	2.180 6%

（2）各类指标标准值的确定。本例中，各类指标理想范围的满意值（或上下限）与不允许范围的不允许值（或上下限）等标准值的确定，根据酒精及饮料酒制造业行业的自身特点，在参考本章 10.3.2 所述的基础上，将总资产周转率、流动资产周转率、应收账款周转率、存货周转率四项指标的不允许值确定为满意值的 1/4。本例各类指标临界值划分的参考标准如表 10－7 所示。实际预警时，各类指标标准值的确定应该根据所预警行业的特点以及实证研究的结果作相应的调整。

表 10－7　酒精及饮料酒制造业企业财务预警指标标准值

极大型变量	净资产收益率	总资产报酬率	销售利润率	成本费用利润率	总资产周转率	流动资产周转率	应收账款周转率	存货周转率	已获利息倍数
满意值	0.053 4	0.042 3	0.103 5	0.071 4	0.482 4	0.112 2	32.931 3	1.403 6	3
不允许值	0	0	0	0	0.120 6	0.028 1	8.232 3	0.350 9	1
稳定型变量	流动比率				速动比率				
满意值	2.042 8				1.121 6				
不允许值上下限	4.085 6 1.021 4				2.243 2 0.560 8				
极小型变量	资产损失率								
区间型变量	资产负债率			现金流动负债比率			长期资产适合率		
满意值上下限	42.720 2% 28.480 2%			38.011 2% 25.340 8%			2.616 7% 1.744%		
不允许值上下限	71.200 4% 17.800 1%			63.352 0% 15.838 0%			4.361 2% 1.090 3%		

（3）各公司单项功效系数及综合功效系数计算，警情判定。各公司单项和综合功效系数的计算及警情判定如表 10－8 所示。

表 10－8　酒精及饮料酒制造业企业功效系数计算及警情判定

公司简称	净资产收益率	总资产报酬率	销售利润率	成本费用利润率	总资产周转率	流动资产周转率	应收账款周转率	存货周转率
古越龙山	76.554 31	70.496 45	86.512 08	100	75.411 83	56.718 19	56.837 38	64.825 69
贵州茅台	100	100	100	100	100	－24.328 2	100	61.356 51
皇台酒业	70.561 8	68.321 51	97.449 28	100	63.250 41	50.107 02	51.217 6	70.985 09
惠泉啤酒	81.423 22	81.749 41	80.908 21	91.764 71	59.966 83	100	100	100
兰州黄河	94.157 3	74.089 83	81.758 45	92.324 93	100	100	86.215 68	100
泸州老窖	82.471 91	76.926 71	91.188 41	100	100	56.195 01	100	71.080 08
莫高股份	67.640 45	65.390 07	67.922 71	71.596 64	76.904 37	56.004 76	52.230 3	70.171 94
青岛啤酒	100	100	80.367 15	28.571 43	100	61.474 44	100	100
山西汾酒	100	100	100	28.571 43	100	100	64.822 32	79.876 51
水井坊	100	100	100	100	86.467 66	100	61.372 07	56.253 44
通葡股份	61.797 75	61.891 25	65.681 16	67.675 07	61.072 42	48.109 39	47.471 14	62.215 26
沱牌曲酒	66.666 67	66.524 82	92.231 88	76.190 48	84.256 5	56.004 76	82.788 59	79.219 15

续表

公司简称	净资产收益率	总资产报酬率	销售利润率	成本费用利润率	总资产周转率	流动资产周转率	应收账款周转率	存货周转率
五粮液	100	100	100	100	100	100	100	100
新天国际	−754.457	−19.905 4	−75.652 2	−85.938 4	80.939 75	−24.328 2	51.689 21	76.327 54
燕京啤酒	100	94.137 12	87.478 26	100	100	100	100	100
伊力特	38.576 78	40.141 84	69.120 77	76.638 66	91.995 58	56.195 01	70.667 69	87.776 19
张裕A	100	100	100	92.324 93	100	100	96.908 96	97.138 79
重庆啤酒	100	98.581 56	86.318 84	100	100	100	100	100
权重	0.16	0.08	0.08	0.08	0.09	0.09	0.03	0.03

公司简称	资产损失率	资产负债率	已获利息倍数	流动比率	速动比率	现金流动负债比率	长期资产适合率	综合值	警限
古越龙山	100	90.856 95	82.428	65.611 91	44.693 3	45.907 31	88.741 01	77.717 05	轻警[1]
贵州茅台[2]	100	100	100	99.289 21	88.769 61	67.658 01	41.225 57	84.007 82	轻警
皇台酒业	100	100	86.006	64.640 69	65.128 39	41.217 33	97.919 53	77.766 11	轻警
惠泉啤酒	100	67.926 52	100	49.947 13	45.071 33	55.421 77	50.191 22	81.240 95	轻警
兰州黄河	100	84.390 56	91.89	56.694 73	68.794 58	59.718 4	46.519 81	87.835 47	无警
泸州老窖	100	100	100	82.999 8	57.189 73	81.77	100	88.094 59	无警
莫高股份	100	97.474 6	73.338	89.383 2	96.390 87	98.173 17	77.453 71	75.267 15	轻警
青岛啤酒	100	100	100	52.449 58	52.817 4	100	48.355 51	85.248 04	无警
山西汾酒	100	88.073 89	100	86.363 81	81.219 69	88.112 92	96.714 24	89.451 19	无警
水井坊	100	100	100	96.081 85	99.197 57	55.219 09	19.672 11	91.907 67	无警
通葡股份	100	54.855 85	100	64.037 6	47.931 53	90.358 21	100	66.623 12	中警
沱牌曲酒	100	84.972 43	−24.244	96.831 8	81.940 09	85.296 12	100	69.446 31	中警
五粮液	100	80.132 77	100	92.367 34	97.325 25	71.153 4	77.114 88	96.221 12	无警
新天国际	100	37.517 99	16.296	54.399 84	52.111 27	48.619 35	31.222 27	−109.464 35	巨警
燕京啤酒	100	100	100	69.532 01	62.239 66	88.585 84	55.086 43	95.343 16	无警
伊力特	100	80.503 55	100	93.855 49	89.172 61	100	86.625 39	72.804 45	中警
张裕A	100	66.750 12	100	62.735 46	40.353 07	48.340 38	70.345 66	89.806 78	无警
重庆啤酒	100	73.256 23	100	41.206 19	32.146 93	95.814 71	32.446 08	90.633 63	无警
权重	0.06	0.09	0.09	0.03	0.03	0.03	0.03		

①根据酒精及饮料酒制造业行业的特点，将该行业的警限区间的标准定义为：当综合功效系数小于55时，警限为巨警；综合功效系数在55～65之间时，警限为重警；综合功效系数在65～75之间时，警限为中警；综合功效系数在75～85之间时，警限为轻警；综合功效系数大于85时，警限为无警。

②对于一些优质的上市公司，会出现利息收入大于利息费用的情况，尽管已获利息倍数的计算结果为负数，但是该公司不存在财务风险。在本案例中，将贵州茅台、山西汾酒、五粮液、张裕A、通葡股份等出现这类情况的公司，已获利息倍数的功效系数设为100。

上述18家酒精及饮料酒制造业上市公司中，无警的公司有9家，占总量的50%；轻警的公司有5家，占总量的27.78%；中警的公司有3家，占总量的16.67%；巨警的公司有1家，占总量的5.55%。

对比这18家酒精及饮料酒制造业上市公司2005年和2006年的净利润和经营现金净流量，可以得出预警的正确率为90%左右，这证明功效系数法适用于对酒精及饮料酒制造业上市公司的财务预警。问：

1. 根据本案例，运用改进后的功效系数法进行企业财务预警时，大致包括哪几个步骤?

2. 适合我国上市公司财务预警的模型一般有哪些?

【点评】

1. 运用改进后的功效系数法对企业进行财务预警时，通常有以下几步：

首先，建立一个综合的预警指标评价体系。针对不同的企业，可以结合自身的状况，在指标及数量的选择上有差异。但总体上，指标的选择应该能反映企业的获利能力、偿债能力、运营能力和发展潜力，并注意综合选取极大型、极小型、稳定型、区间型指标等各类指标，以便能全面、科学地反映企业的财务风险状况。

其次，确定各项指标的满意值与不允许值。一般来说，满意值是指各项指标在参与评价的单位中可能达到的最高水平；不允许值是指各项指标在参与评价的单位中不应出现的最低水平。

再次，设计并计算各类指标的单项功效系数，并根据各项指标在评价中的重要程度确定权数。在确定各类指标权数时，可以综合运用各种科学方法，如德尔菲法、AHP 法、主成分分析法等。

最后，采用加权算术平均法计算综合得分，即为公司综合功效系数，并根据该系数确定企业的财务警情的状况。计算公式如下：

$$公司综合功效系数=\sum(各指标的单项功效系数\times该指标的权数)$$

2. 国内外学者在企业财务预警模型研究领域有很多的成果，总体上来说，适用于企业财务预警的有以下几种模型。

单变量预警模型是一种相对简单、直观的预警模型。该模型主要是运用个别财务比率或现金流量指标来预测财务危机。企业事先规定某一财务指标的临界值，每隔一段时间，将实际指标值与临界值比较，以此来判断企业财务危机状况并发出相应的警报。早期，威廉·比弗利用单一财务比率模型来预测企业的财务失败，经证实该模型是有效的。尽管单变量模型非常有效，但它不能综合说明公司的整体财务状况，有明显的局限性。

单变量预警模型提出不久，中外许多学者开始研究构建多变量预测模型。多变量模型综合运用多个财务指标或现金流量指标来反映企业的财务状况，并在此基础上建立预警模型，进行财务预测。最早也最有影响力的是奥特曼于 1968 年创建的 Z 分数模型。但是，Z 分数模型只适用于短期（两年以内）的预测。

改进后的功效系数法是近年来用于财务预警的一种新方法。该模型在财务指标选取时，综合选取极大型、极小型、稳定型和区间型等各类指标，涵盖了获利能力、偿债能力、经济效率和发展潜力四个模块，更全面地评价了企业的财务状况。对每项评价指标确定一个满意值和不允许值，然后设计并计算各类指标的单项功效系数，再根据各指标的重要性，确定相应的权重，运用加权平均法得到公司的综合功效系数，根据其大小来对企业的财务状况预警。目前，很多学者利用该模型对国内电力、医药、纺织、汽车等十几个不同行业的上市公司进行了预警实证研究，结果表明该方法在我国具有较高的适用性和正确率，得到了越来越多的认可。

精选案例讨论

【案例】

汉斯公司的财务控制

汉斯公司是总部设在德国的大型包装品供应商，它按照客户要求制作各种包装袋、包装盒等，其业务遍及西欧各国。欧洲经济一体化的进程使公司可以自由地从事跨国业务。出于降低信息和运输成本、占领市场、适应各国不同税收政策等考虑，公司采用了在各国商业中心城市分别设厂，由一个执行部集中管理一国境内各工厂生产经营的组织和管理方式。由于各工厂资产和客户（即收益来源）的地区对应性良好，公司决定将每个工厂都作为一个利润中心，采用总部→执行部→工厂两层次、三级别的财务控制方式。具体做法如下：

各工厂作为利润中心，独立地进行生产、销售及相关活动。公司对它们的控制主要体现在预算审批、内部报告管理和协调会三个方面。

预算审批是指各工厂的各项预算由执行部审批，执行部汇总后的地区预算交由总部审批。审批意见依据历史数据及市场预测做出，在尊重工厂意见的基础上体现公司的战略意图。

内部报告及其管理是公司实施财务控制最主要的手段。内部报告包括损益表、费用报告、现金流量报告和顾客利润分析报告。前三者每月呈报一次，顾客利润分析报告每季度呈报一次；公司通过内部报告能够全面了解各工厂的业务情况，并且对照预算做出相应的例外管理。其中，费用按制造费用、管理费用、销售费用等项目进行核算。偏离分析及相应措施按偏离额的大小而由不同层级决定，偏离额度较小的由工厂做出决定、执行部提出相应意见，较大的由执行部做出决定、总部提出相应意见；额度大小的标准依费用项目的不同而有所差别。

顾客利润分析报告列出了各工厂所拥有的最大 10 位客户的情况，其排列次序以工厂经营所获得的利润为准。在客户报告中，产品类型和批量是为了解客户的主要需求，批量固定成本是指生产的准备成本和运输成本等，按时交货率和产品质量评级从客户处取得。针对每个客户，还要算出销售利润率。最后，报告将记载最大 10 位客户的营业利润占总营业利润的百分比。由此，公司可以掌握各工厂的成本发生与利润取得情况，以便有针对性地加以控制；同时也掌握了其主要客户的结构和需求情况，以便实时调整生产以适应市场变化。

根据以上内部报告，公司执行部每月召开一次工厂经理协调会，处理部分预算偏差，交换市场信息和成本降低经验，发现并解决本执行部存在的主要问题。公司每季度召开一次执行部总经理会议，处理重大预算偏离或做出相应的预算修改，对近期市场进行预测，考察重大投资项目的执行情况，调剂内部资源。同时，总部要对各执行部业绩按营业利润的大小做出排序，并与其营业利润的预算值和上年同期值做比较，主要目的是考察各执行部的预算完成情况和其自身的市场地位变化。

汉斯公司的财务控制制度具有以下两个特点：

第一，实现了集权与分权的巧妙结合，散而不乱，统而不死。各工厂直接面对客户，能够迅速地根据当地市场变化做出经营调整；作为利润中心，其决策权相对独立，避免了集权形式下信息在企业内部传递可能给企业带来的决策延误。分权经营具有反应的适时性和灵活性。公司通过预算审批、内部报告管理和协调会，使得各工厂的经营处于公司总部的控制之下，相互间可以共享资源、协调行动，以发挥企业整体的竞争优势。其中，执行部起到承上启下的作用，它处理了一国境内各工厂的大部分相关事务，加快了问题的解决，减轻了公司总部的工作负担；同时，相对于公司总部来说，它对于各工厂的情况更了解，又只需掌握一国的市场情况与政策法规，因而决策更有针对性，实施更快捷。另外，协调会对防止预算的僵化、提高公司的反应灵活性也起到了关键作用。

第二，内部报告的内容突破了传统财务会计数据的范围，将财务指标和业务指标有机地结合起来。在顾客利润分析报告中，引入了产品类型、按时交货率、产品质量评级等反映顾客需要及满意程度的非财务指标；在费用报告中也加入了偏离分析、改进措施及相应意见等内部程序和业务测评要素。这使得各工厂在追求利润目标的同时要兼顾顾客需要（服务的时效、质量）和内部组织运行等业务目标；既防止了短期行为，又提高了企业的综合竞争力。财务指标离开了业务基础将只是抽象的数字，并且可能对工厂行为产生误导；只有将两者有机地结合起来，才能真正发挥财务指标应有的作用。

实践证明，汉斯公司的财务控制制度是切实有效的。其下属工厂在各自所处的商业中心城市的包装品市场上均占有较大的份额，公司的销售收入和利润呈现稳定增长的态势。公司总部也从烦琐的日常管理中解脱出来，主要从事战略决策、公共关系、内部资源协调、重大筹资投资等工作，公司内部的资源在科学调配下发挥了最大的潜能。

【讨论】

1. 汉斯公司的财务控制给我们带来了什么启示？
2. 财务控制制度的实施中，需要注意哪些问题？

实务演练

思考与回答

1. 某公司管理层正在制定投资中心的考核指标，有投资利润率和剩余收益两大指标可供选择，试讨论管理层应该如何选择，并分析运用投资利润率和剩余收益进行业绩考核时的差异。

2. 元鸿公司是一家大型企业，在广州和上海两地都有自己的分公司。目前，上海分公司面临着一个投资机会，接受投资后全公司的投资利润率将增加0.4%，上海分公司的投资利润率将下降1%，该分公司的剩余收益却可增加10万元。如果元鸿公司分别采用投资利润率、剩余收益作为业绩衡量标准，上海分公司的财务经理将分别做出怎样的决策？谈谈用剩余收益来衡量公司业绩的好处。

3. 成本中心如何划分可控成本与非可控成本？请选择具体案例分析哪些成本项目为可控成本，哪些为非可控成本，并分析可控成本与非可控成本在何种条件下会互相转化。

4. 成本中心就是对该中心的成本和费用负责。某工厂的一个车间是个成本中心，只要是车间内所发生的成本、费用，该中心的责任人就必须承担一定的责任，你认为这种观点正确吗？为什么？

5. 一家纸业股份公司的财务经理决定在公司内建立功效系数法的财务预警系统，加强公司的财务风险管理。内部研发人员在设定单项预警指标的满意值和不允许值时参考了一家酒厂的已经投入使用财务预警系统的相关数据，结果却不令人满意，请你分析具体的原因。

搜集与整理

1. 企业集团财务控制的内容及特点，并与单个企业财务控制进行对比。
2. 财务控制模式选择的依据。
3. 宝钢股份公司财务控制体系。
4. 跨国公司的财务控制模式。
5. 功效系数法财务预警的行业适应性。

自测与练习

1. 高盛公司下设A、B两个投资中心。A投资中心的投资额为200万元，投资利润率为15%；B投资中心的投资利润率为17%，剩余收益为20万元；高盛公司要求的平均最低投资利润率为12%。高盛公司决定追加投资100万元，若投向A投资中心，每年可增加利润20万元；若投向B投资中心，每年可增加利润15万元。

要求：

（1）计算追加投资前A投资中心的剩余收益。

（2）计算追加投资前B投资中心的投资额。

（3）计算追加投资前高盛公司的投资利润率。

（4）若A投资中心接受追加投资，计算其剩余收益。

（5）若 B 投资中心接受追加投资，计算其投资利润率。

2. 某公司下设甲、乙两个投资中心，各投资中心的投资利润率如表 10－9 所示。

表 10－9　甲、乙投资中心的相关信息表

投资中心	利润（万元）	投资（万元）	投资利润率
甲	160	1 000	16%
乙	100	1 000	10%
全公司	260	2 000	13%

假定甲投资中心面临一个投资机会，其投资额为 1 000 万元，可获利润 140 万元，投资利润率为 14%，全公司预期最低平均投资利润率为 13%。则甲投资中心的这个投资机会如何？

3. 某车间 2019 年 4 月份的成本预算资料如下：可控成本总额为 200 000 元，其中固定成本为 100 000 元；非可控成本为 150 000 元，全部为固定成本；预算产量为 10 000 件。4 月份的实际成本资料如下：可控成本为 205 000 元；非可控成本为 180 000 元，实际产量为 11 000 件。该车间为成本中心。

要求：

（1）计算预算单位变动成本；

（2）计算其责任成本变动额和变动率；

（3）评价该车间成本控制业绩。

4. 请以汽车制造类上市公司 2018 年的财务报表为资料，利用功效系数法进行财务预警，并利用 2019 年的财务数据进行验证。

第 11 章

财务分析

本章要点

财务分析的内容与方法

财务指标分析

财务综合分析

学习目标

财务分析既是对企业已经发生的财务活动的过程及其结果进行分析和评价的方法，又是对企业未来的财务预测、决策和财务预算制定提供有用信息的一项工作。通过本章的学习，你应该掌握财务分析的基本原理和财务比率分析法，掌握财务综合分析，包括杜邦财务分析体系以及改进的杜邦财务分析体系。

【关键词】

- 财务分析（financial analysis）
- 资产负债表（balance sheet）
- 利润表（profit statement）
- 偿债能力（debt-paying ability）
- 盈利能力（earning capacity）
- 杜邦系统（the DuPont system）
- 产权比率（equity ratio）
- 权益净利率（return on equity）
- 市盈率（price-to-earnings ratio）
- 营运资本（working capital）
- 资产负债率（liability/asset ratio）

财务分析的最终目的是为企业管理和企业战略服务。所以，在做财务分析的时候，首先要搞清楚分析的目的。究竟是为了改善企业的盈利能力，还是为了提升公司的价值，抑或是为了加强风险防范，又或者是为了帮助潜在投资人全面了解公司的经营状况？针对不同的目的，分析重点和分析方法有所不同。

会计报表的不同使用者对报表关注的侧重点亦不相同。如潜在投资人可能比较关注企业的盈利能力、负债程度和财务杠杆；企业的管理人员可能对自己所管理的企业或部门的经济效益更感兴趣；财务咨询公司、审计事务所的专业人员则更关注企业可能会作假、风险较高的地方。

尽管财务分析的目的以及财务报表的使用人关注的重点各不相同，但是最基本的财务分析理念相同，财务分析方法相似。

核心理念

11.1 财务分析的内容与方法

财务分析是财务管理循环中承上启下的重要一环，财务分析既是对已经完成的财务循环的总结，又是下一个财务循环进行财务预测的前提，不做财务分析就无法做好财务管理。那么，怎样进行财务分析呢？财务分析究竟分析什么内容，有哪些方法呢？本章将解答上述问题。

11.1.1 财务分析的作用

通常，企业的财务状况和经营业绩通过财务报告的方式提供给投资者、债权人及其他利益相关者。各方利益相关者只能从这些报告中了解企业的财务信息，并作为决策的基础和依据。

现阶段，企业会计准则等一系列的法律、法规和制度要求企业提供的财务报告内容越来越多。以财务报表为例，安永会计师事务所对财务报表的篇幅做了统计。1972—1992年，美国公司财务报表的平均篇幅由35页增加到65页。可以预料，未来企业的财务报表将会越来越长。

如何从这些冗长的财务报表中获取有价值的信息呢？我们需要借助财务分析。

财务分析既要分析本公司的现状，又要将本公司和同行业的其他公司的数据进行比较，了解公司在行业中的地位，发现公司目前的优势和劣势，以便采取措施，趋利避害。

11.1.2 财务分析的内容

一般而言，不同的利益主体对企业财务状况的关注重点有所不同，企业管理者侧重于关心企业的经营状况，股东关注企业价值的最大化，债权人最关心债务能否偿还。尽管不同利益主体对于财务分析有着不同的需要，但其核心仍然是分析企业的绩效。为了满足各方利益主体的需求，财务分析的内容主要有以下几个方面。

1. 偿债能力

偿债能力是企业赖以生存和发展的前提。企业的短期偿债能力主要取决于流动资产与流动负债的对比关系；资本结构是反映企业长期偿债能力的重要标志，企业长期负债、短期负债和所有者权益等资金之间是否保持合理的比例关系影响长期偿债能力。偿债能力直接关系到企业是否能够持续经营，对偿债能力的分析是判断企业财务状况稳定与否的重要依据。

2. 资产管理能力

资产管理能力的高低决定了企业的经营水平。企业资产的管理主要体现在资产的运用上，具体表现为资产的周转。有效的经营可以使企业在一定资产的基础上增加收入。因此，只有分析企业是否有效地运用资产，才能判断企业是否有获取较多收入的能力。

3. 盈利能力

盈利能力的大小是衡量企业经营好坏的重要标志。一般来说，经营良好、管理有方的企业具有较强的获利能力。因此，良好的获利能力是企业具有活力和发展前途的重要保证。

11.1.3　财务分析的方法

一般来说，财务分析的方法主要有两种：比较分析法和因素分析法。比较分析法的功能主要是发现差异，而分析差异形成的原因则需要通过因素分析法来解决。

1. 比较分析法

比较分析法是指对两个或几个有关的财务数据进行对比，揭示差异和矛盾的一种方法。根据比较对象的不同，比较分析法可以分为以下几类：

（1）与本企业历史相比，即不同时期（2～10 年）指标相比，也称趋势分析。

（2）与同类企业相比，即与行业平均数或竞争对手比较，也称横向比较。

（3）与计划或者预算相比，即实际执行结果与计划指标比较，也称差异分析。

2. 因素分析法

因素分析法是指依据财务指标与各影响因素的顺序关系和数量关系，定量确定各因素对指标影响程度的一种分析方法。因素分析法可以分为连环替代法和差额分析法两种。

（1）连环替代法。当有若干个因素影响某个财务指标时，为了确定每个因素对于指标的影响程度，我们可以假定其他各因素不变，顺序确定每个因素单独变化对指标的影响。例如，权益净利率指标可以分解为销售净利率、资产周转率、权益乘数，即

权益净利率＝销售净利率×资产周转率×权益乘数

用符号表示：

$N=A\times B\times C$

若以下标“0”代表上年，下标“1”代表本年，则有

上年指标：$N_0=A_0\times B_0\times C_0$

第一次替代：$N_2=A_1\times B_0\times C_0$

第二次替代：$N_3=A_1\times B_1\times C_0$

本年指标：$N_1=A_1\times B_1\times C_1$

A 因素变动的影响：N_2-N_0

B 因素变动的影响：N_3-N_2

C 因素变动的影响：N_1-N_3

运用连环替代法时应注意以下几点：

1）因素与指标的关联性。即影响指标的各因素必须是客观上存在因果关系，能够反映造成指标差异的内在构成原因。

2）因素替代时的顺序性。各因素对指标的影响存在顺序性，分析时应按照顺序依次替代进行，不能随意颠倒。一般而言，遵循先数量因素后质量因素的分析顺序。

3）因素替代时的连贯性。计算每个因素变动影响时都是在前一次计算基础上进行的，以保持计算的连贯性，也使各因素的影响之和等于指标的总变动。

4）计算结果具有假设性。连环替代法计算各因素变动对指标的影响时，会由于各因素替代顺序的不同而使计算结果有差别，所以计算结果存在一定的假设性。

（2）差额分析法。差额分析法是因素分析法的一种简化形式，本质上与连环替代法相同。它是根据各因素的实际数与目标值之间的差额，来计算各因素变动对指标的影响程度。

例如，当 $N=A\times B\times C$ 时，如果用下标“0”代表目标数，下标“1”代表实际数，则有

A 因素变动的影响$=(A_1-A_0)\times B_0\times C_0$

B 因素变动的影响$=A_1\times(B_1-B_0)\times C_0$

C 因素变动的影响$=A_1\times B_1\times(C_1-C_0)$

11.1.4 财务分析的局限性

虽然财务分析有很高的价值，但由于各种因素的影响，财务分析仍存在一定的局限性。

1. 财务报表本身的局限性

会计政策与会计处理方法的多种选择，使不同企业同类的报表数据缺乏可比性。对同一会计事项的账务处理，会计准则允许使用不同的规则和程序，企业可以选择不同的方法。因此，即使是两个实际经营完全相同的企业，报表编制基础的差异也会造成两个企业财务分析的结论有差异。

会计报表中的某些数据并不十分精确，有些项目数据是会计人员根据经验和实际情况加以估计计量的。比如坏账准备的计提比例，固定资产的净残值率等都是人为估计的。这就使会计报表所提供的数据的质量受到这些人为估计准确程度的影响。

2. 财务报表的可靠性问题

财务造假的存在，使报表本身的可靠性大为降低，尽管注册会计师通过审计可以在一定程度上识别和防范造假，但是由于审计工作时间和成本的限制，注册会计师不能保证经过审计的报表绝对可靠。

3. 比较基础问题

在进行财务比较分析时需要选择比较的参照标准，例如本公司的历史数据、同业数据和计划预算数据。这些数据本身的可靠性和可获得性都可能存在局限性。例如，企业的外部环境发生了改变，以及新会计准则的运用，都可能使企业数据发生变化；同业数据仅仅说明该行业的平均水平，并不一定是合理的，也不是必须达到的标准。

11.2 财务指标分析

11.2.1 短期偿债能力比率

偿债能力的衡量方法主要有两种：一种是比较债务与可供偿债资产的存量，资产存量超过债务存量较多，则认为偿债能力强；另一种是比较偿债所需现金和经营活动产生的现金流量，如果产生的现金超过需要的现金较多，那么显然偿债能力强。

短期偿债能力是指企业以流动资产偿还流动负债的能力，反映企业偿付日常到期债务的实力。

1. 短期债务与可偿债资产的存量比较

短期债务的存量就是资产负债表中列示的各项流动负债的期末余额。可偿债资产的存量就是资产负债表中列示的流动资产的期末余额。流动负债在一年内需要用现金偿还，而流动资产则在一年内可以变现偿债，两者对比可以看出短期偿债能力的大小。

（1）流动比率。流动比率的计算公式如下：

$$流动比率 = \frac{流动资产}{流动负债}$$

流动比率是相对数，表示每 1 元流动负债有多少元流动资产作为偿付担保，反映了短期债权的安全程度。它适合于同业比较，以及本企业不同历史时期的比较。

流动比率越高，表明企业偿还短期债务的能力越强，债权人的安全程度也就越高。但从企业角度出发，过高的流动比率表明企业比较保守，资产利用率低下，没有充分利用借款能力。

一般认为，流动比率为 2 是一个合适的比率，但是，流动比率没有绝对的标准，要根据各行业的特点确定适当的比较标准。

流动比率具有某些局限性，有些流动资产的账面价值和变现价值可能存在较大的差距，例如存货。为了维持正常经营，企业不可能将所有的流动资产都变成现金用以偿债。流动比率只是对短期偿债能力的粗略估计，为了克服流动比率的不足，我们引入速动比率的概念。

（2）速动比率。速动比率的计算公式如下：

$$速动比率=\frac{速动资产}{流动负债}$$

速动资产仅包括货币资金、交易性金融资产和各种应收、预付款项，它们都可以在短时间内变现。由于速动资产剔除了流动资产中的存货、待摊费用、一年内到期的非流动资产及其他流动资产等，在衡量企业短期偿债能力方面，一般认为速动比率比流动比率更有效。

（3）现金比率。现金比率的计算公式如下：

$$现金比率=\frac{货币资金+交易性金融资产}{流动负债}$$

现金资产流动性最强，主要包括货币资金、交易性金融资产。因此，现金比率比流动比率和速动比率更能反映企业短期债务的直接偿还能力。

2. 短期债务与现金流量的比较

短期债务的数额是偿债所需要的现金流量，经营活动产生的现金流量属于可以偿债的现金流量，反映一定时期的现金净增加额，体现了企业本时期提供的可供随时支付的财务资源。两者相除称为现金流量比率。

$$现金流量比率=\frac{经营活动现金流量}{流动负债}$$

现金流量比率越高，偿债越有保障。

11.2.2 长期偿债能力比率

企业的长期偿债能力，是指支付长期债务的能力。从长期来看，所有的债务都需要偿还。长期偿债能力的分析既要重视资产负债表反映的偿债能力，也要分析损益表反映的偿债能力。我们可以将衡量长期偿债能力的比率分为存量比率和流量比率。

1. 总债务存量比率

（1）资产负债率。资产负债率的计算公式如下：

$$资产负债率=\frac{负债}{资产}$$

通过分析该比率，我们可以了解：1）总资产中有多大比例是通过负债取得的；2）企业清算时债权人利益的保障程度；3）企业偿债的保证程度，该比率越低，贷款越安全；4）举债能力，资产负债率越低，举债越容易。

一般来说，资产负债率应当小于50%。高于50%时，债权人的利益缺乏保障。

（2）产权比率和权益乘数。这两个指标的计算公式如下：

$$产权比率 = \frac{负债总额}{股东权益}$$

$$权益乘数 = \frac{总资产}{股东权益}$$

产权比率和权益乘数是资产负债率的另外两种表现形式，在评价偿债能力方面与资产负债率基本相同。区别在于：资产负债率侧重分析债务偿付的物质保障程度，产权比率和权益乘数侧重于揭示财务结构的稳定程度。

（3）长期资本负债率。长期资本负债率的计算公式如下：

$$长期资本负债率 = \frac{非流动负债}{非流动负债 + 股东权益} \times 100\%$$

由于流动负债的数额经常变动，而非流动负债和股东权益变动相对较少，因此资本结构管理大多使用长期资本负债率反映企业长期资本结构。

2. 总债务流量比率

（1）利息保障倍数。利息保障倍数的计算公式如下：

$$利息保障倍数 = \frac{息税前利润}{利息费用} = \frac{净利润 + 利息费用 + 所得税费用}{利息费用}$$

通过分析该比率，我们可以了解：1）长期债务需到期还本，每年需要付息。利息保障倍数表明 1 元的利息有多少倍的息税前收益作保障，因此，利息保障倍数同时反映了债务政策的风险大小和长期偿债能力。2）通常利息保障倍数应当大于 1，该数值越大，公司拥有的偿还利息的缓冲资金越多。

（2）现金流量利息保障倍数。现金流量利息保障倍数的计算公式如下：

$$现金流量利息保障倍数 = \frac{经营现金流量}{利息费用}$$

该比率表明 1 元的利息费用有多少倍的经营现金流量作保障。由于实际用来支付债务的是现金，因此，该比率比以收益为基础的利息保障倍数更可靠。

（3）现金流量股利保障倍数。现金流量股利保障倍数的计算公式如下：

$$现金流量股利保障倍数 = \frac{经营现金流量}{现金股利}$$

通常企业设置的标准值为 2 。通过分析可知：该比率越大，支付现金股利的能力越强，且分析结果可以与同业比较，也可与企业的过去比较。

（4）现金流量债务比。现金流量债务比的计算公式如下：

$$现金流量债务比 = \frac{经营现金流量}{债务总额}$$

该比率表明企业用经营现金流量偿付全部债务的能力。该比率越高，表明企业用现金承担全部债务的能力越强。

11.2.3 资产管理比率

资产管理比率是衡量公司资产管理效率的财务比率。资产管理能力的强弱取决于周转速度。一般而言，周转速度越快，资产的使用效率越高，则资产的管理能力越强；反之，管理能力越弱。周转速度通常用周转率（周转次数）和周转期（周转天数）表示。

1. 应收账款周转率

应收账款周转率计算公式如下：

$$应收账款周转次数(率)=\frac{主营业务收入净额}{平均应收账款余额}$$

$$应收账款周转天数(期)=\frac{计算期天数}{应收账款周转次数}$$

$$=\frac{平均应收账款余额\times 计算期天数}{主营业务收入净额}$$

应收账款周转率越高，收账越迅速，账龄越短，企业资产的流动性越强，短期偿债能力越强。

2. 存货周转率

存货周转率的计算公式如下：

$$存货周转次数(率)=\frac{主营业务成本}{平均存货余额}$$

式中：

$$平均存货余额=\frac{存货余额年初数+存货余额年末数}{2}$$

$$存货周转天数(期)=\frac{计算期天数}{周转次数}=\frac{平均存货余额\times 计算期天数}{主营业务成本}$$

当使用存货周转次数（率）对企业短期偿债能力进行分析时，计算公式可以调整为：

$$存货周转次数(率)=\frac{主营业务收入}{平均存货余额}$$

在计算存货周转率时，使用主营业务收入还是主营业务成本作为周转额主要取决于分析的目的。在短期偿债能力分析中，为了评估资产的变现能力需要计量存货转换为现金的数量和时间，应采用主营业务收入。如果是为了评估存货管理的业绩，应当使用主营业务成本计算存货周转率，使分子和分母保持口径一致。

存货周转率越高，变现速度越快；周转额越大，资金占用水平越低。但是存货也不能过少，否则会造成生产中断。

3. 流动资产周转率

流动资产周转率的计算公式如下：

$$流动资产周转次数(率)=\frac{主营业务收入净额}{平均流动资产余额}$$

式中：
$$平均流动资产余额=\frac{流动资产总额年初数+流动资产总额年末数}{2}$$

$$流动资产周转天数(期)=\frac{计算期天数}{流动资产周转次数}=\frac{平均流动资产余额\times计算期天数}{主营业务收入净额}$$

在一定时期内，流动资产周转次数越多，表明以一定的流动资产完成的周转额越多，流动资产的利用效果越好。而流动资产周转天数越少，表明周转一次所需要的天数越少，流动资产在经历生产和销售各阶段所占用的时间越短，同样表明流动资产的利用效果越好。

4. 固定资产周转率

固定资产周转率的计算公式如下：

$$固定资产周转次数(率)=\frac{主营业务收入净额}{平均固定资产净值}$$

式中：
$$平均固定资产净值=\frac{固定资产净值期初数+固定资产净值期末数}{2}$$

$$固定资产周转天数(期)=\frac{计算期天数\times平均固定资产净值}{主营业务收入净额}=\frac{计算期天数}{固定资产周转次数}$$

一般情况下，固定资产周转率越高，表明企业固定资产利用充分，同时也表明固定资产投资得当，结构比较合理，能够充分发挥效率，营运能力较强；反之，则营运能力较差。

5. 总资产周转率

总资产周转率的计算公式如下：

$$总资产周转次数(率)=\frac{主营业务收入净额}{平均资产总额}$$

式中：
$$平均资产总额=\frac{资产总额期初数+资产总额期末数}{2}$$

$$总资产周转天数(期)=\frac{计算期天数\times平均资产总额}{主营业务收入净额}=\frac{计算期天数}{总资产周转次数}$$

总资产周转率越高，表明企业全部资产的使用效率越高；反之，若周转率低，则说明企业利用全部资产进行生产经营的效率较差，并最终影响到企业的盈利能力。

11.2.4 盈利能力比率

1. 销售利润率

销售利润率的计算公式如下：

$$销售利润率=\frac{净利润}{销售收入}$$

销售利润率的变动是由利润表的各个项目金额变动引起的，可以深入分析该变动到底是由销售成本、销售费用、管理费用还是财务费用变动引起的，各项目所起的作用如何。与销售利润率相关的另一个比率是销售毛利率，即将销售利润率的分子换成毛利率，分母不变。

2. 资产利润率

资产利润率的计算公式如下：

$$资产利润率=\frac{净利润}{总资产}$$

资产利润率是反映企业盈利能力的关键指标。因资产利润率＝销售利润率×资产周转率，所以，可以分析销售利润率、资产周转率变动对资产利润率的影响程度。

3. 权益净利率

权益净利率的计算公式如下：

$$权益净利率=\frac{净利润}{股东权益}\times 100\%$$

权益净利率的分母是股东的投入，分子是股东的所得，概括了企业的全部经营业绩和财务业绩，具有非常好的综合性。

对于上市公司而言，盈利能力分析还有以下几个指标：

4. 每股收益

每股收益的计算公式如下：

$$每股收益=\frac{净利润}{年末普通股总数}$$

式中，分母也可用普通股平均股数表示。每股收益反映普通股的获利水平，是衡量上市公司盈利能力最常见的财务分析指标。

5. 每股股利

每股股利的计算公式如下：

$$每股股利=\frac{普通股现金股利总额}{年末普通股总数}$$

每股股利是上市公司普通股股东从公司实际分得的每股利润，它反映上市公司当期利润的积累和分配情况。

6. 市盈率

市盈率的计算公式如下：

$$市盈率=\frac{普通股每股市价}{普通股每股收益}$$

市盈率是反映上市公司获利能力的一个重要财务比率，投资者对这个比率十分重视。这一比率是投资者做出投资决策的重要参考因素之一。一般来说，市盈率高，说明投资者对该公司的发展前景看好，愿意出较高的价格购买公司的股票。当然，如果某种股票市盈率过高，则说明这种股票具有较大的投资风险。

11.3 财务综合分析

上述对企业短期偿债能力、长期偿债能力、资产管理能力和盈利能力的分析，都是分别从不同的角度对企业的经营状况和财务活动所做的评价。如果要对企业财务状况和经营成果有一个总的评价，就必须采用一定的方法，把企业经营的各方面纳入一个有机的整体，进行综合分析。目前，综合分析的主要方法有传统的财务分析体系和改进的财务分析体系。

11.3.1 杜邦财务分析体系

传统的财务分析体系，又称杜邦财务分析体系，是由美国杜邦公司创造出来的。该方法从评价企业绩效最具综合性和代表性的指标——权益净利率出发，层层分解至企业最基本生产要素的使用、成本与费用的构成以及企业风险，从而系统、全面地评价企业经营活动和财务活动成果。当经营目标发生异动时，经营者能及时查明原因并加以修正，同时也为投资者、债权人及政府评价企业的经营水平、盈利能力提供依据。传统杜邦财务分析体系如图 11－1 所示，可以直观地反映各指标之间的关系。

1. 杜邦图分析

从杜邦图中可以看出，杜邦分析法实际上从两个角度分析财务：一是对内部管理因素进行分析；二是对资本结构和风险进行分析。

$$权益净利率=资产利润率\times 权益乘数$$

$$权益乘数=\frac{1}{1-资产负债率}$$

$$资产利润率=销售净利率\times 资产周转率$$

$$销售净利率=\frac{净利润}{销售收入}$$

$$资产周转率=\frac{销售收入}{总资产}$$

$$资产负债率=\frac{负债总额}{总资产}$$

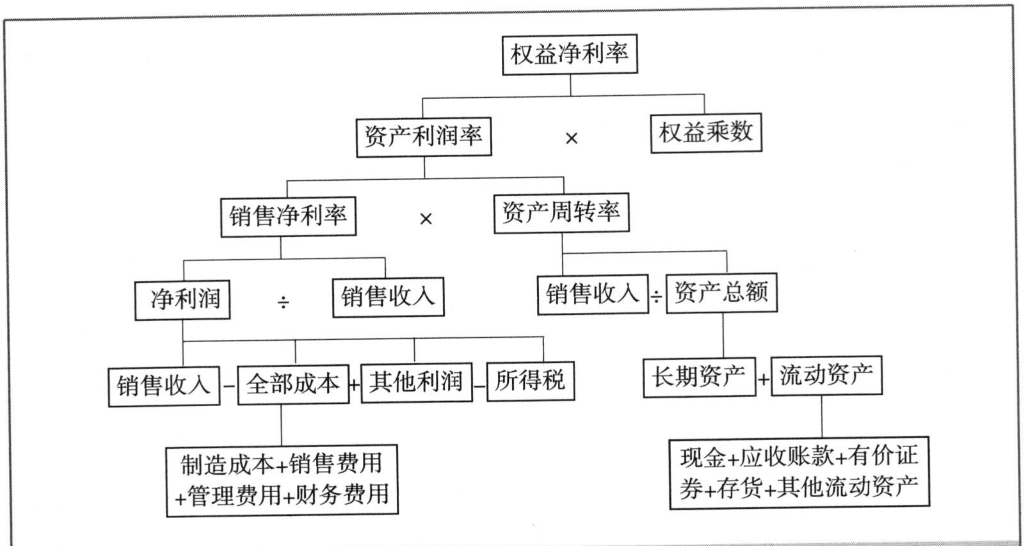

图 11-1　传统杜邦财务分析体系

2. 杜邦分析图提供了各主要财务指标相互关系的信息

(1) 权益净利率是综合性最强的财务比率，是杜邦分析系统的核心。它反映所有者投入资本的获利能力，它的高低取决于资产利润率和权益乘数的水平。影响权益净利率的因素有三个方面：权益乘数、销售净利率和总资产周转率，这三个比率分别反映了企业的资本结构、销售成果和资产营运能力。

(2) 权益乘数主要受资产负债率影响。资产负债率越高，权益乘数越大，会给企业带来较多的杠杆利益，但同时也给企业带来较多的财务风险。

(3) 资产利润率也是一个重要的财务比率，综合性较强。它同时受到销售净利率和资产周转率的影响，还要进一步从销售成果和资产营运两方面来分析。

销售净利率取决于企业利润总额与销售收入，从这个意义上看，提高销售净利率是提高企业盈利能力的关键。通常有两个途径：一是扩大销售收入；二是降低成本费用。企业通过各项成本费用开支的列示，进行成本费用的结构分析，加强成本控制，寻求降低成本费用的途径。

3. 传统杜邦分析法的缺陷

传统杜邦分析法虽然应用广泛，但存在以下缺陷：

(1) 总资产与净利润不匹配。总资产是全部资产提供者享有的权利，净利润是属于股东的，因此不能反映实际的回报率。可以计算要求分享收益的股东、有息负债的债权人投入的资本，以及这些资本产生的收益。

(2) 没有区分经营活动损益和金融活动损益。企业金融资产是投资活动的剩余，并没有投入实际经营活动，应当从经营资产中扣除，同时也应该将金融费用扣除，这样才能使经营资产和经营收益相匹配。

(3) 没有区分有息负债和无息负债。无息负债没有成本，因此没有杠杆作用，不应放入杠杆中。

针对传统杜邦分析法的这些缺陷，财务专家经过研究，逐步形成了一种改进的杜邦财务分析体系。

11.3.2　改进的杜邦财务分析体系

改进的杜邦财务分析体系是在原来杜邦财务分析体系基础上把资产区分为经营资产和金融资产，相应地区分经营损益和金融损益，使资产和利润相匹配。负债进一步区分为有息负债和无息负债，将有息负债与股东权益相除，得到更符合实际的财务杠杆，弥补了原来体系的缺陷和不足。

1. 改进的杜邦财务分析体系引入的主要概念

(1) 对资产负债表引入的概念。

净经营资产＝净金融负债＋股东权益＝经营资产－经营负债

净金融负债＝金融负债－金融资产

其中，经营资产与总资产相比，剔除了没有用于生产经营活动的金融资产。它专指用于生产经营活动的资产。经营资产大部分是没有利息的，金融资产是能给企业带来利息的资产。

与经营资产对应的是经营负债，它是指在生产经营过程中形成的短期和长期无息负债，而金融负债是公司筹资活动形成的有息负债。

(2) 对利润表引入的概念。

净利润＝税后经营净利润－净利息费用

经营利润＝税前经营利润×(1－所得税税率)

净利息费用＝利息费用×(1－所得税税率)

改进的杜邦财务分析体系，克服了传统杜邦分析法的缺陷，对收益的分类有以下特点：

一是区分经营活动损益和金融活动损益。金融活动损益是净利息费用，利息收支的净额。金融活动损益以外的损益，全部视为经营活动损益。经营活动损益和金融活动损益对应于企业新会计准则资产负债表对经营资产与金融资产的划分。

二是将经营活动损益进一步划分为主要经营利润、其他营业利润和营业外收支。主要经营利润是最具持续性和预测性的收益，其他营业利润的持续性不易判定，营业外收支不具持续性，没有预测价值，因此有利于评价企业的盈利能力。

三是将所得税分摊给经营利润和利息费用。

2. 改进的杜邦财务分析体系的核心公式

$$
\begin{aligned}
\text{权益净利率} &= \frac{\text{税后经营净利润}}{\text{股东权益}} - \frac{\text{净利息}}{\text{股东权益}} \\
&= \frac{\text{税后经营净利润}}{\text{净经营资产}} \times \frac{\text{净经营资产}}{\text{股东权益}} - \frac{\text{净利息}}{\text{净负债}} \times \frac{\text{净负债}}{\text{股东权益}} \\
&= \frac{\text{税后经营净利润}}{\text{净经营资产}} \times \left(1 + \frac{\text{净负债}}{\text{股东权益}}\right) - \frac{\text{净利息}}{\text{净负债}} \times \frac{\text{净负债}}{\text{股东权益}} \\
&= \text{净经营资产利润率} + (\text{净经营资产利润率} - \text{净利息率}) \\
&\quad \times \text{净财务杠杆}
\end{aligned}
$$

根据核心公式，权益净利率的高低取决于三个因素：净经营资产利润率、经营差异率和净财务杠杆。改进的杜邦财务分析体系如图 11－2 所示。

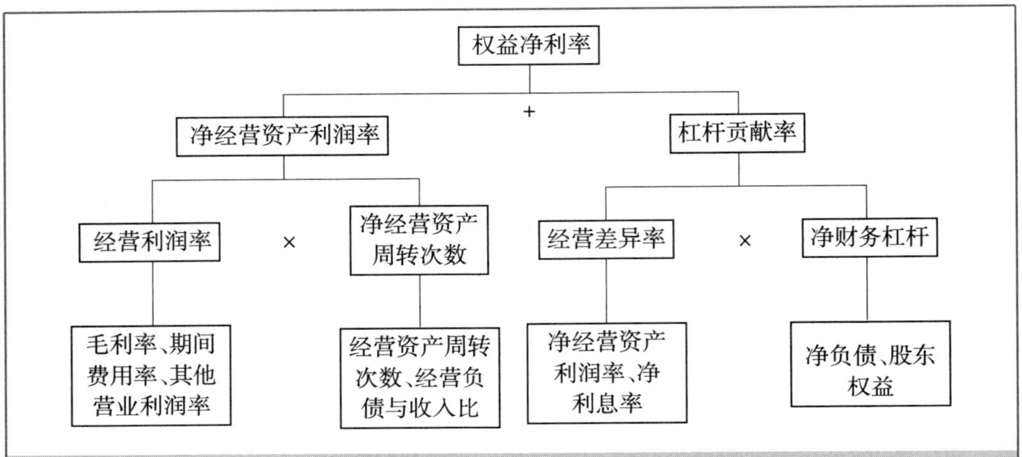

图 11－2　改进的杜邦财务分析体系

3. 对特殊比率的分析

计算杠杆贡献率及经营差异率的公式分别如下：

$$\text{杠杆贡献率} = (\text{净经营资产利润率} - \text{净利息率}) \times \text{净财务杠杆}$$

$$\text{经营差异率} = \text{净经营资产利润率} - \text{净利息率}$$

影响杠杆贡献率的因素是净利息率、净经营资产利润率和净财务杠杆。

经营差异率是净经营资产利润率和净利息率的差额，是投资于经营资产产生的收益，偿还利息后剩余的部分，该剩余归股东享有。利息越低，经营利润越高，剩余的部分越多。经营差异率是衡量借款是否合理的重要依据之一，而净经营资产利润率是企业可以承担的借款利息的上限。经营差异率大于零，借款可以增大股东权益，而经营差异率小于零，借款则会减少股东权益。

由上面的介绍可以看出，改进后的杜邦财务分析体系同样是由权益净利率出发，然后利用因素分析法对各个指标对权益净利率的影响做进一步的分析，具体分析将在案例评析中详细介绍。

案例评析

应用案例与点评

【案例 1】

新杜邦分析法的应用

驰宇公司运用改进的杜邦财务分析体系分析综合财务状况。该公司 2018 年资产负债表和利润表根据经营资产、金融资产、经营负债、金融负债等定义进行了调整，调整后的财务资料如表 11－1 和表 11－2 所示。

表 11－1　驰宇公司调整后资产负债表

编制单位：驰宇公司　　　　2018 年 12 月 31 日　　　　单位：百万元

净经营资产	年末余额	年初余额	净负债及股东权益	年末余额	年初余额
经营资产：			金融负债：		
应收票据及应收账款	405	213	短期借款	65	45
预付账款	25	5	交易性金融负债	0	0
其他应收款	16	21	长期借款	455	240
存货	125	335	应付债券	245	260
待摊费用	35	8	金融负债合计	765	545
一年内到期的非流动资产	40	7	金融资产：		
其他流动资产	10	0	货币资金	52	23
长期股权投资	40	0	交易性金融资产	8	15
长期应收款	0	0	其他债权投资	0	46
固定资产	1 245	950	金融资产合计	60	84
在建工程	25	35	净负债	705	461
无形资产	10	12	股东权益：		
开发支出	0	0	实收资本（或股本）	100	100
商誉	0	0	资本公积	5	5
长期待摊费用	41	23	减：库存股	0	0
递延所得税资产	0	0	盈余公积	90	50
其他非流动资产	4	17	未分配利润	800	750
经营资产合计	1 986	1 618	股东权益合计	995	905
经营负债：					
应付票据及应付账款	106	112			

续表

净经营资产	年末余额	年初余额	净负债及股东权益	年末余额	年初余额
预收账款	8	4			
应付职工薪酬	2	1			
应交税费	5	3			
其他应付款	61	41			
预计负债	3	4			
一年内到期的非流动负债	42	0			
其他流动负债	4	6			
长期应付款	55	65			
递延所得税负债	0	0			
其他非流动负债	0	16			
经营负债合计	286	252			
净经营资产	1 700	1 366	净负债及股东权益	1 700	1 366

表 11-2　驰宇公司调整后利润表

编制单位：驰宇公司　　　　2018 年度　　　　单位：百万元

项目	本年金额	上年金额
经营活动：		
一、营业收入	3 200	2 900
减：营业成本	2 701	2 500
二、毛利	499	400
减：税金及附加	25	25
销售费用	24	22
管理费用	45	42
三、主要经营利润	405	311
减：资产减值损失	0	0
加：公允价值变动收益	0	0
投资收益	5	0
四、税前营业利润	410	311
加：营业外收入	50	75
减：营业外支出	2	1
五、税前经营利润	458	385
减：所得税费用	137.40	115.50
六、经营利润	320.60	269.50
金融活动：		
一、税前利息费用	120	100
利息费用减少所得税	36	30

续表

项　　目	本年金额	上年金额
二、净利息费用	84	70
利润合计：		
税前利润合计	338	285
所得税费用合计	101.40	85.50
税后净利润合计	236.60	199.50
备注：所得税税率	30%	30%

根据调整后资产负债表和利润表中的数据，可以计算出新杜邦分析法所采用的相应的财务比率。驰宇公司2018年主要财务比率及其变动如表11-3所示。

表11-3　驰宇公司2018年主要财务比率及其变动

主要财务比率	2018年	2017年	变动率
1. 经营利润率（经营利润/销售收入）	10.02%	9.29%	0.73%
2. 净经营资产周转次数（销售收入/净经营资产）	1.88	2.12	－0.24
3. 净经营资产利润率（经营利润/净经营资产）（＝1×2）	18.86%	19.73%	－0.87%
4. 净利息率（净利息/净负债）	11.91%	15.18%	－3.27%
5. 经营差异率（净经营资产利润率－净利息率）（＝3－4）	6.95%	4.55%	2.40%
6. 净财务杠杆（净负债/股东权益）	0.71	0.51	0.2
7. 杠杆贡献率（经营差异率×净财务杠杆）（＝5×6）	4.93%	2.32%	2.61%
8. 权益净利率（＝3＋7）	23.79%	22.05%	1.74%

【点评】

1. 权益净利率分析。在新的分析体系中，权益净利率受三个因素影响，净经营资产利润率、净利息率和杠杆贡献率。下面利用连环替代法分析它们的变动对权益净利率的影响程度，具体计算过程如表11-4所示。

表11-4　权益净利率的影响因素分析

变动影响因素	净经营资产利润率	净利息率	经营差异率	净财务杠杆	杠杆贡献率	权益净利率	变动影响
2017年权益净利率	19.73%	15.18%	4.55%	0.51	2.32%	22 05%	
净经营资产利润率变动	18.86%	15.18%	3.68%	0.51	1.88%	20.74%	－1.31%
净利息率变动	18.86%	11.91%	6.95%	0.51	3.54%	22.40%	1.66%
财务杠杆变动	18.86%	11.91%	6.95%	0.71	4.93%	23.79%	1.39%

驰宇公司在2017—2018年间经营出现好转，权益净利率2017年为23.79%，比2017年提高了1.74%。其中，净利息率的降低使权益净利率增加1.66%，净财务杠杆的降低使权益净利率增加1.39%。净经营资产利润率的降低，使权益净利率减少1.31%，很可能是公司的经营盈利能力出了问题。但是，有利因素净利息率、净财务杠

杆对权益净利率的影响超过了不利因素，所以权益净利率提高了 1.74%。

公司经理人为了对财务状况进行进一步分析，将权益净利率指标分解为净经营资产利润率和杠杆贡献率，找到问题产生的原因。

2. 净经营资产利润率的分析。净经营资产利润率受经营利润率和净经营资产周转次数两个因素的影响，对净经营资产利润率运用连环替代法分析，如表 11－5 所示。

表 11－5　净经营资产利润率的影响因素分析

变动影响因素	经营利润率	净经营资产周转次数	净经营资产利润率	变动影响
2017 年净经营资产利润率	9.29%	2.12	19.69%	
经营利润率的变动	10.02%	2.12	21.24%	1.55%
净经营资产周转次数变动	10.02%	1.88	18.84%	−2.40%

由表中分解分析可以看出，经营利润率的提高使净经营资产利润率提高 1.55%，净经营资产周转次数的降低使净经营资产利润率降低 2.4%，可见，净经营资产利润率的降低是受净经营资产周转次数降低影响，所以应该从存货管理、应收账款管理等方面重点关注净经营资产周转次数降低的原因。

3. 杠杆贡献率的分析。杠杆贡献率可以由以下公式说明：

杠杆贡献率＝(净经营资产利润率－净利息率)×净财务杠杆

影响杠杆贡献率的因素是净债务利息率、净经营资产利润率和净财务杠杆。

(1) 净利息率的分析。净利息率的分析，需要对报表附注的明细资料进行分析，本年的净利息率为 11.91%，比上年减少了 3.27%。从报表附注中可以看到，其原因是市场贷款利率普遍降低。企业利用这个机会，提前归还了一些过去取得的利息较高的借款，使平均利息率下降。不过，进一步降低的可能性已经不大，高息债务的转换已经基本完成。

(2) 经营差异率的分析。由于净利息率高低主要由资本市场决定，提高经营差异率的根本途径是提高净经营资产利润率。该企业 2018 年的经营差异率是 6.95%，比上年增加 2.40%。原因是净资产利润率降低 0.87%，净利息率降低 3.27%，前者小于后者。

(3) 杠杆贡献率的分析。驰宇公司 2018 年的净财务杠杆为 0.71，说明每 1 元权益资本配置 0.71 元的债务。与同业平均水平相比，是比较高的负债比率。如果公司进一步增加借款，会增加财务风险，推动利息率上升，使经营差异率进一步缩小。因此，进一步加大财务杠杆可能不是明智之举，依靠财务杠杆提高杠杆贡献率是有限的。

【案例 2】

元鸿公司的财务状况全解

元鸿公司是一家提供摄影器材、摄影服务的上市公司。

在最近一次的股东大会上，元鸿公司宣告今年将减少红利的派发，同时提出了公司近期的战略目标：进一步扩大其在数码相机零售市场的占有率，以达到公司股价持续上涨的目的。与此同时，公司重新制定了长期股利政策：股利年增长率至少要达到8%。宣告后，公司的股价有所下降，从2.7元下降到2.45元。

新上任的财务经理认为公司的流动资金管理方面存在很多问题，有必要采取改善措施。他提出通过与银行签订无追索权的保理协议改善其应收账款管理。根据协议，银行将收取年销售收入0.5%的保理手续费。保理的折现利率为5%，高于同期银行短期贷款利率。通过保理协议，公司的应收账款周转天数短期内就可下降到75天，预计在两年内可达到行业平均水平。同时，财务经理认为此举还可降低公司的坏账损失率，减少应收账款管理费用的支出。

表11-6和表11-7是元鸿公司相关的财务数据，表11-8是摄影器材行业的相关数据。

表11-6 利润表（2018年度） 单位：百万元

项目	本期金额	上期金额	上上期金额
主营业务收入	1 600	1 450	1 320
主营业务成本	1 200	1 053	957
主营业务利润	400	397	363
管理费用	300	260	235
财务费用	36	33	33
税前利润	64	104	95
所得税	19	31	28
税后利润	45	73	67
普通股股利	15	17	16
留存收益	30	56	51
股票价格（12月31日）（元/股）	2.7	5.11	4.69

表11-7 资产负债表（2018年12月31日） 单位：百万元

资产	期末余额	期初余额	负债与所有者权益	期末余额	期初余额
货币资金	100	160	应付账款	170	110
存货	360	320	短期借款	80	10
应收账款	410	240	流动负债合计	250	120
流动资产合计	870	720	长期借款	130	130
固定资产	360	350	应付债券	250	250
			长期负债合计	380	380
			股本（每股面值0.5元）	100	100
			盈余公积	500	470
			所有者权益合计	600	570
资产合计	1 230	1 070	负债与所有者权益合计	1 230	1 070

说明：1. 公司的所有销售均采用赊销方式。元鸿公司目前的短期借款利率为4%。
2. 本例计算中：平均存货余额以期末余额代替。

表 11-8　摄影器材行业的平均数据

资产利润率	12%	存货周转天数	100天
销售毛利率	25%	应收账款周转天数	60天
销售净利率	8%	应付账款周转天数	50天
利息保障倍数	8	流动比率	3.5
权益乘数	50%	速动比率	2.5

根据以上相关财务数据：

1. 对元鸿公司新任财务经理提出的流动资金管理有待改善的观点做出评价。

2. 从股东的角度，对元鸿公司目前的财务状况做出评价。

【点评】

1. 公司的新任财务经理提出，公司的流动资产管理有必要采取一系列改进措施是有依据的。元鸿公司的销售收入在 2018 年增长了 10.3%，而 2017 年增长了 9.8%，随着销售收入的增长，流动资金投入额也将随之增加。

（1）存货管理方面的问题。行业平均存货周转天数为 100 天，元鸿公司 2017 年的存货周转天数为 111 天，而 2018 年为 110 天，存货管理没有显著改善。存货的年增长率为 12.5%，销售成本的年增长率为 14%，两者差额不显著。而销售收入年增长率则为 10.3%，表明存货的增加速度高于销售收入的增长速度，这也从某种角度解释了存货的周转天数大于行业平均水平的原因。公司有必要采取措施调查存货的增长速度高于销售增长速度的原因。

（2）应收账款管理。应收账款的增长速度为 71%，大大高于销售收入的增长 10.3%。应收账款周转天数从 2017 年的 60 天增加到 2018 年的 94 天，也就不足为奇了，应收账款的管理现状明显恶化，这也表明签订保理协议对元鸿公司是必要的。元鸿公司放松赊销政策可能是应收账款周转天数增加的原因之一，但是应收账款管理水平的下降也是一个重要原因。

（3）应付账款管理。元鸿公司应付账款的周转天数从 38 天增加到 52 天，与行业平均水平 50 天相近。一般来说，管理者不需要过分担心应付账款周转天数的增加，除非公司表现出过分依赖短期负债融资的财务特征。事实上，充分利用应付账款这种无息负债是加强流动资金管理的一项必要措施。

（4）流动比率和速动比率。元鸿公司 2018 年度的流动比率为 3.5，而元鸿公司 2017 年度的流动比率为 6，几乎是行业水平的 2 倍。这表明公司在 2017 年度过度持有了货币资金，但也可以看出，2017 年度持有的货币资金是为 2018 年度购买固定资产而准备的。元鸿公司的速动比率则从 3.3 下降到 2，低于行业水平 2.5。这主要是由于公司在 2018 年度大量举借了短期借款。

总的来说，元鸿公司目前过分依赖于短期借款和应付账款这两种短期融资方式。公司需要考虑举借长期债务来满足流动资产投入需要。财务经理对于需要加强流动资金管理的判断是正确的，采取出售应收账款的措施也是值得考虑的。从公司短期资产的融资方式看，元鸿公司采取的融资策略也表现得日益激进。

重要财务比率的计算如表 11－9 和表 11－10 所示。

表 11－9　元鸿公司重要财务比率

项目	2018 年	2017 年
存货周转天数	365×360/1 200＝110 天	365×320/1 053＝111 天
应收账款周转天数	365×410/1 600＝94 天	365×240/1 450＝60 天
应付账款周转天数①	365×170/1 200＝52 天	365×110/1 053＝38 天
流动比率	870/250＝3.5	720/120＝6
速动比率	510/250＝2.0	400/120＝3.3
增长数据		
销售收入增长率	(1 600－1 450)/1 450＝10.3%	(1 450－1 320)/1 320＝9.8%
销售成本增长率	(1 200－1 053)/1 053＝14.0%	(1 053－957)/957＝10.0%
管理费用增长率	(300－260)/260＝15.4%	(260－235)/235＝10.6%
存货增长率	(360－320)/320＝12.5%	
应收账款增长率	(410－240)/240＝71.0%	

①应付账款周转天数＝应付账款余额/销售成本×365，它是衡量公司营运资金管理能力的重要指标。

2. 很明显，2018 年对于元鸿公司来说并不顺利。股东的权益没有得到改善，甚至有所恶化。

（1）盈利能力。资产的利润率从 2017 年的 12.8%下跌到 2018 年的 8.1%，低于行业平均水平的 12%。总资产周转率两年中没有太大变化，资产利润率的下降是由利润的下降造成的。尽管销售收入有所增长，而销售毛利率从 2017 年的 27.4%下降到 2018 年的 25%，这与行业平均水平一致。元鸿公司销售成本的增长速度远高于销售收入的增长，同时管理费用的增长速度也过快。元鸿公司目前急需采取措施控制销售成本和管理费用的支出，以增加利润。

（2）财务杠杆与财务风险。元鸿公司负债权益比从 67%下降到 63%，这主要是由于公司的留存收益有所增加。同期，短期借款从 0.1 亿元上升到 0.8 亿元；如果包括短期借款，元鸿公司 2018 年度的负债权益比将上升到 77%，而行业水平仅为 50%。如果同时考虑短期借款的大量增加，很明显元鸿公司的财务风险增大了。公司的利息保障倍数从 4.2 下降到了 2.8。两年的利息保障倍数都低于行业平均水平，尤其是 2018 年，这些都表明元鸿公司 2018 年度承担的财务风险大大增加了。

（3）公司股价。由于公司承担的财务风险大大增加，同时公司偿还短期借款的压力也大大增加，公司的股票价格可能会进一步下跌。

（4）每股收益、每股股利、股利保障倍数。每股收益、每股股利、股利保障倍数在 2018 年都有所下降。每股股利从 0.085 元下降到 0.075 元。尽管元鸿公司宣告了持续增长的股利政策，股票价格可能会因此有所上涨，但是元鸿公司必须在短期内改善其财务状况，以达到预期的股利支付水平。从理论上来说，降低股利的支付水平往往意味着公司财务状况出现了问题，股东未来可获取的股利没有得到相应的保障。市盈率指在一个考察期内，股票的价格和每股收益的比例。市盈率通常用来作为比较不同价格的股票是否被高估或者低估的指标。一般认为，当一家公司增长迅速以及未来的业绩增长非常看好时，股票目前的高市盈率可能恰好准确地估量了该公司的价值。当该比率降低时，说明市场对公司前景不看好。元鸿公司的市盈率 P/E 比率从 14 下降到了 12，这表明市场已经对元鸿公司恶化了的财务状况做出了反应。

（5）融资策略。元鸿公司 2018 年度的固定资产增加了 0.1 亿元，存货和应收账款的总额增加了 2.1 亿元。这部分资产的增加主要是通过减少货币资金 0.6 亿元、增加短期借款 0.7 亿元以及增加应付账款 0.6 亿元进行融资的，这表明元鸿公司正在以短期资金对长期投资进行融资，这是几个非常激进的融资方式，风险较大。元鸿公司可能面临无力偿还短期借款的风险。

总的来说，元鸿公司的股东必须关注以下几个问题：

（1）元鸿公司的获利水平有所下降，主要是由于成本、费用控制出现了问题；

（2）元鸿公司的短期借款大量增加导致公司财务风险上升；

（3）元鸿公司股票价格可能会进一步下跌；

（4）如果公司的财务状况不能得到改善，元鸿公司股利支付水平会进一步下降；

（5）元鸿公司需要对日益增加的流动资金投入进行融资。

表 11-10 为元鸿公司 2016—2018 年重要财务比率。

表 11-10　元鸿公司重要财务比率（续）

项目	2018 年	2017 年	2016 年
销售毛利率	400/1 600=25%	397/1 450=27.4%	363/1 320=27.5%
销售净利率[①]	100/1 600=6.3%	137/1 450=9.4%	128/1 320=9.7%
利息保障倍数	100/36=2.8	137/33=4.2	128/33=3.9
每股收益	45/200=0.225	73/200=0.365	67/200=0.335
每股股利	15/200=0.075	17/200=0.085	16/200=0.08
股利保障倍数[②]	45/15=3	73/17=4.3	67/16=4.2
市盈率 P/E	2.7/0.225=12	5.11/0.365=14	4.69/0.335=14
资产利润率[③]	100/1 230=8.1%	137/1 070=12.8%	
资产周转率	1 600/1 230=1.3	1 450/1 070=1.4	
负债权益比[④]	380/600=63%	380/570=67%	
负债权益比（包括短期借款）	460/600=77%	390/570=68%	

① 销售净利率=(净利润+所得税+利息费用)/销售收入；
② 股利保障倍数=普通股每股净收益/普通股每股股利=1/股利支付率；
③ 资产利润率=(净利润+所得税+利息费用)/总资产；
④ 负债权益比=长期负债/股东权益。

精选案例讨论

【案例】

高额应收账款的背后

2011 年主营业务规模和资产收益率等指标在深沪上市的所有商业公司中名列前

茅的某公司，在 2015—2018 年累计亏损达 15 亿元，拖欠银行债务高达 25 亿元，与之前火爆全国的情形形成强烈反差，企业已陷入生死两难的境地。据该公司的财务人员介绍，公司的全部资产中，一直是流动资产的比重最大，而在流动资产中，又是应收账款的比重最大，这里面的秘密都来源于造假。公司变亏为盈的常用招数是，让厂家以“欠商品返利款未付”形式向公司打欠条，少则几百万元，多则上千万元，然后据此以应收款的名目做成盈利入账，把亏损变为盈利。同时，为了避免以后的债务纠纷，公司还必须与厂家签订一个补充协议，明确指出所打欠条只是“朋友帮忙”，仅供公司做账用，不作为还款依据，不具有法律效力。这一作假手段从该公司 2016 年、2017 年、2018 年三年的会计报表中可见一斑：三年内应收账款大幅增加，企业主营业务收入也出现高速增长，应收账款周转率却出现下滑，尤其 2018 年不正常地大幅降低。这无疑在一定程度上表明公司靠大量应收账款撑起的高额利润有值得怀疑的地方。

【讨论】

1. 分析应收账款粉饰利润具有易于操纵和隐蔽性强的两大特点。

2. 一些上市公司财务报表应收账款居高不下，高额应收账款的背后到底隐藏了什么？

实务演练

思考与回答

1. 企业短期偿债能力与长期偿债能力相比，由于大部分债务期限都在一年以内，期限较短，对企业来说财务风险较小，经理认为财务管理的重点应该放在企业的长期偿债能力上，你同意这种观点吗？如果不同意，原因是什么？

2. 通货膨胀是企业在发展过程中必须面对的问题，在通货膨胀严重的经济环境中，很多公司因为没有存货而全面亏损。请问经济处于通货膨胀状况下，存货增加一定是坏事吗？

3. 有两家主营业务相同且产品销售市场都主要在华东地区的上市公司，它们在 2014 年度权益净利率分别为 9.27%和 13%，资产净利率分别为 3.5%和 4%，请问这两家公司哪一家业绩更有成长潜力呢？

4. 某家上市公司 2017 年实现销售收入 4 800 万元，2018 年比 2017 年销售收入增长 20%；2017 年该公司资产总额为 2 800 万元，财务经理预计今后每年比前一年资产将增加 600 万元，该公司资产由流动资产和固定资产组成，连续几年固定资产未发生变化，均为 1 600 万元。假设该公司无投资收益和营业外收支，所得税税率不变，该财务经理掌握的 2017—2018 年有关财务数据资料如表 11 - 11 所示。

表 11 - 11　2017—2018 年有关财务指标

项目	2017 年	2018 年
资产负债率	45%	55%
流动负债/所有者权益	0.6	0.5
速动比率	0.7	0.8
销售毛利率	15%	18%
平均收账期	60 天	50 天
净利润	500 万元	700 万元

财务经理分析认为，2018 年资产利润率的提高主要是由销售利润率的增长引起的，为了进一步提高资产利润率，可以从提高该公司总的资产周转率入手，你同意他的观点吗?

搜集与整理

1. 中国工商银行和中国建设银行 2018 年财务报表。

2. 上海方正延中科技集团股份有限公司 2015—2018 年财务偿债能力、营运能力。

3. 改进的杜邦财务分析体系的应用案例。

4. 收集中国移动与中国联通的财务报表并运用财务分析方法加以对比。

5. 招商银行 2018 年的盈利能力和发展能力。

自测与练习

1. 某公司 2018 年的财务数据如表 11 - 12 所示。

表 11 - 12　某公司 2018 年部分财务数据

销售收入	8 000 万元
净利	600 万元
股利	214 万元
普通股股数	年初 80 万股，7 月 15 日增发 48 万股
年末资产总额	8 000 万元
年末权益乘数	5

假设该公司股票属于股利固定成长股票，股利增长率为 6%，负债平均利率为 10%，其中流动负债占负债总额 60%，所得税税率为 20%。

要求：

(1) 计算 2018 年的每股净资产、平均每股收益和利息保障倍数。

(2) 计算 2018 年的资产周转率、权益净利率、销售净利率（涉及资产负债表数据均用年末数计算)。

2. 某公司 2017 年年初的股东权益总额为 1 000 万元，年资本保值增值率为

1.2。2018 年年初的负债总额 400 万元，年资本积累率 50%，2017 年年末的资产负债率 60%，全年的利息为 216 万元。2018 年该公司的固定成本总额 170 万元，实现净利润 308.2 万元，所得税税率 25%。

要求：

（1）计算 2018 年年初的股东权益总额、年初的资产负债率。

（2）计算 2018 年年末的股东权益总额、负债总额、产权比率。

3. 某企业 2018 年产品销售收入为 6 624 万元，全部资产平均余额为 2 760 万元，流动资产占全部资产的比重为 40%；2018 年产品销售收入为 7 350 万元，全部资产平均余额为 2 940 万元，流动资产占全部资产的比重为 45%。

要求：根据以上资料，对全部资产周转率变动的原因进行分析。

4. 鸿宇公司 2017 年实现销售收入 4 800 万元，2018 年比 2017 年销售收入增长 20%；2017 年该公司资产总额为 2 800 万元，以后预计每年比前一年资产增加 600 万元，该公司资产由流动资产和固定资产组成，连续几年固定资产未发生变化，均为 1 600 万元，假设该公司无投资收益和营业外收支，所得税税率不变，其他有关数据和财务比率如表 11－13 所示。

表 11－13　2017—2018 年鸿宇公司部分财务比率

项目	2017 年	2018 年
资产负债率	45%	55%
流动负债/所有者权益	0.6	0.5
速动比率	0.7	0.8
销售毛利率	15%	18%
平均收账期	60 天	50 天
净利润	500 万元	700 万元

要求：

（1）分析鸿宇公司 2018 年与 2017 年相比资产、负债的变化原因。

（2）分析 2018 年鸿宇公司流动比率的变动原因。

（3）分析 2018 年鸿宇公司资产净利率的变动原因。

第 12 章 企业重组

本章要点

兼并与收购

剥离与分立

企业重整与清算

企业价值评估

学习目标

从经济学角度看，企业重组是一个稀缺资源的优化配置过程。通过对企业自身拥有的各种资源的再调整和再组合，提高企业运行效率，还能实现社会资源在不同企业间的优化组合，提高经济整体的运行效率。通过本章的学习，你应该掌握企业重组的基本概念与基本方式，包括企业兼并与收购、剥离与分立、企业重整与清算等，掌握企业价值评估的基本方法。

【关键词】

- 职工持股计划（ESOP）
- 管理层收购（MBO）
- 兼并（merger）
- 收购（acquisition）
- 企业并购（M&A）
- 并股（split-off）
- 拆股（split-up）
- 企业价值评估（business valuation）
- 整体价值（business enterprise value）
- 会计价值（accounting value）
- 经济价值（economic value）
- 市场价值（market value）

现实中，人们往往把企业重组同企业失败联系起来，似乎重组是濒临失败企业的无奈之举、求生之道。事实上，企业重组是任何企业发展壮大过程中都可能面临的现实选择，同企业失败没有必然的联系。

企业重组始于英国，在美国发展并出现了五次公司并购浪潮。新经济的发展引发了又一次大规模的全球公司并购浪潮，企业重组规模越来越大，对全球经济产生了重大影响。

美国著名经济学家乔治·斯蒂格勒曾指出："没有一个美国大公司不是通过某种程度、某种方式的兼并而成长起来的"，"一个企业通过兼并其竞争对手的途径发展成巨型企业，是现代经济史一个突出的现象"。

随着经济全球化、一体化及信息技术革命的发展，企业重组已成为全球经济领域的大趋势，是任何一个致力于企业长期持续发展的管理者所必须关注的问题。

核心理念

企业重组是针对企业产权关系和资产、管理、债务和组织结构所展开的改组、整顿和整合的过程，以便从战略上和整体上改善经营管理状况，强化企业在市场上的竞争能力，推进企业创新和持续发展的战略举措。企业重组的方式很多，包括兼并与收购、剥离与分立等。

12.1 兼并与收购

兼并与收购是企业重组中扩张性的方式，一次成功的并购可以产生财务协同效应和价值创造，实现企业的跨越式发展。

12.1.1 兼并与收购的定义

兼并通常是指一家企业以现金、证券或其他形式购买取得其他企业的产权，使被兼并企业丧失法人资格或改变法人实体，并取得对这些企业决策控制权的经济行为。企业兼并后只有兼并方企业继续保留法人地位。

收购是指企业用现金、债券或股票购买另一家企业的部分或全部资产或股权，以获得该企业的控制权。关于收购的方式，企业可以通过证券市场收购目标企业，也可以进行场外交易；可以用现金，也可以用股票、债券或其他资产进行购买。

兼并与收购的区别如表12-1所示。

表12-1 兼并与收购的区别

兼并	收购
被兼并企业作为法人实体不复存在。	被收购企业仍可以法人实体存在，其产权可以是部分转让。
兼并企业成为被兼并企业新的所有者和债权债务的承担者，是资产、债权、债务的一同转换。	收购企业是被收购企业的新股东，以收购出资的股本为限承担被收购企业的风险。
兼并多发生在被兼并企业财务状况不佳、生产经营停滞或半停滞之时，兼并后一般需调整其生产经营、重新组合其资产。	收购一般发生在企业正常生产经营状态。

由于在实际运作中它们的联系远远超过区别，所以企业兼并（merger）和收购（acquisition）常作为同义词使用，简称为企业并购（M&A）。并购有两种方式：一是吸收合并，一方法人资格取消，另一方仍然保持法人资格；二是新设合并，双方法人资格都取消，共同设立新的法人企业。

12.1.2　兼并与收购的意义

在西方发达资本主义国家，并购很常见。例如在美国的经济发展进程中，经历了五次大的企业购并浪潮。每次购并浪潮的规模都在万亿美元以上，1979 年后，10 亿美元以上的特大型购并案例也很常见。为什么这些企业会热衷于并购呢？因为并购可以为企业提供快速发展的机会。

随着我国经济的快速发展，企业重组，特别是兼并与收购的浪潮也在形成，通过并购迅速发展和壮大起来的成功案例不断涌现。例如国内乃至国际知名企业海尔集团就是通过并购扩大规模，整合营销渠道，降低生产成本，提高生产技术，抓住发展机遇，得以在激烈的竞争中长盛不衰。

兼并与收购能给企业带来的效益如表 12－2 所示。

表 12－2　兼并与收购的效益

兼并与收购的效益	具体描述
经营协同效应	● 企业通过并购可以使企业拥有自己的原材料供应地或产品的最终用户，确保原材料、半成品的供应或者提供产品的销售渠道和用户，节省了销售费用，同时由于企业规模的扩大，分摊了管理费用，降低产品单位成本，可以占据更多的市场份额。 ● 企业通过并购，可以集中经费用于新产品、新技术的研究、发展和设计，提升产品竞争力。 ● 通过并购进行生产扩张相对于重新建厂能节约时间和投资，能利用对方现成的人力、技术、销售渠道、业务网络，从而加快进入新市场的速度，减少投资风险。
财务协同效应	● 提高财务杠杆能力。一般来说，规模较大的企业更容易筹资，拥有更大的举债能力，可以进行更多的负债筹资，使整体的负债能力比合并前各单个企业的负债能力强。 ● 降低资金成本。资金的成本与所筹集资金的规模成反比关系，对于大型企业来说，无疑能降低资金的成本。 ● 合理避税。由于税法的特殊规定，通过并购享受优惠的税率可达到合理避税的目的。

12.1.3　实现兼并与收购的方式

兼并与收购的具体方式如表 12－3 所示。

表 12－3　兼并与收购的方式

实现兼并与收购的方式	具体描述
承担债务式并购	● 承担债务式：并购公司以承担目标企业全部债务为条件，接收其全部资产和经营权。一般在目标企业净资产小于零的时候，会采用这种方式。 ● 债转股式：当目标企业不能履行还债义务时，债权人取得公司的所有权。

续表

实现兼并与收购的方式	具体描述
现金购买式并购	● 现金换资产式：并购公司使用现金购买目标公司全部或绝大部分资产以实现合并。 ● 现金换股权式：并购公司使用现金、债券等形式购买目标公司一部分股票，以实现控制后者资产及经营权的目标。
股份交易式并购	● 股权换取资产式：并购公司向目标公司发行自己的股票以交换目标公司的大部分资产，并购公司在有选择的情况下承担目标公司的全部或部分责任。 ● 以股权换股权式：并购公司直接向目标公司股东发行并购公司的股票，以交换目标公司的股票。

12.2 剥离与分立

剥离与分立是同兼并与收购相对的另一种企业重组方式，是企业在战略转移和战略收缩阶段采用的一种重组方式。一次成功的剥离与分立能使企业实现战略调整，剥离不符合战略目标的业务；通过分立可以克服“大公司病”，使各项业务独立开展，提高经营管理效率，更好地实现战略目标。

12.2.1 剥离与分立的定义

剥离是指公司将现有的部分子公司、部门、产品生产线、固定资产等出售给其他公司，并取得现金或有价证券作为回报。当资产剥离成为企业重组的方式时，一般选择将非经营性资产剥离。

分立是指将母公司在子公司中所拥有的股份按比例分配给母公司的股东，形成与母公司具有相同股东的新公司，在法律上和组织上将子公司从母公司中分立出去。分立中一般不发生现金交易，子公司资产也不需重新评估，只涉及权益在两个独立实体之间的划分，不存在股权和控制权向第三者转移的情况，因为股东对母公司和分立出来的子公司都拥有权利。

按照所出售资产的形式，剥离可以划分为出售资产、出售生产线、出售子公司、分立和清算等形式。

出售资产，指仅出售公司的部分场地、设备等固定资产。

出售生产线，指将与生产某种产品相关的全套机器设备等出售给其他公司。

出售子公司，指将独立、持续经营的子公司整体出售给其他公司，其剥离方案中不仅包括产品生产线，而且包括相关的职能部门与职能人员。

分立可看作剥离的一种特殊形式，指在法律上和组织上将一个公司分为两个（或更多）独立的实体。

清算是指将公司或其业务部门的全部资产零碎地而不是作为整体出售，并将所取得的现金分配给股东。若出售公司资产的所得超过其所发行证券的市场价值，清算可能是对证券持有人最有利的资产处理方式。

12.2.2 剥离与分立的意义

企业实施剥离与分立主要有以下几方面的原因：

1. 适应经营环境变化，调整经营战略的需要

由于技术进步、产业发展趋势、国家有关法规和税收条例的变化、经济周期的改变等经营环境的变化，母子公司从原本高效率的联合成为低效率的联合。如果当前情形下更适合独立经营或者更为专业化的经营，则通过剥离与分立会提高企业的经营效率。

2. 提高管理效率的需要

当管理者所控制资产的规模和差异性增加时，管理的效率就会降低。母子公司通过重新定位，将母公司那些与其经营活动不适应的部分售出，在确定各自比较优势的基础上，可以更加集中于各自的优势业务，突出公司的主营业务，提高公司的整体管理效率，为股东创造更大的价值。

一般可将与母公司业务关系不大或管理效率较低的子公司独立出去。因此，分立常常能够创造出简洁、有效率、分权化的公司组织，使公司能够更快地适应经营环境的变化。

3. 筹集资金的需要

公司可能需要大量现金来满足主营业务或减少债务负担的需要，而通过借贷和发行股票筹集资金会面临一系列的障碍，此时通过出售部分非核心或非相关业务筹集所需的资金不失为一种有效的选择。通过剥离与分立可筹集营运资金，获得发展其他机会所需的财务和管理资源。

在进行杠杆收购时，为了偿还收购过程中借入的巨额债务，通常需要出售部分被收购公司的资产或业务来满足对现金流量的需求。

12.2.3 剥离与分立方式的选择

1. 剥离的方式

剥离的具体方式如表12-4所示。

表12-4 剥离的具体方式

剥离的方式	具体描述
出售给非关联公司	原股东退出有关行业领域的经营，将剥离的资产出售给与本公司不存在关联的他方。
管理层收购	公司管理人员自己买入被剥离资产并经营管理。这种方式有利于管理人员摆脱过去的盲目指挥和过多限制，全权、全力经营好属于自己的资产。对于出售企业，把资产出售给自己的经理层比卖给同业竞争对手更为安全。

续表

剥离的方式	具体描述
职工收购	典型方式是职工持股计划（ESOP）。企业首先建立壳公司，由壳公司发起组织 ESOP，在母公司担保下以实行 ESOP 为由申请贷款，用以向母公司购买欲剥离的股份。壳公司运营剥离资产，并以经营利润支付 ESOP 使之可偿还贷款。最后，贷款全部偿清后，由 ESOP 将由其保管的股份转至公司员工的个人账户。

2. 分立的方式

企业实现分立的方式有两种，分别为并股和拆股，具体内容如表 12-5 所示。

表 12-5　分立的具体方式

分立的方式	具体描述
并股	母公司以其在子公司中占有的股份，向部分（而不是全部）股东交换其在母公司中的股份。并股会导致两个公司的所有权结构发生变化。并股不像纯粹的分立那样会经常发生，因为它需要部分母公司的股东放弃其在母公司中的权益，转向投资于子公司。
拆股	拆股与纯粹的分立比较相似，是指母公司将子公司的控制权移交给其股东。拆股后，母公司所有的子公司都分立出来，母公司自身则不复存在。拆股不仅带来管理队伍的变化，公司的所有权结构也可能发生变化，这取决于母公司选择何种方式向其股东提供子公司的股票。

12.2.4　剥离和分立的其他原因

1. 粉饰财务报表的情形

有些企业剥离和分立不是为了更好地利用资源，以实现企业的战略目标，而是为了达到粉饰财务报表的目的，因此需要密切关注以报表操纵为目的的资产剥离行为。

有些上市公司经营不力，业绩难看，为了粉饰财务报表，防止出现强制退市的情况，只好打起“卖家产”的主意，将现有的资产高价卖出，以提高企业的净利润。在这种情况下，资产剥离、售出仅仅是利益或负担的转移，虽然上市公司业绩在短期内大幅提高，但实际经营状况并无多大改善，还会在一定程度上加剧证券市场的波动性和投机性，引发道德风险，不利于我国资本市场的发展。

2. 关联交易的情形

目前资产售出交易中关联交易占较高的比例，这些关联交易大多信息披露不充分，缺乏透明度，许多交易中资产或股权的转让未给出明确的作价依据甚至价格。这类交易的大量存在同样不利于我国资本市场的健康发展。

12.3　企业重整与清算

关于企业重整，人们有不同的认识。现实中，人们往往把企业重整与企业失败联系起来，认为重整是摆脱财务困境的无奈选择。

事实上，企业重整是任何企业发展壮大过程中都可能面临的现实选择，同企业失败并没有必然的联系。美国学者哈默在《重整企业》一书中提出，企业重整是“一场流程的革命”，企业重整实际上是对企业业务流程的重新设计和再造。当然，在很多场合人们还是把企业重整作为摆脱财务困境的方法之一。本节中，我们亦从这一视角论述企业重整。

12.3.1 企业重整与清算的定义

企业重整是指公开发行股票或公司债的公司，由于财务上的困难，已经暂停营业，或具有停止营业的危险时，经法院裁定，依法律程序予以整顿，使之得以复兴的一种法律行为。

企业清算是指企业在解散过程中，为了保护相关当事人的合法权益，依法对企业的财产、债权债务进行清理，终结企业现存法律关系的行为。

12.3.2 企业重整与清算的意义

企业重整的原因是企业陷入财务上的困境，已经停止营业或有停止营业的危险。进行企业重整是为了防止或避免企业遭受破产的厄运，维持企业的存续，帮助企业恢复生机，保护债权人、股东、企业职工的利益。

企业重整的意义在于：

(1) 有利于公司摆脱破产的威胁，在新的基础上开始新的经营活动；

(2) 有利于维护股东的权益，使他们免受企业破产的损失；

(3) 有利于维护职工的利益，使他们免于失业的危险；

(4) 有利于维护债权人的利益，使他们免受企业破产的损失；

(5) 有利于维系企业原有业务关系的稳定，使正常的社会经济秩序免受冲击。

企业清算主要为了达到以下目的：

(1) 清算是在企业解散过程中发生的行为。为防止企业解散可能出现的隐匿、逃避债务，以及损害债权人和所有者利益等情况，必须履行必要的程序后才能解散，清算是其中最主要的内容。只有清算完毕，办理了注销登记，企业才从法律上正式解散。

(2) 清算的直接目的是终结企业尚存的法律关系。清算是通过对企业财产的处理来终结企业的债权债务关系。企业解散意味着企业法人的消灭，也意味着有关主体与企业存在的法律关系的消灭，这就需要在企业法人消灭之前妥善处理企业尚存的法律关系，其中最主要的是债权债务关系。

12.3.3 企业清算的程序

由于清算涉及众多相关当事人的利益，如果由企业自由清算，很可能出现有违公平的现象，使当事人的利益受到损害。因此，要求企业清算必须按照法律规定的条件和程序进行。

1. 清算人的产生

清算人是指在企业解散过程中，依法律程序产生，专司清理和处理企业财产和债权债务的执行人。清算人或清算组的职权有：清理企业财产，分别编制资产负债表和财产清单；处理企业未了结的业务；清理债权债务；处理企业的剩余财产；代表企业参与民事诉讼活动；召集股东会、债权人会议和其他会议。

2. 通知或公告企业解散的有关事宜

一般来说，股东由董事会负责通知，发行无记名股票的公司应同时进行公告；债权人由清算人负责通知或进行公告。通知或公告的内容应写明债权人申报债权的时间，具体时间一般为通知书送达之日 30 天内，公告发布之日起 90 天内。

3. 估算企业的财产和债权债务

在对企业财产进行估算时，有三种方法可供选择：（1）成本法，即按照被评估资产的同类或类似资产的重置成本减去有形损耗和无形损耗，计算出资产现值；（2）市场法，根据被评估资产的特性，从市场中找出类似的资产进行类比确定资产的现价；（3）收益法，按照被评估资产的预期收益率和折现率计算资产现值。

4. 清算人处分企业财产

企业财产的分配顺序为：支付清算费用；支付职工工资和劳动保险费用；缴纳所欠税款；清偿企业债务；按比例分配给股东。清算人在清理公司财产时，如果发现企业财产不足以清偿债务，应立即停止清算，并向法院申请企业破产。

5. 清算程序结束

清算人将财产处分完毕后，应提出清算报告，并编制清算期内的收支报表和各种财务账册，经会计师事务所验证，报审批部门批准后，向企业登记主管机关申请解散登记，并公告企业终止。至此，企业的法人资格正式终止，清算程序亦告全部结束。

12.4 企业价值评估

无论企业是兼并与收购、剥离与分立，还是重整与清算，在做任何决策之前，管理层必须对企业的价值有整体的了解。这就需要对企业价值进行评估。

12.4.1 企业价值评估的含义

企业价值评估是一种经济评估方法，目的是分析和衡量企业的公平市场价值并提供有关信息，以帮助投资人和管理当局改善决策。

从企业价值评估的含义可知：

1. 价值评估是一种经济评估方法

虽然评估是一种定量分析，要通过符合逻辑的分析来完成，但它并不是完全客观和科学的。

2. 价值评估提供的是有关公平市场价值的信息

价值评估的一个默认的假设是市场只在一定程度上有效，而并非完全有效。价值评估正是利用市场的缺陷寻找被低估的资产。

3. 企业价值评估有很强的时效性

价值评估依赖的企业信息和市场信息不断流动，新信息的出现随时可能改变评估的结论。

4. 价值评估的目的是帮助投资人和管理当局改善决策

价值评估可以用于投资分析、战略分析和以价值为基础的管理。

12.4.2 企业价值评估的对象

企业价值评估的一般对象是企业整体的经济价值。企业整体的经济价值涉及两个概念：一是企业的整体价值；二是企业的经济价值。

1. 企业的整体价值

企业的整体价值观念主要体现在以下四个方面：

(1) 整体不是各部分的简单相加。企业是有组织的资源，各种资源的结合方式不同就可以产生不同效率的企业，从而会给投资人带来不同的现金流量。这些现金流量是所有资产联合起来运用的结果，而不是资产分别出售获得的现金流量之和。

(2) 整体价值来源于要素的结合方式。企业的整体价值来源于各部分之间的联系。只有整体内各部分之间建立有机联系时，才能使企业成为一个有机整体。改变各要素之间的结合方式，就可以改变企业的功能和效率，从而改变企业的整体价值。

(3) 企业的价值只有在整体中才能得到体现。企业的各个部分只有在整体中才能体现出它的价值，一旦离开整体，部分就失去了意义。

(4) 整体价值只有在运行中才能体现出来。企业一旦停止运营，整体功能随之丧失，不再具有整体价值，此时企业的价值是这些财产的变现价值，称为清算价值。

2. 企业的经济价值

经济价值是指一项资产的公平市场价值，通常用该资产所产生的未来现金流量的现值来计量。企业的经济价值容易和会计价值以及现时市场价格混淆，因此有必要进行区分。

(1) 会计价值。会计价值是指资产、负债和所有者权益的账面价值。企业的经济价值是未来现金流量的现值，需将未来现金流量按照一定的折现率折算成现值。

(2) 现时市场价格。资产的公平市场价值就是未来现金流入的现值，而现时市场价格可能是公平的，也可能是不公平的。

12.4.3 企业整体经济价值的类别

1. 实体价值与股权价值

一家企业收购另一家企业，可以采用收购资产而不承担债务的方式，也可以采取购买股份，同时承担债务的方式。如果采用的是收购股份的方法，企业目前支付的仅仅是被收购企业股权部分的价值，企业还需在未来支付被收购企业的债务。由于大多数企业的收购采用的是购买股票的方法，因此企业价值评估的重点主要集中在企业股权价值的评估上，企业整体的经济价值需要在股权价值基础上加上债务价值，即

企业实体价值＝股权价值＋债务价值

股权价值在这里不是所有者权益的账面价值，而是股权的公平市场价值。债务价值也不是它们的账面价值，而是债务的公平市场价值。

2. 持续经营价值与清算价值

企业能够给所有者提供价值的方式有两种：一种是由营业所产生的未来现金流量的现值，称为持续经营价值；另一种是停止经营，出售资产产生的现金流，称为清算价值。

由于经济学中理性人的假设，当未来现金流的现值大于清算价值时，投资人会选择继续经营。如果现金流量下降，或者资本成本提高，使得未来现金流量现值低于清算价值，则投资人会选择清算。一个企业持续经营的基本条件是，其持续经营价值超过清算价值。

一个企业的公平市场价值应当是持续经营价值与清算价值中较高的一个。

3. 少数股权价值与控股权价值

买入企业的少数股权，需要承认企业现有的管理和经营战略，买入者是一个旁观者。而买入企业的控股权，投资者可以改变企业的生产经营方式。

从少数股权投资者来看，$V_{当前}$是企业股票的公平市场价值。它是现有管理和战略条件下企业能够给股票投资人带来的现金流量现值。对于谋求控股权的投资者来说，$V_{新的}$是企业进行重组，改进管理和经营战略后可以为投资人带来的未来现金流量的现值。新的价值与当前价值的差额称为控股权溢价，它是由于转变控股权增加的价值。

$$控股权溢价=V_{新的}-V_{当前}$$

12.4.4 企业价值评估的模型

企业价值评估使用的模型的主要功能就是把预测数据转换为企业价值。在实务中主要采用以下三种模型：

1. 现金流量折现模型

现金流量折现法是根据目标企业被并购后所产生的现金流量的现值来评估目标企业价值的方法。其基本思想是，任何资产（包括企业或股权）的价值是其产生的未来现金流量的现值。

一项资产的价值是其未来现金流量的现值。事实上，任何资产都可以使用现金

流量折现模型来估价，企业也不例外，其价值的计算公式为：

$$价值 = \sum_{t=1}^{n} \frac{第\ t\ 期现金流量}{(1+资本成本)^t}$$

因此，要利用现金流量折现模型评估目标企业价值，就必须估计由并购引起的期望的增量现金流量和贴现率（或资金成本）。

（1）预测现金流量。预测现金流量是指各期的预期的现金流量，可以通过财务预测取得。我们要评估目标企业的价值，就需要使用企业实体现金流量，即企业全部现金流入扣除成本费用和必要的投资后的剩余部分，它是企业一定期间可以提供给所有投资人（包括股权投资人和债权投资人）的税后现金流量。一般使用自由现金流量计算。

自由现金流量是营业活动产生的税后现金流量，企业可以根据筹资政策和股利政策自由决定如何支配。自由现金流量决定了企业的营业价值。价值评估主要关心的是企业的营业价值。

自由现金净流量＝息税前营业利润＋折旧与摊销－总投资－所得税

式中：息税前营业利润＝主营业务收入－主营业务成本＋其他业务利润－营业和管理费用－折旧

总投资＝营业流动资产增加＋资本支出

（2）估计资本成本。资本成本是计算现值使用的折现率。折现率是现金流量风险的函数，风险越大则折现率越大，因此折现率和现金流量要相互匹配。实体现金流量只能用企业实体的加权平均资本成本来折现。企业加权平均资本成本的计算如下：

$$WACC = \sum K_i \cdot b_i$$

式中，$WACC$ 为加权平均资本成本；K_i 为各单项资本成本；b_i 为各单项资本所占比例。

（3）评估目标企业价值。将预测的各期现金流量及加权平均资本成本代入现金流量折现模型，可得

$$目标企业价值 = \sum_{t=1}^{n} \frac{第\ t\ 期目标企业自由现金流量}{(1+加权平均资本成本)^t}$$

贴现现金流量法以现金流量预测为基础，充分考虑了目标企业未来创造现金流量的能力对其价值的影响，对企业并购决策具有现实的指导意义。可以说，这一方法从理论上来说是最科学、最成熟的一种评估方法。但是，由于这一方法的运用对决策条件和能力要求相当高，容易受到预测人员主观意识的影响，其运用可能受到合理选择未来现金流量及贴现率选择困难的影响。相对来说，欧美公司还是习惯使用现金流量折现模型来评估企业的价值。

2. 经济利润模型

经济利润模型的基本思想是：如果每年的息前税后利润正好等于债权人和股东要求的收益，即经济利润等于零，则企业的价值没有增加，也没有减少，仍然等于投资资本。

经济利润是指从超过投资者要求的报酬率中得来的价值，也称经济增加值。

经济利润＝期初投资资本×(期初投资资本报酬率－加权平均资本成本)
＝息前税后利润－全部资本费用
＝息前税后利润－税后利息－股权费用

经济利润与会计利润的主要区别在于，经济利润扣除了股权资本费用，而不仅仅是债务费用；会计利润仅扣除债务利息，而没有扣除股权资本成本。因此

企业价值＝期初投资资本＋预计经济利润的现值

3. 相对价值模型

相对价值法是利用类似企业的市场定价来估计目标企业价值的一种方法。它是将目标企业与可比企业对比，用可比企业的价值衡量目标企业的价值。因此，所得结论是相对于可比企业而言的，以可比企业的价值为基础，是一种相对价值，而非目标企业的内在价值。

我们在日常生活中所说的“货比三家”其实也隐含了相对价值的理念。例如，某人准备购买某商品，出售者报价100元，如何评估这个报价呢？一个简单的方法就是，寻找一个功能、质量相当的商品与之比较。如果其他类似商品报价低于100元，于是我们认为出售者报价报高了。实际上，也可能是类似商品的价格偏低。下面以市盈率模型为例介绍其具体评估方法。

市盈率模型是根据目标企业的收益和市盈率确定其价值的方法。基本模型如下：

目标企业的每股价值＝可比企业平均市盈率×目标企业的每股净利

该模型假设股票市价是每股净利的一定倍数。每股净利越大，则股票价值越大。同类企业有类似的市盈率，所以目标企业的股权价值可以用每股净利乘以可比企业的平均市盈率计算。

案例评析

应用案例与点评

【案例】

企业价值评估

L市是葡萄酒行业各大巨头的必争之地。2018年A公司决定进军L市的葡萄酒

行业，目标企业是N葡萄酒厂。

2018年4月双方谈判开始。L市政府是N葡萄酒厂的股东。经过多方努力，L市政府主动提出将N厂100%卖给A公司。L市政府的出价为：总资产4.2亿元，其中包括固定资产2.6亿元（固定资产的账面价值为3.4亿元），流动资产0.8亿元，商誉0.8亿元。A公司对N葡萄酒厂的估值为：N葡萄酒厂的总资产最多2.6亿元，其中包括固定资产1.86亿元、流动资产0.6亿元、商誉0.14亿元。

双方对于价值评估有不同的观点，争论的焦点集中在以下几个方面：

首先是固定资产的估值。N葡萄酒厂账面固定资产价值是3.4亿元，考虑到资产和设备的现状，L市政府只同意将固定资产价值降到2.6亿元。由于之前N葡萄酒厂属于国有企业，它所占用的土地不需缴纳土地租金。若A公司接管N葡萄酒厂，则共需缴纳8 000万元的土地使用费。A公司减去这部分固定资产成本，采取资产重置的办法计算出N葡萄酒厂的固定资产价值，最多为1.86亿元。

其次是流动资产的估值。L市政府坚持，双方必须在签合同的同时确认流动资产的账面价值0.8亿元。而A公司认为：

(1) 葡萄酒的流动资产中有很大一部分是在销售渠道中流通的瓶箱包装物，因此流动资产的最后价值必须通过交接日的盘点和对成新率的判断才能确定，不能事先定价。

(2) N葡萄酒厂流动资产中的应收账款和待摊费用按照国际通行的会计准则必须大幅减账，A公司最多承认0.6亿元。

第三个分歧是关于商誉的价值。L市政府对该厂商誉的报价为8 000万元。A公司对N葡萄酒厂商誉价值的评估参考了张裕葡萄酒，A公司认为，N葡萄酒厂的商誉最多值1 400万元。

虽然有很多分歧，但最终A公司以3.8亿元收购了N葡萄酒厂。

要求：

(1) 企业的价值是由哪些因素决定的？你如何看待企业价值评估？

(2) A公司高价购买N葡萄酒厂的动因是什么？

【点评】

本案例要点：企业价值评估。

(1) 1) 企业价值评估就是专业资产评估机构根据特定的目的，遵循特定的原则，依照法定的程序，运用科学的方法，对企业的整体经济价值进行判断、估计、测算的过程。

2) 企业的价值不是企业的所有者决定的，也不是由购买者决定的，而是双方谈判协商的结果，是市场决定的。企业只有在市场上交易，它才有一个合适的价值。企业价值评估是一门独立的学问，评估方法就有十几种，不同企业的价值要用不同的方法来估算。比如同一个行业里的亏损企业和盈利企业的计算方法是完全不同的，亏损的企业可能按残值算，盈利的可能按市盈率算。

3) 企业价值具有客观性、整体性、市场性、收益决定性的特征。在进入知识经济时代的今天，企业价值评估最值得推崇和发展的观点应是——企业价值是企业现有基础上的获利能力价值与潜在的获利机会价值之和。

（2）企业并购的动因主要有：扩大规模，降低成本费用；取得市场份额和战略地位；获得品牌经营和知名度；实现垄断利润；满足企业家的成功欲。收购 N 葡萄酒厂是 A 公司进军 L 市葡萄酒业的必由之路，L 市是葡萄酒巨头必争之地。从这两方面分析，A 公司收购 N 葡萄酒厂，是为了取得市场份额和战略地位。

精选案例讨论

【案例】

鸿安集团整体置换大安股份公司案例

一、案例简介

2017 年 9 月 15 日鸿安（集团）公司与梦驰（集团）公司签署股份转让协议，梦驰集团以每股 2.629 元一次性向鸿安集团转让其所持有的大安股份公司的国家股，金额为 6 478.199 2 万元，占总股本的 74.69%。2017 年 11 月 26 日，股份转让协议正式生效，鸿安集团成为大安股份公司的绝对控股股东。

鉴于大安股份公司 2016 年度和 2017 年度主营业务连续亏损，为了维护投资者利益，证券交易所于 2018 年 2 月 22 日开始对大安股份公司股票实行特别处理，有关事项公告如下：（1）股票报价日涨幅限制为 5%；（2）股票挂牌简称“STL 股”；（3）本公司中期报告必须经审计。

2018 年 3 月 15 日，大安股份公司与控股股东鸿安集团签署协议，对原大安股份公司资产进行整体资产置换。3 月 19 日，大安股份公司 2017 年度股东大会召开。会议通过了《公司资产置换、变更主营业务的议案》。根据协议，鸿安集团将其所属部分优质资产与大安股份公司全部资产按各自评估后的净资产值进行等值置换，置换金额为 14 028.16 万元。

资产置换后的大安股份公司除了股票代码未发生变化外，其主营业务、资产内容等全部发生变更，实际上等于换了一家上市公司，鸿安集团成功实现了买壳上市。

所谓买壳上市，是指非上市的具有独立法人资格的企业，通过收购上市公司并获得上市公司的控股股权后，再将优质资产注入上市公司，从而实现非上市的控股公司间接上市的过程。以下对鸿安集团并购大安股份公司这一买壳上市典型案例进行实证分析。

二、交易各方背景资料

1. 鸿安集团

鸿安集团成立于 2016 年 8 月，是按现代企业制度要求组建而成的大型企业集团。现有全资、控股、参股企业 200 余家，公司注册资金为 5.7 亿元。

近年来，鸿安集团通过收购兼并、资产重组方式，积极依托资本市场开展资本经营，鸿安集团并购大安股份公司即是最成功的一个案例。

2. 大安股份公司

大安股份公司注册资本为 8 673.407 2 万元，其中国家股股本额为 6 478.199 2 万元，占股本总额的 74.69%；社会公众股 2 195.208 万元，占总股本的 25.31%。

近年来由于所经营行业的整体环境恶化，大安股份公司生产设备陈旧等原因，主营业务连续出现巨额亏损（见表 12-6）。

表 12-6 大安股份公司 2015—2017 年主要经营指标

项目	单位	2015 年	2016 年	2017 年
主营业务利润	万元	111.21	−2 490.31	−2 490.38
净利润	万元	385.33	−2 304.83	274.74
每股收益	元	0.04	−0.27	0.03
净资产收益率	%	2.34	−15.29	1.95

3. 梦驰集团

截至 2017 年年末，梦驰集团注册资本 88.291 4 亿元，总资产 640.85 亿元，下属全资和控股子公司 20 余家，属下有多家上市公司。

三、资产置换分析

大安股份公司为了调整经营结构，提高资产质量和经营业绩，实现产业结构和经营结构的战略转移，决定将公司现有全部资产及负债经评估确认后，与鸿安集团经评估确认后的优质资产进行置换。置换后，大安股份公司经营能力将获得改善，并最终纳入鸿安集团的发展战略。

四、交易动机分析

1. 鸿安集团买壳上市的动机

（1）提高鸿安集团的知名度。在证券市场进行成功的买壳上市，能够产生极大的轰动效应。股权转让前后，在国内各类报纸杂志上的宣传报道，再加上股权转让带来的二级市场股价上涨，将给原本就实力雄厚、信誉卓著的鸿安集团带来一笔可观的无形资产。

（2）上市公司的机制优势。通过并入大安股份公司，将给鸿安集团引入先进的股份制和完善的法人治理结构。同时，鸿安集团买壳上市后，还可以利用上市公司从证券市场直接融资的优势，将属下的资产以存量资产配股的形式逐步注入由其控制的股份公司。

（3）上市公司的资本经营优势。除上面提到的配股、股份制机制优势外，上市公司还可以利用证券市场积极开展收购兼并。在收购兼并的主体选择上，既可以鸿安集团自己的名义收购兼并，也可以上市公司名义进行，但有一点是共同的，即证券市场可以为其进行收购兼并提供便利，从而为鸿安集团的规模扩张创造条件。

（4）尽快达到上市目的。鸿安集团如果申请股票发行额度到最后成功上市，可能要花费很长时间和相当高的成本，而且未必一定能够获得成功。相比之下，买壳上市手续相对简单，时间短，操作方便，优势十分明显。

2. 梦驰集团

梦驰集团之所以愿意实施股份转让，其原因在于：

（1）梦驰集团属下拥有多家相同产业内容的上市公司，都在不同程度上存在资产重组的需要，出让大安股份公司可以使其集中精力搞好其他上市公司。

（2）由于大安股份公司2016年、2017年连续两年主营业务出现亏损，2018年上半年主营业务继续恶化，如果任其发展，大安股份公司将面临被摘牌的危险，出让控股股权，实际上是一种“甩包袱”的行为。

五、股权转让及资产置换绩效评估

1. 鸿安集团

低成本控制一家上市公司。尽管鸿安集团受让大安股份公司的价格达到2.629元/股，高出大安股份公司每股净资产60.7%，总的溢价达到6 470万元，但在股权转让后不过半年时间，鸿安集团就通过对大安股份公司原有资产的全部置换套回1.4亿元的现金，整个买壳上市过程现金净流出仅为3 000万元，这对实力雄厚的鸿安集团来说是微不足道的。

2. 梦驰集团

通过溢价出让大安股份公司的国家股，回收了一笔数量可观的现金，实现了国有资产的增值。事实上，大安股份公司资产质量低下和财务状况恶化的现状在相当程度上也应由梦驰集团负责。大安股份公司的壳资源如果仍留在梦驰集团手上，其壳资源的价值根本得不到发挥，只有通过出让，让壳资源配置到有较大发展潜力的企业手中，才能真正实现资源的优化配置。因此，从这一点来看，买壳上市的反面，正是卖壳方“卖壳退市”的过程，成功的案例应该是实现卖壳方和买壳方的双赢。

3. 大安股份公司

（1）优质资产注入。随着鸿安集团将自己的优质资产注入大安股份公司，大安股份公司经营状况将发生根本性的转变。

（2）结构调整业绩提升。大安股份公司从生产严重过剩的行业退出，进入鸿安集团的配套产业，前景非常乐观。大安公司董事长指出，2018年大安股份公司的主要经营目标是实现2 700万元净利润、14.9%的净资产收益率和0.24元的每股收益，公司围绕这一目标所执行的主要措施就是加大结构调整力度。

【讨论】

1. 鸿安集团并购大安股份公司案例，对你有何启示？
2. 买壳上市由市场主导型向政府主导型演化对中国证券市场有何不良影响？

实务演练

思考与回答

1. 2004年12月8日，联想集团以12.5亿美元并购IBM的PC业务，其中包括向IBM支付6.5亿美元现金和价值6亿美元的联想集团普通股（18.5%股份），同时承担其PC业务5亿美元的资产负债。联想5年内无偿使用IBM品牌，被誉为“蛇吞象”跨国并购。联想当时年营业额30亿美元，且试图走出去，但无起色。而IBM的PC业务2003年销售额达到120亿美元，但亏损巨大，只好选择剥离PC业务。并购中面临以下难点：（1）美国监管当局以安全为名对并购进行审查，竞争对手对IBM的PC老客户的游说；（2）并购后，供应链如何重构。请问：并购后联想如何整合文化背景悬殊的企业团队和市场？如何实现价值增值？

2. 2005年8月11日，雅虎品牌授权阿里巴巴。阿里巴巴收购雅虎中国全部资产，包括雅虎中国门户网站、搜索技术、通信与广告业务以及3721网络实名服务，获得雅虎品牌在中国的无限期独家使用权，并获得雅虎10亿美元投资，组成战略联盟关系，雅虎成为阿里巴巴的股东。面临的并购难点包括以下几点：（1）整合雅虎、阿里巴巴、淘宝、支付宝等品牌问题；（2）合并后业务和资源范围迅速放大，企业文化和渠道存在差异，如雅虎是分销，阿里巴巴是直销，企业资源如何整合。请问：面对谷歌、百度，“搜索＋电子商务”模式能否找到盈利机会？

3. 2006年3月8日至11月23日，华源集团20家股东和金夏投资签订股权转让协议，将其91.662%的股权转让给金夏投资。11月23日，金夏投资与华源资产管理有限公司签订了股权转让协议，将其受让和本身持有的股权全部转给华源资产。由此，华源资产持有华源集团100%的股份，而华润总公司间接持有华源资产70%的股权。到2005年年初华源系负债已达250亿元。华润与华源都实行过多元化扩张。请回答以下问题：（1）如何解决复杂的股权关系和各方利益，制定什么样的企业管控模式？（2）华润现有医药资产并入华源，而华源的纺织类资产并入华润。今后产业应该朝什么方向发展？

4. 2005年6月7日，明基并购西门子手机业务，收购西门子手机业务时，明基分文未出，西门子还倒贴明基2.5亿欧元。明基还获得西门子在GSM，GPRS，3G领域的核心专利技术。但西门子手机日亏损达120万欧元，由于不能预知未来风险，2006年12月8日，明基不得不承认收购失败，亏损达8亿欧元。并购中，明基面临多个难点：（1）明基能否有效解决西门子手机外包成本压力，如期扭亏；（2）明基、中电、西门子手机品牌如何有效整合和重构供应链而不导致市场混乱；（3）能否解决新品推出速度缓慢问题。请分析并购失败的本质原因。

搜集与整理

1. 跨国公司对我国重点企业的并购案例。
2. 从“世纪并购”到“最失败并购”，美国在线与时代华纳并购失败的原因。
3. 东方航空收购上海航空的相关资料。
4. 达能并购娃哈哈案。
5. 中石化整合A股上市公司，收购石油大明、扬子石化、中原油气、齐鲁石化的相关资料。

自测与练习

1. 乙企业是一个制造企业，今年每股净利为0.5元，股票价格为15元。假设制造业上市企业中，与乙企业类似的有以下6家，它们的市盈率如表12-7所示。用市盈率法估价，乙企业的股价被市场高估了还是低估了？

表12-7　6家公司的市盈率

企业名称	市盈率
A	20.4
B	24.3
C	15.2
D	43.3
E	35.1
F	30.3
平均数	28.1

2. 假定甲公司欲在2019年并购目标企业乙公司，经测算收购后有6年的自由现金流量。2018年乙公司的销售额为1 000万元，总投资为20万元，收购后销售额每年增长10%，第6年的销售额保持第5年的水平，销售利润率为5%，总投资每年增长20%。乙公司目前的β值为1.2，负债比率按市值计算为20%。如果并购成功，甲公司将把乙公司当作独立的子公司经营，并使乙公司的负债率达到45%，这将使其β值增加到1.655。假定市场平均风险报酬率为12%，无风险报酬率为8%，负债利率为11%，所得税税率为20%。求目标企业乙公司的价值。

第 13 章

国际财务管理

本章要点

国际财务管理概述

国际税务管理

外汇风险管理

学习目标

国际财务管理，是财务管理学向国际领域发展的一个新分支。通过本章的学习，你应该掌握国际财务管理的概念和内容，了解国际财务管理产生的背景，熟悉财务管理延伸到国际领域遇到的特殊问题；掌握国际税务管理的基本内容和转让定价的表现形式；掌握外汇风险管理的原则和技巧。

【关键词】

- 国际财务管理（international financial management）
- 国际企业（international enterprise）
- 跨国公司（international corporation）
- 外汇风险管理（foreign exchange risk management）
- 转让定价（transfer pricing）
- 独立竞争交易原则（contraction principal of independent competition）
- 关联企业（affiliated enterprise）
- 国际双重征税（international dual taxation）
- 税收管辖权（tax revenue jurisdiction）
- 收入来源地管辖权（source of income jurisdiction）
- 经济风险（economic exposure）
- 交易风险（transaction exposure）
- 折算风险（translation exposure）

许多理论、学派长年围绕一个议题打转：为何有些国家的产业在国际上具有竞争力？德国及日本常被认为是生产力素质最优秀的国家，它们往往是其他国家仿效的对象。麦肯锡公司针对美国、日本、德国多项产业生产力所做的调查显示，全球竞争力高低的关键同网球一样，越常和球技比自己好的对手练习，进步就越大。

生产力在国家间的转移仿佛正循此模式，对外贸易和对外直接投资是最主要的交流管道，其中对外直接投资带来的生产力提升效果更为显著，美国及德国的资料特别支持此现象。

提升国际竞争力的秘诀就在于学习全球环境的意愿，而国际财务管理正是国际环境中很重要的一环。

资料来源：Marsh. 财务管理. 台北：扬智文化事业股份有限公司，2000.

核心理念

13.1 国际财务管理概述

13.1.1 国际财务管理的定义

国际财务管理是现代财务管理学向国际领域发展的一个新分支。在西方，把国际财务管理作为一个专题加以研究大约是在 20 世纪 50 年代至 70 年代，80 年代国际财务管理受到人们广泛重视，并发展成为众多跨国公司最主要的研究内容之一。我国对该学科的研究始于 20 世纪 80 年代后期，目前尚属于起步阶段。中国加入世界贸易组织（WTO）后，加快了企业走向世界的步伐。国外公司投资中国，中国企业走向世界，我国迅速融入全球经济大潮中。毋庸置疑，跨国公司在我们经济生活中的作用已是举足轻重。国际化经营和竞争给企业带来了机遇，也对企业财务管理人员提出了新的挑战。机遇与挑战最终都会反映在财务上。因此，了解国际经营环境，利用国际金融市场规避风险，以使企业在风云变幻的国际市场上运筹帷幄，求得生存和发展，就显得十分重要。

作为一门新的学科，国际财务管理的理论和方法体系还不十分成熟。对于什么是国际财务管理，迄今还没有一个严格的公认的定义。其原因多种多样，但其中一个重要的原因是国际财务管理本身不是一门严格独立的学科，它涉及的范围与其他学科有不同程度的重叠，是一门交叉边缘性学科。尽管如此，有一点是确定的，那就是国际财务管理是传统财务管理学的新分支，就像经济与国际经济、法律与国际法一样，是财务管理向国际领域合乎逻辑的延伸与拓展。

本书把国际财务管理的定义表述为：国际财务管理是研究在国际经济条件下，国际企业从事跨国经营活动所面临的特殊领域的财务管理问题，是现代财务管理在国际领域中的延伸。国际财务管理学站在企业的角度，研究企业在国际市场的财务活动及其财务关系，是一门与国际金融、国际投资、国际会计、国际税收等多种学科相交叉的边缘性学科。

需要指出的是，上述国际企业既包括跨国公司也包括非跨国公司，国际企业的财务活动有的发生在国内，有的发生在国外。国际财务管理的对象只包括国际企业的国外财务活动，而不包括国际企业的国内财务活动，即这些企业的共同特点是资本的筹集、产品的生产及销售等跨越了国境。

13.1.2 国际财务管理产生的背景

国际财务管理产生的背景就是财务管理向国际领域延伸的条件和基础，也就是应用国际财务管理的环境。

1. 国际贸易发展形成外贸业务财务管理理论与方法

国际贸易是商品经济国际化最早出现的形式。第二次世界大战后，世界市场容量的迅速扩大，导致交易商品的种类和数量大大增加，商品结构和地域布局发生重大改变。工业制成品在进出口业务中所占比重上升，一些新兴工业、高科技产品比重越来越大，越来越多的发展中国家成为国际贸易伙伴。

国际贸易迅速发展还表现在出现了无形贸易。由于世界产业结构的变化，第三产业迅速发展，加上日益兴旺的国际旅游业，使无形贸易的增长大大超过整个国际贸易的增长。无形贸易的项目不仅包括传统的银行业、保险业、交通运输业、国际旅游业等，还增加了一些新的项目，如租赁、咨询服务等。从事国际贸易，必然引起外汇资金的收支结算，通过长期实践，形成了一整套外贸业务财务管理的理论和方法。

2. 生产国际化形成国际直接投资财务管理理论与方法

随着世界经济的发展，各国之间的经济联系很快突破流通领域进入生产领域，于是出现了与国际投资联系在一起的生产国际化。生产国际化是生产过程的全球化，是从生产要素的组合到产品销售的全球化。在生产的国际化方面，跨国公司起着重要的作用，成为国际化生产的主体。由于跨国公司规划全球化生产，它必然实行内部更合理的生产组织体系，从原材料的供应、加工工序到零部件的制造，一切都是在全球范围内进行的。其结果是，传统的以国家之间分工为定义的国际分工表现为以跨国公司内部生产组织为形式的分工。随着跨国公司在全球的扩展，国际直接投资的财务管理理论和方法逐渐形成。

3. 金融全球化形成国际筹资、国际证券投资等财务管理理论与方法

金融全球化是当代世界经济的重要现象，是世界经济一体化最为关键的一个发展环节。当今世界经济，是一个规模巨大、高度发达的金融化经济，国际金融本身已成为重要的国际产业。国际证券融资的制度障碍、货币障碍和政策障碍等越来越小。20世纪70年代后，一大批新兴国际金融市场迅速崛起，金融市场国际化大大加快了财务管理的国际化，国际金融市场的形成和发展，为企业进行筹资和投资开辟了新的途径和领域，形成了国际筹资和国际证券投资等一系列国际财务管理理论和方法。

13.1.3　财务管理延伸到国际领域遇到的特殊问题

国际财务管理在国际领域遇到的特殊问题也是它与传统的“单国性”财务管理的主要区别，即它不仅面临着更大的风险，而且享有更大的机遇。其风险主要有：各国通货膨胀率不同，汇率和利率经常波动，各国政府不断调整对外汇的管理措施，进出口税率经常变动，以及政治上的民族排他主义浪潮等。其机遇主要有：可以充分利用全球性资金市场，为企业的跨国经营选择融资方式和获取最低成本的资金提供便利。因此，避免风险、把握机遇就成为国际财务管理工作的两个基本职责。

13.1.4　国际财务管理的内容

到目前为止，理论界对国际财务管理的内容还没有形成完全统一的认识。美国著名财务学专家詹姆斯·范霍恩（James C. Van Horne）认为，国际财务管理的内容主要包括国际投资、汇兑风险管理、跨国公司投资、国际贸易融资等四个方面。艾伦·夏皮罗（Alan C. Shapiro）则认为，国际财务管理的内容主要包括外汇风险管理、国际企业营运资金管理、国外投资分析、国外经营资金筹集等四个方面。本书根据前述国际财务管理所涉及的特殊领域，以及财务管理的基本职能是合理筹集资金和有效运用资金，把国际财务管理的内容归纳为以下几个方面：(1) 外汇风险管理；(2) 国际融资管理；(3) 国际投资管理；(4) 国际营运资金管理；(5) 国际税务管理。

13.2　国际税务管理

国际企业在税务管理方面具有特殊性。一方面国际企业是跨国所得纳税人，一般会比国内企业承受较重的税收负担。税负的轻重是影响竞争胜负的一个重要因素，它直接影响企业的盈利水平。如果跨国经营所得低于国内所得，将会影响国际投资和跨国经营的积极性。另一方面，由于国际企业，特别是跨国公司组织具有全球性经营战略，是以争夺全世界消费者和以全世界市场为角逐目标的，在经济一体化条件下，跨国公司使传统的以国内生产、对外交换为特征的贸易导向型国际分工向以国际化生产、跨国经营为特征的投资导向型转换。全球战略使跨国公司具有在世界市场调配财源的能力，利用各国税制结构的差异，以及各国税务管理合作方面的困难，把资金投放到最有利可图的地方，谋求股东财富最大化。因此，国际税务管理是国际财务管理的重要组成部分。

13.2.1　跨国公司的全球战略和资金转移

跨国公司的组织结构和经营特点决定其战略必须是一种全球战略。因为其产品涉及同一行业的多种产品，甚至是不同行业的许多产品，而且企业分布在世界上不同国家的许多地区，所以其战略规划的范围要以全球规划为目标，并把全球经营活动作为一个整体，主要在全球范围内合理配置资源，包括自然资源、人力资源、技术资源和财源，因此需要运用全球观点规定各个子公司的职能和经营范围，协调好母子公司以及各子公司之间的关系。

跨国公司组织机构设置的形式和管理方式，便于建立跨国公司在全球转移资金的渠道。例如母公司需要向各地的子公司提供开业资本、子公司需要向母公司上缴利润、跨国公司内部贷款以及冻结资金的利用等。

13.2.2 转让定价及其影响

1. 转让定价的概念和表现形式

转让定价是跨国公司集团根据其全球经营战略目标，在集团内部关联企业之间销售商品、提供劳务和特许权或进行资金借贷等活动时确定的内部交易价格。与独立企业之间的交易价格不同，转让定价不决定于市场条件和供求关系，只服从于公司集团整体利益的需要。

一个跨国公司集团内部的交易表现出了跨国公司的一项整体功能，反映了内部分工与合作的要求。例如，在一个纵向联合的跨国制铝公司，其生产流程可能如下：在牙买加开采铝矾土，在美国炼成铝锭，在法国压制成板材，以装配件形式卖给一家德国联属公司做进一步加工后直接在欧洲市场上销售。这样，每一生产阶段都涉及一项公司集团内部销售，都需要进行一次物质上和所有权上的实际转让，而且涉及一笔转让的报酬金。可见，只要有内部交易的存在，必然就会有转让定价。在实践中转让定价表现为不同形式，最主要的有以下几个方面：

（1）通过控制原材料和零部件的购销价格影响产品的成本；

（2）通过对子公司固定资产的出售价格或使用年限影响子公司的产品成本；

（3）通过专利、专有技术、商标等无形资产转让收取的特许权使用费的高低，母公司对子公司的成本和利润施加影响；

（4）通过技术、管理、广告、咨询等劳务费用影响子公司的成本和利润；

（5）利用产品的销售，给予子公司系统的销售机构以较高或较低的佣金、回扣影响公司的销售收入；

（6）利用母公司控制的运输系统，通过向子公司收取较高或较低的运输装卸、保险费用，影响子公司的销售成本；

（7）通过提供贷款和利息的高低影响产品的成本费用；

（8）向子公司索取过多的管理费用，或额外将母公司自身的管理费用摊入子公司的产品成本内；

（9）在母公司与子公司之间人为地制造呆账、损失赔偿等，以此增加子公司的费用支出。

上述各种转让定价是采用定高价还是定低价的形式，取决于母子公司所在国的税收高低和母公司对子公司的控股比例。

2. 转让定价的影响

当今世界，一个跨国公司的关联企业可能遍布全球的各个角落。利用转让定价，跨国公司可以谋得很大的利益，它对跨国公司的经营管理非常重要，也是财务管理者重视的问题所在。但这种做法给有关国家造成很大影响，有可能引起轩然大波。转让定价的影响主要有以下几个方面：

（1）影响收入分配；

（2）影响资金流量分配；

（3）逃避税收；

（4）人为调节利润；

（5）逃避东道国的外汇管制；

（6）避免汇率变动风险；

（7）增加子公司的竞争力。

3. 各国政府对付转让定价的措施

从上述转让定价的影响和作用可以看到，跨国公司大量使用转让定价，给母国和东道国带来很大损失，转让定价受到严格的监管。

（1）母国政府对转让定价的对策。母国政府规定以独立、公平交易的价格为标准，要求跨国公司内部交易按独立竞争交易原则办理，也就是说，当母公司向子公司提供商品和劳务时，税务当局可以根据按独立竞争原则计算的局外价格进行监督，防止跨国公司逃避税负，使母国政府蒙受税收损失。

（2）东道国政府对转让定价的对策。东道国政府为了维护自身利益，需要对转移价格实行监督和管制。例如，以正常价格为基础，实行比较定价法、对外资企业实行新的征税方法等。

（3）加强海关对外资企业进出口货物的监管作用。海关是设立在关境上的国家行政管理机构，它是贯彻执行东道国对外贸易政策、法令和规章的重要工具。海关一旦发现外资企业进出口货物价格偏高或偏低，有权要求对进出口货物重新估价和征税。

（4）建立健全审计制度。美国是最早发现转让定价进行国际避税的国家。在转让定价税务稽查方面，美国 1999 年推出修订后的《转让定价审计准则》，2007 年再次修订，为国际税收稽查人员提供了周密的审计程序。比利时也于 1999 年公布实施对跨国企业的转让定价的审计准则，授权税务机关以“事实准定”鉴定交易是否符合公平独立原则。另外，经济合作与发展组织（OECD）于 2014 年 9 月发布了《OECD 跨国企业与税务机关转让定价指南》，建立全球对付转让定价新标准。2017 年联合国国际税务合作专家委员会发布了新的《联合国发展中国家转让定价实用手册》，对发展中国家应对转让定价具有指导意义。

13.2.3 国际双重征税

1. 国际双重征税产生的原因

国际税收是指两个或两个以上国家政府，在对跨国纳税人行使各自的征税权力而形成的征纳关系中，所发生的国家之间对税收的分配关系。

国际双重征税是指两个或两个以上国家对同一纳税人的同一项收入重复课征所得税。

经济生活的国际化使国际双重征税成为国际税收发展中始终存在的一个重大问题，它几乎伴随着国际税收的出现而出现。国际双重征税的产生，除经济因素外，就税收本身来说有以下两方面的原因：一是各国所得税制的普及化；二是各国税收管辖权的差别性。

2. 国际双重征税的影响

国际双重征税的存在，对国际经济的发展会产生不利的影响。经济生活的国际化，是各国所得税制发展的税源基础，但是，税收国际化中出现的双重征税，反过来会影响经济生活国际化的进展。经济决定税收，税收反作用于经济，这个原理在国际税收领域同样适用。

（1）国际双重征税违背了税负公平的原则；

（2）国际双重征税加重了纳税人的负担。

3. 消除国际双重征税的基本方法

国际双重征税的种种危害已得到各国共识。各国政府都希望消除彼此间税收管辖权的冲突，并在国际条例中列入消除国际双重征税的原则和规定，也提出了许多避免国际双重征税的方法。目前国际上消除国际双重征税的基本方法有三种：免税法、扣税法和抵免法。其中以抵免法最为普遍。

（1）免税法。免税法的指导原则是承认收入来源地税收管辖权的优先地位，对居住在本国的跨国纳税人来自外国并已由外国征税的那部分所得，完全放弃行使居民（公民）管辖权，免征国内所得税。这就从根本上消除了因双重税收管辖权而导致的重复征税。

免税法又分为全额免税法和累进免税法两种形式。

全额免税法是指居住国（国籍国）政府放弃居民（公民）税收管辖权，在对居民（公民）来源于国内的所得征税时完全不考虑其在国外的所得，仅按国内所得额确定适用税率征税的方法。全额免税法的计算公式为：

居住国应征所得税税额＝居民的国内所得×适用税率

累进免税法是指居住国（国籍国）政府在对本国居民（公民）行使居民（公民）税收管辖权时，对居民（公民）来源于国外的所得不予征税，但在对居民（公民）来源于国内的所得征税时，其适用的税率是将其国内外的所得汇总起来，以此总所得为依据来确定的方法。累进免税法计算公式为：

居住国应征所得税税额＝居民的总所得×适用税率×(国内所得÷总所得)

（2）扣除法。扣除法的指导原则是居住在本国的跨国纳税人在收入来源国缴纳的所得税被看作一般的费用支出，在计税所得中扣除。其计算公式为：

居住国应征所得税＝居民的总所得－国外已缴纳的所得税×适用税率

（3）抵免法。抵免法的指导原则是居住国（国籍国）政府承认收入来源地管辖权的优先地位，但并不放弃行使居民（公民）管辖权。对居住在本国的跨国纳税人来源于国外的所得向外国政府缴纳的那部分所得税，允许在居住国（国籍国）缴纳的税收中给予一定的税收抵免。由于抵免法在较好地处理国际税收关系的同时，还维护了居住国（国籍国）的正当权益，起到了消除双重征税的作用，所以被世界上大多数国家所采用。抵免法的计算公式为：

$$\text{居住国(国籍国)应征所得税税额}=\text{居民的总所得}\times\text{适用税率}-\text{允许抵免的已缴来源国税额}$$

抵免法最初采用的是直接抵免法，以后又出现了间接抵免法。

直接抵免法允许直接抵免的外国税款必须是跨国纳税人直接向收入来源国缴纳的税款。它的特征是外国税款可以全额直接地冲抵本国税收。可能的限定条件是同一项跨国所得的外国税款抵免不能超过居住国（国籍国）的税收负担。

间接抵免的原则是：母公司向居住国（国籍国）政府申报应税所得额时，不能把外国子公司的所得全部并入计算，只能合并计算母公司从国外子公司取得股息所还原出来的那部分所得。与此相适应，子公司缴纳的所得税不能在母公司所在国全额抵免，抵免的只能是子公司上交股息应负担的那部分。间接抵免与直接抵免的区别是：前者是部分的、间接的抵免；后者是全额的、直接的抵免。

4. 税收饶让抵免法

在国际税收分配中，许多发展中国家为了吸引外资和引进先进技术，除了实行低税率外，还采取定期减税、免税措施。按照前述的抵免法，居住国（国籍国）政府准予其居民（公民）纳税人抵免的税收必须是在有关外国实际缴纳的税款，且不能超过抵免限额。这样，在居住国（国籍国）实施抵免的情况下，发展中国家（往往是收入来源国）给纳税人提供的减免税收优惠并不能使跨国纳税人从中获益或不能完全受益，而且，发展中国家因减免税而少征税收的一部分或全部，通过居住国（国籍国）的补征转为居住国（国籍国）政府的财政收入。对于发展中国家而言，给予跨国纳税人的减免税收优惠未落到实处，失去了意义，跨国纳税人也未享受到税收优惠，影响了其资本的投入。因此，对大多数发展中国家来说，为了保证自己的税收优惠措施能够真正发挥吸引外资和先进技术的积极作用，必然要求居住国（国籍国）政府对其居民（公民）在国外所获减免的税款，也视同已向收入来源国缴纳，给予饶让抵免。

饶让抵免法是指居住国（国籍国）政府对跨国纳税人在收入来源国得到减免的那部分所得税，视同在外国已缴纳的税款，准予饶让抵免，不再按居住国（国籍国）税法的规定补征。

税收饶让抵免只有在抵免法的条件下才能使用，而在免税法的情况下并不适用。这是因为，在免税法的条件下，跨国纳税人在收入来源国缴纳的税额，居住国（国籍国）政府不存在补征税额的问题。抵免法中的直接抵免和间接抵免在税收饶让条件下同样适用。

【例 13-1】　假定甲国总公司 A 在某一纳税年度在国内获得的所得额为 500 万美元，甲国的适用所得税税率为 40%，在乙国的分公司 B 在同一纳税年度内获得所得 200 万美元，乙国所得税税率为 30%，同时乙国对分公司 B 的所得税实行减半征收。在税收饶让抵免的情况下，甲国应征所得税税额的计算步骤如下：

(1) 分公司 B 向乙国政府实际缴纳的所得税额为：

200×30%×(1－50%)＝30(万美元)

（2）分公司B获得减免视同缴纳的税款为：

200×30%×(1－50%)＝30(万美元)

（3）两项合计：30＋30＝60(万美元)

（4）甲国允许抵免的限额为：

(500＋200)×40%×200÷(500＋200)＝80(万美元)

可见，该抵免限额大于两项合计，按60万美元抵免。

（5）总公司A应向甲国纳税：

(500＋200)×40%－60＝220(万美元)

从以上计算可以看出，分公司B在乙国享受的税收优惠已被甲国抵免。如果不实行税收饶让抵免，甲国政府将征收所得税为：

(500＋200)×40%－30＝250(万美元)

税收饶让抵免虽与税收抵免方法直接相连，但税收饶让抵免的作用显然已超出了免除国际双重征税的范围。因为纳税人在收入来源国并没有就其所得缴纳或足额缴纳税收，同时这部分所得应在居住国（或国籍国）承担的税收也得到了免除。实际上，税收饶让抵免免除的是纳税人的一部分税负，而不是对纳税人有关所得的国际双重征税。所以，税收饶让抵免是通过国与国之间的配合，对有关纳税人实行的一种特殊的减免税办法。实行税收饶让抵免涉及双方国家的利益，因而是否实行税收饶让制度并不是一个国家单方面可以决定的，需要在有关国家之间签订税收协定加以规定和执行。

13.3 外汇风险管理

外汇风险是指因汇率变动对外汇持有者、需要外汇进行国际经济交往的人或企业可能带来的损失。这种损失只是一种可能性，如果能够了解、预测、判断这种可能性，并在可能性转变为现实之前采取措施，就能避免或减少风险的发生。外汇风险有三种主要的形态：经济风险、交易风险和折算风险。

13.3.1 经济风险

经济风险是指汇率波动对国际企业未来可获得的现金流量净现值的影响。货币币值的变化对国际企业未来销售、价格、成本造成影响，进而对利润、税金、现金流量造成影响。从企业长期健康经营的观点来看，经济风险是实实在在的风险，经济风险是企业最重要的外汇风险。对经济风险的规划分析是财务管理者的责任，是企业从整体上开展预测、规划分析的过程，是财务、营销、采购及生产等各项策略综合作用的结果。

1. 经济风险的特点

（1）经济风险中所指的汇率变动应该是未曾预料到的。这里的汇率变动是意料之外的，经济风险并不包含可预期的汇率变动造成的结果。公司在进行项目分析和经营决策时，首先会分析汇率变动的走向和趋势，包括通货膨胀水平、利率变动等影响因素，然后将其考虑在项目分析和经营决策中，这通常不会给公司的经营以及未来现金流量带来影响。如果购买力平价理论和费雪效应完全有效，即使汇率的变动超出了公司的考虑范畴，也会因有效市场的运作而被物价和利率的变动所抵消，不会对公司的未来现金流量产生净影响。但是，现实经济生活中，市场效率是不完全的，未曾预计的汇率变动总是会出现，这就给公司未来的经营决策带来巨大的风险。

（2）经济风险是最为重要的风险。与交易风险、折算风险相比，经济风险是企业最重要的外汇风险。交易风险衡量的是汇率的变动对外币应收、应付账款产生的影响，交易风险可以通过金融市场运用金融工具避险；折算风险为报表折算过程中产生的风险，是存在于会计账面上的风险，并不影响企业的真实价值。经济风险衡量的是汇率变动对公司整体未来现金流量的影响，包括对未来应收、应付账款的影响，产品销售价格的变动，产品成本的变动等，侧重于体现预计的现金流量与实际现金流量之间差异的不确定性。现金流量的差异所导致的外汇损益是实际发生的，而非账面上的，经济风险是基于公司未来的经营活动，所以它具有前瞻性。

经济风险对公司未来现金流量的影响是一种潜在的危险，相比于交易风险是长期的。经济风险并不是在会计处理过程中产生的，而是在公司经营决策分析时发生的，如果企业经营决策不当，如生产经营场地的选择（国家）、生产原材料的来源、产品的分销、市场的选择等，都会影响其未来某一时期公司现金流量。交易风险的管理仅侧重于短时间内因外币交易的义务和权利而产生的现金流量；经济风险的管理则侧重于公司未来较长一段时间内因汇率变动而调整的现金流量。从企业长期健全经营的角度来看，经济风险是企业最重要的外汇风险，它会影响企业的盈利能力和企业未来的发展。

例如，英国航空公司的大部分收入为英镑，而大部分支出（燃料、汽油、债务等）以美元支付。1981 年 1 月，英国航空公司从美国及欧洲银行借入 1.3 亿美元，由于美元在 1981 年后持续走强，公司需要用更多的英镑支付以美元标价的开支，偿还债务，公司的收入不足以弥补其美元费用，最后公司破产。

（3）经济风险是国际企业受汇率变动直接因素和其他间接因素共同影响的结果。汇率的调整不仅表现为汇率本身的变动，还间接导致国际利率和通货膨胀等因素的变动。与单纯的国内企业不同，国际企业在跨国经营中不但受到汇率变动的直接影响，改变企业对未来的现金流量的预测，同时也受到因汇率变动所导致的利率和通货膨胀等间接因素变动的影响。根据汇率的利率平价理论和购买力平价理论，汇率的变动与两国利率、通货膨胀率之间存在此消彼长的关系，即在完全的市场效率下，汇率的变动率和利率、通货膨胀率的共同作用不会给国际企业带来经济风险，但是由于市场效率的不完全性，在这些因素的共同作用下，国际企业的未来现金流量的现值表现出某种不确定性。

2. 经济风险的形成和影响

根据购买力平价理论和国际费雪效应，汇率变动总是与各国的通货膨胀、利率水平密切相关。

在购买力平价理论成立的条件下，企业如果对于汇率做出正确的预测，考虑了汇率变动对通货膨胀的变动影响，国际企业的经济风险就不会存在；然而，经济影响的滞后性，汇率变动幅度与两国通货膨胀的变动幅度的不一致，会造成国际企业汇率预测的偏差，从而存在经济风险。通货膨胀导致的相对价格变动，是影响国际企业销售收入、生产成本和各种费用开支等方面的主要因素，也是影响国际企业未来现金流量的主要因素。

根据国际费雪效应，汇率的变动幅度与两国利率变动幅度一致。在货币市场和资本市场有效时，也即国际费雪效应成立时，国际企业持有的外币资产不会因为本币、外币之间汇率的变化而损失，国际企业不存在经济风险。然而，市场效率的不完全，两国利率变动与汇率变动的不完全一致，其结果是，只要汇率发生变动，经济风险就在某种程度上存在。经济风险的形成和影响结果见表13-1。

表13-1 汇率波动带来的经济风险

影响公司本国货币流入量的交易	本国货币升值对交易的影响	本国货币贬值对交易的影响
A. 本国销售（相对在本国市场上的外国竞争者）	减少	增加
B. 以本国货币标价的出口	减少	增加
C. 以外币标价的出口	减少	增加
D. 对外投资的利息收入	减少	增加
影响公司本国货币流出量的交易		
A. 以本国货币标价进口的物料	无变化	无变化
B. 以外币标价进口的物料	减少	增加
C. 所欠外债的利息	减少	增加

3. 经济风险预测所使用的汇率

经济风险的避免主要是通过使用尽可能准确的预测方法，预测可能发生的经济风险，然后做出准确的决策，以最大限度地规避损失，获得利益。因此，如何确定预测中使用的汇率就显得十分必要。经济风险预测中所使用的汇率为预期汇率。经济风险不包含可预测的汇率变动造成的结果，因为在均衡的状态下，远期汇率是未来即期汇率的无偏差估计值，经营者会以该远期汇率编制营运预算。如果未来的即期汇率与远期汇率相同，则不存在经济风险。如果未来的即期汇率与远期汇率不同，就会产生经济风险。国际上常见的汇率预测方法有技术分析法、因素分析法、市场分析法和混合分析法等四类。

4. 经济风险管理策略

经济风险产生的根本原因是汇率变动及其背后的货币价值变动对跨国公司未来时期内的现金流入和流出造成影响。这些影响，有的是企业事先不能预计的，有的则是可以事先预计并通过积极的对策规避的。经济风险管理的目标就是根据企业实际情况，预测实际汇率改变对企业未来现金流量可能造成的变动影响，并根据企业长远经营战略，在宏观把握国际经济发展趋势的同时，充分且仔细地分析微观环境里实际和潜在的诸种因素的影响，提出控制经济风险的对策措施。

根据管理者对风险偏好的不同，经济风险管理的策略有两种。

（1）积极性策略。积极性策略就是当风险突然发生时，管理者采用积极的措施从事分散风险的工作。如：根据产品的价格弹性和市场供求变化，及时调整产品的销售价格、销售对象、销售渠道、营销策略；改变原材料的购买地和替代原材料，调整产品的成本构成，以最大的可能来规避企业的损失，增加企业的利得。

（2）消极性策略。消极性策略不是指对经济风险视而不见，而是管理者在事先充分预计可能受到的风险基础上，设定一个投资或营运组合，一旦风险发生损益会自动相抵。管理者只要在风险发生时有所认识，不需从事预期不均衡状态的工作。

13.3.2 交易风险

所谓交易风险，是指某项以外币计价的交易，从交易发生到交易完成的这段时间内因汇率变动而产生的风险。

1. 交易风险的成因

（1）商品劳务进出口交易形成的交易风险。赊购和赊销都是以信用为基础的，以延期付款或收款为支付条件的进出口交易。当交易以外币计价时，交易成交日与结算日的汇率变动，会给进出口商带来意想不到的收益或损失。一般而言，交易风险中以此类居多。

（2）外汇借款形成的交易风险。当国际企业发生外汇借款时，借款借入日与偿还日的汇率不一致，会产生企业还本付息折合本币数额的增多或减少，即交易风险。

（3）外汇买卖形成的交易风险。外汇买卖风险是指企业投资汇市，买入某种外汇，持有一段时间后将其卖出，从买入到卖出期间汇率发生变动，使企业卖出该外币后换回的本币数额减少的风险。

（4）远期外汇交易形成的交易风险。远期外汇交易风险指在期汇交易中，由于合约的远期汇率与合约到期日的即期汇率不一致，而使交易的一方按远期汇率换得（或付出）的货币数额多于或少于按即期汇率换得（或付出）的货币数额而发生的风险。

（5）其他。交易风险除上述买卖交易中形成的以外，还包括以外币计价的长期负债的应付利息，以外币计价的长期投资的应收利息、应收股利，向国外子公司收取的租金、专利权费用等。凡是牵涉到外国货币计算或支付的任何商业活动或投资行为都包括在内。而且，不论公司规模大小，买卖只要是以外币计价，就会存在交易风险。

2. 交易风险的管理策略

在确认存在交易风险后，最重要的工作就是如何避险。避险策略可分成下列两项：

（1）避险合约。避险合约包括远期外汇市场、期权市场以及货币市场等。国际企业通过避险合约，采用套期保值的方法，一般可规避交易风险。

（2）操作性策略。操作性策略指企业运用内部操作的方式避险，由于没有实际的合约，其成本不明显。一般跨国公司可借资金转移的提前或延后，使资产或负债的价值变动，从而使资产负债表有所改变。因此，这种策略也可视为资产负债表的避险方法之一。

13.3.3 折算风险

1. 折算风险的概念和折算方法

折算风险又称会计风险，产生于外币会计报表的折算过程之中。跨国公司在会计年度结束时，为了编制合并会计报表，首先需要将以各种外币计价的子公司会计报表折算为以母公司所在国货币计价的会计报表。由于交易发生日和会计报表折算日的汇率不一致，就引出了会计报表折算时折算汇率的选择问题。折算时采用的汇率不同，产生的结果不同，外币报表折算会给企业带来会计账表上的损益（即风险）。

目前世界各国常用的外币报表折算方法有：流动性及非流动性法、货币性及非货币性法、时态法和现行汇率法。现将不同折算方法下外币报表各项目折算汇率汇总，如表 13－2 和表 13－3 所示。表 13－2、表 13－3 中，A 为平均汇率；C 为现行汇率；H 为历史汇率；G 为平衡数（利润表、利润分配表折算结果，再通过平衡轧差算出的累计折算调整数）。

表 13－2　外币资产负债表折算汇率比较表

报表项目	流动性 及非流动性法	货币性 及非货币性法	时态法	现行汇率法
货币资金	C	C	C	C
应收账款	C	C	C	C
存货				
按成本计价	C	H	H	C
按市价计价	C	H	C	C
投资				
按成本计价	H	H	H	C
按市价计价	H	H	C	C
固定资产、无形资产	H	H	H	C
流动负债	C	C	C	C
长期负债	H	C	C	C
实收资本、资本公积	H	H	H	H
留存收益	G	G	G	G

表13－3　外币利润及利润分配表折算汇率比较表

报表项目	流动性及非流动性法	货币性及非货币性法	时态法	现行汇率法
营业收入	A	A	A	H或A
营业成本				
折旧成本	H	H	H或A	H或A
存货成本	A	H	H或A	H或A
其他成本	A	A	H或A	H或A
期间费用				
折旧费用	H	H	H或A	H或A
存货费用	A	H	H或A	H或A
其他费用	A	A	H或A	H或A
营业外支出	A	A	H或A	H或A
所得税	A	A	H或A	H或A
利润分配	A	A	H或A	H或A
未分配利润	G	G	G	G

在实践中，几种折算方法往往交叉使用。例如，在采用时态法的同时，对长期货币性负债采用历史汇率折算（时态法采用现行汇率折算）；将折算损益作为折算调整额，视其正负值列入合并资产负债表的资产方或负债方（时态法将折算损益计入当期净利润）。

2. 折算风险的管理策略

折算风险是否需要管理？事实上，报表收益不稳定并不代表企业实际经营成果的好坏，也不代表企业经营政策在不断变化，更不意味着企业未来现金流量不确定，从理论上讲，一般情况下并不一定需要对折算风险进行套期保值。但是，较好的业绩水平，能够满足企业贷款契约条款的要求，确保公司的举债能力。报表信息必然对投资者、债权人等产生作用。为保障报表收益，需要财务管理人员对折算风险进行管理。对折算风险进行管理的基本观念是：增加硬币资产项目金额，减少软币资产项目金额；增加软币负债项目金额，减少硬币负债项目金额。折算风险管理的基本方法有：资产负债表避险法、远期外汇市场避险法和货币市场避险法等。

案例评析

应用案例与点评

【案例 1】

交易风险的规避

泰华美国公司 180 天后有一笔需要支付 20 万英镑的应付账款，为规避交易风险，公司财务人员考虑在远期套期保值、货币市场套期保值和货币期权套期保值三种方法中选择最佳方案。现公司财务人员已取得以下有关信息：

（1）英镑即期汇率为＄1.50/￡；

（2）180天英镑远期汇率为＄1.47/￡；

（3）利率：

	英国	美国
180天存款利率	4.5％	4.5％
180天贷款利率	5.0％	5.0％

（4）180天英镑买入期权的单位执行价为1.48美元，单位期权费为0.03美元；

（5）180天英镑卖出期权的执行价为1.49美元，单位期权费为0.02美元；

（6）公司预测180天后的即期汇率为：

可能结果	概率
＄1.43/￡	20％
＄1.46/￡	70％
＄1.52/￡	10％

【点评】

公司财务人员对泰华美国公司各种套期保值方法比较如下：

1. 远期套期保值。

（1）买入180天的远期英镑＝￡200 000

（2）180天后所需美元＝￡200 000×＄1.47/￡＝＄294 000

2. 货币市场套期保值。

借入美元，兑换成英镑，用英镑投资，180天后归还美元贷款。

（1）投资的英镑金额＝￡200 000/(1＋4.5％)＝￡191 388

（2）兑换英镑所需美元金额＝￡191 388×＄1.50/￡＝＄287 082

（3）180天后美元贷款本息＝＄287 082×(1＋5％)＝＄301 436

3. 货币期权套期保值（买入期权）。

购入买入期权（表13－4计算了假设期权在需要英镑日成交，或现期权失效；执行价格为1.48美元；期权费为0.03美元）：

表13－4

180天后可能的即期汇率	单位期权费	履行期权与否	单价（包括期权费）	购买20万英镑总价	概率
＄1.43/￡	＄0.03	否	＄1.46	＄292 000	20％
＄1.46/￡	＄0.03	否	＄1.49	＄298 000	70％
＄1.52/￡	＄0.03	履行	＄1.51	＄302 000	10％

根据上述计算，决策如下：

1. 远期汇率套期保值与货币市场套期保值比较。由于远期汇率套期保值的成本

（$294 000）小于货币市场套期保值的成本（$301 436），所以，远期套期保值优于货币市场套期保值。

2. 远期汇率套期保值与货币期权套期保值比较。用买入期权套期保值时，其成本不像远期汇率套期保值和货币市场套期保值那样一目了然，而要取决于 180 天后的即期汇率。从已知财务信息中发现，买入期权套期保值的成本低于远期汇率套期保值的成本的概率只有 20%，而代价较高的概率达 80%。因此，远期汇率套期保值可能是最优的套期保值方案。

【案例 2】

避险策略

假设大西洋美国公司某年 4 月 1 日出售价值 JPY￥12 500 000 的商品给日本三菱公司，3 个月后收款，其他相关资料如下：

4 月 1 日即期汇率	SR＝JPY￥150/$
3 个月远期外汇汇率	FR＝JPY￥180/$
预测 7 月 1 日即期汇率	ER（S）＝JPY￥200/$
日元年利率	12%
美元年利率	10%

若公司决定利用货币市场套期保值进行避险，如何操作？

【点评】

第一步，该年 4 月 1 日当天向日本某银行借 JPY￥12 135 922.33。

日元借款金额＝日元交易风险暴露的金额/(1＋日元利率)
＝JPY￥12 500 000/(1＋12%×3/12)
＝JPY￥12 135 922.33

然后，在即期市场以 JPY￥150/$ 兑换成美元：

JPY￥12 135 922.33/(JPY￥150/$)＝$80 906.15

存入美国某银行 $80 906.15。

第二步，3 个月后，获得美国某银行本利和：

$80 906.15×(1＋10%×3/12)＝$82 928.80

至于应该偿还日本某银行借款的本利和 JPY￥12 135 922.33×(1＋12%×3/12)＝JPY￥12 500 000，就正好由 3 个月后收到三菱公司 JPY￥12 500 000 的货款来支付。

因此，通过货币市场避险，大西洋美国公司可以确保 3 个月后收入 $82 928.80，不会有任何不确定损失，而且可以获取比远期市场避险更高的收入。

【案例3】

直接抵免法

设在A国的M公司，某年获取总所得20万美元，其中包括在A国国内所得12万美元，设在B国的分公司所得8万美元，分公司已按B国规定的30%的税率缴纳了公司所得税。A国的所得税税率为35%。居住国A国若采用直接抵免法，向M公司征收多少所得税？假定分公司已按B国规定的40%的税率缴纳了公司所得税。A国的所得税税率仍为35%。计算结果又会怎样呢？

【点评】

1. 分公司按B国规定的30%的税率缴纳了公司所得税。

(1) 抵免限额＝8×35%＝2.8(万美元)

(2) B国已征所得税额＝8×30%＝2.4(万美元)

(3) 允许抵免的已缴B国税额＝2.4(万美元)

(4) A国政府应向M公司征收所得税额＝20×35%－2.4＝4.6(万美元)

(5) A国政府对M公司来自B国的所得应补征的税额＝8×(35%－30%)
＝0.4(万美元)

此例表明，当居住国的税率高于收入来源国的税率时，M公司设在B国的分公司向B国政府缴纳的所得税2.4万美元，可以全部得到抵免。但是由于B国的税率低于A国的税率，该分公司向B国缴纳的税额，低于按A国税率计算的所得税额，所以，A国还要向M公司补征所得税0.4万美元。

2. 分公司按B国规定的40%的税率缴纳了公司所得税。

(1) 抵免限额＝8×35%＝2.8(万美元)

(2) B国已征所得税额＝8×40%＝3.2(万美元)

(3) 允许抵免的已缴B国税额＝2.8(万美元)

(4) A国政府应向M公司征收所得税额＝20×35%－2.8＝4.2(万美元)

(5) A国政府对M公司来自B国的所得应补征的税额＝8×(35%－40%)
＝－0.4(万美元)

此例表明，当收入来源国的税率高于居住国的税率时，M公司的分公司已缴B国的所得税税额3.2万美元中，只有相当于抵免限额2.8万美元的部分可以得到抵免。此外，由于分公司向B国缴纳的所得税税额3.2万美元，大于按A国税率计算的所得税税额，所以，A国对M公司来自B国的所得应补征的税额为－0.4万美元。但这并不意味着A国政府要将这0.4万美元退还给M公司。因为这－0.4万美元是由于B国政府规定的税率比A国的税率高造成的，而居住国A国的责任是免除国际双重征税，不是替跨国纳税人去承担向来源国纳税的义务。所以，作为居住国的A国，将应补征的税额－0.4万美元视为零处理。

精选案例讨论

【案例】

转让定价

跨国公司 A 设在法国的子公司每月向设在德国的子公司发出 1 000 个部件，每个部件在法国的成本是 50 美元。德国的子公司按标明的转移价格加上当地进一步加工的成本 40 美元，然后按每件 200 美元的价格售出最终产品。当法国子公司和德国子公司所定的转让价格分别为 80 美元和 60 美元时，有关数据如表 13－5 所示。

表 13－5　转让定价计算表　　单位：美元

项目	法国子公司（税率 50%）		德国子公司（税率 40%）	
转移价格	80	60	80	60
销售收入	80 000	60 000	200 000	200 000
销售成本	50 000	50 000	120 000	100 000
毛利额	30 000	10 000	80 000	100 000
税额	15 000	5 000	32 000	40 000
税后利润	15 000	5 000	48 000	60 000
税后总利润	按 80 美元计算：15 000＋48 000＝63 000 按 60 美元计算：5 000＋60 000＝65 000			
总税收	按 80 美元计算：15 000＋32 000＝47 000 按 60 美元计算：5 000＋40 000＝45 000			

【讨论】

1. 跨国公司为什么具有进行内部转让定价的优势？
2. 转让定价如何影响资金的流向？

实务演练

思考与回答

1. 一家中国公司的两位经理正在评估一个拟在牙买加投资的项目。当其他财务人员提供了关于在牙买加的该项目所能产生的预期收益数时，两位经理都认同了该收益预计数，并以此评估该项目。两位经理就每年汇回的资金比例、项目的寿命期以及所采用的年折现率达成一致。但令人不解的是，其中一位经理断定该项目有很大的净现值，另一位经理却认为该项目的净现值为负数。请解释产生这种差异的可能原因。

2. 有一家中国跨国公司在阿根廷设立一家子公司，阿根廷利率很高，货币预计会贬值。假定该跨国公司预计阿根廷国家风险也很大，那么，在为该公司融资时，应该如何在利用当地负债融资和接受母公司权益投资之间进行选择呢？

3. 美国K公司向位于加勒比海地区的子公司出口非常先进的电话系统零件。该零件由消费者购买后改进他们的电话系统。这些零件其他国家不制造。请解释政治风险和财务风险会对K公司的盈利产生怎样的不利影响。你认为K公司应该更关心政治风险还是财务风险的影响？

4. 据统计，截至2007年6月底，上海市累计批准外商投资企业46 500家，吸收合同外资1 213.22亿美元。其中，2007年1—6月，上海市共批准外商投资项目1 953个，合同外资金额67.87亿美元，其中，增资39亿美元，占合同外资总额的57.5%，同比增加20.7%。从行业来看，制造业增资占增资总量的比重为46.3%，同比增长61.2%，成为增资最活跃的行业。跨国公司销售、资金管理、研发、共享服务和管理五大核心业务功能已开始向上海集聚。落户上海后，为什么越来越多的外资企业以增资方式表达“扎根上海”的决心？

5. 跨国公司有许多进入市场的方式：通过出口或进口产品，即所谓贸易方式进入；通过无形资产的转移，如技术、商标、经营方法、管理经验等，即所谓契约式进入；通过对外直接投资，即所谓投资进入。中国已经成为吸引外资最多的发展中国家。中国为世界生产从飞机尾翼、电脑芯片到棉袜、足球等数不清的产品，这得益于中国开放的政策、廉价而高质量的劳动力以及在10年中翻天覆地的便利的基础设施。有人认为这一趋势现在似乎还看不到尽头，你认同这样的看法吗？为什么？

搜集与整理

1. 截至2018年年底京、津、沪、渝累计批准外商投资企业数。

2. 截至2018年年底中国跨国公司在巴勒斯坦和尼日利亚投资厂家数。

3. 中国消除国际双重征税采用的方法。

4. 中国企业会计准则规定的企业报表的折算方法。

5. 2005年7月21日、2010年7月21日和2014年7月21日和2018年7月21日人民币对美元的汇率。

自测与练习

1. 某美国母公司在中国的子公司下一年预计能获得税后收益3 500万元人民币，估计折旧费为500万元人民币。预期汇率变化从年初的￥8.00/＄，变化到年末的￥7.75/＄。试分析汇率的变化对美国母公司的影响。

2. 金龙进出口贸易公司于2006年11月15日发运了一批出口货物，合同金额100万美元。收汇时间为1个月后。为防范人民币汇率升值造成的汇率损失，公司决定通过远期市场进行保值。假设11月15日人民币1个月远期汇率为￥7.843 6/＄。

2007 年 1 月 14 日，实际汇率为￥7.811 3/$。通过准确数据说明公司决策是否正确。

3. 设在甲国的甲公司的任务是向设在乙国的乙公司提供某种产品。2018 年，甲公司预计提供产品的全部销货成本为 60 万美元，销给乙公司的售价按成本加成 10%～20%浮动，乙公司对外销售收入 100 万美元。两公司 2018 年全年营业费用均为 5 万美元，甲公司所得税税率为 40%，乙公司为 30%。

(1) 比较高价（加成 20%）与低价（加成 10%）两者的税前净收益和税后净收益。

(2) 如果乙国政府实行外汇管制，外汇不准自由汇出，则甲公司对乙公司的转让定价以高价还是低价为好？

(3) 如果采用高价，乙公司可多汇出多少外汇？但要多缴纳多少所得税？

4. 一跨国公司在甲国的子公司每月向乙国子公司出售 30 万件产品。甲国子公司的边际税率为 30%，乙国子公司的边际税率为 40%，该产品笑单位生产成本为 10 美元，在乙国的单位售价为 25 美元。公司相信产品的转让定价可在 15～18 美元之间。

(1) 如果公司想使税后合并利润最大，它的转让定价应为多少？每月的合并税后利润是多少？(忽略其他费用)

(2) 为尽快将资金转移到乙国，公司采用 15 美元的转让定价；这样每月的合并税后收入减少多少？转让定价降低后，乙国子公司获得了多少额外资金？

5. 设在 A 国的 M 公司，某年获取总所得 20 万美元，其中包括在 A 国国内所得 12 万美元，和设在 B 国的分公司所得 8 万美元，分公司已按 B 国规定的 40%的税率缴纳了公司所得税。A 国的所得税税率为 45%。假定 A 国不实行扣除法，M 公司共缴纳多少所得税？假定 A 国实行扣除法，M 公司共缴纳多少所得税？进行简单分析。

附录

货币时间价值系数表

附表 1　1 元复利终值表

期数	1%	2%	3%	4%	5%	6%	7%	8%	9%	10%
1	1.0100	1.0200	1.0300	1.0400	1.0500	1.0600	1.0700	1.0800	1.0900	1.1000
2	1.0201	1.0404	1.0609	1.0816	1.1025	1.1236	1.1449	1.1664	1.1881	1.2100
3	1.0303	1.0612	1.0927	1.1249	1.1576	1.1910	1.2250	1.2597	1.2950	1.3310
4	1.0406	1.0824	1.1255	1.1699	1.2155	1.2625	1.3108	1.3605	1.4116	1.4641
5	1.0510	1.1041	1.1593	1.2167	1.2763	1.3382	1.4026	1.4693	1.5386	1.6105
6	1.0615	1.1262	1.1941	1.2653	1.3401	1.4185	1.5007	1.5809	1.6771	1.7716
7	1.0721	1.1487	1.2299	1.3159	1.4071	1.5036	1.6058	1.7138	1.8280	1.9487
8	1.0829	1.1717	1.2668	1.3686	1.4775	1.5938	1.7182	1.8509	1.9926	2.1436
9	1.0937	1.1951	1.3048	1.4233	1.5513	1.6895	1.8385	1.9990	2.1719	2.3579
10	1.1046	1.2190	1.3439	1.4802	1.6289	1.7908	1.9672	2.1589	2.3674	2.5937
11	1.1157	1.2434	1.3842	1.5395	1.7103	1.8983	2.1049	2.3316	2.5804	2.8531
12	1.1268	1.2682	1.4258	1.6010	1.7959	2.0122	2.2522	2.5182	2.8127	3.1384
13	1.1381	1.2936	1.4685	1.6651	1.8856	2.1329	2.4098	2.7196	3.0658	3.4523
14	1.1495	1.3195	1.5126	1.7317	1.9799	2.2609	2.5785	2.9372	3.3417	3.7975
15	1.1610	1.3459	1.5580	1.8009	2.0789	2.3966	2.7590	3.1722	3.6425	4.1772
16	1.1726	1.3728	1.6047	1.8730	2.1829	2.5404	2.9522	3.4259	3.9703	4.5950
17	1.1843	1.4002	1.6528	1.9479	2.2920	2.6928	3.1588	3.7000	4.3276	5.0545
18	1.1961	1.4282	1.7024	2.0258	2.4066	2.8543	3.3799	3.9960	4.7171	5.5599
19	1.2081	1.4568	1.7535	2.1068	2.5270	3.0256	3.6165	4.3157	5.1417	6.1159
20	1.2202	1.4859	1.8061	2.1911	2.6533	3.2071	3.8697	4.6610	5.6044	6.7275
21	1.2324	1.5157	1.8603	2.2788	2.7860	3.3996	4.1406	5.0338	6.1088	7.4002
22	1.2447	1.5460	1.9161	2.3699	2.9253	3.6035	4.4304	5.4365	6.6586	8.1403
23	1.2572	1.5769	1.9736	2.4647	3.0715	3.8197	4.7405	5.3715	7.2579	8.2543
24	1.2697	1.6084	2.0328	2.5633	3.2251	4.0489	5.0724	6.3412	7.9111	9.8497
25	1.2824	1.6406	2.0938	2.6658	3.3864	4.2919	5.4274	6.3485	8.6231	10.835
26	1.2953	1.6734	2.1566	2.7725	3.5557	4.5494	5.8074	7.3964	9.3992	11.918
27	1.3082	1.7069	2.2213	2.8834	3.7335	4.8823	6.2139	7.9881	10.245	13.110
28	1.3213	1.7410	2.2879	2.9987	3.9201	5.1117	6.6488	8.6271	11.167	14.421
29	1.3345	1.7758	2.3566	3.1187	4.1161	5.4184	7.1143	9.3173	12.172	15.863
30	1.3478	1.8114	2.4273	3.2434	4.3219	5.7435	7.6123	10.063	13.268	17.449
40	1.4889	2.2080	3.2620	4.8010	7.0400	10.286	14.794	21.725	31.408	45.259
50	1.6446	2.6916	4.3839	7.1067	11.467	18.420	29.457	46.902	74.358	117.39
60	1.8167	3.2810	5.8916	10.520	18.679	32.988	57.946	101.26	176.03	304.48

续表

期数	12%	14%	15%	16%	18%	20%	24%	28%	32%	36%
1	1.1200	1.1400	1.1500	1.1600	1.1800	1.2000	1.2400	1.2800	1.3200	1.3600
2	1.2544	1.2996	1.3225	1.3456	1.3924	1.4400	1.5376	1.6384	1.7424	1.8496
3	1.4049	1.4815	1.5209	1.5609	1.6430	1.7280	1.9066	2.0872	2.3000	2.5155
4	1.5735	1.6890	1.7490	1.8106	1.9388	2.0736	2.3642	2.6844	3.0360	3.4210
5	1.7623	1.9254	2.0114	2.1003	2.2878	2.4883	2.9316	3.4360	4.0075	4.6526
6	1.9738	2.1950	2.3131	2.4364	2.6996	2.9860	3.6352	4.3980	5.2899	6.3275
7	2.2107	2.5023	2.6600	2.8262	3.1855	3.5832	4.5077	5.6295	6.9826	8.6054
8	2.4760	2.8526	3.0590	3.2784	3.7589	4.2998	5.5895	7.2058	9.2170	11.703
9	2.7731	3.2519	3.5179	3.8030	4.4355	5.1598	6.9310	9.2234	12.166	15.917
10	3.1058	3.7072	4.0456	4.4114	5.2338	6.1917	8.5944	11.806	16.060	21.647
11	3.4785	4.2262	4.6524	5.1173	6.1759	7.4301	10.657	15.112	21.199	29.439
12	3.8960	4.8179	5.3503	5.9360	7.2876	8.9161	13.215	19.343	27.983	40.037
13	4.3635	5.4924	6.1528	6.8858	8.5994	10.699	16.386	24.759	36.937	54.451
14	4.8871	6.2613	7.0757	7.9875	10.147	12.839	20.319	31.691	48.757	74.053
15	5.4736	7.1379	8.1371	9.2655	11.974	15.407	25.196	40.565	64.359	100.71
16	6.1304	8.1372	9.3576	10.748	14.129	18.488	31.243	51.923	84.954	136.97
17	6.8660	9.2765	10.761	12.468	16.672	22.186	38.741	66.461	112.14	186.28
18	7.6900	10.575	12.375	14.463	19.673	26.623	48.039	86.071	148.02	253.34
19	8.6128	12.056	14.232	16.777	23.214	31.948	59.568	108.89	195.39	344.54
20	9.6463	13.743	16.367	19.461	27.393	38.338	73.864	139.38	257.92	468.57
21	10.804	15.668	18.822	22.574	32.324	46.005	91.592	178.41	340.45	637.26
22	12.100	17.861	21.645	26.186	38.142	55.206	113.57	228.36	449.39	866.67
23	13.552	20.362	24.891	30.376	45.008	66.247	140.83	292.30	593.20	1178.7
24	15.179	23.212	28.625	35.236	53.109	79.497	174.63	374.14	783.02	1603.0
25	17.000	26.462	32.919	40.874	62.669	95.396	216.54	478.90	1033.6	2180.1
26	19.040	30.167	37.857	47.414	73.949	114.48	268.51	613.00	1364.3	2964.9
27	21.325	34.390	43.535	55.000	87.260	137.37	332.95	784.64	1800.9	4032.3
28	23.884	39.204	50.066	63.800	102.97	164.84	412.86	1004.3	2377.2	5483.9
29	26.750	44.693	57.575	74.009	121.50	197.81	511.95	1285.6	3137.9	7458.1
30	29.960	50.950	66.212	85.850	143.37	237.38	634.82	1645.5	4142.1	10143
40	93.051	188.83	267.86	378.72	750.38	1469.8	5455.9	19427	66521	*
50	289.00	700.23	1083.7	1670.7	3927.4	9100.4	46890	*	*	*
60	897.60	2595.9	4384.0	7370.2	20555	56348	*	*	*	*

*〉99 999

附表 2　1 元复利现值表

期数	1%	2%	3%	4%	5%	6%	7%	8%	9%	10%
1	0.9901	0.9804	0.9709	0.9615	0.9524	0.9434	0.9346	0.9259	0.9174	0.9091
2	0.9803	0.9712	0.9426	0.9246	0.9070	0.8900	0.8734	0.8573	0.8417	0.8264
3	0.9706	0.9423	0.9151	0.8890	0.8638	0.8396	0.8163	0.7938	0.7722	0.7513
4	0.9610	0.9238	0.8885	0.8548	0.8227	0.7921	0.7629	0.7350	0.7084	0.6830
5	0.9515	0.9057	0.8626	0.8219	0.7835	0.7473	0.7130	0.6806	0.6499	0.6209
6	0.9420	0.8880	0.8375	0.7903	0.7462	0.7050	0.6663	0.6302	0.5963	0.5645
7	0.9327	0.8606	0.8131	0.7599	0.7107	0.6651	0.6227	0.5835	0.5470	0.5132
8	0.9235	0.8535	0.7874	0.7307	0.6768	0.6274	0.5820	0.5403	0.5019	0.4665
9	0.9143	0.8368	0.7664	0.7026	0.6446	0.5919	0.5439	0.5002	0.4604	0.4241
10	0.9053	0.8203	0.7441	0.6756	0.6139	0.5584	0.5083	0.4632	0.4224	0.3855
11	0.8963	0.8043	0.7224	0.6496	0.5847	0.5268	0.4751	0.4289	0.3875	0.3505
12	0.8874	0.7885	0.7014	0.6246	0.5568	0.4970	0.4440	0.3971	0.3555	0.3186
13	0.8787	0.7730	0.6810	0.6006	0.5303	0.4688	0.4150	0.3677	0.3262	0.2897
14	0.8700	0.7579	0.6611	0.5775	0.5051	0.4423	0.3878	0.3405	0.2992	0.2633
15	0.8613	0.7430	0.6419	0.5553	0.4810	0.4173	0.3624	0.3152	0.2745	0.2394
16	0.8528	0.7284	0.6232	0.5339	0.4581	0.3936	0.3387	0.2919	0.2519	0.2176
17	0.8444	0.7142	0.6050	0.5134	0.4363	0.3714	0.3166	0.2703	0.2311	0.1978
18	0.8360	0.7002	0.5874	0.4936	0.4155	0.3503	0.2959	0.2502	0.2120	0.1799
19	0.8277	0.6864	0.5703	0.4746	0.3957	0.3305	0.2765	0.2317	0.1945	0.1635
20	0.8195	0.6730	0.5537	0.4564	0.3769	0.3118	0.2584	0.2145	0.1784	0.1486
21	0.8114	0.6598	0.5375	0.4388	0.3589	0.2942	0.2415	0.1987	0.1637	0.1351
22	0.8034	0.6468	0.5219	0.4220	0.3418	0.2775	0.2257	0.1839	0.1502	0.1228
23	0.7954	0.6342	0.5067	0.4057	0.3256	0.2618	0.2109	0.1703	0.1378	0.1117
24	0.7876	0.6217	0.4919	0.3901	0.3101	0.2470	0.1971	0.1577	0.1264	0.1015
25	0.7798	0.6095	0.4776	0.3751	0.2953	0.2330	0.1842	0.1460	0.1160	0.0923
26	0.7720	0.5976	0.4637	0.3604	0.2812	0.2198	0.1722	0.1352	0.1064	0.0839
27	0.7644	0.5859	0.4502	0.3468	0.2678	0.2074	0.1609	0.1252	0.0976	0.0763
28	0.7568	0.5744	0.4371	0.3335	0.2551	0.1956	0.1504	0.1159	0.0895	0.0693
29	0.7493	0.5631	0.4243	0.3207	0.2429	0.1846	0.1406	0.1073	0.0822	0.0630
30	0.7419	0.5521	0.4120	0.3083	0.2314	0.1741	0.1314	0.0994	0.0754	0.0573
35	0.7059	0.5000	0.3554	0.2534	0.1813	0.1301	0.0937	0.0676	0.0490	0.0356
40	0.6717	0.4529	0.3066	0.2083	0.1420	0.0972	0.0668	0.0460	0.0318	0.0221
45	0.6491	0.4102	0.2644	0.1712	0.1113	0.0727	0.0476	0.0313	0.0207	0.0137
50	0.6080	0.3715	0.2281	0.1407	0.0872	0.0543	0.0339	0.0213	0.0134	0.0085
55	0.5785	0.3365	0.1968	0.1157	0.0683	0.0406	0.0242	0.0145	0.0087	0.0053

续表

期数	12%	14%	15%	16%	18%	20%	24%	28%	32%	36%
1	0.8929	0.8772	0.8696	0.8621	0.8475	0.8333	0.8065	0.7813	0.7576	0.7353
2	0.7972	0.7695	0.7561	0.7432	0.7182	0.6944	0.6504	0.6104	0.5739	0.5407
3	0.7118	0.6750	0.6575	0.6407	0.6086	0.5787	0.5245	0.4768	0.4348	0.3975
4	0.6355	0.5921	0.5718	0.5523	0.5158	0.4823	0.4230	0.3725	0.3294	0.2923
5	0.5674	0.5194	0.4972	0.4762	0.4371	0.4019	0.3411	0.2910	0.2495	0.2149
6	0.5066	0.4556	0.4323	0.4104	0.3704	0.3349	0.2751	0.2274	0.1890	0.1580
7	0.4523	0.3996	0.3759	0.3538	0.3139	0.2791	0.2218	0.1776	0.1432	0.1162
8	0.4039	0.3506	0.3269	0.3050	0.2660	0.2326	0.1789	0.1388	0.1085	0.0854
9	0.3606	0.3075	0.2843	0.2630	0.2255	0.1938	0.1443	0.1084	0.0822	0.0628
10	0.3220	0.2697	0.2472	0.2267	0.1911	0.1615	0.1164	0.0847	0.0623	0.0462
11	0.2875	0.2366	0.2149	0.1954	0.1619	0.1346	0.0938	0.0662	0.0472	0.0340
12	0.2567	0.2076	0.1869	0.1685	0.1373	0.1122	0.0557	0.0517	0.0357	0.0250
13	0.2292	0.1821	0.1625	0.1452	0.1163	0.0935	0.0610	0.0404	0.0271	0.0184
14	0.2046	0.1597	0.1413	0.1252	0.0985	0.0779	0.0492	0.0316	0.0205	0.0135
15	0.1827	0.1401	0.1229	0.1079	0.0835	0.0649	0.0397	0.0247	0.0155	0.0099
16	0.1631	0.1229	0.1069	0.0980	0.0709	0.0541	0.0320	0.0193	0.0118	0.0073
17	0.1456	0.1078	0.0929	0.0802	0.0600	0.0451	0.0259	0.0150	0.0089	0.0054
18	0.1300	0.0946	0.0808	0.0691	0.0508	0.0376	0.0208	0.0118	0.0068	0.0039
19	0.1161	0.0829	0.0703	0.0596	0.0431	0.0313	0.0168	0.0092	0.0051	0.0029
20	0.1037	0.0728	0.0611	0.0514	0.0365	0.0261	0.0135	0.0072	0.0039	0.0021
21	0.0926	0.0638	0.0531	0.0443	0.0309	0.0217	0.0109	0.0056	0.0029	0.0016
22	0.0826	0.0560	0.0462	0.0382	0.0262	0.0181	0.0088	0.0044	0.0022	0.0012
23	0.0738	0.0491	0.0402	0.0329	0.0222	0.0151	0.0071	0.0034	0.0017	0.0008
24	0.0659	0.0431	0.0349	0.0284	0.0188	0.0126	0.0057	0.0027	0.0013	0.0006
25	0.0588	0.0378	0.0304	0.0245	0.0160	0.0105	0.0046	0.0021	0.0010	0.0005
26	0.0525	0.0331	0.0264	0.0211	0.0135	0.0087	0.0037	0.0016	0.0007	0.0003
27	0.0469	0.0291	0.0230	0.0182	0.0115	0.0073	0.0030	0.0013	0.0006	0.0002
28	0.0419	0.0255	0.0200	0.0157	0.0097	0.0061	0.0024	0.0010	0.0004	0.0002
29	0.0374	0.0224	0.0174	0.0135	0.0082	0.0051	0.0020	0.0008	0.0003	0.0001
30	0.0334	0.0196	0.0151	0.0116	0.0070	0.0042	0.0016	0.0006	0.0002	0.0001
35	0.0189	0.0102	0.0075	0.0055	0.0030	0.0017	0.0005	0.0002	0.0001	*
40	0.0107	0.0053	0.0037	0.0026	0.0013	0.0007	0.0002	0.0001	*	*
45	0.0061	0.0027	0.0019	0.0013	0.0006	0.0003	0.0001	*	*	*
50	0.0035	0.0014	0.0009	0.0006	0.0003	0.0001	*	*	*	*
55	0.0020	0.0007	0.0005	0.0003	0.0001	*	*	*	*	*

* 〈.0001

附表3　1元年金终值表

期数	1%	2%	3%	4%	5%	6%	7%	8%	9%	10%
1	1.0000	1.0000	1.0000	1.0000	1.0000	1.0000	1.0000	1.0000	1.0000	1.0000
2	2.0100	2.0200	2.0300	2.0400	2.0500	2.0600	2.0700	2.0800	2.0900	2.1000
3	3.0301	3.0604	3.0909	3.1216	3.1525	3.1836	3.2149	3.2464	3.2781	3.3100
4	4.0604	4.1216	4.1836	4.2465	4.3101	4.3746	4.4399	4.5061	4.5731	4.6410
5	5.1010	5.2040	5.3091	5.4163	5.5256	5.6371	5.7507	5.8666	5.9847	6.1051
6	6.1520	6.3081	6.4684	6.6330	6.8019	6.9753	7.1533	7.3359	7.5233	7.7156
7	7.2135	7.4343	7.6625	7.8983	8.1420	8.3938	8.6540	8.9228	9.2004	9.4872
8	8.2857	8.5830	8.8923	9.2142	9.5491	9.8975	10.260	10.637	11.028	11.436
9	9.3685	9.7546	10.159	10.583	11.027	11.491	11.978	12.488	13.021	13.579
10	10.462	10.950	11.464	12.006	12.578	13.181	13.816	14.487	15.193	15.937
11	11.567	12.169	12.808	13.486	14.207	14.972	15.784	16.645	17.560	18.531
12	12.683	13.412	14.192	15.026	15.917	16.870	17.888	18.977	20.141	21.384
13	13.809	14.680	15.618	16.627	17.713	18.882	20.141	21.495	22.953	24.523
14	14.947	15.974	17.086	18.292	19.599	21.015	22.550	24.214	26.019	27.975
15	16.097	17.293	18.599	20.024	21.579	23.276	25.129	27.152	29.361	31.772
16	17.258	18.639	20.157	21.825	23.657	25.673	27.888	30.324	33.003	35.950
17	18.430	20.012	21.762	23.698	25.840	28.213	30.840	33.750	36.974	40.545
18	19.615	21.412	23.414	25.645	28.132	30.906	33.999	37.450	41.301	45.599
19	20.811	22.841	25.117	27.671	30.539	33.760	37.379	41.446	46.018	51.159
20	22.019	24.297	26.870	29.778	33.066	36.786	40.995	45.752	51.160	57.275
21	23.239	25.783	28.676	31.969	35.719	39.993	44.865	50.423	56.765	64.002
22	24.472	27.299	30.537	34.248	38.505	43.392	49.006	55.457	62.873	71.403
23	25.716	28.845	32.453	36.618	41.430	46.996	53.436	60.883	69.532	79.543
24	26.973	30.422	34.426	39.083	44.502	50.816	58.177	66.765	76.790	88.497
25	28.243	32.030	36.459	41.646	47.727	54.863	63.249	73.106	84.701	98.347
26	29.526	33.671	38.553	44.312	51.113	59.156	68.676	79.954	93.324	109.18
27	30.821	35.344	40.710	47.084	54.669	63.706	74.484	87.351	102.72	121.10
28	32.129	37.051	42.931	49.968	58.403	68.528	80.698	95.339	112.97	134.21
29	33.450	38.792	45.219	52.966	62.323	73.640	87.347	103.97	124.14	148.63
30	34.785	40.568	47.575	56.085	66.439	79.058	94.461	113.28	136.31	164.49
40	48.886	60.402	75.401	95.026	120.80	154.76	199.64	259.06	337.88	442.59
50	64.463	84.579	112.80	152.67	209.35	290.34	406.53	573.77	815.08	1163.9
60	81.670	114.05	163.05	237.99	353.58	533.13	813.52	1253.2	1944.8	3034.8

续表

期数	12%	14%	15%	16%	18%	20%	24%	28%	32%	36%
1	1.0000	1.0000	1.0000	1.0000	1.0000	1.0000	1.0000	1.0000	1.0000	1.0000
2	2.1200	2.1400	2.1500	2.1600	2.1800	2.2000	2.2400	2.2800	2.3200	2.3600
3	3.3744	3.4396	3.4725	3.5056	3.5724	3.6400	3.7776	3.9184	3.0624	3.2096
4	4.7793	4.9211	4.9934	5.0665	5.2154	5.3680	5.6842	6.0156	6.3624	6.7251
5	6.3528	6.6101	6.7424	6.8771	7.1542	7.4416	8.0484	8.6999	9.3983	10.146
6	8.1152	8.5355	8.7537	8.9775	9.4420	9.9299	10.980	12.136	13.406	14.799
7	10.089	10.730	11.067	11.414	12.142	12.916	14.615	16.534	18.696	21.126
8	12.300	13.233	13.727	14.240	15.327	16.499	19.123	22.163	25.678	29.732
9	14.776	16.085	16.786	17.519	19.086	20.799	24.712	29.369	34.895	41.435
10	17.549	19.337	20.304	21.321	23.521	25.959	31.643	38.593	47.062	57.352
11	20.655	23.045	24.349	25.733	28.755	32.150	40.238	50.398	63.122	78.998
12	24.133	27.271	29.002	30.850	34.931	39.581	50.895	65.510	84.320	108.44
13	28.029	32.089	34.352	36.786	42.219	48.497	64.110	84.853	112.30	148.47
14	32.393	37.581	40.505	43.672	50.818	59.196	80.496	109.61	149.24	202.93
15	37.280	43.842	47.580	51.660	60.965	72.035	100.82	141.30	198.00	276.98
16	42.753	50.980	55.717	60.925	72.939	87.442	126.01	181.87	262.36	377.69
17	48.884	59.118	65.075	71.673	87.068	105.93	157.25	233.79	347.31	514.66
18	55.750	68.394	75.836	84.141	103.74	128.12	195.99	300.25	459.45	770.94
19	63.440	78.969	88.212	98.603	123.41	154.74	244.03	385.32	607.47	954.28
20	72.052	91.025	102.44	115.38	146.63	186.69	303.60	494.21	802.86	1298.8
21	81.699	104.77	118.81	134.84	174.02	225.03	377.46	633.59	1060.8	1767.4
22	92.503	120.44	137.63	157.41	206.34	271.03	469.06	812.00	1401.2	2404.7
23	104.60	138.30	159.28	183.60	244.49	326.24	582.63	1040.4	1850.6	3271.3
24	118.16	158.66	184.17	213.98	289.49	392.48	723.46	1332.7	2443.8	4450.0
25	133.33	181.87	212.79	249.21	342.60	471.98	898.09	1706.8	3226.8	6053.0
26	150.33	208.33	245.71	290.09	405.27	567.38	1114.6	2185.7	4260.4	8233.1
27	169.37	238.50	283.57	337.50	479.22	681.85	1383.1	2798.7	5624.8	11198.0
28	190.70	272.89	327.10	392.50	566.48	819.22	1716.1	3583.3	7425.7	15230.3
29	214.58	312.09	377.17	456.30	669.45	984.07	2129.0	4587.7	9802.9	20714.2
30	241.33	356.79	434.75	530.31	790.95	1181.9	2640.9	5873.2	12941	28172.3
40	767.09	1342.0	1779.1	2360.8	4163.2	7343.2	2729.0	69377	*	*
50	2400.0	4994.5	7217.7	10436	21813	45497	*	*	*	*
60	7471.6	18535	29220	46058	*	*	*	*	*	*

*〉99 999

附表4　1元年金现值表

期数	1%	2%	3%	4%	5%	6%	7%	8%	9%
1	0.9901	0.9804	0.9709	0.9615	0.9524	0.9434	0.9346	0.9259	0.9174
2	1.9704	1.9416	1.9135	1.8861	1.8594	1.8334	1.8080	1.7833	1.7591
3	2.9410	2.8839	2.8286	2.7751	2.7232	2.6730	2.6243	2.5771	2.5313
4	3.9020	3.8077	3.7171	3.6299	3.5460	3.4651	3.3872	3.3121	3.2397
5	4.8534	4.7135	4.5797	4.4518	4.3295	4.2124	4.1002	3.9927	3.8897
6	5.7955	5.6014	5.4172	5.2421	5.0757	4.9173	4.7665	4.6229	4.4859
7	6.7282	6.4720	6.2303	6.0021	5.7864	5.5824	5.3893	5.2064	5.0330
8	7.6517	7.3255	7.0197	6.7327	6.4632	6.2098	5.9713	5.7466	5.5348
9	8.5660	8.1622	7.7861	7.4353	7.1078	6.8017	6.5152	6.2469	5.9952
10	9.4713	8.9826	8.5302	8.1109	7.7217	7.3601	7.0236	6.7101	6.4177
11	10.3676	9.7868	9.2526	8.7605	8.3064	7.8869	7.4987	7.1390	6.8052
12	11.2551	10.5753	9.9540	9.3851	8.8633	8.3838	7.9427	7.5361	7.1607
13	12.1337	11.3484	10.6350	9.9856	9.3936	8.8527	8.3577	7.9038	7.4869
14	13.0037	12.1062	11.2961	10.5631	9.8986	9.2950	8.7455	8.2442	7.7862
15	13.8651	12.8493	11.9379	11.1184	10.3797	9.7122	9.1079	8.5595	8.0607
16	14.7179	13.5777	12.5611	11.6523	10.8378	10.1059	9.4466	8.8514	8.3126
17	15.5623	14.2919	13.1661	12.1657	11.2741	10.4773	9.7632	9.1216	8.5436
18	16.3983	14.9920	13.7535	12.6896	11.6896	10.8276	10.0591	9.3719	8.7556
19	17.2260	15.6785	14.3238	13.1339	12.0853	11.1581	10.3356	9.6036	8.9601
20	18.0456	16.3514	14.8775	13.5903	12.4622	11.4699	10.5940	9.8181	9.1285
21	18.8570	17.0112	15.4150	14.0292	12.8212	11.7641	10.8355	10.0168	9.02922
22	19.6604	17.6580	15.9369	14.4511	13.4886	12.3034	11.0612	10.2007	9.4424
23	20.4558	18.2922	16.4436	14.8568	13.4886	12.3034	11.2722	10.3711	9.5802
24	21.2434	18.9139	16.9355	15.2470	13.7986	12.5504	11.4693	10.5288	9.7066
25	22.0232	19.5235	17.4131	15.6221	14.0939	12.7834	11.6536	10.6748	9.8226
26	22.7952	20.1210	17.8768	15.9828	14.3752	13.0032	11.8258	10.8100	9.9290
27	23.5596	20.7059	18.3270	16.3296	14.6430	13.2105	11.9867	10.9352	10.0266
28	24.3164	21.2813	18.7641	16.6631	14.8981	13.4062	12.1371	11.0511	10.1161
29	25.0658	21.8444	19.1885	16.9837	15.1411	13.5907	12.2777	11.1584	10.1983
30	25.8077	22.3965	19.6004	17.2920	15.3725	13.7648	12.4090	11.2578	10.2737
35	29.4086	24.9986	21.4872	18.6646	16.3742	14.4982	12.9477	11.6546	10.5668
40	32.8347	27.3555	23.1148	19.7928	17.1591	15.0463	13.3317	11.9246	10.7574
45	36.0945	29.4902	24.5187	20.7200	17.7741	15.4558	13.6055	12.1084	10.8812
50	39.1961	31.4236	25.7298	21.4822	18.2559	15.7619	13.8007	12.2335	10.9617
55	42.1472	33.1748	26.7744	22.1086	18.6335	15.9905	13.9399	12.3186	11.0140

续表

期数	10%	12%	14%	15%	16%	18%	20%	24%	28%	32%
1	0.9091	0.8929	0.8772	0.8696	0.8621	0.8475	0.8333	0.8065	0.7813	0.7576
2	1.7355	1.6901	1.6467	1.6257	1.6052	1.5656	1.5278	1.4568	1.3916	1.3315
3	2.4869	2.4018	2.3216	2.2832	2.2459	2.1743	2.1065	1.9813	1.8684	1.7663
4	3.1699	3.0373	2.9173	2.8550	2.7982	2.6901	2.5887	2.4043	2.2410	2.0957
5	3.7908	3.6048	3.4331	3.3522	3.2743	3.1272	2.9906	2.7454	2.5320	2.3452
6	4.3553	4.1114	3.8887	3.7845	3.6847	3.4976	3.3255	3.0205	2.7594	2.5342
7	4.8684	4.5638	4.2882	4.1604	4.0386	3.8115	3.6046	3.2423	2.9370	2.6775
8	5.3349	4.9676	4.6389	4.4873	4.3436	4.0776	3.8372	3.4212	3.0758	2.7860
9	5.7590	5.3282	4.9164	4.7716	4.6065	4.3030	4.0310	3.5655	3.1842	2.8681
10	6.1446	5.6502	5.2161	5.0188	4.8332	4.4941	4.1925	3.6819	3.2689	2.9304
11	6.4951	5.9377	5.4527	5.2337	5.0286	4.6560	4.3271	3.7757	3.3351	2.9776
12	6.8137	6.1944	5.6603	5.4206	5.1971	4.7932	4.4392	3.8514	3.3868	3.0133
13	7.1034	6.4235	5.8424	5.5831	5.3423	4.9095	4.5327	3.9124	3.4272	3.0404
14	7.3667	6.6282	6.0021	5.7245	5.4675	5.0081	4.6106	3.9616	3.4587	3.0609
15	7.6061	6.8109	6.1422	5.8474	5.5755	5.0916	4.6755	4.0013	3.4834	3.0764
16	7.8237	6.9740	6.2651	5.9542	5.6685	5.1624	4.7296	4.0333	3.5026	3.0882
17	8.0216	7.1196	6.3729	6.0472	5.7487	5.2223	4.7746	4.0591	3.5177	3.0971
18	8.0216	7.2497	6.4674	6.1280	5.8178	5.2732	4.8122	4.0799	3.5294	3.1039
19	8.3649	7.3658	6.5504	6.1982	5.8775	5.3162	4.8435	4.0967	3.5386	3.1090
20	8.5136	7.4694	6.6231	6.2593	5.9288	5.3527	4.8696	4.1103	3.5458	3.1129
21	8.6487	7.5620	6.6870	6.3125	5.9731	5.3837	4.8913	4.1212	3.5514	3.1158
22	8.7715	7.6446	6.7429	6.3587	6.0113	5.4099	4.9094	4.1300	3.5558	3.1180
23	8.8832	7.7184	6.7921	6.3988	6.0442	5.3421	4.9245	4.1371	3.5592	3.1197
24	8.9847	7.7843	6.8351	6.4338	6.0726	5.4509	4.9371	4.1428	3.5619	3.1210
25	9.0770	7.8431	6.8729	6.4641	6.0971	5.4669	4.9476	4.1474	3.5640	3.1220
26	9.1609	7.8957	6.9061	6.4906	6.1182	5.4804	4.9563	4.1511	3.5656	3.1227
27	9.2372	7.9426	6.9352	6.5135	6.1364	5.4919	4.9636	4.1542	3.5669	3.1233
28	9.3066	7.9844	6.9607	6.5335	6.1520	5.5016	4.9697	4.1566	3.5679	3.1237
29	9.3696	8.0218	6.9830	6.5509	6.1656	5.5098	4.9747	4.1585	3.5687	3.1240
30	9.4269	8.0552	7.0027	6.5660	6.1772	5.5166	4.9789	4.1601	3.5693	3.1242
35	9.6442	8.1755	7.0700	6.6166	6.2153	5.5386	4.9915	4.1644	3.5708	3.1248
40	9.7791	8.2438	7.1050	6.6418	6.2335	5.5482	4.9966	4.1659	3.5712	3.1250
45	9.8628	8.2825	7.1232	6.6543	6.2421	5.5523	4.9986	4.1664	3.5714	3.1250
50	9.9148	8.3045	7.1327	6.6605	6.2463	5.5541	4.9995	4.1666	3.5714	3.1250
55	9.9471	8.3170	7.1376	6.6636	6.2482	5.5549	4.9998	4.1666	3.5714	3.1250

参考文献

1. 财政部注册会计师考试委员会办公室．财务成本管理．北京：经济科学出版社，2007.
2. 财政部注册会计师考试委员会办公室．财务成本管理．北京：经济科学出版社，2004.
3. 财政部会计资格评价中心．财务管理．北京：中国财政经济出版社，2004.
4. 财政部会计资格评价中心．财务管理．北京：中国财政经济出版社，2007.
5. 陈玉菁，宋良荣．财务管理．北京：清华大学出版社，2005.
6. 陈玉菁．中小企业财务管理通．上海：立信会计出版社，2003.
7. 陈玉菁．国际财务管理．上海：立信会计出版社，2001.
8. 陈玉菁，薛跃．国际财务管理．上海：立信会计出版社，2007.
9. 宋良荣，沙一心．现代公司财务管理．上海：百家出版社，2002.
10. 刘淑莲．高级财务管理理论与实务．大连：东北财经大学出版社，2005.
11. 栾庆伟，迟国泰．MBA 财务管理．大连：大连理工大学出版社，2006.
12. 吴应宇，陈良华．公司财务管理．北京：石油工业出版社，2003.
13. 张家伦．财务管理学．北京：首都经济贸易大学出版社，2001.
14. 谷祺，刘淑莲．财务管理．大连：东北财经大学出版社，2003.
15. 罗锐韧，曾繁正．财务管理．北京：红旗出版社，1997.
16. 樊进科．财务管理学．北京：经济管理出版社，2002.
17. 蔺红英，孙念怀．财务经理 MBA 强化教程．北京：中国经济出版社，2002.
18. 韦弗，威斯顿．财务管理．北京：中国财政经济出版社，2003.
19. Marsh．财务管理．台北：扬智文化事业股份有限公司，2000.
20. 席伟．新会计制度下的财务案例．北京：中国物价出版社，2004.
21. 陈文浩．公司财务．上海：上海财经大学出版社，2003.
22. 刘永中，金才兵．财务控制在企业管理中的应用．广州：广东经济出版社，2004.
23. 吴安平．财务管理教学案例．北京：中国审计出版社，2001.
24. 王遐昌，沈济业．财务管理学：案例与训练．上海：立信会计出版社，2004.
25. 胡旭微，张惠忠．财务管理．杭州：浙江大学出版社，2007.

26. 张庆龙，彭志国. 突破非财务人员财务困境. 北京：中国时代经济出版社，2007.
27. 王建华. MBA现代财务管理精华读本. 合肥：安徽人民出版社，2002.
28. 张友棠. 财务预警系统管理研究. 北京：中国人民大学出版社，2004.

图书在版编目（CIP）数据

财务管理：实务与案例/陈玉菁主编．—4版．—北京：中国人民大学出版社，2019.8
（MBA精品系列）
ISBN 978-7-300-27319-8

Ⅰ.①财… Ⅱ.①陈… Ⅲ.①财务管理-研究生-教材 Ⅳ.①F275

中国版本图书馆CIP数据核字（2019）第177206号

MBA精品系列
财务管理——实务与案例（第4版）
主　编　陈玉菁
副主编　赵洪进　顾晓安
Caiwu Guanli——Shiwu yu Anli

出版发行	中国人民大学出版社		
社　　址	北京中关村大街31号	**邮政编码**	100080
电　　话	010－62511242（总编室）		010－62511770（质管部）
	010－82501766（邮购部）		010－62514148（门市部）
	010－62515195（发行公司）		010－62515275（盗版举报）
网　　址	http://www.crup.com.cn		
经　　销	新华书店		
印　　刷	天津中印联印务有限公司	**版　　次**	2008年3月第1版
开　　本	787 mm×1092 mm　1/16		2019年8月第4版
印　　张	23.25 插页2	**印　　次**	2024年6月第7次印刷
字　　数	476 000	**定　　价**	52.00元

中国人民大学出版社　管理分社

教师教学服务说明

中国人民大学出版社管理分社以出版工商管理和公共管理类精品图书为宗旨。为更好地服务一线教师，我们着力建设了一批数字化、立体化的网络教学资源。教师可以通过以下方式获得免费下载教学资源的权限：

★ 在中国人民大学出版社网站 www.crup.com.cn 进行注册，注册后进入“会员中心”，在左侧点击“我的教师认证”，填写相关信息，提交后等待审核。我们将在一个工作日内为您开通相关资源的下载权限。

★ 如您急需教学资源或需要其他帮助，请加入教师 QQ 群或在工作时间与我们联络。

中国人民大学出版社　管理分社

教师 QQ 群： 648333426(工商管理)　114970332(财会)　648117133(公共管理)
教师群仅限教师加入，入群请备注（学校+姓名）

联系电话： 010-62515735，62515987，62515782，82501048，62514760

电子邮箱： glcbfs@crup.com.cn

通讯地址： 北京市海淀区中关村大街甲 59 号文化大厦 1501 室（100872）

管理书社　　人大社财会　　公共管理与政治学悦读坊